Georg Patiss

Das Leiden unsers Herrn Jesu Christi

nach der Lehre des heiligen Thomas von Aquin dargestellt

Georg Patiss

Das Leiden unsers Herrn Jesu Christi
nach der Lehre des heiligen Thomas von Aquin dargestellt

ISBN/EAN: 9783744668477

Hergestellt in Europa, USA, Kanada, Australien, Japan

Cover: Foto ©Lupo / pixelio.de

Weitere Bücher finden Sie auf **www.hansebooks.com**

Das Leiden
unsers Herrn Jesu Christi

nach der Lehre

des heiligen Thomas von Aquin

dargestellt.

Von

P. **Georg Patiß**,
Priester der Gesellschaft Jesu.

Mit Erlaubniß der Obern.

1883.
Regensburg, New York & Cincinnati.
Druck und Verlag von Friedrich Pustet.

Vorwort.

Die Werke des heiligen Thomas von Aquin sind Fundgruben, in welchen die kostbarsten Schätze der Wissenschaft und des Heiles verborgen liegen; sie sind nicht nur Erzeugnisse des Talentes und des Fleißes, sondern auch, und zwar ganz vorzüglich, Früchte des Gebetes, der Bußwerke, der Tugend und der innigsten Vereinigung mit Gott, der Quelle aller Weisheit und Gnade. Es schwebt in denselben der heilige Geist über den für den Menschenverstand so dunklen, oft undurchdringlichen, niemals zu erschöpfenden Gewässern göttlicher Wahrheiten und Geheimnisse, der sie bis in ihre innern Tiefen aufhellt, und beleuchtet, und aus denselben eine lebendige, blühende, fruchtbare, herrliche Welt hervorruft, an der sich der Menschengeist erfreut, und erquickt.

Hat Christus selbst dem heiligen Lehrer, wie wir aus dessen Leben wissen, das Zeugniß gegeben: "Du haft von mir gut geschrieben, Thomas! was für einen Lohn verlangst du dafür?" so ist er gewiß ein ganz geeigneter und verläßlicher Führer auf dem Wege zu einer gründlicheren und vollständigeren Erkenntniß Jesu Christi, von welcher der heilige Apostel Paulus sagt: „Alles, was mir Gewinn war, habe ich um Christi willen für Schaden gehalten. Ja, ich halte Alles für Schaden wegen der Alles übertreffenden Erkenntniß Jesu Christi, meines Herrn, um dessentwillen ich auf Alles verzichtet habe, und es für Koth erachte, um Christum zu gewinnen."[1]) Denn die Erkenntniß führt zur Liebe Christi, die Liebe zur Nachfolge Christi, die Nachfolge Christi zum Heile.

In dem vorliegenden Werke ist der Versuch gemacht worden, die Geheimnisse des Leidens Christi, welche der englische Lehrer mit philosophischer Schärfe und theologischer Tiefe durchforscht, und beleuchtet, in freier Bearbeitung seiner Lehre auch dem Verständnisse denkender Gläubigen nahe zu bringen. Der Gegenstand ist aus dem Werke: Summa totius Theologiæ. P. III. q. 46.—51. genommen. Zum leichteren und klareren Verständnisse wurden die großen Fragen als Kapitel, und die einzelnen Artikel als Absätze mit ihren laufenden Nummern bezeichnet. Anstatt der

---

[1]) Philipp. c. III. v. 7. 8.

Fragesätze wurden bestimmte Sätze hingestellt, die Einwürfe mit deren Widerlegungen zusammengelegt, und die Beweisführungen in erweiterten und faßlicheren Ausführungen gegeben. Die technischen Ausdrücke der scholastischen Schule wurden nach Möglichkeit vermieden, und deren Sinn und Inhalt in gewöhnlicher Sprachweise dargestellt. Endlich wurden der in aller Gedrängtheit dargelegten Lehre über diese Geheimnisse praktische Anwendungen für das Leben beigefügt. Auf solche Weise gestaltete sich die philosophische und theologische Untersuchung zu einer erklärenden und belehrenden Abhandlung, die zwar an Ausdehnung zunahm, aber auch an Klarheit und Verständlichkeit gewann, und einen größern Nutzen für das religiöse Leben in Aussicht stellte, welcher den Hauptzweck dieser Bearbeitung bildete.

In wie weit der angestrebte Zweck erreicht worden sei, muß dem Urtheile des Lesers überlassen bleiben.

Warum aber eben diese Geheimnisse für eine solche Bearbeitung gewählt worden seien, das wird sich im Verlaufe dieser Erörterungen von selbst ergeben.

Möge der eben so heilige als weise Kirchenlehrer bei dem Throne der göttlichen Barmherzigkeit seine mächtige Fürbitte einlegen, daß, wie es das Oberhaupt der heiligen Kirche Papst Leo XIII. in Bezug auf die ganze Wissenschaft dieses „Engels der Schule" für die gelehrte Welt so sehnlich wünscht, von seinem Lichte auch andere gläubige Herzen in diesen großen Geheimnissen unserer göttlichen Religion erleuchtet, und zum Streben nach der christlichen Vollkommenheit erwärmt, und gestärkt werden; um in diesem Leben, das so voll der Schmerzen ist, von dem gottmenschlichen Vorbilde des Erlösers das Leiden werthschätzen, und lieben, verdienstlich ertragen, und als Mittel und Unterpfand des Heiles benützen zu lernen!

Das Leiden
unsers Herrn Jesu Christi
nach der Lehre
des heiligen Thomas von Aquin.

Wunderbar groß und herrlich sind die Werke der Allmacht Gottes im Reiche der Natur, aber größer und herrlicher sind die Werke seiner Barmherzigkeit im Reiche der Gnade. Der Psalmist sagt: „Gut ist es, den Herrn bekennen, und lobsingen deinem Namen, Allerhöchster! — Denn du erlustigest mich, Herr! in deinen Geschöpfen; über die Werke deiner Hände will ich jubeln. Wie herrlich sind deine Werke, Herr!"¹) — „Die Himmel erzählen die Herrlichkeit Gottes, und das Firmament verkündet die Werke seiner Hände."²) — „Kommet, und schauet die Werke des Herrn, welche Wunder er gewirkt auf Erden!"³) — „Wie groß sind deine Werke, o Herr! Alles hast du mit Weisheit gemacht."⁴) Der königliche Sänger preist die Allmacht, Weisheit, Güte und Vorsehung Gottes in der Schöpfung, und bewundert die Größe, Menge und Schönheit der Werke Gottes in derselben. Aber von der Barmherzigkeit Gottes sagt er: „Seine Erbarmungen gehen über alle seine Werke";⁵) über diese Barmherzigkeit entzückt, ruft er zu Gott: „Ich will dich preisen, Herr! dir lobsingen unter den Nationen. Denn größer, als der Himmel, ist deine Barmherzigkeit"!⁶) und: „Die Erde, o Herr! ist voll deiner Barmherzigkeit."⁷) Er ruft den Völkern zu: „Die Barmherzigkeit des Herrn währt von Ewigkeit zu Ewigkeit."⁸) — „Lobet den Herrn, alle Völker; lobet ihn, alle Nationen! denn es ist bestätiget über uns seine Barmherzigkeit."⁹) Denn die Werke der Barmherzigkeit sind sowohl von Seite Gottes größer und wunderbarer, als alle Werke der Schöpfung, als auch für

¹) Psalm. XCI. v. 2. 5. 6.   ²) Psalm. XVIII. v. 1.
³) Psalm. XLV. v. 9.   ⁴) Psalm. CIII. v. 24.   ⁵) Psalm. CXLIV. v. 9.
⁶) Psalm. CVII. v. 4. 5.   ⁷) Psalm. CXVIII. v. 64.   ⁸) Psalm. CII. v. 17.
⁹) Psalm. CXVI. v. 1. 2.

uns Menschenkinder nothwendiger und heilsamer, als alles Übrige, was Gott für uns gewirkt, oder wirken kann. Was wären wir ohne diese Barmherzigkeit, und was nützte uns alles Andere? Die Erde wäre ein Land des Fluches, das Leben eine trostlose Marter, der Tod ein hoffnungsloses Scheiden aus den zeitlichen in die ewigen Peinen. Ohne diese Barmherzigkeit gäbe es in der ganzen sichtbaren Schöpfung kein elenderes und unglückseligeres Wesen, als den Menschen.

Diese Barmherzigkeit Gottes aber liegt mit ihrer ganzen Fülle in dem Erlösungswerke Jesu Christi, unsers Herrn und Heilandes, ausgegossen, in welchem der Sohn Gottes in Knechtesgestalt für uns sich dem schmerzlichsten und schmachvollsten Tode am Kreuze hingeopfert hat, um uns aus dem ewigen Verderben für die ewige Seligkeit zu erretten. Wenn daher Etwas unauslöschlich unsern Herzen eingeprägt, und unserm Geiste stets gegenwärtig sein; wenn Etwas von der ganzen Menschheit zu allen Zeiten und an allen Orten mit Dank und Jubel gefeiert werden soll: so ist es gewiß das Leiden und Sterben unsers Herrn Jesu Christi, durch welches wir erlöst worden sind, und einst erlöst sein werden von allen wie immer gearteten Uebeln, durch welches wir einen ewigen Himmel voll der unaussprechlichen Wonnen, Reichthümer und Herrlichkeiten gewinnen, und durch welches selbst das Leben auf Erden erträglich, trostvoll und hoffnungsreich sich gestaltet.

Der heilige Geist brandmarkt denjenigen als einen Sünder und Ungerechten, welcher auf die Wohlthat dessen vergißt, der sich selbst für ihn verpfändet, und geopfert hat, und sagt: „Vergiß nicht der Wohlthat des Bürgen; denn er hat sich selbst für dich hingegeben. Der Sünder und Ungerechte flieht vor seinem Bürgen."[1]) Wo gibt es nun aber einen größeren und erhabeneren Bürgen, als den Sohn Gottes; und wer hat sich so für die gesammte Menschheit hingegeben, wie der Sohn Gottes durch seine Menschwerdung und durch sein Leiden und Sterben? Was wäre darum sündhafter und ungerechter, als auf diese Wohlthat zu

---

[1]) Eccli. c. XXIX. v. 20. 21.

vergessen, dadurch diesem göttlichen Bürgen die Anerkennung seiner Rettungsthat zu verweigern, so ihm gleichsam den Rücken zu kehren, und vor ihm zu fliehen?

Dieses Erlösungsopfer Christi, des Herrn, ist unsere Rettung aus der Knechtschaft der Sünde, des Todes, der Mächte der Finsterniß, der ewigen Verdammniß; und der heilige Ambrosius sagt: „Das Leiden Christi ist unsere Erlösung, der Tod Christi ist unser Leben."[1] Was muß uns daher theurer sein, was sollen wir dankbarer unsrem Gedächtnisse einprägen, liebender im Geiste erwägen, sorgfältiger im Herzen bewahren, begeisterter mit der Zunge preisen, und eifriger durch unser ganzes Leben verherrlichen, als eben dieses Leiden des Herrn?

Der heilige Bonaventura schreibt: „Das so glorreiche Leiden Jesu Christi ist nicht nur die Grundlage unsres Glaubens, sondern auch die Aufrichtung unsrer Hoffnung, da er sich selbst hingegeben, und die Entflammung unsrer Liebe, da er sich für uns geopfert hat";[2] und: „Das Leiden Christi ist die Quelle der Gnade und der Glorie".[3] Aus welcher Quelle sollen wir also begieriger und emsiger schöpfen? Wo soll unser Herz Befriedigung, unser Gemüth Trost, unser Geist Licht und Beruhigung finden, wenn nicht in diesem wunderbaren Geheimnisse?

Das Leiden Christi bietet uns sichere Zuflucht und rettenden Schutz in allen Trübsalen und Bedrängnissen des Lebens, wie der heilige Augustinus sagt: „Die Wunden des Erlösers sind die sichere und zuverlässige Ruhe für die Schwachen und für die Sünder";[4] und: „In allen Widerwärtigkeiten habe ich kein so kräftiges Heilmittel gefunden, wie in den Wunden Christi; da schlafe ich sicher, und ruhe ich ohne Furcht".[5] Wer aus uns aber ist nicht schwach? Wer ist kein Sünder? Wer ist ohne Widerwärtigkeit? Wer soll daher nicht diese Wunden aufsuchen? Wer soll in denselben nicht seine Wohnung aufschlagen? Wer soll sich von denselben trennen lassen?

---

[1] Serm. 56. de Cruce.   [2] Stimul. amoris P. I. c. 6.   [3] Ibid. c. 12.
[4] Manual. c. 21.   [5] Ibid. c. 22.

Es ist auch nichts geeigneter, uns recht leben, und alle Tugenden üben zu lehren, als der leidende und sterbende Heiland, der uns eben auf dem Kreuzwege und auf dem Kreuze sein erhabenes Vorbild in den blutigen Zügen seiner Schmerzen und in der Flammenschrift seiner Liebe in die Seele drückt. Daher schreibt der heilige Petrus Damianus: „Das Kreuz ist die Lebensregel in Christo, und für alle Gerechten der Unterricht in den guten Sitten",[1]) ein Lehrstuhl aller Tugenden. Niemand kann daher der Betrachtung des Kreuzes Christi entbehren; und wem es ernstlich um ein gottgefälliges, heiliges Leben zu thun ist, der darf das Leiden und Sterben des göttlichen Erlösers niemals aus den Augen verlieren.

Wollen wir endlich erkennen, welche Schätze wir uns aus der Betrachtung und Erwägung des Leidens und Sterbens des Herrn verschaffen können; so hören wir, was der ehrwürdige Thomas von Kempen darüber sagt; er schreibt: „Das Andenken an das Leiden Christi entzündet die Liebe Gottes, unterweist zur Geduld, tröstet in der Trübsal, verschmäht die Ausgelassenheit, bietet Stoff zu heiliger Zerknirschung, beschäftiget die innere Andacht, verbannt die Verzweiflung, erweckt die zuversichtliche Hoffnung auf die Verzeihung der Sünden, versöhnt die göttliche Gerechtigkeit, beruhiget die ängstliche Verwirrung, macht auch eine harte Züchtigung erträglich, vertreibt den bösen Gedanken, unterdrückt die fleischliche Versuchung, lehrt demüthige Unterwürfigkeit, verschafft Trost in der Krankheit des Leibes, macht weltliche Ehre verschmähen, zeitlichen Überfluß verachten, räth zu freiwilliger Armuth, ermuntert zur Ablegung des eigenen Willens, zum Aufgeben überflüssiger Bedürfnisse, beseitiget den lauen Wandel, entflammt eine eifrige Besserung, erwirkt größere Gnaden, führt himmlische Tröstungen herbei, erweckt brüderliches Mitleid, bereitet zur Anschauung Gottes vor, vermehrt die künftige Seligkeit, vermindert die gegenwärtigen Strafen, ersetzt die Reinigung des zukünftigen Feuers."[2]) Wer also diese großen und kostbaren

---

[1]) Serm. 48. de exaltat. S. Crucis.
[2]) De Christi Passione Meditat. 25. c. 9.

Schätze gewinnen, wer mit Ernst sein ewiges Heil besorgen, mit Muth, Kraft und Sicherheit nach der Tugend und Vollkommenheit streben will; der wird auch sein Hauptaugenmerk auf das Leiden des Herrn richten, in demselben für die vielen und verschiedenen Bedürfnisse seiner Seele Hilfe suchen, und dann auch im eigenen Leben muthig und standhaft den Kreuzweg wandeln, der in den Himmel führt.

Daher sehen wir auch, daß die Betrachtung des Leidens und Sterbens des Herrn das tägliche Brod war, womit die Heiligen ihr Geistesleben nährten, und daß sie von allen Geisteslehrern dringend empfohlen werde. Verschieden ist aber die Art und Weise, wie sie diese Geheimnisse behandeln.

Die Einen verfolgen den Gang der Erzählung, wie sie von den heiligen Evangelisten dargelegt ist, begleiten im Geiste den göttlichen Heiland auf seinem Leidenswege von dem letzten Abendmahle bis zum Grabe, als wenn sie Zuschauer und Zuhörer wären, die Alles beobachten und erwägen, was da geschieht und gesprochen wird, und erweden in ihrem Herzen den verschiedenen Geheimnissen entsprechende Anmuthungen, Gefühle und Tugendakte. Andere erwägen bei den einzelnen Geheimnissen, was der Herr an seinem Leibe, was er an seiner Seele gelitten, wie die Gottheit die Menschheit diesen Leiden überlassen, und nur in so weit unterstützt hat, daß sie nicht unterlag, bis der Leidenskelch ausgetrunken war, aus welchen Ursachen, um welcher Sünden willen er die einzelnen Leiden auf sich genommen, für wen er sie erduldet, und welche Tugenden er in denselben geübt hat.

Viele betrachten neben dem Leiden des Herrn die Menge, die Schwere, die Bosheit und die Abscheulichkeit der Sünden in Reue und Zerknirschung, beten erschüttert die göttliche Gerechtigkeit an, welche eine solche Genugthuung gefordert, und bewundern die göttliche Barmherzigkeit, welche diese Genugthuung selbst für das Menschengeschlecht geleistet, so wie die unbegreifliche Liebe, mit welcher der himmlische Vater seinen eingebornen Sohn für uns hingegeben, und der Sohn Gottes für uns dieses blutige Erlösungswerk auf sich genommen hat.

Manche betrachten die Wohlthaten, welche der Herr fortwährend den Menschen gespendet, und den entsetzlichen Undank, mit welchem die Menschen ihm dieselben vergolten haben, also das Leiden, in wie fern es von den Menschen ausgegangen ist. So schreibt der heilige Augustinus: „Christus, der Alle speist, hat gehungert; er, durch welchen jeder Trank erschaffen ist, hat gedürstet; er, der sich selbst für uns zum Wege in den Himmel gemacht hat, ist auf der Erde müde geworden; er ist verstummt, und taub geworden vor denen, welche ihn gelästert, da doch durch ihn der Stumme seine Sprache, und der Taube sein Gehör erlangt haben; er, der uns aus den Banden aller Schwachheiten befreit hat, ist gebunden worden; der die Geißeln aller Schmerzen von den Leibern der Menschen entfernt hat, ist gegeißelt worden; der unsern Kreuzen ein Ende gemacht hat, ist gekreuziget worden; der die Verstorbenen auferweckt hat, ist gestorben; er ist auferstanden, und wird nicht mehr sterben, damit Niemand von ihm den Tod so verachten lernete, als wenn er dann niemals mehr sein würde."[1]

Es gibt auch Geistesmänner, welche in der Betrachtung des Leidens und Sterbens des Herrn auf die erhabene Würde des Gottmenschen sehen, und erwägen ihr gegenüber die schrecklichen Unbilden und die gräuelhaften Verbrechen, welche an ihm begangen worden sind. So schreibt der ehrwürdige Thomas von Kempen: „Sieh! der Allerhöchste über Alle wird unter Alle erniedriget, der Edelste wird entehrt, der Schönste wird mit dem Auswurfe besudelt, der Weiseste wird verlacht, der Mächtigste wird gebunden, der Unschuldigste wird gegeißelt, der Heiligste wird mit Dornen gekrönt, der Sanftmüthigste wird mit Backenstreichen geschlagen, der Reichste wird arm gemacht, der Freigebigste wird beraubt, der Keuscheste wird entblößt, der Würdigste wird gelästert, der Beste wird gescholten, der Weiseste wird als Narr behandelt, der Liebenste wird gehaßt, der Wahrhaftigste wird verleugnet, der Süßeste wird mit Galle getränkt, der Gebenedeiteste wird verflucht, der Friedfertigste wird gepeiniget, der Gerechteste

---

[1] De catechisand. rudib. c. 22.

wird angeklagt, der Schuldloseste wird verurtheilt, der Arzt wird verwundet, der Sohn Gottes wird gekreuziget, der Unsterbliche wird getödtet." [1] Diese Geheimnisse sind eben unendlich, und darum unerschöpflich; es kann daraus jede Seele nach ihrer Fassungskraft und nach den Bedürfnissen ihres Zustandes schöpfen; jede Geistesrichtung findet darin, was sie braucht.

Was aber der göttliche Lehrmeister, der heilige Geist, in liebenden Seelen wirkt, welche in das Leiden Christi theilnehmend, mitleidend sich herabgründen, und mit gänzlicher Hingabe ihrer selbst gleichsam mit dem Leidenden und Gekreuzigten sich verschmelzen; wer kann das erforschen, ausdrücken, oder beschreiben? Die heilige Kirche stellt uns solche hochbegnadigte Seelen in ihren Heiligen vor Augen, welche auch äußerlich das leibhaftige Bild des Gekreuzigten an sich trugen, und im eigentlichen Sinne mit dem heiligen Paulus von sich sagen konnten: „Ich trage die Wundmale des Herrn Jesus an meinem Leibe". [2]

Der heilige Thomas von Aquin erörtert das Leiden Christi als Theolog, und sucht die Geheimnisse desselben in ihrem Wesen, in ihren Ursachen, in ihren Wirkungen und Folgen, so wie nach allen Umständen und Verhältnissen zu durchforschen. Es erscheinen in seinen tiefen und geistvollen Forschungen über diese großen Geheimnisse viele Lichtpunkte, welche uns in andern Schriften nicht begegnen, und seine Darstellung dient gleichsam zur theologischen Grundlage für alle Betrachtungen über diesen Gegenstand.

Um aber die Erörterungen des englischen Lehrers über das Leiden und Sterben des Herrn besser zu verstehen, müssen wir uns folgende Grundwahrheiten vor Augen halten. Da Gott der Anfang und das Ende des Geschöpfes, [3] und jedes Geschöpf in seinem Entstehen, Sein und Wesen, in seiner Fortdauer und in seinem Wohlsein unbedingt, durchaus und allseitig von ihm abhängig ist; so muß auch das ganze Geschöpf nach seiner Natur und Beschaffenheit, das vernünftige Geschöpf aber in freiem Stre-

---

[1] De Christi Passione Meditat. 27. c. 4.   [2] Galat. c. VI. v. 7.
[3] Apoc. c. I. v. 8.

ben Gott zugewendet, auf Gott hingerichtet sein, und alle ihm untergeordneten und dienstbaren Geschöpfe als Mittel dazu gebrauchen.[1])

Die Natur des Schöpfers und die Natur des vernünftigen Geschöpfes erfordern es, daß dieses Geschöpf den Schöpfer als das unendliche Gut und als die Quelle alles Guten über Alles liebe, und lobe; daß es Gott als der unendlichen Vollkommenheit und Majestät und als der Quelle aller Vollkommenheit und Würde die höchste Liebe und Ehrfurcht erweise; und daß es Gott als dem unumschränkten Herrn über Alles in Liebe durchaus unterthänig und gehorsam sei, und ihm diene.[2]) Diese Liebe, dieses Lob, diese Ehrfurcht, dieser Dienst, diese Ehre und Verherrlichung gebührt Gott, und ist das vernünftige Geschöpf Gott schuldig; darauf hat Gott naturgemäß das Recht, und dieses Recht kann Gott nicht aufgeben, ohne sich selbst zu leugnen; dazu hat auch das vernünftige Geschöpf naturgemäß die Pflicht, und diese Pflicht kann es nicht verletzen, ohne sein natürliches Verhältniß zu Gott zu zerstören.

Verweigert nun das vernünftige Geschöpf Gott diese Pflichterfüllung, so verletzt es dieses Recht Gottes, und fügt Gott ein Unrecht, eine Unbild zu, die eben so groß, als dieses Recht, als die Majestät, die Vollkommenheit, die Oberherrschaft Gottes und als seine Abhängigkeit von Gott ist; denn dieses Unrecht, diese Unbild muß nach dem Verhältnisse, das zwischen Gott und dem vernünftigen Geschöpfe besteht, und dadurch zerrissen wird, und nach der Erhabenheit der Majestät Gottes, sowie nach der Niedrigkeit dieses Geschöpfes, das aus sich selbst nichts ist, geschätzt werden. Ueberdieß ist das Unrecht, die Unbild um so größer und schwerer, je größer und schwerer die Uebelthat, durch welche Gott dieses Unrecht, diese Unbild zugefügt, und je boshafter der Wille ist, mit dem die Uebelthat begangen wird. Nach allen diesen Richtungen hin liegt in der Todsünde ein so großes Unrecht, eine so große Unbild, daß, was Unrecht und Unbild betrifft, nichts Größeres und Schwereres gedacht werden kann; es liegt in der

---

[1]) Eccli. c. XII. v. 13. 14.   [2]) Psalm. c. II. v. 11.

Todsünde gewissermaßen ein unendliches Unrecht, eine unendliche Unbild. Daher sagt der heilige Thomas: „Die gegen Gott begangene Sünde schließt wegen der Unendlichkeit der göttlichen Majestät eine gewisse Unendlichkeit in sich." [1])

Daraus ergibt sich, daß der Mensch, der Gott ein solches Unrecht, eine solche Unbild zufügt, eine solche unendliche Schuld auf sich ladet, und für diese unendliche Schuld nach dem ewigen Gesetze der Gerechtigkeit auch eine entsprechende unendliche Genugthuung zu leisten verpflichtet ist, oder eine entsprechende unendliche Strafe erleiden muß, die, weil sie an sich an einem Geschöpfe nicht unendlich sein kann, wenigstens der Dauer nach endlos sein, und darum ewig fortdauern muß.

Zwischen dem Schuldigen, Genugthuungspflichtigen, Straffälligen und dem Beleidigten, Richter und Rächer, zwischen dem Sünder und Gott besteht nun dieses trennende und feindliche Verhältniß so lang, bis die Schuld getilgt, die Genugthuung geleistet, oder die Strafe gebüßt, das Unrecht gutgemacht, die Unbild getilgt, und eine Versöhnung bewerkstelliget ist. Durch die Sünde wird also der Mensch von Gott, seinem letzten Ziele und Ende getrennt, Gott als Feind gegenüber gestellt; er verwirkt dadurch alles Gute, das mit diesem letzten Ziele und Ende verbunden ist, so wie auch alles übrige Gute, das er von der Liebe Gottes erhalten hat, oder erhalten haben würde, und hat auf dasselbe keinen Anspruch mehr, so lange er sich in dieser feindlichen Stellung befindet.

Nun aber belehrt uns der Glaube, daß Gott dem Menschen ursprünglich eine übernatürliche Bestimmung in der Anschauung, im Besitze und Genusse Gottes gegeben, wie dieß aus der Glaubenslehre über die Wiederherstellung jenes Zustandes erhellt,[2]) und daß Gott ihm zur Erreichung dieser Bestimmung das Leben übernatürlicher Gerechtigkeit und Heiligkeit mit den erforderlichen übernatürlichen Gnaden zur Bethätigung dieses Lebens verliehen;[3]) daß der erste Mensch gesündiget;[4]) daß dieser erste Mensch als Princip und Stammvater des menschlichen Geschlechtes seine Sünde

---

[1]) P. III. q. 1. a. 1. ad 2.   [2]) L Joann. c. III. v. 2.
[3]) Ephes. c. IV. v. 24.   [4]) Gen. c. III.

auf seine ganze Nachkommenschaft vererbt,¹) und mit sich das ganze Geschlecht von Gott losgerissen; daß er mit demselben alle Güter der Glorie und der Gnade verloren habe,²) und zur gerechten Strafe der vielseitigen Knechtschaft der Sünde,³) des Todes⁴) und des Teufels,⁵) auf dessen Anstiften er gesündiget hat, übergeben worden, und der ewigen Verdammniß verfallen sei.⁶)

Sollte also der Mensch mit Gott wieder versöhnt werden, so mußte, vorausgesetzt, daß die Heiligkeit und Gerechtigkeit Gottes volle Genugthuung forderte, für das Unrecht und für die Unbild diese Genugthuung geleistet, die Gnade und Glorie verdient, und die Erlösung aus der Knechtschaft und Verdammniß bewerkstelliget werden. Das Alles aber war der gefallenen Menschheit und allen möglichen bloßen Geschöpfen durchaus unerschwinglich. Denn der beleidigten göttlichen Majestät konnte nur eine gleiche Majestät für die zugefügte Unbild genugthun; die übernatürlichen Schätze der Gnade und der Glorie konnte nur derjenige verdienen, dessen Werke dem Werthe derselben gleichkamen, oder ihn überstiegen; und aus dieser Knechtschaft und Verdammniß konnte nur der befreien, welcher stärker, als diese feindlichen Gewalten, und auch im Stande war, die Ursachen dieser Knechtschaft und Verdammniß zu entfernen, und aufzuheben.

Wie nun dieses Alles der Gottmensch Jesus Christus durch sein Leiden und Sterben geleistet hat, erörtert der heilige Thomas, auf die Wahrheiten des Glaubens gestützt, nach den Prinzipien und Folgerungen der Vernunft, nicht um diese großen Geheimnisse und das, was an denselben unerforschlich und unbegreiflich ist, zu erforschen, und begreiflich zu machen, sondern um dieselben auch nach dieser Seite hin zu beleuchten, und von denselben unserm Verständnisse dasjenige näher zu bringen, was auch der natürlichen Fassungskraft des menschlichen Geistes zugänglich ist, wie auch der heilige Apostel Paulus spricht: „Wir lehren Gottes Weisheit, die geheimnißvolle, die verborgene, welche Gott vom Anbe-

---

¹) Rom. c. V. v. 12. ²) Ephes. c. II. v. 3. ³) Rom. c. VI. v. 20. ⁴) Ibid. c. V. v. 12. ⁵) Hebr. c. II. v. 14. 15. Joann. c. XII. v. 31. c. VIII. v. 44. I. Joann. c. III. v. 8. II. Tim. c. II. v. 26. Concil. Trid. Sess. V. Decret. de peccat. orig. ⁶) Rom c. V. v. 16. 18.

ginne der Welt zu unserer Herrlichkeit bestimmt hat." [1]) Wie viel man auch darüber lehrt, und davon versteht; so bleibt doch unendlich mehr verborgen und geheimnißvoll, was man nicht lehren, nicht verstehen kann. Denn der ganze Christus, nicht bloß an sich, sondern auch in Allem, was von ihm ist, bleibt, wenn auch geoffenbart, geprediget, geglaubt, und geschaut, doch immer das größte, ein unendliches Geheimniß, wie derselbe heilige Apostel sagt: „Offenbar groß ist das Geheimniß der Gottseligkeit, welches geoffenbart ward im Fleische, gerechtfertiget im Geiste, geschaut von den Engeln, geprediget den Heiden, geglaubt in der Welt, aufgenommen in Herrlichkeit." [2])

Die geistige Fassungskraft ist aber in verschiedenen Menschen verschieden; verschieden sind die Gaben der Weisheit und der Wissenschaft, die der heilige Geist austheilt; verschieden sind die Erleuchtungen der Gnade; und verschieden sind auch die Gaben der Lehrfähigkeit. Wer davon Mehreres und Größeres empfangen hat, der kann auch Andern, die Wenigeres und Geringeres erhalten haben, von dem Seinigen mittheilen; und das ist nach dem Urtheile der heiligen Kirche mit dem heiligen Thomas auf eine besondere und ganz ausgezeichnete Weise der Fall. Er kann uns also auch über die Geheimnisse des Leidens und Sterbens des Herrn Wahrheiten erschließen, und klar machen, welche gewöhnliche Geister zu ergründen nicht im Stande wären; und zu dem ist er uns von der heiligen Kirche als Lehrmeister empfohlen. Wir wollen ihm also in seinen Forschungen und Erörterungen folgen, und aus denselben für das Heil unsrer Seelen Nutzen zu schöpfen suchen.

In Bezug auf das Leiden des Herrn zieht der englische Lehrer zuerst das Leiden selbst an sich betrachtet, hierauf dessen Ursachen, und hernach dessen Wirkungen in Erwägung. Erkennt man aber einen Gegenstand an sich und in seiner Natur und Wesenheit, in seinen Ursachen und in seinen Wirkungen, dann ist die Erkenntniß vollständig. Sehen wir nun, wie er die Sache entwickelt.

---

[1]) I. Cor. c. II. v. 7.   [2]) I. Tim. c. III. v. 16.

Erstes Kapitel.
Das Leiden Christi an sich betrachtet.[1])

Der englische Lehrer setzt in seinen Erörterungen über das Leiden unsers Herrn und Heilandes die Thatsachen, wie sie von den heiligen Evangelisten erzählt werden, voraus, und stellt über dieselben als über etwas Gegebenes und Vorliegendes seine Untersuchungen an. Er gibt zuerst eine Übersicht über die Fragen, die er behandelt, stellt dann die einzelnen Fragen selbst hin, beleuchtet die Bedenken und Einwürfe, welche erhoben werden können, nach verschiedenen Seiten hin, begründet hierauf seine Antwort, und widerlegt aus den Gründen und Beweisen seiner Antwort oder auch aus dem innern Mangel an Wahrheit die Einwürfe und Bedenken. So verbindet er die Gründlichkeit mit der Klarheit in der Lehre, spannt die Aufmerksamkeit und das Interesse, und ermüdet in gedrängter Kürze den Geist nicht durch überflüssige Ausschweifungen.

Über das Leiden des Herrn an sich betrachtet stellt der heilige Lehrer zwölf Fragen: Ob das Leiden zur Erlösung der Menschen nothwendig, ob keine andere Art der Erlösung möglich, ob eine andere Art angemessener, ob es angemessen, daß Christus am Kreuze litt, ob das Leiden ein allgemeines, ob der Schmerz der größte gewesen, ob die ganze Seele Christi gelitten, ob das Leiden die selige Anschauung der Seele gehindert, ob das Leiden zur rechten Zeit, ob es am rechten Orte stattgefunden habe, ob es geziemend gewesen sei, daß Christus mit Missethätern gekreuziget wurde, und ob das Leiden seiner Gottheit zugeschrieben werden müsse.

---

[1]) P. III. q. 46.

Aus diesen Fragen können wir schon erkennen, wie tief seine Forschungen eindringen, und wie seine Untersuchungen nach allen Seiten hin sich ausbreiten. Wir wollen nun hören, wie er diese Fragen beantwortet, und seine Antworten selbst in freier Darstellung erwägen.

1.
Die Nothwendigkeit des Leidens Christi.[1])

Wenn wir richtig urtheilen wollen, ob und in wie fern das Leiden des Herrn nothwendig war, müssen wir uns zuerst von der Nothwendigkeit selbst, das heißt, in wie fern Etwas nothwendig sein könne, einen klaren Begriff bilden, und die innere von der äußern Nothwendigkeit wohl unterscheiden. Die innere Nothwendigkeit liegt in der Sache selbst, und man versteht darunter dasjenige, was die Natur der Sache erfordert, und ohne welches die Sache selbst nicht sein, nicht bestehen kann, wie z. B. Leib und Seele nothwendig sind, damit der Mensch Mensch sein kann. Eine solche Nothwendigkeit lag nun in Bezug auf das Leiden des göttlichen Erlösers weder von Seite Gottes, noch von Seite Christi, des Herrn, noch von Seite des Menschen, noch auch von Seite der Erlösung des Menschengeschlechtes vor; da auch ohne dieses Leiden Gott Gott, Christus Christus, der Mensch Mensch geblieben wären, und die Erlösung auch auf eine andere Weise hätte bewerkstelliget werden können, wie wir dieß später sehen werden.

Die äußere Nothwendigkeit befindet sich außerhalb der Sache selbst, und man versteht unter derselben dasjenige, was auf die Sache von außen her einwirkt, und einen nöthigenden Einfluß nimmt. Das kann nun aber ein Zweifaches sein; entweder Etwas, das der Sache einen nöthigenden Zwang anthut, wie z. B. Jemand deßhalb nicht gehen kann, weil er von einem Andern festgehalten wird; oder Etwas, ohne das ein gewisser Zweck, der erreicht werden soll, nicht erreicht werden kann, wie z. B. das Licht dem Auge nothwendig ist, wenn es sehen soll. Die erstere Art von

---
[1]) P. III. q. 46. a. 1.

Nothwendigkeit war nun für das Leiden Christi, des Herrn, nicht vorhanden, weil dem allmächtigen Gott kein Zwang angethan werden kann, wie von ihm auch geschrieben steht: „In deiner Hand ist Kraft und Macht, und Niemand kann dir widerstehen";[1]) und weil Gott in seinem freien Rathschlusse das Leiden Christi zum Mittel der Menschenerlösung bestimmt hat, wie der heilige Paulus sagt: „Er hat selbst seines eigenen Sohnes nicht geschont, sondern ihn für uns Alle hergegeben";[2]) denn wenn man Etwas nicht schont, und es hingibt, so setzt dieß voraus, daß man dazu nicht gezwungen wird. Es war diese Nothwendigkeit auch für Christus nicht vorhanden, weil er sich freiwillig dem Leiden unterzogen hat, wie von ihm gesagt ist: „Er ist geopfert worden, weil er es selbst gewollt hat".[3]) Es war diese Nothwendigkeit auch von Seite der Menschheit nicht vorhanden, weil sie weder Gott noch dem Gottmenschen Gewalt anthun, und auch ohne das Leiden des Herrn erlöst werden konnte. Es gab also auch keine äußere zwingende Nothwendigkeit für das Leiden des Herrn.

Sieht man aber auf den Zweck, welcher durch das Leiden des Gottmenschen erreicht werden sollte; so wird man finden, daß es in dieser Beziehung nothwendig war. Dieser Zweck war ein dreifacher; der erste lag auf Seite des Menschengeschlechtes, der zweite auf Seite Christi, des Herrn, der dritte auf Seite Gottes. Das Menschengeschlecht sollte durch das Leiden Christi erlöst werden, Christus sollte durch sein Leiden sich seine Verklärung und Verherrlichung verdienen, Gott sollte die Erfüllung seines Rathschlusses, in dem er das Leiden Christi als Mittel zur Erlösung der Menschheit bestimmt hatte, durch eben dieses Leiden erreichen.

War es einmal festgesetzt, daß die Menschheit erlöst, und zwar durch das Leiden des Gottmenschen, nicht aber auf eine andere Weise, erlöst werden sollte; so war dieses Leiden zur Erreichung dieses Zweckes so nothwendig, wie die Ursache zur Hervorbringung ihrer Wirkung. Nun aber war das Leiden des Erlösers als das einzige Mittel, um die Menschen zu erlösen, im Rathschlusse Gottes festgesetzt; denn es steht geschrieben: „Unsers Frie-

---

[1]) II. Paralip. c. XX. v. 6. [2]) Rom. c. VIII. v. 32. [3]) Isai. c. LIII. v. 7.

bens wegen liegt die Züchtigung auf ihm, und durch seine Wunden werden wir geheilt".¹) Auf diese Nothwendigkeit weist Christus, der Herr, selbst hin, indem er sagt: „Gleichwie Moses die Schlange in der Wüste erhöht hat, so muß der Menschensohn erhöht werden; damit Alle, die an ihn glauben, nicht verloren gehen, sondern das ewige Leben haben".²) Daß wir Alle nicht verloren gehen, sondern das ewige Leben haben, unsere Erlösung erklärt er hier als den Zweck, seine Erhöhung auf das Kreuz, sein Leiden aber erklärt er als das Mittel zur Erreichung dieses Zweckes; und, weil dieses Mittel allein zur Erreichung dieses Zweckes bestimmt war, darum erklärt er es für nothwendig, und sagt, daß er erhöht werden, daß er leiden müsse. In der Voraussetzung also, daß das Leiden Christi im Rathschlusse Gottes als das einzige Mittel, unsere Erlösung zu bewerkstelligen, festgesetzt, und daß unsere Erlösung selbst als der zu erreichende Zweck unabänderlich in Aussicht genommen worden, war dieses Leiden unumgänglich nothwendig.

Wollen wir aber in den Rathschluß Gottes tiefer eingehen, und sehen, warum Gott eben dieses Leiden seines eingebornen Sohnes als Mittel zur Erreichung des Zweckes der Menschenerlösung gewählt habe; so werden wir den wunderbaren Zusammenhang zwischen diesem Mittel und seinem Zwecke, zwischen dem Leiden des Herrn und unserer Erlösung finden. Denn Gott hatte den Menschen für ein dreifaches Leben, für das natürliche, für das übernatürliche, und für das ewige Leben, erschaffen. Diesem dreifachen Leben ist ein dreifacher Tod, der Tod der Natur, der Tod der Sünde, der ewige Tod in der Hölle, entgegengesetzt, wie Dionysius, der Karthäuser, sagt: „Wie es ein dreifaches Leben gibt, nämlich das Leben der Natur, das Leben der Gnade, und das Leben der Glorie; so gibt es auch einen diesem dreifachen Leben entgegengesetzten dreifachen Tod, nämlich den Tod der Natur, den Tod der Schuld, und den Tod des Jammers in der Hölle".³) Nun aber sagt der heilige Bernardus: „Es kann nichts

---

[1] Isai. c. LIII. v. 5. [2] Joann. c. III. v. 14. 15.
[3] Super Hymn. Advent. Dom. ad Vesp.

angemessener sein, als daß der Tod den Tod bewirkte, der geistige den leiblichen, der schuldbare den strafenden, der freiwillige den nothwendigen".[1] 'Der Mensch hat den Tod der Sünde schuldbarer Weise herbeigeführt, und durch die Sünde freiwillig das Gnadenleben in sich zerstört; zur Strafe dafür ist er dem natürlichen Tode: „Durch die Sünde der Tod";[2] und dem ewigen Tode: „Das ist der zweite Tod";[3] verfallen. Aus diesem dreifachen Tode sollte der Mensch zu jenem dreifachen Leben durch den Tod des Erlösers auferweckt, und zurückgeführt werden, und zwar so, daß der Unschuldige durch seinen Tod die Todesschuld des Schuldigen büßte, und tilgte; daß der Urheber alles Lebens durch sein Verdienst dem dreifach Todten das dreifache Leben wieder gäbe; und daß der Mensch, wie er durch die Befriedigung der bösen Lust dem dreifachen Tode verfallen war, von dem Erlöser durch Leiden dem dreifachen Leben zurückgestellt würde. Darum sollte Christus, der Herr, leiden und sterben; darum sollte die gefallene Menschheit durch dieses Mittel wieder aufgerichtet werden.

Schon aus dieser Wahrheit ergibt sich, welches Übel und von welchen verheerenden Folgen die Todsünde, und wie tief begründet und wie vollkommen bezeichnend der Name „Todsünde" sei; da sie ein solches dreifaches Leben tödtet, einen solchen dreifachen Tod mit sich führt, und, um gesühnt werden zu können, den Tod des Gottmenschen nothwendig macht. Wie verderblich erscheint hier ferner die böse Lust, aus welcher die Todsünde entspringt, wie der heilige Apostel Jacobus sagt: „Jeder wird versucht, indem er von seiner eigenen Lust gereizt, und gelockt wird; dann, wenn die Lust empfangen hat, gebiert sie die Sünde; die Sünde aber, wenn sie vollbracht ist, gebiert den Tod";[4] die böse Lust, wegen welcher der Gottmensch sich seinem Leiden unterziehen mußte! Wie entsetzlich stellt sich da der Leichtsinn, die Verwegenheit, die Bosheit dar, womit die Menschen Todsünden begehen! Und welchen Dank sind wir unserm göttlichen Erlöser schon aus diesem Grunde schuldig!

---

[1] Serm. 4. super Salve Regina. [2] Rom. c. V. v. 12.
[3] Apoc. c. XX. v. 14. [4] Jacob. c. I. v. 14. 15.

Der zweite Zweck liegt auf Seite des Gottmenschen, des Erlösers, der sich dem Leiden unterziehen sollte. Denn war es bestimmt und festgesetzt, daß Christus die beseligende Anschauung Gottes für seine Menschheit nicht bloß als Gebühr wegen ihrer Erhebung zur Vereinigung mit der Gottheit in der Person des ewigen Wortes aus Gnade, sondern auch überdieß noch als Verdienst durch sein Leiden und Sterben erlangen sollte; so mußte er, um diesen Zweck zu erreichen, dieses Verdienst sich wirklich erwerben, und darum leiden, und sterben. Daß aber die Erreichung auch dieses Zweckes im göttlichen Rathschlusse festgesetzt worden war, sagt uns die Weissagung: „Der Herr will ihn zermalmen in der Schwachheit; doch wenn er für die Sünde sein Leben gegeben, schaut er ewigen Samen, und der Wille des Herrn gelingt in seiner Hand. Dafür, daß seine Seele gearbeitet, wird er schauen, und satt werden; durch seine Erkenntniß wird er selbst, mein Knecht, der Gerechte, Viele gerecht machen, und ihre Missethaten tragen. Darum will ich ihm sehr Viele zu Theil geben, und er wird den Mächtigen Beute vertheilen; denn er hat sein Leben in den Tod gegeben".[1] Die Erwerbung der Kirche, seine Verklärung und Verherrlichung und die Verklärung und Verherrlichung seiner Kirche durch ihn sollte der Lohn für sein Leiden und Sterben sein. Christus selbst hat dieß nach seiner Auferstehung auf dem Wege nach Emmaus vor seinen zwei Jüngern ausgesprochen: „Mußte nicht Christus dieß leiden, und so in seine Herrlichkeit eingehen?"[2] Ebenso bezeichnet der heilige Apostel Paulus das Leiden und den Tod des Herrn ausdrücklich als den Grund und als die verdienende Ursache seiner Erhebung über Alles und seiner Verklärung und Verherrlichung, indem er an die Philipper schreibt: „Er hat sich selbst erniedriget, und ist gehorsam geworden bis zum Tode, ja bis zum Tode am Kreuze. Darum hat ihn Gott auch erhöht, und ihm einen Namen gegeben, der über alle Namen ist; auf daß sich im Namen Jesus alle Kniee beugen derer, die im Himmel, auf der Erde und unter der Erde sind, und auf daß alle Zungen bekennen, daß der Herr Jesus Christus

---

[1] Isai. c. LIII. v. 10. 11. 12.　[2] Luc. c. XIV. v 26.

in der Herrlichkeit Gottes des Vaters ist".[1]) Wenn daher Christus, der Herr, diesen Zweck, nämlich seine eigene Verherrlichung, in wie fern sie sein Leiden und Sterben als verdienende Ursache voraussetzt, und ihm auch als Lohn für sein Verdienst zukommt, erreichen sollte; so mußte er leiden, und sterben, und war sein Leiden, sein Tod eine unausweichliche Nothwendigkeit.

Es stand aber sein Leiden und Sterben auch unter diesem Gesichtspunkte mit der Erlösung des Menschengeschlechtes in wunderbarem Zusammenhange, und daraus ersehen wir, warum Gott in seinem Rathschlusse dasselbe zur Erreichung auch dieses Zweckes als Mittel gewählt habe. Es diente zur Hebung und Beseitigung der Ursachen, aus welchen der Fall des Menschengeschlechtes erfolgt ist. Denn der Mißbrauch der Güter dieser Erde, der Ehren der Welt und der Genüsse des Lebens aus Habsucht, Ehrsucht und Genußsucht war die Ursache aller Sünden, und die Genugthuung für denselben forderte daher naturgemäß die Leiden der Armuth, die Leiden der Schmach und die Leiden der Schläge und Wunden, und das mißbrauchte Leben den Tod des Erlösers. Es gebührte dafür aber auch dem Erlöser, da er dieses Alles unschuldig und freiwillig auf sich nahm, die Erhebung zum Genusse aller Seligkeit und Herrlichkeit und zum Besitze aller Schätze und Reichthümer. Ueberdieß war es die Aufgabe des Erlösers, die Menschen nicht bloß von den Sünden und von dem Verderben, das aus denselben hervorgeht, zu befreien, sondern auch davor zu bewahren. Dazu sollte auch sein Vorbild dienen, welches die Güter, Ehren und Freuden der Welt, diese Köder und Lockspeisen der bösen Leidenschaften, verachten lehrt, und wenigstens gegen den Mißbrauch derselben zu schützen mit Hilfe der Gnade im Stande ist; da an ihm auch die Hoffnung belebt, und gestärkt wird, die himmlischen Reichthümer, Ehren und Freuden zu erlangen. Daher ergeht an uns die Mahnung des heiligen Apostelfürsten Petrus: „Wenn ihr Gutes thuet, und geduldig leidet, das ist Gnade bei Gott. Denn dazu seid ihr berufen, da auch Christus für uns gelitten, und euch ein Beispiel hinterlassen hat, damit

---

[1]) Philipp. c. II. v. 8.—12.

ihr seinen Fußstapfen nachfolget".¹) Diese Nachfolge Christi, des Herrn, lag mit im Erlösungsplane Gottes, wie der heilige Apostel Paulus lehrt; denn er schreibt an die Römer: „Die er vorhergesehen, hat er auch vorherbestimmt, dem Bilde seines Sohnes gleichförmig zu werden, damit er der Erstgeborne unter vielen Brüdern sei".²) Diese Gleichförmigkeit mit Christus, wenigstens in den Grundzügen, ist eine wesentliche Bedingniß unsers Heiles, und in Bezug auf das Leiden wenigstens in so weit, daß wir das von Gott uns zugemessene Maß nach seinem Vorbilde auf uns nehmen, und tugendhaft verwenden; wie derselbe Apostel sagt, indem er zur Versicherung, daß wir Kinder Gottes sind, und Gottes Erben sein werden, ausdrücklich hinzusetzt: „Wenn wir anders mit ihm leiden, damit wir auch mit ihm verherrlichet werden".³) Ist Christus das Haupt der Kirche,⁴) ist die Kirche der Leib Christi,⁵) und sind wir Glieder dieses Leibes und dieses Hauptes";⁶) so muß die Kirche, und müssen wir Christo, dem Herrn, gleichförmig werden. Wenn aber auch das Kreuz Christi Selbstüberwindung und Selbstopferung von uns fordert, so strahlt uns an ihm die Glorie seiner Herrlichkeit entgegen, welche bewirkt, was der heilige Völkerlehrer mit den Worten andeutet: „Darum ermüden wir nicht, sondern wenn auch unser äußerer Mensch aufgerieben wird, so wird doch der innere von Tag zu Tag erneuert. Denn unsere gegenwärtige Trübsal, die augenblicklich und leicht ist, bewirkt eine überschwängliche, ewige, Alles überwiegende Herrlichkeit in uns, die wir nicht hinsehen auf das Sichtbare, sondern auf das Unsichtbare; denn das Sichtbare ist zeitlich, das Unsichtbare ist ewig".⁷)

Der dritte Zweck liegt auf Seite Gottes. Denn hatte Gott die Durchführung der Menschenerlösung durch das Leiden und Sterben des Gottmenschen in seinem ewigen Rathschlusse festgesetzt, und dieß überdieß noch der Menschheit unmittelbar selbst, durch die Patriarchen und Propheten, durch die Vorbilder und Opfer des alten Bundes angekündet; so mußte, was er beschlossen,

---

¹) I. Petr. c. II. v. 20. 21. ²) Rom. c. VIII. v. 29. ³) Ibid. v. 17.
⁴) Ephes. c. V. v. 23. ⁵) Coloss. c. I. v. 18. ⁶) I. Cor. c. XII. v. 27.
⁷) II. Cor. c. IV. v. 16. 17. 18.

und als wirklich bevorstehend vorausverkündet hatte, auch wirklich eintreten. Denn das forderte seine Weisheit und Macht, seine Wahrhaftigkeit und Treue. Der Allwissende konnte sich in seiner Voraussicht nicht täuschen, der Allmächtige konnte in der Ausführung dessen, was er beschlossen hatte, sich nicht hindern lassen, der Wahrhafte und Getreue konnte seine Verheißung nicht unerfüllt lassen. Wie wunderbar aber ist der Ursprung, die Entwicklung und die Ausführung dieses göttlichen Erlösungsplanes! Gott hat den Fall des Menschengeschlechtes in seiner Allwissenheit vorausgesehen; Gott hat in seiner Allwissenheit vorausgesehen, daß sein eingeborner Sohn, wenn er Mensch werden würde, seinen menschlichen Willen vollkommen dem göttlichen Willen unterwerfen, und für Alles, was der göttliche Wille beschließen würde, hingeben werde; Gott hat in seiner Allwissenheit vorausgesehen, daß die Bosheit der Juden in Verbindung mit der Wuth der Hölle, dem Gottmenschen dieses Leiden und diesen Tod anthun werde, und zwar aus völlig freier Wahl und ohne den Einfluß dieser Voraussicht; da Etwas nicht deßhalb geschieht, weil es vorausgesehen wird, sondern vielmehr deßhalb vorausgesehen wird, weil es geschieht. In dieser Voraussicht hat Gott in seiner unendlichen Barmherzigkeit die Erlösung der Menschheit durch die Menschwerdung und durch das Leiden und Sterben seines vielgeliebten Sohnes beschlossen, dieselbe vorausverkündet, die Menschheit auf dessen Ankunft vorbereitet, und ihr die Erlösungsgnaden zum Voraus zugewendet, damit alle Menschen ohne Ausnahme erlöst, und selig werden könnten. Wie es also unmöglich ist, daß Gott sich in seiner Voraussicht täusche, oder in der Ausführung seines Rathschlusses gehindert werde, oder seine Verheißungen nicht erfülle; eben so unmöglich konnte, dieses Alles vorausgesetzt, das Leiden und Sterben Jesu Christi unterbleiben, und der göttliche Erlöser mußte leiden, und sterben, damit auch dieser Zweck von Seite Gottes erreicht würde. Auf diese Nothwendigkeit hat Christus, der Herr, selbst hingewiesen, indem er zu seinen Jüngern gesprochen: „Des Menschen Sohn geht hin, wie es beschlossen ist".[1])

---

[1]) Luc. c. XXII. v. 22.

— „Denn ich sage euch: Es muß an mir noch erfüllt werden, was geschrieben steht: Er ist unter die Missethäter gerechnet worden. Denn was von mir geschrieben steht, geht seinem Ende zu".[1]) Ebenso hat er nach seiner Auferstehung zu ihnen gesprochen: „Das sind die Worte, die ich zu euch geredet habe, da ich noch bei euch war, daß Alles erfüllt werden müsse, was im Gesetze Moses, in den Propheten und Psalmen von mir geschrieben steht. Dann schloß er ihnen den Sinn auf, daß sie die Schrift verstünden. Und er sprach zu ihnen: „Also steht es geschrieben, und also mußte Christus leiden, und an dem dritten Tage von den Todten auferstehen; daß in seinem Namen Buße und Vergebung der Sünden geprediget werde unter allen Völkern von Jerusalem angefangen".[2]) Christus, der Herr, mußte also leiden, und sterben, um auch diesen Zweck zu erreichen, der in der Voraussicht, im Rathschlusse, in der Weissagung und Verheißung Gottes lag; und so war sein Leiden und Sterben auch in Hinsicht auf diesen Zweck eine Nothwendigkeit.

Wenn wir aber weiter forschen wollen, wie sich dieser Rathschluß Gottes zu seinen Vollkommenheiten verhalte; so werden wir finden, daß derselbe seine Liebe und Barmherzigkeit, seine Heiligkeit und Gerechtigkeit, sowie seine Weisheit auf eine ganz wunderbare Weise bekundet, und auf eine ganz besondere und vorzügliche Art der Welt offenbaret. Es leuchtet aus demselben Gottes Heiligkeit und Gerechtigkeit hervor, welche die Genugthuung des Gottmenschen fordert, und welche Christus durch sein Leiden und Sterben leisten soll; Gottes Liebe und Barmherzigkeit, welche, da das Menschengeschlecht eine solche Genugthuung zu bieten nicht im Stande war, den Sohn Gottes opfert, und für dasselbe hingibt, um für dasselbe diese Genugthuung zu leisten, wie der heilige Paulus sagt: „Alle haben gesündiget, und ermangeln der Herrlichkeit Gottes, und werden gerechtfertiget ohne Verdienst durch seine Gnade, durch die Erlösung, die in Jesu Christo ist".[3]) Diese Barmherzigkeit und Liebe erstrahlt hier in einem viel höheren Glanze, als wenn Gott dem Menschengeschlechte die Sünden ohne

---

[1]) Luc. c. XXII. v. 37. [2]) Ibid. c. XXIV. v. 44.—49. [3]) Rom. c. III. v. 23. 24.

jede Genugthuung nachgelassen hätte, wie derselbe Apostel an die Ephesier schreibt: „Gott aber, der reich ist an Erbarmung, hat um seiner überaus großen Liebe willen, mit der er uns geliebt, uns, die wir todt waren in Sünden, mitbelebt in Christo, durch dessen Gnade ihr erlöst worden seid und mit auferweckt, und mit versetzt in den Himmel in Christo Jesu; um in den folgenden Zeiten den überschwänglichen Reichthum seiner Gnade zu zeigen durch die in Christo Jesu uns erwiesene Güte".[1]) Gott fordert die volle Genugthuung nach der ganzen Strenge der Gerechtigkeit, und leistet dieselbe gleichsam selbst in seiner unendlichen Barmherzigkeit und Liebe; wie wunderbar ist dieß! Dieser Rathschluß leistet also der göttlichen Gerechtigkeit und der göttlichen Barmherzigkeit zugleich Genüge, und offenbart beide Vollkommenheiten im großartigsten Maßstabe. Aus diesem Rathschlusse Gottes leuchtet aber auch seine unendliche Weisheit eben so glänzend hervor; denn sie hat das Mittel gefunden, die Gerechtigkeit und Barmherzigkeit auf gleiche Weise vollends zu befriedigen. Sie preist darum der heilige Völkerlehrer mit den begeisterten Worten: „Mir, dem Geringsten unter den Heiligen, wurde diese Gnade verliehen, unter den Heiden die unermeßlichen Reichthümer Christi zu verkünden, und Alle zu erleuchten, wie die Anstalt des Geheimnisses beschaffen sei, welches von Ewigkeit her in Gott verborgen gewesen, der Alles erschaffen hat; damit den Oberherrschaften und Mächten im Himmel die mannigfaltige Weisheit Gottes durch die Kirche kund würde gemäß dem von Ewigkeit gefaßten Rathschlusse Gottes, den er in Christo Jesu, unsrem Herrn, vollführt hat".[2]) Einen solchen Rathschluß konnte kein Mensch ahnen, kein Engel erdenken, nur Gottes unendliche Weisheit ergründen, und der göttlichen Gerechtigkeit und Barmherzigkeit zur Erlösung des Menschengeschlechtes darbieten. /

Wenn nun also auch für das Leiden und Sterben Christi keine innere Nothwendigkeit vorhanden war, und kein äußerer Zwang stattfinden konnte; so war es doch zur Erreichung dieses dreifachen Zweckes durch die Erlösung des Menschengeschlechtes

---

[1]) Ephes. c. II. v. 4.—8. [2]) Ibid. c. III. v. 8.—12.

nothwendig, und um dieses dreifachen Zweckes willen mußte der Gottmensch leiden, und sterben.

Gegen diese Wahrheiten kann nun keine ernstliche und vernünftige Einwendung erhoben werden, da diese ganze Oekonomie der Menschenerlösung ursprünglich von dem freien Rathschlusse Gottes abhing, und die Nothwendigkeit der Ausführung erst aus jenem freien Rathschlusse erfolgte; es ergeben sich aber aus denselben höchst wichtige Folgerungen für unser Leben./

Denn es liegt auch unser Leiden und Sterben in der Voraussicht und in dem Rathschlusse Gottes, und es steht mit dem Leiden und Sterben unsers göttlichen Erlösers in wunderbarer Verbindung. Wir sollen durch unser Leiden und Sterben an seinem Leiden und Sterben theilnehmen, und dadurch zu unsrer persönlichen Erlösung auch selbst das Unsrige beitragen; besonders da unser Leiden und Sterben von seinem Leiden und Sterben vermittelst der Gnade, die er durch dasselbe uns verdient hat, den Werth erhält, wie darum auch der heilige Paulus von sich und von der heiligen Kirche sagt: „Ich freue mich in dem Leiden für euch, und ersetze an meinem Fleische, was an dem Leiden Christi für seine Kirche mangelt".[1]) Dem Leiden Christi mangelte nichts, es war voll, und sein Werth reichte in unendlichem Uebermaße hin, die ganze Welt und unzählige andere Welten zu erlösen, wie er selbst gesagt hat: „Es ist vollbracht".[2]) Auch können wir den Werth seines Leidens nicht erhöhen, oder vermehren, da es von der göttlichen Würde seiner Person einen unendlichen Werth hat. Gleichwohl mangelt seinem Leiden noch Etwas in Bezug auf seine Kirche und auf uns, nämlich das Leiden seines geistigen Leibes, seiner geistigen Glieder, deren Theilnahme an seinem Leiden und an dessen Verdiensten; da Christus nicht bloß an sich, sondern auch an seinem mystischen Leibe und an dessen Gliedern leiden sollte, bis das ganze Leiden auch an diesem Leibe und an dessen Gliedern vollbracht sein, bis der ganze mystische Christus, das heißt, Christus mit seiner Kirche und mit seinen Gläubigen, das Haupt mit seinem Leibe und mit seinen Gliedern gleichförmig,

---

[1]) Coloss. c. I. v. 24.   [2]) Joann. c. XIX. v. 30.

das ganze Erlösungswerk auch in dessen Wirkungen vollendet haben würde. Darüber schreibt der heilige Augustinus: „Mangelte Etwas an dem Leiden jenes Menschen, welcher das Wort Gottes war, und aus Maria, der Jungfrau, geboren worden ist? Er hat gelitten, was immer er leiden sollte, und, wie es scheint, Alles. Denn an das Kreuz geheftet, nahm er zuletzt den Essig, und sprach: Es ist vollendet; und er neigte das Haupt, und gab seinen Geist auf. Was heißt nun das: Es ist vollendet? Es mangelt dem Maße der Leiden nun nichts mehr, weil Alles, was von mir geschrieben steht, erfüllt ist. Es waren nun alle Leiden vollendet, aber an dem Haupte; es erübrigten jedoch noch die Leiden Christi am Leibe. Nun aber seid ihr der Leib und die Glieder Christi. Da also auch der Apostel unter diesen Gliedern war, so sagte er deßhalb: Ich ersetze, was dem Leiden Christi mangelt, an meinem Fleische".[1]) Daher denn auch die Leiden, welche Jeder an sich und für sich zu erdulden hat, sei es an der Seele, oder am Leibe, von Seite seiner Mitmenschen, oder von Seite der Außenwelt, oder von Seite der Hölle; und dies ist der Grund, warum der göttliche Erlöser diese Leiden nicht von uns genommen hat.

Der Apostel sagt ferner, daß er ersetze, „was dem Leiden Christi für seinen Leib, welcher die Kirche ist, mangelt"; daß er für die Kirche, für Andere leide. Und in der That; es mangelt dem Leiden Christi noch Vieles, bis die Ungläubigen und Irrgläubigen bekehrt werden, und für deren Bekehrung die apostolischen Männer so Vieles leiden müssen; es mangelt dem Leiden Christi noch Vieles, bis die Sünder bekehrt werden, die Gerechten und die Unschuldigen zu ihrer Vollendung gelangen, und für sie müssen jene, denen die Sorge für das Heil der Seelen obliegt, Vieles leiden; es mangelt dem Leiden Christi noch Vieles, bis für die Sünden und Sündenstrafen der Gläubigen, welche selbst genugzuthun nicht im Stande sind, durch jene genuggethan wird, welche nicht mehr eigene Schulden zu zahlen haben, wohl aber von ihrem Überflusse für Andere zahlen können, und darum auch Vieles für andere Glieder der Kirche leiden. Das heißt nun für die Kirche

---

[1]) In Psalm. LXXXVI.

leiden, und so wird für sie ersetzt, was in dieser Beziehung dem Leiden Christi, des Herrn, mangelt. Auch darin erblicken wir die Gemeinschaft der Heiligen, die auch für einander leiden; und auch aus diesen Leiden schöpft die Kirche die Schätze der Ablässe, welche sie von dem Überflusse der Reichen nimmt, und den Bedürftigen mittheilt. So sehen wir nun, wie und warum auch unsere Leiden nothwendig sind, und zum allseitigen Heile beitragen können, und beitragen sollen.

Wie ferner Christus, der Herr, durch sein Leiden und Sterben in seine Herrlichkeit eingehen mußte; so müssen nach dem ewigen Rathschlusse Gottes auch wir durch unser Leiden und Sterben, welches wir mit dem seinigen vereinigen, und nach seinem Vorbilde auf tugendhafte Weise ertragen sollen, in unsere Herrlichkeit eingehen, die uns nicht geschenkt, sondern als Lohn gegeben wird. Darauf weist der heilige Paulus hin, indem er an die Hebräer schreibt: „Lasset uns aufblicken zum Anfänger und Vollender des Glaubens, zu Jesus, der für die ihm vorgelegte Freude das Kreuz erduldete, die Schmach nicht achtete, und zur Rechten des Thrones Gottes sitzt. Ja, gedenket an ihn, der solchen Widerspruch von den Sündern erduldet hat; damit ihr nicht ermüdet, und euren Muth nicht sinken lasset. Noch habet ihr nicht bis auf das Blut widerstanden im Kampfe wider die Sünde".[1]) So ermuthiget er diese Gläubigen in ihren Leiden durch die Hinweisung auf das Vorbild des Herrn; die Corinther aber tröstet er mit der Hoffnung auf die ewige Vergeltung, indem er ihnen zuruft: „Darum, meine lieben Brüder! seid standhaft und unbeweglich; seid voll des Eifers im Werke des Herrn allzeit, da ihr wisset, daß eure Arbeit nicht vergeblich ist im Herrn".[2]) Diese beiden Gesichtspunkte sind es, welche das Leiden, vor welchem die Natur zurückschaudert, erträglich, auch erwünscht, ja sogar zur Freude machen. Es wird zum Bedürfnisse der Dankbarkeit und Liebe gegen den göttlichen Erlöser; es wird zur süßen Mühe, mit der wir uns die Krone des Himmels flechten. Daher schreibt der heilige Augustinus: „Wenn wir täglich Qualen erdulden,

---

[1]) Hebr. c. XII. v. 2.—5.   [2]) I. Cor. c. XV. v. 58.

wenn wir eine kurze Zeit auch die Hölle ertragen müßten, um würdig zu sein, Christum zu sehen, wenn er in seiner Herrlichkeit kommt, und um unter die Zahl seiner Heiligen gerechnet zu werden; wäre es nicht billig, Alles, was schmerzlich ist, zu erleiden, damit wir eines so großen Gutes und einer so großen Herrlichkeit theilhaftig gemacht würden?¹) Es ist dieser Aufblick zur himmlischen Herrlichkeit, welcher auch den heiligen Märtyrern in ihren Peinen Kraft verlieh, standhaft bis zum Ende dem Herrn die Treue zu bewahren. Der heilige Sebastianus rief den heiligen Märtyrern Marcus und Marcellianus zu: „Alle Mühe, aller Schmerz und die Hingabe des Lebens für Christus ist entweder langsam und langwierig, oder heftig und schnell: wenn langsam, so ist es erträglich; wenn heftig und schnell, so ist es kurz, und beschleunigt den Tod. Harret also tapfer aus, ertraget die langsamen und die heftigen Leiden; denn sie verschaffen euch die Krone und eine unermeßliche und ewige Freude".²) Christus, der Herr, hat uns auf seinem Gange vom Oelberge auf den Calvarienberg den Weg zum Himmel gewiesen, und es gibt keinen andern, als den Kreuzweg. „Denn wenn es etwas Besseres und Nützlicheres für das Heil der Menschen gäbe, so hätte es uns Christus sicherlich in Wort und Beispiel gezeigt. Er aber mahnt sowohl die Jünger, die ihm nachfolgten, als auch alle Andern, die ihm nachfolgen wollen, ganz ausdrücklich zum Kreuztragen, indem er sagt: Wenn Jemand mir nachfolgen will, der verleugne sich selbst, und nehme sein Kreuz auf sich, und folge mir nach."³) Wer also zum Heile gelangen will, der muß in der Nachfolge Christi den Weg des Leidens, den Kreuzweg wandeln./

Es ist endlich, wie für Christus, auch für uns von der göttlichen Vorsehung das Maß, die Zeit, der Ort, die Art und Weise, das Ziel und Ende der Leiden bestimmt, und festgesetzt; und was die göttliche Vorsehung uns zuweist, müssen wir auf uns nehmen und durchführen, wie Christus; wenn wir nicht die Wege der göttlichen Vorsehung verlassen, und unser ewiges Heil

---

¹) Serm. 2. in Fest. omn. Sanct. ²) In ejus Actis.
³) Imit. Christ. Libr. II. c. XII. n. 15. Matth. c. XVI. v. 24.

auf das Spiel setzen wollen. Die für Jeden von Gott bestimmten Leiden sind sein Kreuz, und die Nachfolge Christi führt zum Himmel. Wer daher diese Leiden nicht ertragen, oder nicht so ertragen will, wie Christus, der Herr, die seinigen ertragen hat; der nimmt sein Kreuz nicht auf sich, der folgt Christo, dem Herrn, nicht nach, der ist nicht sein Schüler und Jünger, und wird darum auch nicht mit ihm zum Ziele der ewigen Herrlichkeit gelangen. Wollen daher auch wir den dreifachen Zweck des Leidens und Sterbens nach dem Vorbilde des Herrn erreichen, so müssen auch wir, wie Christus, leiden, und sterben. So leiden, und sterben, heißt, das Siegel der Kindschaft Gottes an sich tragen, das Unterpfand der ewigen Auserwählung besitzen, und den Weg in das himmlische Vaterland wandern. Daher die Geduld und die Standhaftigkeit, die Freude und der Jubel der Heiligen in den Leiden, weil sie dessen Geheimnisse kannten, und dessen Werth zu schätzen wußten; daher auch das Wort des heiligen Paulus an die Philipper: „Wenn ich auch ein Schlachtopfer werde über dem Opfer und Dienst eures Glaubens; so freue ich mich, und frohlocke ich mit euch Allen. Und deßwegen sollet auch ihr euch freuen, und mit mir frohlocken".[1]) Ja, der Apostel rühmt sich der Leiden, und schreibt an die Galater: „Fern sei es von mir, daß ich mich rühme, außer im Kreuze unsers Herrn Jesu Christi, durch welchen mir die Welt gekreuziget ist, und ich der Welt!"[2]) Kenneten alle Menschen die Schätze, welche in den Leiden liegen, und verstünden sie es, dieselben zu benützen; wie reich müßten sie sein, da Niemand ohne Leiden ist, und die Augenblicke des menschlichen Lebens auf dieser Erde gleichsam nur eine ununterbrochene Kette von Leiden bilden! Lernen wir doch von unserm lieben Heilande leiden. Denn es war das Leiden des Herrn in Folge des ewigen Rathschlusses Gottes das nothwendige Mittel, uns zu erlösen, und ohne Leiden können wir seiner Erlösung nicht theilhaftig werden. /

An die Frage, ob das Leiden und Sterben des Herrn nothwendig war, knüpft sich unmittelbar die andere Frage, ob denn

---

[1]) Philipp. c. II. v. 17. 18.   [2]) Galat. c. VI. v. 14.

keine andere Art und Weise möglich war, das Menschengeschlecht zu erlösen; und von diesen beiden Fragen ergänzt die eine die andere. Hören wir also, wie der heilige Lehrer diese zweite Frage erörtert.

2.
Das Leiden Christi die einzige Erlösungsweise.[1]

Es war Liebe, daß Gott den Menschen erschaffen hat. Es war Gnade, daß Gott den Menschen ursprünglich in die übernatürliche Ordnung seiner Kindschaft erhoben hat. Es war Barmherzigkeit, daß Gott den Menschen nach seinem Sündenfalle nicht, wie die gefallenen Engel, auf ewig verdammt hat. Es war ein Übermaß seiner Barmherzigkeit, daß Gott den Menschen durch die Erlösung zum ursprünglichen Zustande der Gnade wieder zu erheben beschlossen hat. Es war das Vollmaß seiner Liebe und Barmherzigkeit, daß Gott den Menschen durch die Menschwerdung seines eingebornen Sohnes so zu erlösen beschlossen hat, daß durch ihn auch seiner Gerechtigkeit volle und überschwängliche Genugthuung geleistet würde. Es war eine Alles übersteigende und überbietende Liebe und Barmherzigkeit, daß Gott den Menschen durch das Leiden und Sterben des Gottmenschen so erlösen wollte. Denn auf dieses Alles hatte der Mensch nicht das mindeste Recht, durch die Sünde aber noch überdieß alles Gegentheilige verschuldet, und verdient; Gott aber hat dadurch für sich nichts gewonnen, und würde auch nichts verloren haben, wenn er den Menschen verdammt, oder vernichtet hätte.

Hatte Gott aber die Erlösung, die Begnadigung der Menschheit auch beschlossen, so war zur Ausführung dieses Beschlusses doch noch nicht einmal die Menschwerdung seines eingebornen Sohnes nothwendig; denn es hätte dazu ein einfacher Willensakt von seiner Seite hingereicht, wie der heilige Athanasius sagt: „Ohne Ankunft (des Sohnes Gottes in der Menschwerdung) konnte Gott bloß diesen Ausspruch thun, und dadurch die Verdammniß beseitigen".[2]

---

[1] P. III. q. 46. a. 2.   [2] Orat. 2. contr. Arian.

Hatte Gott aber beschlossen, eine solche Erlösung des Menschengeschlechtes eintreten zu lassen, daß durch dieselbe für die Sünden der Welt auch seiner Gerechtigkeit volle Genugthuung im strengsten Sinne geleistet würde; so mußte zwar derjenige, der diese Genugthuung zu leisten hatte, Gott sein, weil der Beleidigung und Unbild, welche der göttlichen Majestät durch die Sünden zugefügt worden ist, nur von dem, der eine gleiche göttliche Würde und Majestät besitzt, eine ausgleichende Genugthuung geleistet werden kann; aber es war auch dazu noch nicht das Leiden und Sterben dieses Mittlers und Versöhners erforderlich. Hatte Gott daher, um diesen Zweck zu erreichen, auch beschlossen, daß das ewige Wort Mensch werde, und als Gottmensch diese Genugthuung seiner Gerechtigkeit leiste; so war es noch nicht nothwendig, daß der Gottmensch deßhalb dem Leiden und dem Tode sich unterzog. Denn die Weisheit und Allmacht Gottes hätte noch andere Mittel finden können, um diesen Zweck zu erreichen, wie geschrieben steht: „Bei Gott ist kein Ding unmöglich";[1] und Gott ist unter allen möglichen Mitteln durch nichts an Eins gebunden. Daher schreibt auch der heilige Augustinus: „Diese Weise, auf welche Gott uns durch den Mittler zwischen Gott und den Menschen, durch den Menschen Jesus Christus, zu erlösen gewürdiget hat, halten wir für gut, und auch der göttlichen Ehre für angemessen; aber wir können auch zeigen, daß Gott, dessen Macht Alles gleichmäßig unterworfen ist, auch eine andere Weise möglich gewesen wäre".[2] Es hätte von Seite des Gottmenschen ein einziger Akt genügt, um der göttlichen Gerechtigkeit die vollste und überschwänglichste Genugthuung für alle möglichen Beleidigungen und Unbilden zu leisten, eben weil er von seiner göttlichen Person auch einen göttlichen Werth erhielt. An sich also war das Leiden und Sterben des Gottmenschen auch dazu, daß der göttlichen Gerechtigkeit für die Sünden der Welt Genugthuung im strengsten Sinne des Wortes geleistet würde, nicht nothwendig, und auch eine andere Erlösungsweise möglich. /

Anders verhält sich aber die Sache, wenn diese Erlösungsweise in Hinsicht auf den ewigen Rathschluß Gottes in's Auge

---
[1] Luc. c. I. v. 37. [2] De Trinit. Libr. XIII. c. 10.

gefaßt wird, in Bezug auf welchen der heilige Bernardus die herrlichen Worte spricht: „Der Grund dieser Thatsache (dieser Erlösungsart) war die Gnade dessen, der sie vollbracht hat. Denn wer könnte leugnen, daß dem Allmächtgen andere und wieder andere. Arten unserer Erlösung, Rechtfertigung und Befreiung zur Hand lagen? — Von andern aber weiß kein Mensch Etwas, und es kann auch Niemand erkennen, was in Bezug auf die Gnade Gutes, was in Bezug auf die Weisheit Angemessenes, was in Bezug auf die Glorie Geziemendes, was in Bezug auf das Heil Ersprießliches die unerforschliche Tiefe dieses ehrwürdigen Geheimnisses in sich enthalte".[1]) Dieß wissen wir aber, daß Gott in seinem ewigen Rathschlusse eben diese Erlösungsweise durch das Leiden und durch den Tod des Gottmenschen gewählt und festgesetzt habe.

Denn dieß erhellt aus den Weissagungen der Propheten, die von Gott eingegeben, aus den Opfern des alten Bundes, die von Gott angeordnet waren, und das Leiden und Sterben des Erlösers vorbedeuteten, und aus den Worten Christi, des Herrn, selbst. Denn er hat zu Petrus gesprochen: „Soll ich den Kelch, den mir der Vater gegeben hat, nicht trinken?"[2]) Er hat diese Worte auf dem Ölberge unmittelbar vor seiner Gefangennehmung von dem bevorstehenden Leiden gesprochen, und damit erklärt, daß dieser Leidenskelch, zwar von den Juden gefüllt, und überfüllt, aber vom Vater dargereicht werde, und daß es somit der Wille des Vaters sei, denselben seinerseits anzunehmen, und zu trinken, zu leiden, und zu sterben. Auch die Worte seines Gebetes in der Todesangst: „Vater! ist es nicht möglich, daß dieser Kelch vorübergehe, ohne daß ich ihn trinke; so geschehe dein Wille";[3]) beweisen, daß er diesen Leidenskelch nach dem Willen des Vaters annahm. Daher schreibt auch der heilige Hilarius über diese Worte des Herrn: „Dieser Kelch kann deßhalb nicht vorübergehen, ohne daß er ihn trinke; weil wir, außer durch sein Leiden, nicht erlöst werden können".[4]) Wir hätten aber auf eine andere Weise

---

[1]) Epist. 190. ad Innocent. II. Vide Hurter Theolog. dogm. Tom. II. Tract. VII. Thes. 133. [2]) Joann. c. XVIII. v. 11. [3]) Matth. c. XXVI. v. 42. [4]) Canon. 31. in Matth.

erlöst werden können, wenn es nicht so im Rathschlusse Gottes bestimmt gewesen wäre. Diese Wahrheit erhellt auch aus jenen Worten des göttlichen Erlösers: „Die Stunde ist gekommen, daß der Menschensohn verherrlichet werde. Wahrlich, wahrlich sage ich euch, wenn das Weizenkorn nicht in die Erde fällt, und stirbt, so bleibt es allein; wenn es aber stirbt, so bringt es viele Frucht".[1]) Denn er nennt hier sich selbst das Weizenkorn, dessen Versenkung in die Erde und dessen Sterben seinen Tod und sein Begräbniß, die Frucht aber unsere Erlösung, und spricht damit klar aus, daß wir ohne sein Leiden und Sterben ebensowenig erlöst werden konnten, als das Weizenkorn, ohne in die Erde zu fallen, und zu sterben, Frucht bringen kann. Das könnte aber nicht sein, wenn nicht gerade sein Leiden und Sterben als Erlösungsmittel vom göttlichen Willen erwählt, und bestimmt gewesen wäre. Es kann also kein Zweifel sein, daß das Leiden und Sterben des Erlösers im göttlichen Rathschlusse vorausgesehen, und vorherbestimmt war.\

Was nun aber im göttlichen Rathschlusse vorhergesehen, und vorherbestimmt ist, das muß auch geschehen. Denn wie es unmöglich ist, daß die göttliche Voraussicht getäuscht, und der göttliche Rathschluß nicht ausgeführt werde; ebenso unmöglich war es, daß das Leiden und Sterben Christi, des Herrn, welches in dem göttlichen Rathschlusse vorhergesehen, und vorherbestimmt war, unterblieb. Da ferner dieses Leiden und Sterben des Sohnes Gottes als das Mittel, die Welt zu erlösen, vorhergesehen, und vorherbestimmt war; so war nach diesem Rathschlusse auch kein anderes Mittel mehr möglich. Es steht also fest, daß nach diesem Rathschlusse Gottes keine andere Erlösungsweise mehr möglich war. |

War ferner der dreifache Zweck der Erlösung, von welchem wir oben gesprochen haben, und zur Erreichung dieses Zweckes das Leiden und Sterben des Gottmenschen als Mittel im göttlichen Rathschlusse vorhergesehen, und vorherbestimmt; so mußte dieser Zweck durch eben dieses Mittel erreicht werden, und konnte somit weder ein anderer Zweck, noch auch ein anderes Mittel

---

[1]) Joann. c. XII. v. 23. 24. 25.

mehr festgesetzt, oder in Anwendung gebracht werden. Daher konnte auch aus diesem Grunde, jenen Rathschluß Gottes vorausgesetzt, kein anderes Mittel, als das Leiden und Sterben des Gottmenschen, zur Erreichung dieses Zweckes mehr gewählt werden, und war jede andere Erlösungsweise unmöglich geworden./

Aus dem Allen geht nun klar hervor, daß dieser Rathschluß Gottes die einzige Ursache gewesen, warum keine andere Erlösungsweise mehr möglich war. Muß man aber darum nicht annehmen, daß auch kein anderer Rathschluß Gottes möglich gewesen sei? Denn die Gerechtigkeit Gottes fordert Genugthuung, und begnadigte Gott die Menschheit ohne Genugthuung, so würde er ja seine Gerechtigkeit verleugnen. Mußte daher nicht wenigstens irgend ein genugthuender Akt des Erlösers im Rathschlusse Gottes gefordert, und festgesetzt werden? Allein für's Erste wäre der Gerechtigkeit Gottes, wie wir gesehen haben, auch durch den geringsten Akt des Gottmenschen die vollkommenste Genugthuung geleistet worden, und daher konnte die Gerechtigkeit Gottes auch nichts weiter fordern. Es lag daher in der göttlichen Gerechtigkeit kein Grund, warum Gott in seinem Rathschlusse das Leiden und Sterben des Gottmenschen als Erlösungsmittel hätte fordern müssen. Ferner würde Gott selbst dann, wenn er die Menschheit ohne irgend eine Genugthuung begnadiget hätte, seiner Gerechtigkeit keinen Eintrag gethan haben; denn die Gerechtigkeit fordert zwar, daß das Unrecht, welches einem Andern zugefügt worden ist, gutgemacht, oder gerächt werde, nicht aber, daß derjenige, der beleidiget und in seinem Rechte beeinträchtiget worden ist, sich selbst Genugthuung verschaffe, oder sich selbst räche. Ein Richter kann eine Schuld, welche gegen den Fürsten, oder gegen den Staat, oder gegen einen Andern abzutragen ist, ohne Genugthuung oder Strafe nicht erlassen; denn er würde dadurch dem Beleidigten oder Beschädigten Unrecht thun, und daher die Gerechtigkeit verletzen. Ist aber der Richter selbst der Beleidigte oder Beschädigte, so kann er ohne Genugthuung oder Strafe die Unbild verzeihen, die Schuld nachlassen, ohne die Gerechtigkeit zu verletzen; weil er dadurch weder einem Andern, noch sich selbst ein Unrecht zufügt; nicht einem Andern, weil da kein Anderer

Etwas zu fordern hat; nicht sich selbst, weil er über sich und über das Seinige frei verfügen kann. Könnte er es nicht, so könnte er auch niemals barmherzig sein, und die Barmherzigkeit würde von der Gerechtigkeit aufgehoben. So ist nun aber auch Gott allein der durch die Sünde Beleidigte; es hing somit einzig von seinem freien Willen ab, Genugthuung zu fordern, oder ohne Genugthuung zu verzeihen. Forderte er Genugthuung, so war er gerecht; verzieh er ohne Genugthuung, so war er barmherzig. Könnte Gott das nicht, wo bliebe dann seine Barmherzigkeit?

Wie aber, wenn der Mensch durch die Sünde nicht nur Gott beleidiget, sondern auch Andern geschadet hätte, wie es z. B. mit der Erbsünde der Fall ist, durch welche Adam das ganze Menschengeschlecht in's Verderben gestürzt hat? Auch in diesem Falle kann Gott ohne Genugthuung verzeihen, und zwar das Unrecht, das ihm selbst zugefügt worden ist, wie dieß aus dem Gesagten erhellt; und dann aber auch das Unrecht, das Andern zugefügt worden ist, weil er der unabhängige und unbeschränkte Herr und Eigenthümer aller Wesen ist, und weil er überdies unzählige Mittel besitzt, jedes Unrecht auszugleichen. Daher fleht David, welcher durch seine Sünde auch den Urias schwer geschädiget hatte, zu Gott um Barmherzigkeit, und beruft sich dabei auf eben diese Wahrheit, indem er sagt: „Ich habe gegen dich allein gesündiget;" [1]) was so viel ist, als wenn er gesagt hätte: Du kannst mir, ohne dir selbst, oder dem Urias, oder einem Andern Unrecht zu thun, ohne eine Ungerechtigkeit zu begehen, aus Barmherzigkeit verzeihen. Wenn aber dessenungeachtet Jedermann, der einem Andern boshafter und ungerechter Weise einen Schaden zugefügt hat, verpflichtet ist, denselben nach Kräften wieder gutzumachen; so kommt dieß daher, weil Gott ihm diese Pflicht nicht erlassen, und dieselbe nicht selbst an seinerstatt abtragen will, sondern aus vielen Gründen die Entschädigung geboten hat. Es bleibt somit festgestellt, daß dieser Rathschluß Gottes, die Menschen durch das Leiden und Sterben des Gottmenschen zu erlösen, ein vollkommen freier Rathschluß, ohne daß Gott zu demselben von

---

[1]) Psalm. L. v. 6

seiner Gerechtigkeit genöthiget worden ist, und daß zwar vor demselben auch eine andere, nach demselben aber keine andere Erlösungsweise mehr möglich war./

Aus diesen Wahrheiten ergeben sich für uns höchst tröstliche Folgerungen. Denn ist unsere Erlösung durch das Leiden und Sterben des Sohnes Gottes aus dem vollkommen freien Rathschlusse Gottes hervorgegangen; so war die Liebe und Barmherzigkeit des himmlischen Vaters gegen uns so groß, als die Hingabe seines eingebornen Sohnes in das Leiden und in den Tod; so war auch die Liebe und Barmherzigkeit des Sohnes Gottes gegen uns so groß, als die Übernahme und die Durchführung dieses Leidens und Sterbens; und so war auch die Liebe und Barmherzigkeit des heiligen Geistes gegen uns so groß, als seine Mitwirkung zu diesem ganzen großen Erlösungswerke. Um diese Liebe und Barmherzigkeit des dreieinigen Gottes gegen uns zu begreifen, müßten wir begreifen, wie groß Gott, wie nichtig wir, welches Übel die Sünde und deren Folgen, welches Gut die Erlösung und deren Früchte seien; das Alles aber ist uns unbegreiflich, und darum auch unbegreiflich diese Liebe und Barmherzigkeit Gottes gegen uns.

Diese Liebe und Barmherzigkeit Gottes strahlt uns aber in einem noch viel höheren Lichte entgegen, wenn wir bedenken, daß Gott unser nicht bedurfte; daß er aus unserer Verdammniß keinen Schaden erleiden; daß er aus unserer Rettung aus derselben und aus unserer Zurückversetzung zu unserer ursprünglichen Bestimmung keinen Gewinn machen, sondern nur Gelegenheit finden konnte, uns neue und noch größere Wohlthaten und Gnaden in der Zeit und Ewigkeit zu spenden; daß wir Sünder ihm gegenüber Schuldner, Majestätsverbrecher und Feinde waren; daß er für diese Liebe und Barmherzigkeit von so Vielen nichts, als Undank und neue Beleidigungen, zu erwarten hatte./

Diese Liebe und Barmherzigkeit Gottes ist es darum, worüber sich der heilige Apostel Johannes so sehr wundert, und schreibt: „Dadurch hat sich die Liebe Gottes gegen uns geoffenbart, daß Gott seinen eingebornen Sohn in die Welt gesendet, damit wir durch ihn leben. Darin besteht die Liebe, nicht daß wir Gott geliebt, sondern daß er uns zuvor geliebt, und seinen Sohn gesendet hat zur Versöhnung für unsere Sünden." [1]) Auch der heilige Apostel Paulus drückt sein Erstaunen darüber aus, findet außer Gott keinen Grund für diese Liebe und Erbarmung, und schreibt an die Römer: „Warum ist wohl Christus, da wir noch schwach waren,[2]) zur (bestimmten) Zeit für Gottlose gestorben? Es stirbt nämlich schwerlich Jemand für einen Gerechten; für den Wohlthäter dürfte vielleicht Jemand den Muth haben zu sterben. Es erweist aber Gott seine Liebe zu uns dadurch, daß Christus, als wir noch Sünder waren, zur (bestimmten) Zeit für uns gestorben ist;" [3]) — und: „Als wir noch Feinde waren, sind wir mit Gott durch den Tod seines Sohnes versöhnt worden." [4])

Ist nun diese Liebe und Erbarmung Gottes gegen uns arme Sünder ein ganz unbegreifliches Geheimniß, das wir nur anstaunen, und bewundern können; muß uns nicht auch die Gefühllosigkeit, der Kaltsinn, der Undank so vieler Menschen gegen eben diese Liebe und Erbarmung ebenfalls als ganz unbegreiflich erscheinen? Was kann billiger und gerechter sein, als daß wir diese so wunderbare Liebe mit aller uns nur immer möglichen Gegenliebe, nicht zu vergelten, sondern zu erwiedern uns bemühen, und als das Gebot: „Du sollst den Herrn, deinen Gott, lieben aus deinem ganzen Herzen, aus deiner ganzen Seele, aus deinem ganzen Gemüthe, und aus allen deinen Kräften?" [5]) Von dieser Alles und sich selbst hinopfernden Liebe unsers Herrn Jesu Christi begeistert, und hingerissen, und von der Bosheit so vieler Menschen, welche nicht aufhören, diese Liebe durch ihre Sünden zu beleidigen, tief im Innersten verwundet, ruft der heilige Paulus in gerechter Entrüstung aus: „Wenn Jemand unsern Herrn Jesum Christum nicht liebt, der sei im Banne!"[6]) Wer diese Liebe nicht mit Gegenliebe zu erwiedern sucht, der ist der Erlösung nicht werth; und wer von dieser Gegenliebe nicht brennen will, der verdient es wahrlich, daß er im ewigen Feuer der Hölle brenne.

---

[1]) I. Joann. c. IV. v. 9. 10.   [2]) Das heißt: Da wir verloren waren, uns selbst nicht helfen, uns selbst nicht retten konnten.   [3]) Rom. c. V. v. 6.—9.
[4]) Ibid. v. 10.   [5]) Marc. c. XII. v. 30.   [6]) I. Cor. c. XVI. v. 22.

Aber fügen wir noch hinzu: Wer nicht bereit ist, das Leiden des Herrn auch mit eigenem Leiden zu erwiedern; der hat keine angemessene Liebe. Davon werden wir uns überzeugen, wenn wir mit dem heiligen Thomas erwägen, wie angemessen das Leiden des Gottmenschen war.

3.
Die Angemessenheit des Leidens Christi.[1])

Nach der oben angeführten Bemerkung des heiligen Bernardus kann Niemand erkennen, welche Erlösungsart unbedingt und durchaus die angemessenste wäre; das kann nur Gott wissen, der allein dieses Geheimniß begreift, und auch allein dessen allseitigen Beziehungen, Zwecke und Wirkungen kennt, und erfaßt. Wenn daher der englische Lehrer diese Angemessenheit untersucht, und zum Ergebnisse gelangt, daß das Leiden und Sterben des Herrn die angemessenste Weise der Menschenerlösung war; so hat er nicht die unbedingt größte Angemessenheit im Auge, da wir nicht wissen können, ob von Gott nicht eine noch vollkommenere gefunden werden konnte, sondern er untersucht, und beurtheilt diese von Gott thatsächlich gewählte Erlösungsart andern gegenüber, welche dem Menschengeiste außer derselben noch vorschweben können, und in wie fern sie den angestrebten Zwecken nach menschlichem Ermessen am besten entsprechen.

Fragt es sich nun also, ob es angemessener war, durch das Leiden und Sterben des Gottmenschen, als auf eine andere Weise, das Menschengeschlecht zu erlösen; so könnte die erste Antwort lauten: Die göttliche Weisheit hat das Leiden und Sterben des Gottmenschen gewählt; somit war diese Art der Menschenerlösung die angemessenste. Denn die göttliche Weisheit wählt zur Erreichung der Zwecke, die sie in ihrem Wirken anstrebt, auch die diesen Zwecken entsprechendsten Mittel; und somit war diese Erlösungsweise, wenigstens in Bezug auf die von Gott beabsichtigten Zwecke des ganzen Erlösungswerkes, die allerangemessenste.

---

[1]) P. III. q. 46. a. 3.

Wir haben ferner gesehen, daß diese Art der Erlösung, wie keine andere uns erkennbare, nicht bloß der Liebe und Barmherzigkeit, sondern auch der Gerechtigkeit Gottes, somit auch seiner Weisheit, und daher auch allen seinen übrigen unendlichen Vollkommenheiten entsprach. Diejenige Erlösungsweise aber, die Gott und seinen Vollkommenheiten entsprach, war sicherlich auch die angemessenste.

Zudem haben wir uns überzeugt, daß das Leiden und Sterben Christi, des Herrn, insbesonders auch jenem dreifachen Zwecke der Erlösung, welcher von Seite Gottes, von Seite des Erlösers und von Seite des Menschengeschlechts erreicht werden sollte, auf das Vollkommenste entsprach; was aber dem angestrebten Zwecke auf das Vollkommenste entspricht, das muß man auch als das zweckmäßigste und angemessenste Mittel erklären, und anerkennen. Daher unterliegt es keinem Zweifel, daß das Leiden und Sterben des Gottmenschen die angemessenste Erlösungsweise war.

Diese Wahrheit wird sich in einem noch viel klareren Lichte darstellen, wenn wir diese Erlösungsweise mit andern Erlösungsweisen vergleichen, welche auf den ersten Blick unserm Geiste weit angemessener erscheinen, bei genauerer Prüfung aber als solche nicht anerkannt werden können.

Unsere Vernunft sagt uns, daß es, je einfacher Ein Mittel seinen Zweck erreicht, desto überflüssiger, und daher auch desto unangemessener sei, dieses Mittel zu steigern, oder noch andere Mittel anzuwenden; es genügte aber ein einziger Akt des Gottmenschen, um der göttlichen Gerechtigkeit volle Genugthuung zu leisten, und das Menschengeschlecht zu erlösen. Wäre also nicht diese Erlösungsweise angemessener gewesen, als jene durch das Leiden und Sterben des göttlichen Erlösers? So scheint es der Vernunft, wenn sie in der Erlösung nur einfach die Genugthuung vor der Gerechtigkeit Gottes und die Begnadigung des Menschengeschlechtes berücksichtiget. Allein das war nicht der Gesammtzweck, den Gott mit der Erlösung erreichen wollte; sondern dazu gehörte auch noch jener dreifache Zweck in Bezug auf Gott, auf den Erlöser und auf das Menschengeschlecht, und diesem Gesammtzwecke entsprach nur das Leiden und Sterben des Gottmenschen auf die passendste und vollkommenste Weise./

Aber konnte nicht ein einziger Akt des göttlichen Erlösers in der Vereinigung mit dem Willen Gottes auch diesen dreifachen Zweck erreichen, ohne daß das Leiden und der Tod des Gottmenschen hinzugekommen? Gewiß, wenn man nur die Wirkung in's Auge faßt; nicht aber, wenn man die Wirkung mit den ihrer Natur gemäßen Ursachen, das Verhältniß derselben zu einander, und die daraus sich gestaltenden Ergebnisse und Zustände in Betracht zieht. Gott könnte mit seinem allmächtigen Willen allein oder auch mit Zuziehung eines oder des andern Geschöpfes im Reiche der Natur Alles hervorbringen, was jetzt ist, und geschieht, ohne die Kräfte und Thätigkeiten anderer Geschöpfe als zweite Ursachen zu verwenden; aber es wären dann wohl dieselben Wirkungen, jedoch nicht mehr dieselben Ursachen, nicht mehr dieselben Verhältnisse zwischen den jetzigen Ursachen und Wirkungen, nicht mehr dieselben Zustände der Geschöpfe vorhanden, und die ganze Weltordnung wäre eine andere geworden. Das hat Gott nicht gewollt. Was auf solche Weise im Reiche der Natur geschähe, dasselbe müßte im Reiche der Gnade stattfinden, wenn Gott eine andere Erlösungsursache gesetzt hätte. Denn mit dem Leiden und Sterben Christi fiele auch diese Offenbarungsweise der göttlichen Weisheit, Gerechtigkeit, Liebe und Barmherzigkeit fort, fiele diese Verdienungsart und dieses Tugendvorbild Christi fort, fiele diese Erkenntniß der Schwere und Größe der Sünde, und fielen diese Beweggründe der Nachfolge Christi für uns Menschenkinder fort; unser Verhältniß zum göttlichen Erlöser würde ein anderes sein, und die ganze Heilsordnung wäre geändert. Das aber hat Gott nicht gewollt. So lange also der Rathschluß Gottes feststand, diese Wirkungen aus diesen Ursachen hervorgehen zu lassen, und diese Heilsordnung einzuführen; gab es keine angemessenere Weise der Menschenerlösung, als diejenige, welche in dem Leiden und Sterben Christi liegt. Gott konnte unzählige andere und vollkommenere Welten erschaffen, und damit eben so viele andere und vollkommenere Zwecke erreichen. Das wollte Gott aber nicht. Zur Erreichung derjenigen Zwecke aber, die Gott mit der wirklich erschaffenen Welt erreichen will, ist sie eben das angemessenste Mittel: "Gott sah Alles, was er gemacht hatte, und es war sehr gut." ¹) So wollte Gott auch durch diese Erlösungsweise nicht alle möglichen, sondern bestimmte Zwecke erreichen, und zur Erreichung dieser Zwecke war sie eben das geeignetste, passendste, angemessenste Mittel.

Aber es wirkt ja Gott eben in der Natur niemals mit doppelter Kraft, was mit einer einfachen Kraft zu Stande gebracht werden kann; müssen wir daraus nicht schließen, daß Gott im Reiche der Gnade ebenso wirke, und daß er darum die Erlösung der Menschheit, die mit einem einzigen Akte hätte bewirkt werden können, nicht mit dem ganzen großen Aufwande des Leidens und des Todes des Gottmenschen hätte bewerkstelligen sollen? Man könnte allerdings so schließen, wenn Gott diesen Zweck ebenfalls so ganz einfach hätte erreichen wollen. Allein es kann derselbe Zweck voller und vollkommener erreicht werden; dazu aber müssen eben auch mehrere und kräftigere Mittel in Anwendung gebracht werden. Es kann dieselbe Wirkung vollständiger und vollkommener hervorgebracht werden, wenn an der Hervorbringung derselben mehrere und kräftigere Ursachen thätig sind; wie wir dieß ebenfalls in der Natur beobachten, welche zum Sehen zwei Augen, zum Hören zwei Ohren, zum Handeln zwei Hände verwendet, zum Wachsthume aber unzählige Kräfte aufbietet, um das ihr gesetzte Ziel zu erreichen. Ebenso verhält es sich mit der Erlösung des Menschengeschlechtes, durch welche Gott einen so vollen und so vollkommenen Zweck erreichen wollte, daß der heilige Paulus sagt: "Da die Sünde überschwänglich war, wurde die Gnade noch überschwänglicher; damit, gleichwie die Sünde zum Tode geherrscht hat, also auch die Gnade durch die Gerechtigkeit zum ewigen Leben herrsche durch Jesum Christum, unsern Herrn;" ²) und daß die heilige Kirche am Charsamstage voll Dank und Jubel singt: "O glückliche Schuld, die uns einen solchen und so großen Erlöser gebracht hat!"³) Es sagt ja Christus, der Herr, selbst: "Ich bin gekommen, daß sie das Leben haben, und überfließender haben." ⁴)

---

¹) Gen. c. I. v. 31.   ²) Rom. c. V. 20. 21.   ³) Exsult. Sabb. Sanct.
⁴) Joann. c. X. v. 10.

Wir haben durch das Leiden und Sterben unsers göttlichen Erlösers unendlich mehr gewonnen, als wir durch die Sünde verloren hatten; und darin sehen wir eben die übergroßen Erbarmungen der Liebe Gottes, welche ein so großes Werk vollführt hat, um uns, die wir verloren waren, noch viel glücklicher wieder herzustellen, als wir ursprünglich geschaffen worden sind./

Es könnte nun in Bezug auf Gott und auf Gottes Vollkommenheiten der Zweifel sich erheben, ob es denn auch in dieser Beziehung angemessen war, daß uns der Sohn Gottes durch sein Leiden und Sterben erlösen sollte; und man könnte fragen, wie es denn für Gott und für seine Vollkommenheiten angemessen sein konnte, das Werk der Menschenerlösung durch die gewaltsame und blutige Zerstörung des kostbarsten Lebens des Gottmenschen herbeiführen zu lassen; und, wenn Christus schon sterben sollte, ob es nicht geziemender gewesen wäre, daß er eines natürlichen Todes durch das Alter oder durch eine Krankheit gestorben wäre? Hierauf antwortet der heilige Chrysostomus: „Christus ist gekommen, nicht seinen Tod, dem er, da er das Leben ist, nicht unterworfen war, sondern den Tod der Menschen zu vernichten. Daher hat er nicht selbst durch den Tod den Leib abgelegt, sondern den Tod erduldet, welcher ihm von Menschen beigebracht worden ist. Aber wenn auch sein Leib krank geworden wäre, und im Angesichte Aller sich aufgelöst hätte; so wäre auch dieß ungeziemend gewesen, daß er, der die Krankheiten Anderer heilte, selbst mit seinem Leibe den Krankheiten unterworfen gewesen. Wenn er aber auch ohne Krankheit den Leib irgendwo abseits abgelegt, und nachher sich wieder lebendig gezeigt hätte; so würde ihm Niemand geglaubt haben, wenn er behauptet hätte, er sei auferstanden. Denn wie hätte der Sieg Christi über den Tod sich erweisen können, wenn er denselben nicht vor Allen erduldet, und durch die Unverweslichkeit seines Leibes (in der Auferstehung, wie am Grabe) bewiesen hätte, daß derselbe überwunden sei?"[1] Krankheiten und Alter geziemten sich für die Würde des Leibes des Gottmenschen nicht, wie wir später sehen werden; der Tod aber, der ihm von

---

[1] Ex Athanas. in Libr. de Verbi incarnat. et ejus Advent.

frember Hand angethan wurde, that weder der Würde des Gottmenschen noch den göttlichen Vollkommenheiten einen Eintrag, weil er von Seite des Gottmenschen der großartigste Akt der Liebe, und vor Gott die großartigste Genugthuung für die Sünden der Welt, das werthvollste Versöhnungsopfer ohne jede Beimischung eines moralischen Übels war, das ganz auf Seite der Gottesmörder lag, von Gott und von Christus aber nur zugelassen wurde, wie jede andere Sünde zugelassen wird. Andere und noch wichtigere Gründe wird uns der englische Lehrer im Verlaufe dieser Erörterungen vorführen, die wir an ihrem Platze erwägen wollen.

Indessen bedarf es doch noch einer Erläuterung, wie es denn angemessen sein konnte, den Erlöser des Menschengeschlechtes dem Leiden und dem Tode zu unterwerfen, um dasselbe dadurch aus der Knechtschaft des Teufels zu befreien, was doch auch der Zweck des Erlösungsopfers Christi war. Denn scheint es nicht, daß dem Teufel, der durch List und Ungerechtigkeit zur Herrschaft über die Welt gelangt ist, diese Herrschaft durch Gewalt und Macht, nicht aber durch Leiden und durch den Tod entrissen werden sollte? Hieße Letzteres nicht, gleichsam dem Teufel eine Genugthuung leisten, einen Erlösungspreis zahlen? Der Teufel hatte, auch nachdem er das Menschengeschlecht durch List und Ungerechtigkeit zum Falle gebracht, weder irgend ein Recht, noch auch die Macht, dasselbe unter seine Botmäßigkeit zu bringen, wie er überhaupt kein Recht hat, durchaus rechtlos ist, und auch über kein Geschöpf Gottes Macht und Gewalt üben kann, ohne daß es ihm von Gott gestattet wird. Von Seite Gottes aber war es eine gerechte Strafe, daß er die Menschheit, weil sie dem Teufel mehr geglaubt, als ihm, und lieber nach dessen Gelüsten, als nach seinem Gebote gehandelt hat, auch der Gewalt desselben übergab; damit, wie sie ihm in der Sünde und im Abfalle von ihrem Schöpfer ähnlich sein wollte, also auch der Herrschaft und Tyrannei desselben unterworfen würde. Sie hat durch ihre thatsächliche Empörung gegen Gott und durch ihre Zustimmung zum Begehren des Teufels die Herrschaft Gottes abgeschüttelt, und sich der Herrschaft des Teufels unterworfen, seine Sünde nachgeahmt, durch

die Sünde sich mit ihm in das gleiche feindliche Verhältniß zu
Gott gesetzt, gleichsam seine Seinsweise und seinen Lebensgrund
in sich aufgenommen, sich gleichsam zu seinem Erzeugnisse gemacht,
weßhalb auch Christus die Sünder Kinder des Teufels nennt,
indem er sagt: „Ihr seid aus dem Vater dem Teufel, und wollet
nach den Gelüsten eures Vaters thun."[1]) Wie daher der Teufel
nicht durch Gewalt, sondern durch Ungerechtigkeit und List die
Menschheit in seine Botmäßigkeit gebracht hat, so sollte sie auch
nicht durch Macht, sondern durch Gerechtigkeit und Wahrheit aus
seiner Botmäßigkeit befreit werden; indem Christus durch sein
Leiden und Sterben die vollste und überschwänglichste Genugthuung,
nicht dem Teufel, sondern Gott leistete, dadurch die Ursache dieser
Knechtschaft, und mit der Ursache auch die Knechtschaft selbst besei-
tigte. Der heilige Augustinus gibt noch einen andern Grund an,
und sagt, es sei diese Erlösungsweise darum geziemend gewesen,
weil „dadurch der Stolz des Teufels besiegt wurde, welcher die
Gerechtigkeit verlassen, und die Macht geliebt hat; und deßhalb
sollte Christus den Teufel überwinden, und den Menschen befreien,
nicht blos durch die Macht seiner Gottheit, sondern auch durch
die Gerechtigkeit und Demuth seines Leidens."[2]) Der Teufel
hatte sich in seinem Stolze auf den Thron der Welt erhoben;
er sollte von der Demuth des Erlösers heruntergestürzt werden.
Er hatte die Menschen überwunden, er sollte auch von einem
Menschen überwunden werden. Er sollte in seinen Gliedern und
Kindern Christus, den Herrn, in sein Leiden und Sterben bringen
können; aber durch eben dieses Leiden und Sterben alle Gewalt
des Todes verlieren, den er aus Neid in die Welt gebracht hatte.[3])
Daher schreibt der heilige Paulus an die Hebräer: „Es geziemte
sich, daß der, um dessentwillen alle Dinge sind, da er viele Kinder zur Herrlichkeit führen wollte, den Urheber ihres Heiles durch
Leiden zur Vollendung brachte. Denn der heiliget, und die geheiliget werden, sind alle vom Einen. Aus diesem Grunde schämt
er sich auch nicht, sie Brüder zu nennen, indem er spricht: Ich
will deinen Namen meinen Brüdern verkünden.[4]) Und wiederum:

---

[1]) Joann. c. VIII. v. 44.   [2]) De Trinit. Tract. XIII. c. 13. 14. 15.
[3]) Sap. c. II. v. 24.   [4]) Psalm. XXI. v. 23.

Ich will auf ihn vertrauen.¹) Und abermals: Sieh! ich und meine Kinder, die mir Gott gegeben hat.²) Da nun die Kinder des Fleisches und Blutes theilhaftig sind, so hat auch er gleichfalls sich derselben theilhaftig gemacht; damit er durch den Tod dem die Macht nähme, welcher des Todes Gewalt hatte, das ist, dem Teufel, und diejenigen erlösete, welche in der Furcht des Todes durch das ganze Leben der Knechtschaft unterworfen waren."³) Der Sohn Gottes ist darum Mensch geworden, und hat Fleisch und Blut angenommen, um als Mensch leiden, und sterben zu können, und durch sein Leiden und Sterben, welches von seiner göttlichen Person den genugthuenden Werth erhielt, die Menschen aus der Knechtschaft des Teufels zu befreien; und so, sagt der Apostel, geziemte es sich, damit Gott, wie er der Urheber aller Dinge ist, auch der Urheber unseres Heiles wäre, und der Sohn Gottes durch seine Theilnahme an unsrem Fleische und Blute, an unsrer menschlichen Natur unser Bruder, und wir durch unsere Vereinigung mit ihm seine Brüder und Kinder Gottes würden. Der Teufel war für den Menschen gleichsam der Kerkermeister und Vollstrecker der Strafe der göttlichen Gerechtigkeit; war diese versöhnt, so mußte er den Gefangenen und Sträfling entlassen. Es kann also auch in dieser Beziehung an dem Leiden und Sterben des Heilandes nichts Ungeziemendes gefunden werden. Für unser Heil aber war das Leiden und Sterben des Gottmenschen von unschätzbarem Nutzen, und aus diesem ergeben sich neue uns höchst wichtige Beweise für dessen Zweckmäßigkeit.

Denn Gott konnte seine Liebe zu uns auf keine wirksamere und kräftigere Weise bethätigen, als durch die Menschwerdung und durch das Leiden und Sterben seines eingebornen Sohnes. Es gibt darum auch kein wirksameres und kräftigeres Mittel, uns zur Liebe Gottes zu entflammen. In dieser Liebe Gottes aber besteht die Vollkommenheit unseres Heiles. Christus, der Herr, selbst sagt: „Eine größere Liebe hat Niemand, als der, welcher sein Leben für seine Freunde hingibt."⁴) Überdies schreibt der heilige Paulus: „Er, der selbst seines eigenen Sohnes nicht ge-

---

¹) Jsai. c. VIII. v. 17. ²) Ibid. v. 18. ³) Hebr. c. II. v. 10—16.
⁴) Joann. c. XV. v. 13.

schont, sondern ihn für uns Alle hingegeben hat; wie sollte er uns nicht Alles mit ihm gegeben haben?"¹) Mehr, als sich selbst und all das Seinige, konnte uns Gott nicht geben, und in dieser Mittheilung und Hingabe besteht die wahre, die thatsächliche, die vollkommenste Liebe.

Zudem ist die Art und Weise, wie Gott diese Hingabe vollzogen hat, auch noch die wunderbarste Art und Weise, zu lieben; denn eine größere, als die arbeitende, betende, weinende, verfolgte, geängstigte, blutende, schmerzvolle, geschmähte, verspottete, verachtete, verblutende, sterbende Liebe, läßt sich nicht denken; und um uns auf solche Weise zu lieben, ist Gott geworden, was wir sind, und hat sich Gott als Mensch für uns geopfert. Überdieß hat uns Gott alle diese Liebe erwiesen, um uns ewig in den Vollgenuß seiner selbst und seiner Reichthümer, seiner Herrlichkeit und seiner Seligkeit im Himmel zu setzen, und dort uns auf solche Weise ewig lieben zu können, um uns gleichsam zu dem zu machen, was er ist; wie der heilige Augustinus sagt: „Gott ist Mensch geworden, um den ganzen Menschen in sich zu beseligen;"²) und: „Gott ist Mensch geworden, damit der Mensch Gott würde."³) Wer das bedenkt, und versteht, der betheuert mit dem heiligen Paulus: „Wer wird uns scheiden von der Liebe Christi? Trübsal? oder Angst? oder Hunger? oder Blöße? oder Gefahr? oder Verfolgung? oder das Schwert? — Aber in diesem Allen überwinden wir um desjenigen willen, der uns geliebt hat. Denn ich bin versichert, daß weder Tod, noch Leben, weder Engel, noch Mächte, noch Gewalten, weder Gegenwärtiges, noch Zukünftiges, weder Stärke, weder Höhe, noch Tiefe, noch ein anderes Geschöpf es vermag, uns zu scheiden von der Liebe Gottes, die da ist in Christus Jesus, unserm Herrn."⁴) Ist dies nicht der Ausdruck der höchsten Gegenliebe? Und hat Paulus dieselbe nicht auch durch die That bewiesen? Und haben sie nicht Millionen von Märtyrern und andern Heiligen eben so bewiesen? Wo gäbe es aber eine solche Wechselliebe ohne das Leiden und Sterben des Herrn?

---

¹) Rom. c. VIII. v. 32.   ²) De spirit. et anim. c. 9.
³) Serm. 9. de Nativ. Dom.   ⁴) Rom. c. VIII. v. 35.—39.

Christus hat uns durch sein Leiden und Sterben das erhabenste und begeisternbste Vorbild der Demuth, des Gehorsams, der Geduld, der Sanftmüthigkeit, der Ergebung in den göttlichen Willen, der Liebe Gottes, der Nächstenliebe, der Feindesliebe, der Selbstverläugnung, der Großmüthigkeit, der Starkmüthigkeit, der Beharrlichkeit und aller Tugenden gegeben, und zwar auf eine Weise, die kräftiger und wirksamer nicht gedacht werden kann. Diese Tugenden sind uns aber zum Heile nothwendig, und zur Übung derselben können wir auf keine andere Weise so mächtig angetrieben, und entflammt werden, wie durch den leidenden und sterbenden Gottmenschen, unsern Erlöser. Darauf weist der heilige Apostel Johannes hin, indem er von diesen Tugenden Eine hervorhebt, uns durch die Liebe Christi zu uns zu ähnlicher Nächstenliebe auffordert, und schreibt: „Daran haben wir die Liebe Gottes erkannt, daß er sein Leben für uns hingegeben hat; auch wir sollen unser Leben für unsere Brüder hingeben." [1] Wo wären nun aber diese Tugendbeispiele von solcher Art und Beschaffenheit, wenn Christus der Herr nicht für uns gelitten hätte, und nicht für uns gestorben wäre?

Christus, der Herr, hat durch sein Leiden und Sterben nicht bloß, wie durch andere verdienende und genugthuende Akte sich seine Erhebung und Verherrlichung und uns die Erlösung, Heiligung und Seligkeit verdient, sondern dieses Alles sich und uns durch besondere Akte und auf eine besondere Weise verdient, welche Akte und welche Art und Weise zu dem Grade und zur Art und Weise seiner Verherrlichung und unserer Erlösung, Heiligung und Seligkeit auch in besonderer und eigenthümlicher Beziehung stehen, wie z. B. seine Erniedrigung zu seiner Erhöhung, seine Schmach zu seiner Herrlichkeit, seine Schmerzen zu seiner Seligkeit, seine Verurtheilung zu seinem Richteramte, seine Unterwürfigkeit zu seiner Herrschaft; wie auch dieses Vorbild seiner Leiden und seines Todes zu unsern Leiden und zu unserm Tode, seine besondern Verdienste zu den besondern Gnaden, mit welchen auch wir durch unser Leiden und Sterben verdienen können. Für die Mensch-

---

[1] I. Joann. c. III. v. 16.

heit Christi, des Herrn, waren die besonderen Akte und Leiden auch besondere Gründe des Verdienstes und der Verherrlichung; und unsere Vereinigung mit ihm in der Ähnlichkeit unserer Akte und Leiden mit den seinigen erzeugt auch ein ähnliches Verdienst und eine ähnliche Verherrlichung für uns. Cardinal Toletus sagt: „Bemerke, von dem Leiden Christi werde nicht gesagt, daß es ein neues Verdienst gehabt habe, welches die vorausgegangenen Werke nicht gehabt hatten, denn Christus hat durch jeden einzelnen Akt verdient, was immer er verdient hat; sondern weil er nach der Natur und Gattung des Werkes verdient hat, denn das Verdienst hat seinen Werth von der Liebe und von der Größe des Werkes. Alle (anderen) Werke Christi haben verdient, aber die Verdienste waren mehr von der Liebe und von der Würde der Person, als nach der Natur des Werkes selbst (entstanden); das Leiden jedoch (hatte sein Verdienst) auch von der Größe des Werkes."[1]) Wie unser Leben, müssen auch alle Züge unseres Lebensbildes, alle Handlungen und Leiden aus Christus hervorwachsen, wie die Rebe nicht nur ihr Sein und Leben, sondern auch ihre Art, ihre Gestalt, ihr Wachsthum, ihre Fruchtbarkeit aus dem Weinstocke empfängt, der sich gleichsam in sie auswächst. Daher sagt Christus, der Herr: „Ich bin der Weinstock, ihr seid die Reben; wer in mir bleibt, und ich in ihm, der bringt viele Frucht."[2]) Diese Früchte aber sind die für das ewige Leben verdienstlichen Werke; und das Alles gehört wesentlich zu unserm Heile.

Hätte Christus, der Herr, sich nicht dem Leiden und dem Tode unterzogen, so würden wir von dem Leiden und von dem Tode keinen andern Begriff haben, als den der Strafe; und wenn der Dienst Gottes von uns Märter, Blut und Leben forderte, wie dies bei den heiligen Märtyrern der Fall ist, wo fänden wir ein Vorbild, das wir nachahmen könnten, wo den Muth und die Kraft, solche Opfer zu bringen, welche das Vermögen der menschlichen Natur übersteigen? Wem käme es in den Sinn, Selbstverläugnung, Entsagung und Abtödtung zu üben, und irgend

---

[1]) Ennarat. in Summ. Theolog. S. Thom. P. III. Quaest. 48. a. 1.
[2]) Joann. c. XV. v. 5.

ein Bußwerk zu verrichten? Woher bekäme dieses Alles in angemessen vermittelnder und gleichsam naturgemäßer Weise den Werth für das ewige Leben? Das Leiden und Sterben des göttlichen Erlösers erwarb uns dafür eben auch die besondern Gnaden./

Wenn Christus, der Herr, nicht gelitten hätte, und nicht gestorben wäre; was für eine Ansicht hätten wir von der Schwere, Bosheit und Sträflichkeit der Sünde; und wie könnte uns der heilige Apostel Paulus zurufen, daß diejenigen, welche sündigen, „Jeder für sich, den Sohn Gottes auf ein Neues kreuzigen, und verspotten?"[1]) Woher nähmen wir einen so kräftigen Beweggrund, wie er im Leiden und Sterben des Herrn liegt, im Dienste Gottes treu und standhaft auszuhalten, und als Kinder Gottes unsers Berufes, ungeachtet aller noch so heißen Kämpfe und schweren Opfer, würdig zu wandeln; wenn wir nicht vom Sohne Gottes mit seinem Blute erkauft worden wären? Auf diesen Beweggrund berufen sich die Apostel, wenn sie uns zu einem solchen Leben ermuntern wollen. Der heilige Paulus weist auf das Kreuz des Herrn hin, und ruft uns zu: „Noch habet ihr nicht bis auf das Blut widerstanden im Kampfe wider die Sünde."[2]) Er will, daß wir im Hinblicke auf das Leiden des Herrn den Gelüsten des Fleisches widerstehen, und den Leib als Gottestempel heilig bewahren: „Ihr seid um einen theuern Preis erkauft. Verherrlichet, und traget Gott in eurem Leibe."[3]) Eben so schreibt der heilige Apostelfürst Petrus an die Gläubigen: „Weil ihr den als Vater anrufet, der ohne Ansehen der Person Jeden richtet nach seinen Werken; so wandelt in Furcht, so lange ihr hier pilgert, da ihr wisset, daß ihr nicht mit vergänglichem Golde und Silber erlöst seid von dem eitlen Wandel, der sich von den Vätern auf euch vererbt hat, sondern mit dem kostbaren Blute Christi, als eines unbefleckten und tadellosen Lammes."[4]) Wer seinen Blick auf den am Kreuze verblutenden und sterbenden Gottmenschen richtet, wie könnte der noch sündigen, oder was könnte dem noch schwer fallen, um sich eines solchen Preises seiner Erlösung, so viel es ihm möglich ist, würdig zu machen?/

---

[1]) Hebr. c. VI. v. 6.   [2]) Hebr. c. XII. v. 4.   [3]) I. Cor. c. VI. v. 20.
[4]) I. Petr. c. I. v. 17.—20.

Es war endlich uns und unserm Heile höchst angemessen, daß Christus, der Herr, uns durch sein Leiden und durch seinen Tod erlösete; weil er uns dadurch zur ursprünglichen Menschenwürde wieder erhob, die wir durch die Sünde verloren hatten. Wir waren durch die Sünde aus freien Kindern Gottes zu elenden Sklaven des Satans erniedriget worden; denn der heilige Petrus sagt: „Von wem Jemand überwältiget wird, dessen Knecht ist er;"[1]) und der heilige Paulus sagt, daß die Sünder „vom Teufel gefangen gehalten werden nach seinem Willen."[2]) Hätte nun Gott diese Befreiung des Menschen aus der Gewalt des Teufels nur durch einen Akt seines Willens bewirkt; so würde der erlöste Mensch einem Gefangenen gleichen, der ohne sein Dazuthun von seinem Herrn befreit worden ist; und es würde ihm zu keiner Ehre gereichen. Wenn aber der Gefangene von seinem Herrn nur die Mittel zu seiner Befreiung erhält, und dann selbst sich die Freiheit erringt; so gereicht ihm das zur Ehre. So wollte nun Gott den Menschen durch den Menschen aus der Gefangenschaft des Teufels befreien; damit, wie der Mensch vom Teufel überwunden worden war, der Teufel von einem Menschen überwunden würde; und damit, wie der Mensch den Tod unter der Herrschaft des Teufels verschuldet hatte, so auch ein Mensch durch seinen Tod dem Teufel die Herrschaft des Todes nähme, und den Tod besiegte. Das Befreiungswerk dieses erlösenden Menschen sollte aber auch zur Größe der Schuld und zur Befreiung selbst in dem möglich entsprechendsten Verhältnisse stehen, und darum nicht durch was immer für einen genugthuenden Akt, sondern durch die möglichste Genugthuung vollbracht werden. Daher sollte der Sohn Gottes Mensch werden, und dieser Mensch leiden, und sterben. Auf diese Weise hat sich an dieser Befreiung die Menschennatur selbst betheiliget, ist die Erlösung in ihr und durch sie vollzogen worden, und durch die ihr möglichste Leistung vollzogen worden. So hat in diesem Befreiungskampfe die Menschennatur selbst mitgekämpft, auf Leben und Tod mitgekämpft, mitgesiegt, nimmt daher auch an dem Siege und Triumphe gerechten Antheil,

---

[1]) II. Petr. c. II. v. 19.   [2]) II. Tim. c. II. v. 25. 26.

und ist auf diese Weise wieder zu ihrer früheren Würde und Ehre gelangt. Darüber jubelt, und dafür dankt der heilige Paulus, und kann Gott für eine so wunderbar weise und gnädige Erlösungsart nicht genug loben, und preisen; er ruft aus: „Gott aber sei Dank, der uns den Sieg verliehen hat durch unsern Herrn Jesum Christum!"[1]) Er sagt nicht: Der gesiegt hat, sondern: „Der uns den Sieg verliehen hat"; weil auch wir in Christus, durch Christus und mit Christus gesiegt haben. Er sagt: „Durch einen Menschen ist der Tod, und durch einen Menschen die Auferstehung von den Todten";[2]) und noch klarer: „Euch,[3]) die ihr todt waret in euren Sünden und Missethaten, in welchen ihr einst wandeltet, nach der Weise dieser Welt, nach dem Fürsten, der Macht hat in dieser Luft, dem Geiste, der jetzt wirksam ist in den Kindern des Unglaubens, in welchem auch wir Alle einst wandelten in den Gelüsten unseres Fleisches, vollziehend den Willen des Fleisches und der Begierden, und von Natur Kinder des Zornes waren, wie auch die Übrigen; Gott aber, der reich ist an Erbarmung, hat um seiner überaus großen Liebe willen, mit der er uns geliebt, uns, die wir todt waren in den Sünden, mitbelebt in Christus, durch dessen Gnade ihr erhört worden seid, und mitauferweckt, und mitversetzt in den Himmel in Christus Jesus."[4]) Wir haben mit unserer Natur in Christus gelitten, sind mit unserer Natur in Christus gestorben, in Christus auferstanden, in Christus in den Himmel versetzt, und haben so, was wir im ersten Menschen Adam verloren, in diesem zweiten Menschen Christus Alles und überschwänglich wieder gewonnen; und so ist unsere Natur nicht nur in ihrer Würde wieder hergestellt, sondern bis auf den Thron der Gottheit erhoben worden. Gott hat auf diese Weise auch den stolzen Sieg des Teufels in der allerschmachvollsten Niederlage vernichtet; denn es ist so, was der Teufel auf Erden lügenhaft zur Verführung und zum Verderben des Menschen mißbraucht: „Ihr werdet wie Götter sein"![5]) und was er

---

[1]) 1. Cor. c. XV. v. 57. [2]) Ibid. v. 11.
[3]) Dieses „Euch" bezieht der Apostel auf das, was er im vorhergehenden Kapitel gesagt hat, und man muß sich hier, um den Satz zu ergänzen, hinzudenken: Euch hat Gott durch Christus so Großes gethan.
[4]) Ephes. c. II. v. 1.—7. [5]) Gen. c. III. v. 5.

für sich selbst in seinem Hochmuthe und zu seinem Verderben im Himmel angestrebt hatte: „Ich werde dem Allerhöchsten gleich sein;"¹) an der Menschennatur zur Wahrheit geworden, da sie in Christus vergöttlichet, und die Natur des Sohnes Gottes geworden ist, in welchem vor ihr „sich alle Kniee beugen derer, die im Himmel, auf der Erde, und unter der Erde sind";²) und auch Luzifer mit seinem Anhange zittern muß. Eine größere Erhebung der menschlichen Natur ist undenkbar und unmöglich, und eben so undenkbar und unmöglich ist ihr gegenüber eine tiefere Erniedrigung, Schmach und Schande des stolzen Geistes der Finsterniß. Welche wunderbare Weisheit liegt also im Rathschlusse Gottes, das Menschengeschlecht durch das Leiden und Sterben des Gottmenschen aus der Knechtschaft des Teufels zu erlösen, den Menschen zu erheben, den Teufel zu erniedrigen, und wie wunderbar sind ihre Wege, das vorgesteckte Ziel zu erreichen!

Aus dem Allen geht nun klar hervor, daß diese Art und Weise, das Menschengeschlecht zu erlösen, die angemessenste war; wir mögen auf Gott, oder auf Christus, den Herrn, oder auf das Menschengeschlecht, oder auf den Feind Gottes und der menschlichen Natur sehen, und wie wahr es ist, was der heilige Augustinus sagt: „Um unser Elend zu heilen, gab es keine angemessenere Art und Weise, als (die Erlösung) durch das Leiden Christi."³) Es ergeben sich aus diesen Wahrheiten aber auch höchst wichtige Folgerungen für unser Leben.

Denn wenn uns aus dem Leiden und Sterben des Herrn die Liebe Gottes im höchsten Glanze entgegenleuchtet, und in demselben die kräftigsten und wirksamsten Beweggründe zur Gegenliebe liegen; so gleicht derjenige, welcher dieses Leiden und diesen Tod seines göttlichen Erlösers nicht betrachtet, nicht erwägt, nicht kennt, in seinem geistigen Leben einem Ackerfelde, welches den belebenden, erwärmenden, befruchtenden und verklärenden Strahlen der Sonne entzogen ist, und wird, weil er diese Liebe nicht kennt, auch keine besondere, keine glühende, keine opferwillige Gegenliebe in seinem Herzen tragen. So schreibt der heilige Augustinus: „Was war,

---

¹) Isai c. XIV. v. 14.   ²) Philipp. c. II. v. 10.
³) De Trinit. Libr. XIII. c. 10.

um unsere Hoffnung aufzurichten, und die Herzen der Sterblichen (zu erheben), so nothwendig, als daß uns bewiesen würde, wie sehr uns Gott liebe?" [1]

Ist das Leiden und Sterben des Herrn gleichsam ein erhabenes Schauspiel, in dem alle Tugenden in den ergreifendsten Heldenzügen zur Darstellung kommen; wie könnte der Jünger von seinem Meister mehr lernen, wie der Diener seinem Herrn treuer folgen, wie der Krieger seinem Könige und Kriegsherrn großmüthiger nacheifern, als wenn er sich beständig durch dieses Vorbild ermuthiget, entflammt, und begeistert? Der heilige Laurentius Justinianus sagt mit Recht: „Das Leiden Christi stärkt die Schwachen, ermuthiget die Kleinmüthigen, spornt die Trägen, kräftiget die Kleinen, begeistert die Kämpfenden, entflammt die Vollkommenen." [2]

Hat der Herr durch sein Leiden sich selbst und uns die Verklärung und die ewige Seligkeit verdient, und hielt er es für angemessen, daß er und wir durch Leiden in die Freuden eingingen; so verstehen wir nun auch, warum er durch die Erlösung die Leiden dieses Lebens und den Tod nicht von uns genommen habe. Denn es ist auch für uns höchst angemessen, daß wir leiden, und sterben; was wir, da sich unsere Natur dagegen am meisten sträubt, niemals so klar erkennen, als wenn wir unser Augenmerk auf unsern leidenden und sterbenden Heiland richten, und dabei eben diese Gründe der Zweckmäßigkeit seines Leidens und Sterbens uns gegenwärtig halten.

Denn wenn Christus, die Unschuld und Heiligkeit selbst in unserer Natur gelitten hat, und gestorben ist; so ist es billig und gerecht, daß auch wir, die Sünder, in derselben Natur leiden, und sterben, um an seinem Erlösungswerke theilzunehmen. Hat Christus unsere Sünden durch sein Leiden und Sterben gesühnt; so ist es billig und gerecht, daß auch wir für dieselben durch unser Leiden und Sterben büßen. Hat uns Christus das erhabenste und anziehendste Beispiel aller Tugenden gegeben; so ist es billig und recht, daß wir dieses Tugendbeispiel ebenfalls durch Leiden und Sterben nachahmen, und an uns auszuprägen uns bestreben. Hat uns

---

[1] De Trinit. Libr. XIII. c. 10.   [2] De casto connub. c. 8.

Christus die Gnade und die Seligkeit durch sein Leiden und Sterben verdient; so ist es billig und gerecht, daß wir uns derselben auch durch das eigene Leiden und Sterben theilhaftig zu machen suchen, und, so viel wir es mit seiner Gnade vermögen, unsere Seligkeit auch selbst zu verdienen trachten. Hat Christus uns, durch sein Leiden und Sterben siegend und triumphirend, unsere Würde im überschwänglichsten Maße zurückerkämpft; so ist es billig und gerecht, daß wir durch unser Leiden und Sterben mitkämpfend, mitsiegend, mittriumphirend dieselbe auch persönlich uns verdienen. Hat uns Christus durch sein Leiden und Sterben mit seinem himmlischen Vater versöhnt; so ist es billig und gerecht, daß wir durch unser Leiden und Sterben zu dieser Versöhnung auch das Unsrige beitragen, um derselben theilhaftig zu werden. Hat Christus, unser Haupt, das Leiden und Sterben auf sich genommen; so ist es billig und recht, daß auch wir, seine Glieder, leiden, und sterben, damit die Glieder ihrem Haupte gleichförmig werden. Hat uns Christus so geliebt, daß er für uns sich in das Leiden und in den Tod geopfert; so ist es billig und gerecht, daß auch wir aus Liebe zu ihm leiden, und sterben. Wie Christus uns keine größere Liebe erweisen, und für uns kein größeres Opfer bringen konnte, als daß er für uns litt und starb; so können auch wir ihm keine größere Liebe erweisen, und für ihn kein größeres Opfer bringen, als wenn wir für ihn leiden, und sterben; und wer in dieser Liebe und in wahrer Reue über seine Sünden sein Leiden und seinen Tod in der Vereinigung mit dem Leiden und mit dem Tode des Herrn auf sich nimmt, der hat eine vollkommene Liebesreue, wird Christo, dem Herrn, vollkommen gleichförmig, und kann vom Munde auf in den Himmel eingehen, wenn er früher auch der größte Sünder der Welt gewesen wäre. Denn er kann keine größere Liebe, keine größere Reue haben, und keine größere Genugthuung leisten, und wird dadurch, da der Tod eine zeitweilige Zerstörung der menschlichen Natur ist, ein wahres Brandopfer der Liebe. Das ist ja auch der Grund, warum das Todesopfer der Märtyrer die Taufe ersetzt. Es ist endlich auch der Liebe eigen, dem Geliebten möglichst ähnlich zu werden, und ihm seine Liebe mit möglichst gleicher Liebe zu vergelten; wie wir aus diesem Grunde auch annehmen dürfen, daß die jungfräuliche Gottesmutter, welche, weil ohne Sünde, weder zum Leiden noch zum Sterben verpflichtet war, sich dem Leiden und dem Tode hingegeben habe, um ihrem göttlichen Sohne gleichförmig zu werden, und ihm seine Liebe zu vergelten. Wie daher das Leiden und Sterben des Gottmenschen die angemessenste Art und Weise war, uns zu erlösen; so ist für uns Erlöste unser Leiden und Sterben die angemessenste Art und Weise, im Anschlusse an Christus durch seine Gnade und in seiner Nachfolge und Nachahmung der Erlösung uns würdig und theilhaftig zu machen; und wenn es kein Leiden und keinen Tod gäbe, so müßten wir im gegenwärtigen Zustande, nachdem Christus für uns gelitten hat, und gestorben ist, von ganzer Seele wünschen, leiden, und sterben zu können.

Darüber werden wir noch mehr Licht erhalten, wenn wir mit dem englischen Lehrer erwägen, warum Christus, der Herr, am Kreuze gelitten habe, und gestorben sei.

4.
Der Tod Christi am Kreuze.[1])

Es bleibt in der Welt immer wahr, was der h. Paulus zu seiner Zeit von den Juden und Heiden an die römischen Christen schrieb: „Die Juden fordern Zeichen, und die Heiden suchen Weisheit; wir hingegen predigen Christum, den Gekreuzigten, der den Juden zwar ein Ärgerniß und den Heiden eine Thorheit ist; den Berufenen aber aus den Juden sowohl als auch aus den Heiden (predigen wir) Christum als Gottes Kraft und Gottes Weisheit."[2]) Ein gekreuzigter Gott, der Tod des Gottmenschen am Kreuze, das Kreuz Christi ist ein Geheimniß, das von der menschlichen Weisheit niemals begriffen, und noch viel weniger von der menschlichen Leidenschaft erfaßt werden kann, sondern von der Demuth mittelst der Gnade geglaubt werden muß. Ohne den Glauben versteht unsere Natur weder das Kreuz des Herrn, noch das eigene Kreuz, das in Leiden und Trübsalen besteht, und sie findet unzählige

---

[1]) P. III. q. 46. a. 4. [2]) Rom. c. I. v. 22. 23.

Einwürfe gegen jenes und dieses zu erheben. Hören wir, was ihr das Kreuz Christi besonders zum Ärgernisse macht.

Es will unserer Vernunft nicht einleuchten, warum Christus, der Herr, wenn er schon leiden, und sterben sollte, um uns auf die angemessenste Weise zu erlösen, dieses Erlösungsopfer am Kreuze vollbracht habe; da diese Todesart damals die schmachvollste war, wie der heilige Augustinus sagt: „Zur Zeit, wo Christus gekreuziget worden ist, gab es nichts Schmachvolleres, als den Tod am Kreuze."¹) Nur die größten Verbrecher: Räuber, Mörder, Aufrührer, Majestätsverbrecher, Feinde und Verräther des Vaterlandes wurden zu dieser Todesart verurtheilt. Es gab damals auch keine schmerzhaftere und qualvollere Todesart, wie derselbe heilige Lehrer bemerkt: „Es gab damals für das Fleisch nichts Unerträglicheres, als das Kreuz."²) Es wurde durch die empfindsamsten Theile der ganze Leib auf die langwierigste Weise gepeiniget. Es gab damals darum auch keine grausamere Todesart, als die Kreuzigung. Darum hätte der göttliche Erlöser sowohl um seiner Würde willen, als auch um den Menschen die Gelegenheit zur Verübung einer solchen Grausamkeit zu entziehen, sich dieser Todesart nicht unterwerfen sollen; denn auch der Naturphilosoph Cicero sagt: „Nichts, was grausam ist, ist nützlich; denn die Grausamkeit ist der Menschennatur, der wir folgen müssen, am meisten feindlich;"³) und der Heide Seneca schreibt: „Die Grausamkeit ist durchaus kein menschliches Übel, und einer so sanften Gemüthsart unwürdig; es ist thierische Wildheit und Wuth, sich an Blut und Wunden zu ergötzen, den Menschen wegzuwerfen, und in ein wildes Thier überzugehen."⁴) Ja, der hl. Thomas selbst sagt: „Wenn der Mensch aus Grausamkeit ausartet, dann ist kein Thier so grausam."⁵) Was kann darauf erwiedert werden?/

Es geziemte sich für den Gottmenschen allerdings nicht, eine Marter und Todesart auf sich zu nehmen, welche sich mit seiner Würde und Vollkommenheit nicht vertrug, und einen Mangel an

---

¹) Serm. 18. de verb. Dom.   ²) Tract. 36. super Joann. c. VIII.
³) De offic. Libr. III.   ⁴) Libr. de clement. ad Neron. c. 24.
⁵) Super Epist. ad Tit. c. I. *Cretenses malae bestiae.*

Wissenschaft und Weisheit, an Tugend und Heiligkeit, an Gnade und Herrlichkeit voraussetzte, oder nach sich zog; aber Schmach und Schmerz, die von außen kamen, und eine Grausamkeit, die von Andern verübt wurde, konnte seiner Würde und Vollkommenheit nichts benehmen, weil der Grund und die Ursache davon nicht in ihm, sondern außer ihm lag, und das schuldlose Erdulden solcher Mißhandlungen nicht nur nicht entehren kann, sondern die Ehre und den Ruhm vermehrt, da die Tugend hierin nur in einem um so höheren Glanze erstrahlt. Das ist es eben, was der heilige Paulus an Christus, dem Herrn, bewundert, und preist, indem er von ihm sagt: „Er hat für die ihm vorgelegte Freude das Kreuz erduldet, die Schmach nicht geachtet."[1] Wäre es anders, so könnte fremde Bosheit jede Ehre und Tugend zerstören. Es lag für Christus auch keine Verpflichtung vor, der Bosheit seiner Feinde zu wehren, sonst müßte Gott jede Sünde der Menschen verhindern; er hatte auch keine Ursache, das Werk dieser Bosheit nicht ausführen zu lassen, da die Bosheit dieselbe geblieben wäre, und nicht das mindeste Recht haben konnte, vor den schlimmen Folgen, die sich daraus für sie ergaben, bewahrt zu bleiben; er hatte im Gegentheile allen Grund, dieser Bosheit freien Lauf zu lassen, weil ihm sein Leiden und Sterben, das aus ihrem Werke erfolgte, zum Mittel diente, unschätzbares Gutes zu schaffen, wie dieß eben durch das Kreuz geschehen ist.

Diese Todesart war nicht nur der allseitigen Vollkommenheit des Herrn nicht abträglich, sondern im Gegentheile seinem Erlösungswerke vollkommen entsprechend. Denn weil er die Sünden der ganzen Welt zur Sühne übernommen hatte, welche alle Qual und Schmach und die ganze Rache Gottes verdienten; darum geziemte es sich auch, daß er sich der schmerzlichsten, schmachvollsten und grausamsten Todesart hingab, um die für die Sünden verdiente Strafe, in wie weit es durch seine menschliche Natur möglich war, zu büßen, und vor der göttlichen Gerechtigkeit die gebührende und entsprechende Genugthuung zu leisten. Auch sollten wir aus der Größe seines Leidens die Schwere unserer Schuld erkennen, und vor der Sünde, die so gebüßt, und gesühnt werden

---

[1] Hebr. c. XII. v. 2.

mußte, mit Schrecken und Abscheu erfüllt werden; wie der Herr zu den Frauen gesprochen, welche auf dem Kreuzwege ihn beklagten, und beweinten: „Ihr Töchter Jerusalems! weinet nicht über mich, sondern weinet über euch selbst und über eure Kinder. — Denn wenn man das am grünen Holze thut, was wird mit dem dürren geschehen?"[1]) Wenn der Unschuldige Solches ertragen muß, was wird mit dem Sünder geschehen, wenn er nicht Buße thut, und keiner Erlösung theilhaftig wird?/

Aber hat nicht der Herr selbst um die Abwendung dieses Todes noch auf dem Ölberge in seinem Gebete gefleht: „Mein Vater! wenn es möglich ist, so gehe dieser Kelch an mir vorüber; jedoch nicht wie ich will, sondern wie du willst?"[2]) Muß man also daraus nicht schließen, daß diese Todesart weder im Rathschlusse Gottes festgesetzt, noch auch von Christus gewollt war? Darauf antwortet der heilige Papst Leo zuerst: „Der erste Theil dieses Gebetes kommt von der Schwachheit, der zweite von der Kraft. Jenes wünschte er aus dem Unsrigen (nach der Schwäche der menschlichen Natur), dieses erwählte er aus dem Seinigen (nach seiner göttlichen Natur); denn der dem Vater gleiche Sohn wußte wohl, daß Gott Alles möglich sei, und er war nicht ohne seinen Willen in diese Welt herabgestiegen, um das Kreuz auf sich zu nehmen, und gleichsam in der Verwirrung der Vernunft diesen Kampf entgegengesetzter Willensbewegungen zu erdulden. Damit aber der Unterschied zwischen der angenommenen Natur, und dem, der sie angenommen hat, offenbar würde; wendete sich das, was des Menschen war, an die göttliche Macht, und berücksichtigte das, was Gottes war, das menschliche Bedürfniß. Dem höheren Willen wich also der untere, und wurde sofort gezeigt, um was das zagende Fleisch bitten könne, und was von dem Arzte nicht zugestanden werden dürfe."[3]) Der menschliche Wille flehte also zum göttlichen um die Abwendung des Leidenskelches, wenn es noch möglich wäre, das heißt, wenn der göttliche Wille nicht unabänderlich beschlossen hätte, daß Christus diesen Kelch trinke; da aber dieses Gebet des Herrn nicht erhört wurde, so ist dieß eben der

---

[1]) Luc. c. XXIII. v. 28. 31.   [2]) Matth. c. XXVI. v. 39.
[3]) Serm. 5. de Pass. Dom.

Beweis, daß diese Todesart im göttlichen Rathschlusse festgesetzt war. Damit wollte uns der Herr aber auch lehren, daß wir ebenso bedingnißweise um die Abwendung zeitlicher Übel bitten dürfen, aber die gleiche Ergebung in den göttlichen Willen bewahren müssen. Der heilige Leo stellt dann diese Worte des Herrn mit jenen am Kreuze zusammen: „Mein Gott, mein Gott! warum hast du mich verlassen?"[1]) und fragt nun weiter: „Da er nun die Zaghaftigkeit des Fleisches überwunden, sich dem Willen des Vaters übergeben, den ganzen Schrecken des Todes mit Füßen getreten hatte, und schon in der Ausführung des Werkes, das für ihn bestimmt worden, begriffen war; warum sucht er auf der Höhe des Triumphes über einen solchen Sieg noch nach der Ursache und nach dem Grunde, warum er verlassen, und nicht erhört worden sei; warum anders, als weil er zeigen wollte, daß eine andere Willensbewegung diejenige sei, welche er zur Entschuldigung der menschlichen Furcht angenommen hat, und eine andere jene, welche er nach der ewigen Anordnung des Vaters zur Versöhnung der Welt auserwählt hatte? Daher ist dieses Wort dessen, der nicht erhört worden ist, die Darlegung eines großen Geheimnisses, nämlich daß die Macht des Erlösers (das heißt seine göttliche Natur) dem menschlichen Geschlechte nichts genützt haben würde, wenn unsere Schwachheit (das heißt, die Schwachheit seiner menschlichen Natur) erlangt hätte, was sie begehrte."[2]) Das Wort auf dem Ölberge also und das Wort auf dem Kreuze ergänzen sich, und beweisen im Vereine unzweifelhaft, daß der Kreuzestod im ewigen Rathschlusse Gottes festgesetzt worden sei. Sie waren die Äußerung des unteren Begehrungsvermögens der menschlichen Natur, die vor dieser Todesart zurückschauderte, und zugleich der Ausdruck des höheren vernünftigen Willens, der sich dem göttlichen Willen, welcher diese Todesart um unseres Heiles willen festgesetzt hatte, vollkommen unterwarf, und von dieser Unterwerfung niemals, auch hier nicht, zurückgetreten ist, in derselben niemals auch nur geschwankt hat. Der Herr hat aber diesen Kampf, der in seiner Seele vorging, geoffenbart, und ausgedrückt, weil er uns dadurch die Weisung geben wollte, wie wir uns in ähnlichen Fällen zu

---

[1]) Matth. c. XXVII. v. 46. [2]) Serm. 16 de Pass. Dom.

verhalten hätten; und diese Lehre ist von solcher Wichtigkeit und Tragweite, daß der heilige Leo beifügt: „Diese Stimme des Hauptes ist das Heil des ganzen Leibes; diese Stimme belehrt alle Gläubigen, entzündet alle Bekenner, krönt alle Märtyrer. Denn wer könnte den Haß der Welt, wer die Stürme der Versuchungen, wer die Schrecken der Verfolgungen überwinden, wenn nicht Christus in Allen und für Alle leidend, gesprochen hätte: Es geschehe dein Wille? Es mögen also alle Kinder der Kirche, welche um einen so großen Preis erlöst, und aus Gnade gerechtfertiget worden sind, diese Stimme sich zur Lehre nehmen, und, wenn die Widerwärtigkeit einer gewaltsamen Versuchung hereinbricht, des Schutzes eines so mächtigen Beweggrundes sich bedienen, damit sie den Schrecknissen der Furcht siegreich widerstehen, und die geduldige Ausdauer im Leiden erlangen."[1]/

Wie stimmt denn nun aber das Kreuzopfer mit den Opfern des alten Bundes zusammen, die von Gott als Vorbilder dieses Opfers angeordnet waren, und in welchen die Opferthiere nicht gekreuziget, sondern mit dem Schwerte getödtet, und verbrannt wurden, die also gar keine Ähnlichkeit mit dem Kreuzopfer hatten? Zudem war auch weder in den Weissagungen, noch in andern Vorbildern diese Todesart des Erlösers klar und bestimmt ausgesprochen. Sie scheint also doch nicht unabänderlich im Rathschlusse Gottes vorherbestimmt gewesen zu sein. Was kann man darauf erwiedern? Daß die Opferthiere des alten Bundes nicht gekreuziget wurden, hat seinen vollgiltigen Grund darin, daß Gott selbst ihre Opferung und die Art und Weise dieser Opferung vorgeschrieben hat. Es geziemte sich aber für Gott nicht, anzuordnen, daß sie gekreuziget würden, besonders da dieß zur Herstellung von Vorbildern nicht nothwendig war. Ebenso hat aber auch weder Gott die Kreuzigung seines Sohnes befohlen, noch der Sohn Gottes sich selbst gekreuziget, oder seine Kreuzigung von den Juden gefordert; sondern sie ist ausschließlich von der Bosheit der Feinde ausgegangen, und von der göttlichen Vorsehung nur zum Heile der Welt zugelassen, und benützt worden. Übri-

---

[1] Serm. 7. de Pass. Dom.

gens war der Opferaltar, auf welchem im alten Bunde die Thieropfer dargebracht wurden, aus Holz gebaut,¹) und das genügte, um vorzubedeuten, daß auch das Opfer des neuen Bundes, das Lamm Gottes, auf dem Holze geopfert werden würde; denn ein Vorbild muß nicht in Allem der Wahrheit gleichen, sonst würde es ja selbst die Wahrheit. Zudem erkennen die heiligen Väter und Lehrer der Kirche, wie auch die Schriftausleger, an dem Lebensbaume im Paradiese, an der Arche Noe's, an dem Stabe Moses, an der Aufrichtung der ehernen Schlange in der Wüste, an der Bundeslade Vorbilder des Kreuzholzes, weil, wie von jenem die Segnungen Gottes sich über das Volk Israel verbreitet haben, so von diesem das Heil der Welt ausgegangen ist. Christus, der Herr, selbst hat gesagt: „Gleichwie Moses die Schlange in der Wüste erhöht hat, so muß auch der Menschensohn erhöht werden; damit Alle, die an ihn glauben, nicht verloren gehen, sondern das ewige Leben haben."²) Auch bezieht der heilige Paulus jene Schriftstelle: „Verflucht ist von Gott, wer am Holze hängt";³) auf das Kreuzopfer, indem er sagt: „Christus hat uns erlöst vom Fluche des Gesetzes, da er zum Fluche für uns geworden ist; denn es steht geschrieben: „Verflucht ist Jeder, der am Holze hängt; damit über die Welt der Segen Abrahams käme durch Jesus Christus, so daß wir die Verheißung des Geistes empfingen durch den Glauben."⁴) Warum aber Christus nicht durch die Zertheilung der Glieder, wie das Opferlamm des Alten Bundes, geopfert, und nicht durch Feuer, wie dasselbe verbrannt werden sollte, erklärt uns der heilige Chrysostomus, indem er sagt: „Es wurde ihm nicht das Haupt abgeschlagen, wie dem Johannes, und er wurde auch nicht zerschnitten, wie Isaias; um den Leib ganz und ungetheilt dem Tode zu bewahren, und damit jenen, welche die Kirche zerspalten wollen, keinen Anlaß zu geben. Anstatt des materiellen Feuers aber loderte im Brandopfer Christi das Feuer der Liebe."⁵) Es ist also die Vorherbestimmung dieser Todesart im göttlichen Rathschlusse auch im alten Bunde hinlänglich dargestellt, und angedeutet.

---

¹) Exod. c. XXVI. ²) Joann. c. III. v. 14. 15. ³) Deut. c. XXI. v. 23.
⁴) Galat. c. III. v. 13. 14. ⁵) Ex Athanas. de Verbi incarnat. et ejus Advent.

Beweist aber nicht die eben angeführte Stelle des heiligen Paulus das Gegentheil? Denn der Messias ist als derjenige geweissagt, „durch den alle Geschlechter der Erde gesegnet werden"; [1]) es ist von ihm gesagt: „Gesegnet ist, der im Namen des Herrn kommt"; [2]) er wird überall der Gesegnete und der Segensspender genannt.[3]) Wie sollte er nun am Kreuze zum Fluche werden? Was Gott eigentlich haßt, und verflucht, ist die Sünde, ist der Tod, ist die Sterblichkeit, was nicht von Gott gemacht ist, und Gottes Werke zerstört. Der heilige Thomas und der heilige Augustinus erklären sich darüber also: „Die Sünde ist verflucht, und folglich auch der Tod und die Sterblichkeit, die aus der Sünde hervorgehen. Das Fleisch Christi aber war sterblich, und hatte Ähnlichkeit mit dem Fleische der Sünde, und deßhalb nennt es Moses das Verfluchte, wie auch der Apostel es Sünde nennt, indem er sagt: Er hat den, welcher von keiner Sünde wußte, zur Sünde gemacht,[4]) nämlich wegen der Strafe der Sünde. Es hat auch darum nichts Gehässigeres, weil er gesagt hat: Verflucht ist der von Gott; denn wenn Gott die Sünde und unsern Tod nicht hassete, so hätte er seinen Sohn nicht gesendet, um sie auf sich zu nehmen, und zu vernichten. Bekenne also, daß der den Fluch auf sich genommen habe, von welchem du bekennst, daß er für uns gestorben sei."[5]) An Christus war weder etwas Verfluchtes, noch etwas Fluchwürdiges, sondern er hat die Sünde, den Tod und die Sterblichkeit, das Fluchwürdige und das von Gott Verfluchte auf sich genommen, um es am Holze des Fluches zu vertilgen; und in diesem Sinne wird gesagt, daß er für uns zum Fluche geworden ist, um uns den Segen, welcher dem Abraham verheißen worden, das ist, die Erlösung zu verdienen. Darum müssen wir aber auch eben im Kreuze Christi die wunderbare Weisheit Gottes anbeten, welche zur Erreichung ihrer großen Zwecke so wunderbar entsprechende Mittel angewendet hat.

Diese Weisheit Gottes wird uns aber noch wunderbarer erscheinen, wenn wir weitern Gründen nachforschen, aus welchen

---

[1]) Gen. XII. v. 3.   [2]) Psalm. CXVII. v. 26.   [3]) Matth. C. XXI. v. 9.
[4]) II. Cor. c. V. v. 21.   [5]) S. Aug. contr. Faust. Libr. XIV. c. 6.
S. Thom. P. III. q. 46. a. 4. ad 3.

die göttliche Vorsehung das Kreuz als Mittel zu unserer Erlösung gewählt hat.

Unter diesen Gründen nennt der heilige Augustinus die Nothwendigkeit eines Vorbildes für die schwierigsten Lagen, die in dem Leben eines Menschen vorkommen können, und sagt: „Die Weisheit Gottes hat den Menschen angenommen zum Vorbilde, nach welchem wir recht leben sollen. Zum rechten Leben gehört aber auch, daß man das nicht fürchte, was nicht zu fürchten ist. Es gibt aber Menschen, welche zwar den Tod selbst nicht fürchten, jedoch vor der Art des Todes erschaudern. Damit also keine Todesart dem Menschen, welcher recht lebt, Furcht einflößete, mußte dieß durch das Kreuz dieses Menschen dargethan werden. Denn es gab unter allen Todesarten nichts, was verwünschenswerther und furchtbarer wäre."[1] Christus, der Herr, wollte die schauerlichste Todesart erwählen, damit seine Gläubigen vor keiner Todesart zurückschreckten. Der Hinblick auf den Gekreuzigten erhielt die heiligen Märtyrer in ihren Qualen aufrecht; wenn sie aber den Blick von ihm abwendeten, fingen sie an, zu sinken, und fielen ab, wie es die Akten derselben bezeugen. Es geschah ihnen, was dem Petrus geschehen ist, welcher auf dem Meere festen Fußes einherwandelte, so lange sein Auge auf den Herrn gerichtet war; aber zu sinken anfing, sobald er auf die Wogen blickte, die ihm das Vertrauen entrissen.

Es gab ferner keine geeignetere Sühne der Sünde unserer ersten Eltern, als den Tod am Kreuzesholze. Sie hatten gegen das Verbot Gottes von der Frucht des Baumes gegessen; der Erlöser sollte zur Genugthuung für dieselbe sich an das Holz des Kreuzes heften lassen. Sie hatten an jenem Baume das dreifache Leben verloren; der Erlöser sollte ihnen durch seinen Tod am Holze des Kreuzes dieses Leben wieder gewinnen. Was Adam seinem ganzen Geschlechte dort entwendet hatte, das sollte der Erlöser hier demselben zurückerstatten, nach seinen Worten in dem Psalme: „Was ich nicht geraubt, habe ich damals ausgezahlt."[2] So schreibt auch der heilige Augustinus: „Adam hat das Gebot

---

[1] Libr. Quaest. 83. quæst. 25.   [2] Psalm. LXVIII. v. 5.

verachtet, indem er die Frucht vom Baume nahm; aber was Adam verloren, hat Christus am Kreuze gefunden." [1]) Adam hatte sich und sein Geschlecht zu Grunde gerichtet, indem er seine böse Lust im Genusse der verbotenen Frucht des Baumes befriedigte; Christus sollte ihn und sein Geschlecht retten, indem er am Kreuzesholze litt, und starb. Auf gleiche Weise sollte der Teufel, der am Baume den Menschen überwunden hatte, am Holze des Kreuzes besiegt werden; und wie vom Holze das Verderben ausgegangen war, so sollte vom Holze auch das Heil kommen. Daher preist die heilige Kirche in ihrem Lobgesange über das heilige Kreuz Gott den Herrn: „Du hast das Heil des Menschengeschlechtes auf das Holz des Kreuzes gesetzt, damit, woraus der Tod entstanden war, daraus das Leben hervorginge, und, der am Holze gesiegt hatte, auch am Holze überwunden würde." [2])

Durch die Sünde Adams ist der Fluch auch auf die Erde gekommen: „Verflucht sei die Erde in deinem Werke!" [3]) Dieser Fluch sollte durch das Kreuz Christi weggenommen werden, wie er vom Baume in dem Paradiese ausgegangen war. Daher schreibt der heilige Chrysostomus: „Christus hat auf hohem Holze, nicht unter einem Dache gelitten, damit auch die Natur der Luft gereiniget würde, aber auch die Erde eine ähnliche Wohlthat empfinge, da auch sie durch das aus seiner Seite herabrieselnde Blut gereiniget wurde." [4]) Christus ist nicht blos der Erlöser des Menschengeschlechtes, sondern auch der Natur, die durch die Sünde der Menschen unter den Fluch gekommen war.

Derselbe heilige Kirchenlehrer sagt ferner, Christus habe auch darum auf der Höhe des Kreuzes gelitten, „damit er uns den Weg zum Himmel bereitete"; [5]) und darauf deuten die Worte des Herrn selbst hin: „Wenn ich von der Erde erhöht sein werde, werde ich Alles an mich ziehen. Das sagte er aber um anzudeuten, welchen Todes er sterben würde." [6]) Denn Christus zieht uns durch das Kreuz an sich, weil er uns durch den Tod auf demselben die Gnaden verdient hat, die uns zu ihm führen, und mit

---

[1]) Serm. 101. de temp.   [2]) Praefat. de Cruce.   [3]) Gen. c. II. v. 17.
[4]) Homil. de Cruce et latrone.   [5]) Ex Athanas. l. c.
[6]) Joann. c. XII. v. 32. 33.

ihm vereinigen; und in dieser Vereinigung mit ihm führt er uns in den Himmel. Das Kreuz steht auf der Erde, und ragt zum Himmel empor; so hat Christus auf der Erde gelitten, und uns den Himmel eröffnet. Am Kreuze war Christus von der Erde erhöht, und schwebte zwischen der Erde und dem Himmel; er lehrte uns damit, von der Erde weg nach dem Himmel streben. Christus, der Herr, ist vom Himmel auf die Erde gekommen, um uns zum Himmel zu führen, und er ist der Weg.[1])

Das Kreuz deutete auch auf die Allgemeinheit der Erlösung hin, welche die Juden und die Heiden, die ganze Welt umfassen sollte. Daher schreibt der heilige Gregorius von Nyssa: „Die Gestalt des Kreuzes, welche aus der Vereinigung in der Mitte in vier äußerste Theile ausläuft, bedeutet die überallhin sich ergießende Kraft und Vorsehung desjenigen, welcher an demselben hing";[2]) und der heilige Chrysostomus sagt: „Er stirbt am Kreuze mit ausgespannten Armen, um mit dem einen das Volk des alten Bundes, mit dem andern die Heiden an sich zu ziehen."[3]) Das Leiden Christi des Herrn umfaßt den Himmel, die Erde und die Unterwelt, es durchzieht die Zeit und die Ewigkeit, und berührt jedes Geschöpf: Den Himmel durch dessen Erneuerung, die Erde durch deren Erlösung, die Hölle durch deren Besiegung; und darum schreibt der heilige Augustinus vom Kreuze, welches dieß andeutet: „Das Kreuz schließt ein großes Geheimniß in sich, da dessen Stellung eine solche ist, daß der obere Theil nach dem Himmel strebt, der untere an der Erde haftet, und bis in die Tiefen der Hölle reicht, und dessen Breite nach allen Welttheilen sich ausstreckt."[4])

Christus, der Herr, hat auch darum den Tod am Kreuze erwählt, um in dieser Leidens- und Todesart uns die Übung aller Tugenden zu lehren; und auch dieß wurde durch das Kreuz selbst angedeutet. Denn der heilige Augustinus sagt: „Er hat nicht umsonst eine solche Todesart gewählt, sondern um der Lehrmeister zu sein über die Länge und Breite und Tiefe (und Höhe), von welcher der Apostel spricht. Denn die Breite ist an jenem

---

[1]) Joann. c. XIV. v. 6.   [2]) Serm. 1. de resurrect. Dom.
[3]) Ex Athanas l. c.   [4]) Serm. 1. in Vigil. Pent.

Holze, das oben quer eingesetzt ist. Das zielt auf die guten Werke hin, denn dort sind die Hände ausgestreckt. Die Länge ist am Stamme, der von oben bis zur Erde hinabreicht, und darauf wird gleichsam gestanden, das ist, festgestanden, ausgeharrt, was der Langmüthigkeit eigen ist. Die Höhe ist an jenem Theile des Holzes, welcher von dem Querholze an aufwärts, das ist, über dem Haupte des Gekreuzigten übrig ist; weil die Erwartung derer, die eine gute Hoffnung haben, nach oben gerichtet ist. Der Theil des Holzes aber, welcher verborgen aufgerichtet steht, und aus welchem das Ganze emporsteigt, zeigt die Tiefe der unverdienten Gnade an." [1] Von den vier Spitzen des Kreuzes aber sagt der heilige Bernardus: „Die Enden des Kreuzes sind mit den Edelsteinen von vier Tugenden geschmückt. über allen ragt die Liebe empor, zur Rechten glänzt der Gehorsam, zur Linken die Geduld, in der Tiefe die Demuth." [2] Er schreibt auch: „Immer sproßt das Holz des Kreuzes das Leben, bringt es die Frucht der Fröhlichkeit hervor, träufelt es das Öl der Freude, spendet es den Balsam geistlicher Gnadengaben." [3] Ist Christus selbst das große Geheimniß, wie der heilige Apostel Paulus sagt; [4] so ist auch Alles, was auf ihn Bezug hat, geheimnißvoll, und nur jenen erschlossen, welchen es gegeben wird, wie Christus, der Herr, zu den Aposteln von den Juden gesprochen hat: „Euch ist es gegeben, die Geheimnisse des Himmelreiches zu verstehen, ihnen aber ist es nicht gegeben;" [5] sondern sie müssen sie von denjenigen lernen, denen es gegeben ist. Dasselbe gilt auch von den Geheimnissen des Kreuzes, die wir von den gotterleuchteten Vätern und Lehrern der heiligen Kirche lernen müssen.

Christus, der Herr, wollte am Kreuze leiden, und sterben, um dieses Werkzeug unserer Erlösung für uns zum Zeichen des Sieges und Triumphes über unsere Feinde, zum undurchbringlichen Schilde gegen alle Übel der Seele und des Leibes, zur Sonne alles Segens zu machen, und durch dasselbe uns alle Erlösungsgnaden zu spenden. Darüber schreibt der heilige Augustinus: „Er wollte nicht gesteiniget, auch nicht durch das Schwert getödtet werden,

---

[1] Tract. 119. in Joann. [2] Serm. 1. in Pasch. [3] Serm. 1. de S. Andrea. [4] I. Tim. c. III. v. 16. [5] Matth. c. XIII. v. 11.

weil wir nämlich nicht immer Steine oder ein Schwert mit uns herumtragen können. Er hat aber das Kreuz gewählt, das mit einer leichten Bewegung der Hand gebildet wird, und durch welches wir uns gegen die Nachstellungen des Feindes schützen können."[1]) Von diesem Schutze und von diesen Segnungen sagen die heiligen Väter und Lehrer großartige Dinge. Der heilige Basilius von Seleucia schreibt: „Wo die Erinnerung an das Kreuz Christi ist, da ist das Verderben der Teufel."[2]) Der heilige Bernardus sagt: „Glücklich die Seele, welche im Kreuze sich rühmt, und triumphirt! Wenn sie nur bei demselben ausharrt, so vermögen keine Versuchungen sie zu überwinden."[3]) Der heilige Bonaventura versichert: „In allen schweren und harten Drangsalen ist das Kreuz das ganze Heilmittel";[4]) und: „Keiner kann sich beklagen, in was immer für einem Zustande er sich befinden mag; denn es gibt Keinen, der am Baume des Kreuzes nicht die angenehmste Frucht und die genügendste Nahrung finden könnte."[5]) Der heilige Papst Leo, der Große, betheuert: „Das Kreuz Christi ist die Quelle aller Segnungen, die Ursache aller Gnaden, und durch dasselbe wird den Ärzten die Gewalt über die Krankheiten, wird die Glorie über die Schmach, wird das Leben über den Tod verliehen."[6]) Wer von dem Allem nichts erfährt, der möge die Ursache dessen darin suchen, daß er von diesem Zeichen des Heiles keinen Gebrauch macht, oder daß ihm der lebendige Glaube, das feste Vertrauen fehlt. Wer kann die für Alles besorgte Liebe und Erbarmung ermessen, die uns der göttliche Heiland dadurch erwiesen hat, daß er für uns am Kreuze sterben, dem Kreuze eine solche Kraft aus seinen Erlösungsgnaden mittheilen, und durch dasselbe uns vermitteln wollte!

Christus, der Herr, ist endlich darum am Kreuze für uns gestorben, damit auch wir das Kreuz lieben, ihm nachtragen, und bis an das Ende auf demselben ausharren lerneten. Was aber dieß für ein Kreuz sei, wie wir es auf uns nehmen, und tragen sollen, das sagt uns der Cardinal Hugo, indem er schreibt: „Auf

---

[1]) In Append. de Divers. Serm. 59. [2]) Orat. 14. [3]) Serm. 2. de S. Andr.
[4]) De laudibus S. Crucis. [5]) De stimul. amoris P. I. c. 15.
[6]) Serm. 8. de Pass. Dom.

dreierlei Weise wird das Kreuz aufgenommen: Wenn man wegen des Glaubens an Christus das Marterthum erduldet; oder wenn man die Last der Buße auf sich nimmt; oder wenn man mit dem Nebenmenschen Mitleid trägt."[1]) Auch ist die Vermeidung der Sünde, wie die Übung der Tugend, für uns, die wir zur Sünde geneigt, und der Tugend abgeneigt sind, und für diese gegen jene fortwährend uns selbst verleugnen, und abtödten, und zudem noch gegen unzählige und gewaltige Feinde kämpfen müssen, ein beständiges Kreuz und Kreuztragen, von dem wir uns nicht losmachen dürfen, wenn wir der Früchte des Kreuzes Christi, des Herrn, theilhaftig werden wollen, wie der heilige Bischof Maximus sagt: „Das Kreuz Christi wird nicht nur jenes genannt, welches zur Zeit des Leidens durch dessen Annaglung an das Holz aufgerichtet wurde, sondern auch dasjenige, welches durch seinen ganzen Lebenslauf durch die Übung aller Tugenden zusammengesetzt wurde; damit du einsehest, daß nicht bloß des Holzes Namen, sondern auch ein den Tugenden geweihtes Leben ein Kreuz sei. Das ganze Leben eines Christenmenschen ist daher, wenn er nach dem Evangelium leben will, ein Kreuz und ein Marterthum."[2]) Wer es mit dem christlichen Leben ernst nimmt, der wird von dieser Wahrheit aus eigener Erfahrung überzeugt sein. Endlich ist jedes Leiden, das wir an der Seele, an dem Leibe, von andern Menschen, von Seite äußerer Gegenstände und Ereignisse zu ertragen haben, ein Kreuz, und auch von diesem Kreuze gilt das Wort des Herrn: „Wer nicht sein Kreuz trägt, und mir nachfolgt, der kann mein Jünger nicht sein;"[3]) und: „Wer nicht sein Kreuz auf sich nimmt, und mir nachfolgt, der ist meiner nicht werth."[4]) Wer hätte uns dieß gelehrt, wer uns dafür ein Vorbild gegeben, wer uns dazu vermocht; wenn nicht der Gottmensch für uns am Kreuze gestorben wäre, wenn wir nicht das Kreuz Christi vor Augen haben, und von demselben die Gnadenkraft zum Kreuztragen erhalten würden?

Wir müssen aber auch auf dem Kreuze ausharren bis an das Ende, und auf demselben sterben, wie Christus, unser Erlöser.

---

[1]) Super Matth. c. X. [2]) Homil. de Martyribus. [3]) Luc. c. XIV. v. 27. [4]) Matth. c. X. v. 38.

Daher schreibt der heilige Bernardus: „Wie unser Haupt die Bitterkeit des Leidens bis zur Vollendung, das ist, bis zur Erfüllung alles dessen, was von ihm geschrieben stand, geduldig ertragen, und darin ausgeharrt hat; so müssen auch wir, wenn wir Glieder dieses Hauptes sein wollen, in allen unsern Widerwärtigkeiten die Tugend der Beharrlichkeit bewahren, damit wir am Ende mit aller Zuversicht sagen können: Es ist vollbracht." [1]) Dazu ermahnt er uns an einer andern Stelle: „Lasset uns auf Niemanden hören, nicht auf das Fleisch, nicht auf das Blut, nicht auf irgend einen Geist, wenn man uns rathen will, vom Kreuze herabzusteigen. Harren wir auf dem Kreuze aus, lassen wir uns von den Händen Anderer herabnehmen, nicht aber von unserm Leichtsinne. Die Tugend wird im Frieden erworben, im Leiden erprobt, im Siege gekrönt." [2])

Weil das heilige Kreuz das Siegeszeichen des göttlichen Erlösers, das Zeichen der Gnade und des Heiles, das Zeichen unsers Glaubens, unsers Vertrauens, unsrer Liebe ist, darum gebraucht es auch die heilige Kirche in ihrem ganzen Wirken immer und überall als das Zeichen ihrer Kraft, als das Zeichen ihres Schutzes, als das Zeichen ihrer Segnungen, als das Zeichen aller Gnadenspendungen. In diesem Zeichen bringt sie das göttliche Opfer dar, in diesem Zeichen spendet sie die heiligen Sakramente, in diesem Zeichen verkündet sie das Wort Gottes, in diesem Zeichen betet sie, in diesem Zeichen segnet sie, in diesem Zeichen kämpft sie wider alle Feinde, in diesem Zeichen feiert sie ihre Siege und Triumphe, in diesem Zeichen empfängt sie ihre Kinder, in diesem Zeichen pflegt, erzieht, und vollendet sie dieselben, in diesem Zeichen sendet sie die vollendeten in die himmlische Heimath, und pflanzt es auf ihr Grab, damit sie in demselben auferstehen zum Siege und Triumphe. Damit lehrt sie aber auch uns, ihre Kinder, wie wir das Kreuz ehren, lieben, und gebrauchen sollen.

Was wäre es nun, wenn ein Christ sich des Kreuzzeichens schämen, oder desselben auch nur sich nicht bedienen würde? Hat

---

[1]) De Pass. c. 14.   [2]) Serm. 1. de Parascev.

der Sohn Gottes das Kreuz auf sich genommen, es durch Jerusalem getragen, und an demselben vor den Augen der ganzen Welt verblutet, als es noch ein Zeichen der Schmach und des Fluches war; wie könnte es Jemand verschmähen, nachdem es zum Zeichen des Sieges und Triumphes, zum Zeichen der Ehre und des Ruhmes, zum Zeichen der Erlösung und des Heiles geworden ist? Wer sich des Zeichens der Erlösung schämte, der schämte sich dadurch auch des Erlösers; und es gälten auch ihm die Worte des Herrn: „Wer sich meiner und meiner Worte schämt vor diesem ehebrecherischen und sündhaften Geschlechte, dessen wird auch der Menschensohn sich schämen, wenn er kommen wird in der Herrlichkeit seines Vaters mit den heiligen Engeln." [1] Das heilige Kreuzzeichen ist von unserer Seite ein Bekenntniß des Glaubens, der Hoffnung und der Liebe gegen den Gekreuzigten, von welchem der heilige Paulus sagt: „Das Wort vom Kreuze ist zwar Thorheit denen, die verloren gehen; denen aber, die selig werden, das ist, uns, ist es Kraft Gottes." [2] Wir glauben an Christus den Gekreuzigten, und hoffen auf ihn, und lieben ihn; wir kümmern uns weder um die Heiden, denen das Kreuz eine Thorheit, noch um die Juden, denen das Kreuz ein Ärgerniß ist, noch um ein ehebrecherisches und sündhaftes Geschlecht, das von Gott und von dem Erlöser abgefallen ist, und bekennen uns durch dieses glorreiche Zeichen zu ihm, der uns Alles ist.

Wir befolgen aber auch das andere Wort des Herrn: „Gebet das Heilige nicht den Hunden, und werfet eure Perlen nicht den Schweinen vor." [3] Wir schämen uns, und fürchten uns nicht, wo die Pflicht das Bekenntniß fordert; ohne Pflicht aber geben wir das Heilige und die Perlen unsers Glaubens nicht der Lästerung gottloser Menschen preis. Unter uns aber und unter wahren Christen befolgen wir die Mahnung des heiligen Cyrillus von Jerusalem: „Wir sollen uns nicht schämen, den Gekreuzigten zu bekennen, sondern es soll das Kreuzzeichen vertrauungsvoll auf der Stirne aufgedrückt werden, und in allen andern Dingen soll das Kreuz in Anwendung kommen"; [4] und die Mahnung des

---

[1] Marc. c. VIII. v. 38. [2] I. Cor. c. I. v. 18.
[3] Matth. c. VII. v. 6. [4] Cateches. 13.

heiligen Ephräm: „Thue nichts ohne das Zeichen des heiligen Kreuzes; du magst schlafen gehen, oder erwachen, oder eine Arbeit anfangen, oder essen, oder trinken, oder eine Reise unternehmen, oder über das Meer schiffen, oder einen Fluß übersetzen, oder etwas Anderes thun; bezeichne, und verwahre immer alle deine Glieder mit dem Heil und Leben spendenden Zeichen des Kreuzes." [1])

Wir begrüßen mit dem hl. Petrus Damianus dieses Zeichen unsers Heiles mit Freude und Jubel, wo es uns begegnet, und bekennen laut und feierlich: „O seliges Kreuz! dich verehrt, und preist, und verherrlichet der Glaube der Patriarchen, dich die Weissagung der Propheten, dich der Richtersenat der Apostel, dich das siegreiche Heer der Märtyrer, dich die ganze Schaar der Heiligen. Dein Wohlgeruch übertrifft alle Gewürze, dein Nektar alle Arten von Salben und allen Honig. O seliges Kreuz! du Ursache der Herrlichkeit, du Zeichen des Sieges, du Siegel der ewigen Erlösung." [2]) Wir erklären mit dem heiligen Paulus: „Es sei fern von mir, daß ich mich rühme, außer in dem Kreuze unsers Herrn Jesu Christi, durch welchen mir die Welt gekreuziget ist, und ich der Welt!" [3])

Wer sich aber zum Kreuze bekennt, der muß sich auch zum Leiden bekennen, und dasselbe in der Kraft des Kreuzes Christi, des Erlösers, ertragen; denn wie das Kreuz Christi durch das Leiden Christi zu seiner Verherrlichung gelangt, und Christus selbst durch sein Leiden in seine Herrlichkeit eingegangen ist, so wird das Kreuz auch uns nur durch unser Leiden zum Ruhme, und werden auch wir nur durch Leiden mit Christus zu unserer Herrlichkeit und Seligkeit gelangen, wie der heilige Cyprianus sagt: „Man kann die Krone der Schmerzen und der Leiden nicht empfangen, wenn nicht die Geduld in dem Schmerze und in dem Leiden vorangegangen ist." [4]) Dazu aber muß uns das Leiden des Herrn Muth und Kraft und Ausdauer verleihen; denn wir werden unser Leiden niemals mit seinem Leiden in Vergleich bringen können, und daher ihn auch niemals so zu lieben im Stande sein, wie

---

[1]) D. ss. Cruce. [2]) Serm. 48. de exaltat. s. Crucis.
[3]) Galat. c. VI. v. 14. [4]) De bono patient. c. 4.

er uns geliebt hat. Die Liebe bewährt sich eben im Leiden, und wie groß war denn das Leiden unsers göttlichen Erlösers?

5.
Die Größe des Leidens Christi.[1]）

Da der Tod am Kreuze die schmachvollste, schmerzvollste und grausamste Todesart war, so ergibt sich wie von selbst die Frage, ob denn also Christus, der Herr, alle möglichen Leiden erduldet habe. Der Beantwortung dieser Frage muß die Wahrheit vorausgeschickt werden, die wir bereits angedeutet haben, nämlich daß der Gottmensch weder an der Seele noch am Leibe Etwas leiden konnte, was einen Mangel an seiner Vollkommenheit bedeutet hätte.

Es mußten daher von der Seele Christi, des Herrn, alle jene Leiden ausgeschlossen bleiben, welche sich mit seiner Weisheit und Wissenschaft nicht vertrugen; denn er besaß alle natürliche Wissenschaft, weil, wie der heilige Ambrosius sagt, „Gott im Fleische die Vollkommenheit der menschlichen Natur angenommen hat",[2]) zu welcher auch diese Wissenschaft gehört. Er besaß wegen der hypostatischen Vereinigung seiner Menschheit mit der Gottheit auch die Wissenschaft aller Engel und Heiligen im Himmel im höchsten und ausgezeichnetsten Grade, weil es zwischen diesen und Gott keine solche Vereinigung gibt, wie zwischen der Menschheit und Gottheit Christi. Er besaß auch alle eingegossene Wissenschaft durch die Person des göttlichen Wortes, welches auch die Person der Menschheit Christi war. Daher sagt der heilige Paulus von ihm: „In welchem alle Schätze der Weisheit und Erkenntniß verborgen sind."[3]) Deßhalb geziemte es sich nicht, ja war es unmöglich, daß der Herr ein Leiden auf sich nahm, welches dieser Weisheit und Erkenntniß hätte Eintrag thun können, wie z. B. Unwissenheit, Irrthum, Geistesstörung, Ohnmacht, Bewußtlosigkeit und dergleichen Anderes.[4])

Die Seele Christi des Herrn besaß auch die Fülle der Gnaden auf die vollkommenste Weise, weil sie in ihrer hypostatischen

---

[1]) P. III. q. 46. a. 5.   [2]) Libr. de Incarnat. c. 7.
[3]) Coloss. c. II. v. 3.   [4]) S. Thom. P. III. qq. 9. et 10.

Vereinigung mit der Gottheit der Urquelle aller Gnaden zunächst und innigst verbunden war, und daraus auch die größte Fülle und am vollkommensten schöpfte. Es war überdieß die Aufgabe des Gottmenschen, von seiner Gnadenfülle auch allen Menschen mitzutheilen, und zu diesem Zwecke mußte er diese Fülle auch in Bezug auf diese Wirksamkeit und Wirkung besitzen. Diese Fülle hatte die Seele des Herrn auch in Bezug auf alle Thätigkeiten und Wirkungen der Gnade; denn die Gnade wurde ihr als dem Prinzipe in der Gattung derer gegeben, welche Gnaden besitzen sollten; die Kraft des ersten Prinzipes einer Gattung aber erstreckt sich allgemein auf alle Wirkungen derselben Gattung; somit erstreckte sich die Gnade Christi auch auf alle Wirkungen der Gnade, welche in den übernatürlichen Gaben und Tugenden und in Anderem dergleichen bestehen.

Endlich kam Christo, dem Herrn, diese Fülle der Weisheit und Gnade eigenthümlich zu; denn sie kam ihm als dem Eingebornen vom Vater zu; der Eingeborne vom Vater zu sein, kommt aber Christo, dem Herrn, eigenthümlich zu. Daher sagt auch der heilige Johannes in seinem Evangelium: „Wir haben seine Herrlichkeit gesehen, die Herrlichkeit als des Eingebornen vom Vater, voll der Gnade und Wahrheit"; [1]) und somit kommt es ihm eigenthümlich zu, die Fülle der Gnade und Wahrheit zu besitzen.[2])/.

Aber sagt nicht der heilige Evangelist Lucas: „Jesus nahm zu an Weisheit und Alter und Gnade bei Gott und bei den Menschen"; [3]) und kann derjenige, welcher in irgend einer Sache zunehmen kann, in derselben nicht auch abnehmen, und einen Mangel erleiden? Die Worte des heiligen Evangelisten sagen nach der Auslegung der heiligen Väter und des heiligen Thomas nicht, daß Christus an dem innern Wesen[4]) der Weisheit und Gnade, sondern nur in Bezug auf die Wirkungen[5]) zugenommen; indem er nach der Zunahme seines Alters immer weisere und gnadenvollere Handlungen verrichtete, und vollkommenere Werke vollbrachte, um sich als wahren Menschen zu erweisen sowohl in dem, was auf

---

[1]) Joann. c. I. v. 14.   [2]) S. Thom. P. III. q. 7. a. 9. 10.
[3]) Luc. c. II. v. 52.   [4]) Secundum ipsos habitus.   [5]) Secundum affectus.

Gott, als auch in dem, was auf die Menschen Bezug hatte.¹) In Hinsicht auf die Erkenntniß aber nahm er in so fern zu, als seine Erfahrungserkenntniß Zuwachs erhielt, das heißt, als er dieses oder jenes thatsächlich erfahren mußte, was er zuvor aus eigener Erfahrung nicht gekannt hatte, wie z. B. sein wirkliches Leiden und seinen wirklichen Tod.²) Deßhalb schreibt auch der heilige Paulus: „Obwohl er der Sohn Gottes war, hat er aus dem, was er gelitten, den Gehorsam gelernt." ³)

Christus, der Herr, konnte also keine solche Leiden auf sich nehmen, welche eine Abnahme, einen Mangel, ein Hinderniß seiner Weisheit, Wissenschaft und Erkenntniß, seiner Gnadenfülle, seines Gnaden= und Tugendlebens nach sich gezogen haben würden. Er war als Messias nicht bloß das Sühnopfer für die Sünden, sondern auch der Lehrer, das Vorbild und der Gnadenspender der Welt, wie er selbst sagt: „Ich bin der Weg, die Wahrheit und das Leben;" ⁴) es durfte also der eine Zweck seiner Sendung nicht den andern zerstören, oder verhindern, und sein Leiden weder sein Lehramt, noch sein Vorbild, noch sein Gnadenwerk beeinträchtigen.

In Bezug auf seinen Leib konnte Christus, der Herr, ebenfalls solchen Leiden sich nicht unterziehen, welche aus einem ungeordneten Leben entstehen, weil in seinem Leben Alles auf das Vollkommenste geordnet war; oder welche von einem Mangel der menschlichen Natur herkommen, da sein Leib von dem heiligen Geiste gebildet worden ist, dessen Weisheit und Macht unendlich ist, und der in seinem Werke weder irren, noch unvermögend sein konnte, um es vollkommen zu machen. Leiden aber, welche allen Menschen gemeinschaftlich sind, wie z. B. der Tod, der Hunger, der Durst und dergleichen Anderes, war er, weil sie Folgen und Strafen der Sünde sind, nicht verpflichtet auf sich zu nehmen, wollte sie aber auf sich nehmen, um für unsere Sünden genugzuthun; denn diese Leiden standen zu seiner allseitigen Vollkommenheit in keinem Widerspruche, sondern dienten ihm vielmehr dazu, sein Erlösungswerk zu vollbringen, Tugenden zu üben, und uns ein Vorbild zu geben, wie auch wir sie ertragen sollen.

---

¹) S. Thom. P. III. q. 7. a. 12. ad 3.   ²) Idem ibid. q. 9. a. 4. 0.
³) Hebr. c. V. v. 8.   ⁴) Joann. c. XIV. v. 6.

Dieß vorausgeschickt, müssen wir zur Beantwortung der vorgelegten großen Frage noch zwischen den Arten und Gattungen der Leiden unterscheiden. Was die einzelnen Arten der Leiden anbelangt, konnte der göttliche Erlöser sich denjenigen nicht unterziehen, von welchen die einen die andern unmöglich machen, da sie sich entgegengesetzt sind, wie z. B. die Verbrennung durch Feuer und die Ertränkung im Wasser. Wenn also von den verschiedenen Arten der Leiden die Rede sein soll, so muß man sagen, daß Christus, der Herr, nicht alle Arten von Leiden erduldet habe, theils weil dieß unmöglich war, theils weil sich nicht alle Arten von Leiden mit seinen Vollkommenheiten vertrugen, wie z. B. Mängel am Leibe oder an der Seele, Krankheiten und dergleichen andere Leiden. Es kann daher nur von Leiden die Rede sein, welche aus äußern Ursachen hervorgehen, und von diesen muß man sagen, daß der göttliche Heiland alle Gattungen menschlicher Leiden erduldet habe.

Denn der Herr hat gelitten von Seite der Menschen, von Seite der Juden und der Heiden, weil er von diesen und von jenen mißhandelt, und zum Tode verurtheilt worden ist; von Seite der Männer, die an ihm alle Missethaten und den Gottesmord verübt haben, und von Seite der Weiber, da selbst während seines Leidens eine Magd seinen ersten Apostel zum Falle gebracht hat; von Seite der Vornehmen, der Diener und des Volkes, wie die ersten Gläubigen darüber zu Gott gerufen haben: „Sie erhoben einmüthig ihre Stimmen zu Gott, und sprachen: Herr! du bist es, der den Himmel und die Erde, das Meer und Alles, was darin ist, gemacht hat, der durch den heiligen Geist aus dem Munde unsers Vaters David, deines Knechtes, gesprochen: Warum toben die Heiden, und sinnen die Völker auf Eitles? Es stehen auf die Könige der Erde, und es kommen zusammen die Fürsten wider den Herrn und wider seinen Gesalbten.'[1] Wahrhaftig! es haben sich in dieser Stadt wider deinen heiligen Sohn Jesus, den du gesalbt hast, Herodes und Pontius Pilatus mit Heiden und Völkern Israels verbunden, zu thun, was deine Hand

---

[1] Psalm. II. v. 1. 2.

und dein Rath beschlossen haben, daß es geschehe."¹) Der Herr hat gelitten von Freunden und Bekannten, da er von Judas verrathen, von Petrus verleugnet, von seinen Jüngern verlassen worden ist, und die Leiden seiner geliebten jungfräulichen Mutter und der Getreuen, die neben dem Kreuze standen, mitempfinden mußte. /

Der göttliche Erlöser hat an Allem gelitten, woran ein Mensch leiden kann; an seinem Rufe durch die Verleumdungen, falschen Zeugnisse und Lästerungen, welche von seinen Feinden wider ihn ausgestoßen wurden; an seiner Würde, Ehre und Herrlichkeit durch die Verspottungen und Unbilden, die ihm zugefügt wurden; an seiner Freiheit, da er gebunden, gefesselt, an das Kreuz genagelt wurde, und erfahren mußte, was er durch den Mund des Propheten geweissagt hatte: "Viele Farren haben mich umringt, fette Stiere mich umlagert, haben aufgesperrt wider mich ihren Rachen wie ein raubender und brüllender Löwe. — Viele Hunde haben mich umringt, die Rotte der Boshaften hat mich umlagert. — Es ist Keiner, der hilft."²) Er hat gelitten von Seite der Erde, von der ihm nichts mehr zugestanden wurde, worauf er hätte einen Fuß hinsetzen können, da er am Kreuze hing; von Seite der Speise und des Trankes, da ihm nur Galle und Essig gereicht wurden; von Seite der Wohnung und Kleidung, da er nackt zwischen dem Himmel und der Erde auf dem Holze der Schmach angenagelt war; von Seite der Luft, welche in seine offene Wunde hineinbrannte; von Seite des Lichtes, das seine Blöße den Augen der Welt zeigte; von Seite der Finsterniß, die seine Augen umhüllte; von Seite des Himmels, da die heiligen Engel ihm keine Hilfe leisten durften, und auch sein himmlischer Vater ihn allen Leiden überließ; von Seite der Hölle, welche in seinen Feinden thätig war, und über seine Leiden und über seinen Tod triumphirte, als hätte sie ihn und sein Werk nun vernichtet. /

Der göttliche Erlöser hat an seiner Seele gelitten wie nur immer eine Menschenseele leiden kann; Furcht, Angst, Entsetzen:

---

¹) Act. Apost. c. IV. v. 24—29. ²) Psalm. XXI. v. 13. 14. 17. 12.

„Er fing an zu zittern, und sich zu entsetzen";¹) Traurigkeit und tödtliche Betrübniß: „Meine Seele ist betrübt bis in den Tod";²) Todesangst: „Es befiel ihn Todesangst";³) gänzliche Trostlosigkeit und Verlassenheit: „Mein Gott, mein Gott! warum hast du mich verlassen?"⁴) Spott und Hohn und Schmach, daß der Prophet sagen konnte: „Er wird mit Schmach gesättiget werden";⁵) unaussprechlichen Schmerz über alle Verbrechen, die an ihm begangen wurden, und über alle Sünden der gesammten Menschheit, die er in ihrer ganzen Größe, Zahl, Bosheit und Abscheulichkeit mit allen ihren verheerenden Folgen schaute, und fühlte, während er für dieselben litt und büßte, und mit denen er sich vor der göttlichen Gerechtigkeit zur Sühne beladen sah: „Unserer Aller Missethat hat der Herr auf ihn gelegt";⁶) die Leiden aller seiner Auserwählten: „Wahrlich, er trägt unsere Krankheiten, und ladet auf sich unsere Schmerzen";⁷) die peinvolle Qual über das Verderben so vieler Menschen, die er ungeachtet seines Erlösungswerkes in ihrem Undanke und in ihrer Bosheit ewig zu Grunde gehen sah, wie er auch über den Untergang Jerusalems geweint hat.⁸) Er konnte daher mit Recht durch den Mund seines Propheten sagen: „Die Wasser sind bis an meine Seele gedrungen. Ich stecke im tiefen Schlamme, und da ist kein Grund; ich bin in die Tiefe des Meeres gekommen, und der Sturm hat mich versenkt."⁹) — „Es haben mich die Schmerzen des Todes umringt, und mich erschreckt die Bäche der Bosheit. Die Schmerzen der Hölle haben mich umgeben; es haben mich die Schlingen des Todes überrascht."¹⁰) — „Mein Herz ist wie geschmolzenes Wachs geworden in meinem Leibe."¹¹) Es war dieß ein unermeßlich tiefes und breites Meer von Leiden, in welches seine heilige Seele versenkt worden ist, wegen unserer Sünden, über die wir oft nur mit Mühe eine Reue erwecken können, oft gar keine Reue haben, die wir oft mit lachendem Munde begehen; weil wir an nichts Anderes als an die Befriedigung unserer bösen Gelüste denken.

---

¹) Marc. c. XIV. v. 33. ²) Ibid. v. 34. ³) Luc. c. XXII. v. 43.
⁴) Matth. c. XXVII. v. 46. ⁵) Thren. c. III. v. 30. ⁶) Isai. LIII. v. 6.
⁷) Ibid. v. 4. ⁸) Luc. c. XIX v. 41. ⁹) Psalm. LXVIII. v. 2. 3.
¹⁰) Psalm. XVII. v. 5. 6. ¹¹) Psalm. XXI. v. 15.

Der göttliche Erlöser hat an seinem Leibe gelitten; an seinem Haupte die schrecklichen Stacheln der Dornenkrone; an seinem Angesichte die grausamen Schläge und den gräulichen Auswurf der Henkersknechte; an seinen Schultern die niederdrückende Last des Kreuzes; an seinen Knieen die schweren Fälle unter dem Kreuze; an seinen Händen die schmerzlichen Bande; an seinen Händen und Füßen die Durchbohrung mit den schrecklichen Nägeln; an seinem ganzen Leibe die Wunden der entsetzlichen Geißlung; an seinen Gebeinen die gewaltsame Ausspannung am Kreuze und das marterbolle stundenlange Hangen am Kreuze: „Sie haben meine Hände und Füße durchbohrt, und alle meine Gebeine gezählt;"[1]) an seinem Fleische, was der Prophet mit den Worten schildert: „Von der Fußsohle bis zum Scheitel ist nichts Gesundes an ihm, sondern Wunden, Striemen, hohe Beulen, die nicht verbunden, nicht mit Heilmitteln versehen, nicht mit Öl gelindert sind;"[2]) daß er selbst in den Psalmen sagen konnte: „Die Sünder haben auf meinem Rücken geschmiedet, haben ihre Bosheit in die Länge gezogen."[3]) Was muß es um die Sünden sein, die man innerlich an der Seele und äußerlich am Leibe begeht, wegen welcher der Gottmensch Solches leiden mußte!

Der göttliche Erlöser hat an allen seinen Sinnen gelitten; an dem Tastsinne durch alle Mißhandlungen, die ihm angethan wurden; an dem Geschmackssinne, indem er mit Galle und Essig getränkt wurde; an dem Geruchssinne durch den Gestank des Kerkers; an dem Gehörssinne durch das Anhören der Lästerungen, der falschen Anklagen, des Wuthgeschreies des Volkes, der ungerechten Urtheile; am Gesichtssinne durch den Anblick seiner Feinde, deren Haß durch nichts gesättiget werden konnte, durch den Anblick der Trauer und Thränen seiner hochgebenedeiten jungfräulichen Mutter, seines Liebesjüngers und der frommen Frauen. Wie schrecklich sind auch die Sünden, die man mit den fünf Sinnen begeht, und gegen die man keinen Zaum und Zügel gebrauchen will, während der liebe Heiland diese Zaum- und Zügellosigkeit so schmerzlich büßen mußte!

---

[1]) Psalm. XXI. v. 17. 18.   [2]) Isai. c. I. v. 6.   [3]) Psalm. CXXVIII. v. 3.

Wenn man alle diese Leiden, die man weder zählen, noch ermessen kann, zusammenhält, und die uns unbegreifliche Empfindsamkeit der Seele und die unbeschreibliche Zartheit des Leibes des Herrn, wie auch den Umstand in Betracht zieht, daß seine Gottheit sich zurückhielt, seine Menschheit ganz dem Leiden überließ, wie wenn Christus nur Mensch gewesen wäre, und sie nur in so weit unterstützte, daß sie nicht unterlag, bis das bestimmte Maß der Leiden voll war; so sieht man ein, daß der göttliche Erlöser alle Gattungen von Leiden erduldet habe, die er auf sich nehmen konnte, und wie wahr sein Wort geworden, das er durch den Mund des Propheten gesprochen hat: „O ihr Alle, die ihr vorübergehet am Wege, gebet Acht, und sehet, ob es einen Schmerz gebe, wie mein Schmerz ist; denn der Herr hat Weinlese an mir gehalten." [1]) Wie aus der Traube unter der Kelter aller Saft ausgepreßt wird, so hat der Herr, von der göttlichen Gerechtigkeit durch alle Gattungen von Leiden gekeltert, all sein Blut bis auf den letzten Tropfen seines anbetungswürdigen Herzens hingeopfert, und das Erlösungswerk zu Ende geführt: „Er sprach: Es ist vollbracht. Und er neigte sein Haupt, und gab den Geist auf." [2]) Der Tod am Kreuze war die Vollendung seines Leidens und der Abschluß seines Erlösungsopfers, aus welchem für uns das Leben der Gnade auf Erden, das Leben der Natur in der Auferstehung und das Leben der Glorie im Himmel, unsere volle Erlösung hervorgeht. Warum aber hat denn der Herr alle Gattungen von Leiden auf sich genommen?

„Dieses allseitige Leiden hat Christus vorzüglich aus drei Ursachen erduldet: Weil er für die Sünden Aller gelitten hat, denen wegen ihrer Vielfältigkeit eine vielfältige Strafe gebührte; weil er uns Allen, die wir verschiedene Leiden zu ertragen haben, ein allseitiges Vorbild aufstellen wollte; und weil er seiner Liebe zu uns einen umfassenderen Ausdruck geben wollte; denn was durch Eins nicht ausgedrückt wird, kann durch Vieles zugleich besser ausgedrückt, und dargestellt werden." [3]) Überdieß ergeben sich aus dieser Größe des Leidens des Herrn für uns auch noch höchst wichtige Lehren.

[1]) Thren. c. I. v. 12.   [2]) Joann. c. XIX v. 30.   [3]) Card. Tolet. in h. l.

Wie das Leiden des Herrn im göttlichen Rathschlusse vorherbestimmt war, wie Christus zwar dieses ganze Leiden, aber kein anderes auf sich zu nehmen hatte, wie dieses Leiden von der unendlichen Liebe und Erbarmung Gottes ausging, und die göttliche Gerechtigkeit versöhnen sollte, wie endlich dieses Leiden dem Herrn selbst seine Erhöhung und Verherrlichung auch als verdienten Lohn, den Menschen aber Erlösung und Heil verschafft hat; auf ähnliche Weise verhält es sich auch mit unserm Leiden, welches ebenfalls von Gott vorhergesehen, und bestimmt, von Gottes Liebe, Erbarmung und Gerechtigkeit uns zugetheilt ist, und, wenn wir es recht verwenden, uns und Andern zum Heile gereicht, wie der heilige Augustinus sagt: „Was Gott nicht will, daß du leidest, das leidest du auch nicht; was er aber zuläßt, daß du es leidest, ist die Geißel dessen, der bessert, nicht die Strafe dessen, der verdammt." [1]) Wir sollen daher den Leidenskelch nicht von den nächsten Ursachen, die ihn füllen, sondern von Gott, der ihn darreicht, annehmen, und in diesem Geiste trinken, und austrinken.

Wenn wir sehen, wie groß, wie allseitig und wie trostlos das Leiden des Herrn war; so kann uns kein Leiden zu schwer und zu bitter erscheinen, und wir müssen mit demselben heiligen Lehrer bekennen: „Was immer wir leiden können, ist, mit der Bitterkeit des Leidens des Herrn verglichen, entweder für wenig, oder für nichts zu achten." [2]) Wir sollen daher ergeben und geduldig leiden.

Wenn wir auf den Herrn selbst schauen, und bedenken, wer er ist, der leidet, und was er für uns ist, und in welchem Verhältnisse wir zu ihm stehen; so müssen wir uns zu Gemüthe führen, was der heilige Bonaventura sagt: „Was fürchtest du, o Christ! zu leiden, da dir dein König in das Leiden vorangegangen ist? Es ist schmachvoll und höchst befremdend, ja gegen die Natur, daß unter einem leidenden Haupte ein Glied nicht leide, daß unter einem verwundeten Haupte ein Glied nichts fühle, daß unter einem sterbenden Haupte ein Glied des Lebens nicht entbehren wolle. Welcher Krieger wagte es, aus der Schlacht sich zu entfernen, und wollte nicht gern leiden, wenn sein König auf

---

[1]) Tract. 7. in Joann. [2]) De Pass. Dom.

den Tod verwundet ist? — Aber o wehe! und vergehen möchte man vor Schmerz, da es heut zu Tage kaum Jemanden gibt, der für den Herrn leiden wollte, ich sage nicht, eine Zerquetschung, eine Verstümmlung der Glieder, eine Zerbrechung der Gebeine, oder eine Durchstechung der Rippen, sondern nur ein kleines Wort, ja nur ein ihm widerwärtiges Zeichen." [1] Wir sollen daher mit Großmuth leiden.

Blicken wir auf jene, von welchen Christus, der Herr, zu leiden hatte, und sehen wir auf den Undank, auf die Ungerechtigkeit, auf die Bosheit, auf die Grausamkeit, auf die Wuth und Raserei derjenigen, unter deren Händen der allmächtige Herr wie ein unschuldiges, hilfloses Lämmlein unter den Klauen wilder Thiere, schweigend leidet; so müssen wir mit dem heiligen Papste Gregorius sagen: „Gerecht ist Alles, was wir leiden, und sehr ungerecht ist es, über das gerechte Leiden zu murren;" [2] und: „Wie ein Verdammter leidet derjenige, welcher zur Zeit seines Leidens über die Ungerechtigkeit seines Verfolgers in Zügellosigkeit ausartet." [3] Wir sollen daher mit demüthigem und reumüthigem Herzen leiden.

Richten wir unser Augenmerk auf die Ursachen der Leiden des Herrn, so erscheint uns da die Sünde in ihrer furchtbaren Strafwürdigkeit vor der göttlichen Gerechtigkeit, welche ein solches Sühnopfer für dieselbe von dem genugthuenden Gottmenschen forderte; und wir können daraus schließen, was auf jene warten müsse, welche die Erlösungsgnaden nicht benützen, und unausgesöhnt vor dem Richterstuhle Gottes erscheinen. Wir sehen da aber auch, wie das Leiden einen genugthuenden und sühnenden Werth vor Gott habe, welcher vom Leiden des Hauptes dem Leiden der Glieder mitgetheilt wird, wenn sie mit ihm in lebendiger Verbindung stehen; und daher sagt der heilige Chrysostomus: „Wenn wir in diesem Leben Übles leiden, so wollen wir uns freuen; denn es ist die Sühnung der Sünde." [4] Wir sollen mit Zuversicht, Dank und Freude leiden.

Betrachten wir endlich die Frucht des Leidens unsers Herrn und Heilandes, seine eigene Verherrlichung und die Verherrlichung

---

[1] Serm. 2. de plur. Martyr. [2] Moral. Libr. II. c. 13.
[3] Ibid Libr. III. c. 12. [4] Homil. 5. super Epist. ad Hebr.

Aller, die sich desselben theilhaftig machen; so können wir daraus erkennen, wie verdienstlich und kostbar auch das Leiden der Gerechten sei, welche durch dasselbe an sich ersetzen können, was dem Leiden Christi an ihnen mangelt, und dadurch zur Theilnahme an seiner Verherrlichung gelangen; weßhalb derselbe heilige Lehrer sagt: „Es ist wahrlich die größte Gnade, wenn man gewürdiget wird, um Christi willen Etwas zu leiden; es ist dieß eine wahrhaft vollkommene Krone und ein Lohn, der nicht geringer ist, als die künftige Vergeltung;"[1] und: „Für Christus leiden, ist ein Gnadengeschenk, das größere Bewunderung verdient, als wenn man wirklich Todte auferweckte, und andere Wunderzeichen verrichtete."[2] Wir sollen daher Sehnsucht und Verlangen nach den Leiden haben, und, was wir leiden, als den größten Schatz ansehen./

Es kann uns daher nicht wundern, wenn der heilige Paulus die Gläubigen in ihren Leiden mit den Worten tröstete, aufmunterte, und ermuthigte: „Lasset uns aufblicken zum Urheber und Vollender des Glaubens, zu Jesus, der für die ihm vorgelegte Freude das Kreuz erduldete, die Schmach nicht achtete, und zur Rechten des Thrones Gottes sitzt. Ja, denket an ihn, der einen solchen Widerspruch von den Sündern gegen sich erduldet hat, damit ihr nicht ermüdet, und euren Muth nicht sinken lasset. Noch habet ihr nicht bis auf's Blut widerstanden im Kampfe wider die Sünde, und ihr habet vergessen den Trost,[3] der zu euch als Kindern redet, da er spricht: Mein Sohn! achte nicht gering die Züchtigung des Herrn, und verzage nicht, wenn du von ihm gestraft wirst. Denn wen der Herr lieb hat, den züchtiget er; er schlägt jedes Kind, das er aufnimmt. Haltet aus unter der Züchtigung; Gott verfährt mit euch, wie mit seinen Kindern; denn wo ist ein Kind, das der Vater nicht züchtiget? Wenn ihr ohne Züchtigung wäret, deren Alle theilhaftig geworden sind; so würdet ihr Bastarde und keine Kinder sein. — Jede Züchtigung aber scheint für die Gegenwart nicht zur Freude, sondern zur Trauer zu sein; in der Folge aber bringt sie denen, welche durch sie geübt wor-

---

[1] Homil. 5. de fide Annæ. [2] Serm. 4. super Epist. ad Philipp.
[3] Das heißt, den tröstenden heiligen Geist, der diese Worte spricht. Prov. c. III. v. 11. 12.

den sind, eine freudenreiche Frucht der Gerechtigkeit. Darum richtet wieder auf die erschlaffenden Hände und die wankenden Kniee."[1])

Dieß wird uns um so leichter werden, ja, wir werden den Worten des Apostels mit Begeisterung folgen; wenn wir erwägen, bis zu welchem Vollmaße unser göttlicher Erlöser gelitten habe.

6.
Das Vollmaß des Leidens Christi.[2])

Wir haben gesehen, daß der göttliche Erlöser alle Gattungen von Leiden, die er auf sich nehmen konnte, an der Seele und an dem Leibe erduldet habe. Daran knüpft sich nun folgerichtig die weitere Frage, ob auch der Schmerz, welchen ihm alle diese Gattungen von Leiden verursacht haben, der größte gewesen sei. Muß diese Frage bejaht werden, so finden wir darin das Vollmaß der Leiden, das sich sowohl aus der Gesammtheit aller Gattungen als auch aus der Größe der Schmerzen dieser Leiden ergibt; denn sind die Gattungen voll in ihrer Zahl, und ist der Schmerz voll in seiner Größe; so ist auch das ganze Leiden voll in seinem Maße; es ist das Vollmaß der Leiden erreicht. Daher untersucht nun der englische Lehrer die Größe des Schmerzes, welchen der Herr in seinem Leiden erduldet hat.

Der Schmerz ist ein zweifacher, ein sinnlich empfindsamer, der aus der Verletzung des Leibes und aus der Wahrnehmung dieser Verletzung in der Seele entsteht; und ein innerlich durch das Vorstellungsvermögen oder durch die Vernunft hervorgerufener Schmerz wegen irgend eines Übels, das auf solche Weise der Seele vergegenwärtiget wird. Der erstere kann schlechthin Schmerz, der letztere Traurigkeit genannt werden. Christus, der Herr, hat nun sowohl jenen Schmerz als auch diese Traurigkeit im wahrsten und eigentlichsten Sinne erduldet.

Denn was den Schmerz anbelangt, der aus der Verletzung des Leibes hervorgeht, hatte Christus, der Herr, einen wahren

---
[1]) Hebr. c. XII. v. 2—13. [2]) P. III. q. 46. a. 6.

menschlichen Leib, der verletzt werden konnte, weil er, leidensfähig und sterblich, wie der Leib anderer Menschen, allen Verletzungen ausgesetzt war, und auch wirklich verletzt worden ist; und der Herr mußte diese Verletzungen auch empfinden, weil seine Seele vollkommen alle natürlichen Kräfte, Vermögen und Fähigkeiten, also auch das sinnliche Wahrnehmungs- und Empfindungsvermögen besaß, da sie eine wahre menschliche Seele, und die Seele dieses Leibes war, mit dem sie in wesentlicher Verbindung stand, und die Eine menschliche Natur in Christus ausmachte. Daher steht auch geschrieben: „Wahrlich, er hat unsere Schwachheiten erduldet, und unsere Schmerzen getragen;"¹) und er wird darum auch „der Mann der Schmerzen"²) genannt. Deßhalb sagt auch der heilige Paulus: „Er mußte in Allem seinen Brüdern gleich werden, damit er barmherzig würde; — denn darin, worin er selbst gelitten hat, und versucht worden ist, kann er denen, die versucht werden, helfen."³) Über diese Worte des Apostels aber schreibt der heilige Bernardus: „Christus wollte an dem menschlichen Elende theilnehmen, denn dies heißt in Allem den Brüdern gleich werden, damit er aus eigener Erfahrung mit denen, welche gleichfalls leiden, und versucht werden, Erbarmung und Mitleid zu ertragen lernete. Ich sage nicht, daß er durch eine solche Erfahrung weiser werden sollte, sondern daß er uns verwandter erschiene; damit die schwachen Kinder Adams, zu welchen er sich so weit herabgelassen hat, daß sie seine Brüder werden, und genannt werden sollten, kein Bedenken trügen, ihm ihre Schwachheiten zu übergeben; da er als Gott sie heilen kann, als Verwandter sie heilen will, und als der, der sie selbst gelitten hat, sie zu heilen versteht."⁴)

In Bezug auf die Traurigkeit bezeugt Christus, der Herr, selbst, daß er dieselbe gelitten habe; denn er sprach auf dem Wege nach dem Ölberge zu seinen Jüngern: „Meine Seele ist betrübt bis in den Tod;"⁵) und der heilige Ambrosius schreibt über diese Worte: „Er litt Traurigkeit, wie ein Mensch; denn er hat meine Traurigkeit auf sich genommen, und ich nenne es mit aller Zu-

---

¹) Isai. c. LIII. v. 4.   ²) Ibid. v. 3.   ³) Hebr. c. II. v. 17. 18.
⁴) Tract. de gradibus humilit. Vide S. Thom. P. III. q. 15. a. 5.
⁵) Matth. c. XXVI. v. 38.

versicht Traurigkeit, weil ich das Kreuz predige." [1]) Der heilige Thomas aber gibt die Erklärung: „Es konnte diese Seele Christi innerlich Etwas als ein Übel erfassen sowohl in Bezug auf ihn selbst, wie es sein Leiden und sein Tod waren, als auch in Bezug auf Andere, wie es die Sünde seiner Jünger, oder auch der Juden war, die ihn tödteten; und deßhalb konnte in Christus, wie ein wahrer Schmerz, so auch eine wahre Traurigkeit sein." [2])

Dieser Schmerz und diese Traurigkeit waren jedoch in Christus anders, als in uns. Sie waren anders in Bezug auf den Gegenstand, auf welchen sie hingerichtet wurden; denn in uns haben sie oft unerlaubte und sündhafte Dinge zum Gegenstande, was in Christus nicht der Fall sein konnte. Sie waren anders in Bezug auf ihre Entstehung; denn in uns eilen deren Regungen und Bewegungen oft dem Urtheile der Vernunft voran, in Christus blieben sie stets und vollkommen der Herrschaft der Vernunft unterworfen, und konnten wider seinen Willen und ohne seine Zulassung gar nicht entstehen,[3]) und der heilige Augustinus bemerkt: „Diese Bewegungen nahm Christus nach seiner bestimmtesten Anordnung in seiner menschlichen Seele auf, als er wollte; wie er, als er wollte, Mensch geworden ist." [4]) Sie waren anders in Bezug auf die Wirkungen; denn in uns bleiben diese Bewegungen nicht mehr bloß in dem sinnlichen Begehrungsvermögen, sondern sie verwirren auch die Vernunft, und reißen den Willen mit sich fort, was in Christus nicht geschehen konnte. Es konnten in Christus wegen seiner Vollkommenheit eben keine Unordnungen vorkommen, während wir denselben nach allen diesen Richtungen hin ausgesetzt bleiben.[5])

Der heilige Hieronymus schreibt über die Worte des heiligen Evangeliums: „Er fing an sich zu betrüben, und traurig zu sein;" [6]) die Bemerkung: „Unser Herr ist zwar, um die Wahrheit seiner angenommenen Menschheit darzuthun, wahrhaft traurig gewesen; aber es wird, um anzudeuten, daß diese Empfindung in seiner

---

[1]) In Luc. c. XXII. v. 44. [2]) P. III. q. 15. a. 6.
[3]) S. Thom. P. III. q. 15. a. 4. ad. 1. [4]) De civit. Dei Libr. XIV. c. 9.
[5]) S. Thom. P. III. q. 15. a. 4. [6]) Matth. c. XXVI. v. 37.

Seele keine Herrschaft übte, wie von einer Vorleidenschaft[1] gesagt, daß er angefangen habe, traurig zu sein."[2] Solche Empfindungen und Gemüthsbewegungen werden dann Leidenschaften, wenn sie die höheren Seelenkräfte in ihren Thätigkeiten stören, und verwirren, und der heilige Lehrer will sagen, die Traurigkeit war in der heiligen Seele Christi, bevor und ohne daß sie zur Leidenschaft wurde, also so, daß sie in dem untern Menschen blieb, und von dem obern Menschen beherrscht wurde. Diese Erklärung gibt auch der heilige Thomas, indem er sagt: „Unter einer vollen Leidenschaft versteht man eine solche, von welcher die Seele, das ist, die Vernunft, beherrscht wird; eine Vorleidenschaft aber ist es, wenn sie zwar in dem sinnlichen Begehrungsvermögen angefangen hat, aber nicht weiter sich erstreckt."[3] Von diesen Regungen in Christus sagt daher der heilige Augustinus: „Da Christus, der Herr, sich gewürdigt hat, in Knechtsgestalt ein menschliches Leben zu führen, so verwendete er sie, wo er sie verwenden zu sollen für gut hielt; denn in ihm, in dem ein wahrer menschlicher Leib und eine wahre menschliche Seele war, konnte keine falsche menschliche Empfindung sein."[4] Es war also in Christus ein wahrer menschlicher Schmerz und eine wahre menschliche Traurigkeit, aber Schmerz und Traurigkeit blieben dem Verstande und dem Willen allzeit vollkommen unterworfen.

Diese Wahrheiten müssen wir nun festhalten, wenn wir die Frage untersuchen, ob dieser Schmerz und diese Traurigkeit im Leiden des Herrn den höchsten Grad erreicht haben, der in diesem Leben möglich ist, ob es das Vollmaß des Schmerzes und der Traurigkeit gewesen sei. Diese Frage muß aus vielen Gründen bejaht werden; und um dieß einfacher und klarer darzuthun, wollen wir diesen Schmerz und diese Traurigkeit unter dem gemeinsamen Namen Schmerz einbegreifen, da sich die verschiedene Bedeutung leicht aus den Gegenständen ergibt, und erkennen läßt, die da in Betracht kommen.

Die Bejahung dieser Frage ist vor Allem in den Ursachen begründet, aus welchen dieser Schmerz in Christus hervorgegan-

---

[1] Propassio. [2] Loc. cit. [3] P. III. q. 15. a. 4. 0.
[4] De civit. Dei. Libr. XIV. c. 9.

gen. Denn die Ursache, aus welcher der sinnlich wahrnehmbare Schmerz entstanden ist, waren die körperlichen Verletzungen; diese Verletzungen aber waren die allerschmerzlichsten und zwar zuerst wegen ihrer Allgemeinheit. Denn es war an dem Leibe des Herrn von der Fußsohle bis zum Scheitel kein Theil unverletzt geblieben. Diese Verletzungen waren die schmerzlichsten wegen ihrer Gattung; denn der Tod der Gekreuzigten war der bitterste, weil sie an den Theilen durchbohrt wurden, die voll der Nerven und darum höchst empfindsam sind, an den Händen und Füßen, weil die Körperlast derer, die am Kreuze hangen, alle Schmerzen am ganzen Leibe fortwährend vermehrt, und weil sie nicht sogleich sterben, wie es bei jenen der Fall ist, die einer andern Todesart unterzogen werden. Die Ursachen des inneren Seelenschmerzes, der aus der Erkenntniß der Vernunft und aus der Darstellung des Vorstellungsvermögens hervorging, waren die Sünden der ganzen Welt in ihrer Zahl, in ihrer Schwere, in ihrer Bosheit, in ihren verheerenden Folgen, welche der Herr auf sich genommen hatte, und für welche er der göttlichen Gerechtigkeit Genugthuung leisten sollte, insbesonders aber die Verbrechen der Juden und aller Andern, die sich am Gottesmorde betheiligten, sowie das Ärgerniß seiner Jünger. Um diese Schmerzen zu ermessen, müßte man von der Erkenntniß, welche der Herr von dem Übel der Sünde besaß, und von der Liebe, welche in seinem heiligsten Herzen gegen seinen himmlischen Vater und gegen uns Menschen brannte, einen klaren Begriff haben. Weil uns aber dieser Begriff mangelt, darum können wir uns auch von diesem Schmerze keine Vorstellung machen. Überdieß hat der Herr alle Schmerzeen seiner mystischen Glieder mitempfunden, und mitduldet, um sie zu heiligen, verdienstlich, und erträglich zu machen; und auch von diesen Leiden haben wir keinen Begriff. Endlich ist der Tod für die menschliche Natur der schrecklichsten Dinge schrecklichstes. Es gab aber kein kostbareres Leben, als das Leben des Gottmenschen, und Niemand hatte den Tod weniger verdient. Welch ein Schmerz mußte es daher sein, wenn der Urheber und Erhalter alles Lebens sein Leben durch den Tod opfern sollte? Auch dieß bleibt für uns ein undurchdringliches Geheimniß. Es waren diese Schmerzen zusammengenommen ein unergründlich tiefes und unermeßlich breites Meer, und der heilige Bonaventura sagt mit Recht: „Das Leiden Christi wird mit dem Meere verglichen." [1])

Eine andere Ursache, welche das Leiden des Herrn vermehrte, war die überaus große Empfindsamkeit seines Leibes und seiner Seele, und daher seine außerordentliche Empfänglichkeit für alle Schmerzen, wie sie in keinem andern Menschen zu finden ist. Denn sein heiliger Leib war vom heiligen Geiste auf wunderbare, und darum auf die vollkommenste Weise gebildet worden; denn was Gott durch ein Wunder wirkt, ist vollkommener, als was auf dem gewöhnlichen Wege der Natur entsteht, wie dieß der heilige Chrysostomus in Bezug auf den Wein bemerkt, welchen Christus, der Herr, bei der Hochzeit zu Cana durch ein Wunder hergestellt hat;[2]) und deßhalb waren an dem Leibe Christi auch die Sinne die vollkommensten, und darum auch die empfindsamsten und die empfänglichsten für alle schmerzlichen Eindrücke. Auf gleiche Weise erfaßte seine Seele durch ihre innern Kräfte, Fähigkeiten und Thätigkeiten alle Gegenstände der Traurigkeit auf die vollkommenste, und darum auch auf die empfindlichste und wirksamste Weise. Aus diesen Gründen wäre schon derselbe Schmerz in Christus unvergleichbar größer gewesen, als in jedem andern Menschen. Wenn man daher die Unermeßlichkeit seiner Leiden mit dieser Empfindsamkeit seiner menschlichen Natur zusammenhält, so findet man in seinen Schmerzen eine eben so unermeßliche Steigerung.

Eine weitere Ursache, warum der Schmerz des Herrn zu solcher Größe anwuchs, war die Reinheit dieses Schmerzes. Je größer die Reinheit des Feuers ist, mit desto größerer Kraft brennt es; denn brennen ist seine Natur, und, je weniger es durch fremdartigen und entgegengesetzten Einfluß gehindert wird, desto ungestörter und darum desto wirksamer entwickelt es seine Kraft und Thätigkeit. In andern Menschen wird der Schmerz durch den Einfluß der Thätigkeiten von Seite der höheren Seelenkräfte gemildert, indem die Vernunft allerlei Trostgründe ausfindig macht,

---

[1]) Super Libr. I. Sentent. Prooem.   [2]) Homil. 21. in Joann.

und in deren Erwägung gleichsam einen lindernden Balsam auf das Leiden der unteren Seelenkräfte herabgießt; Christus, der Herr, aber überließ jede Seelenkraft sich selbst, und gestattete nicht, daß eine der andern zu Hilfe kam, weil er für alle Sünden der Welt die angemessene Genugthuung leisten, und zu diesem Zwecke den ganzen Schmerz ohne Milderung ertragen wollte, wie der heilige Johannes Damascenus bemerkt: „Er ließ Jede seiner Kräfte das wirken, was ihr eigenthümlich zukam."¹) Daher mußte auch jede untere Seelenkraft allein leiden, und das Ganze allein leiden, was ihr zukam, ohne von irgend einer Seite her eine Linderung oder Mäßigung zu erlangen; wie die Gottheit in Christus seine Menschheit dem Leiden überließ, und sie nur unterstützte, daß sie nicht erlag, bis das Leiden vollendet war, wodurch das Leiden nicht gemildert, sondern nur vermehrt wurde, weil sie um so mehr und um so länger leiden konnte. Daher konnte auch jede dieser Seelenkräfte, was der göttliche Heiland durch den Mund des Propheten von seinem ganzen Leiden geweissagt hat, gleichsam auch von sich sagen: „Die Kelter trat ich allein, und aus den Völkern ist Niemand mit mir. — Ich schaute um mich, und es war kein Helfer; ich suchte, und es war Niemand, der half."²) Zu Jeder konnte gleichsam gesagt werden: „Groß, wie das Meer, ist dein Elend; wer kann dich heilen?"³) Es war dieß ein bis in das Innerste hilfloses und trostloses Leiden, da sowohl von Seite des Himmels, als auch von Seite der Erde und von Seite seiner selbst dem Herrn nicht der mindeste Trost, nicht die mindeste Linderung zufloß; und dieser Umstand vermehrte die Größe und Bitterkeit der Leiden dergestalt, daß bei einem andern Menschen auch in den allergrößten Leiden nichts Gleiches oder Ähnliches gefunden werden kann.

Das Leiden anderer Menschen beschränkt sich auf sie allein, Christus, der Herr, aber hat sein Leiden freiwillig zu dem Zwecke auf sich genommen, um durch dasselbe für die Sünden des ganzen Menschengeschlechtes zu büßen. Deßhalb wollte er auch einen solchen Schmerz auf sich nehmen, welcher dieser Sündenschuld ent-

---

¹) De orthodox. fide Libr. III. c. 15.   ²) Isai c. LXIII. v. 3. 5.
³) Thren. c. II. v. 13.

spräche, und zu der aus der Erlösung hervorgehenden Frucht in einem angemessenen Verhältnisse stünde. Man müßte also, um die Größe der Schmerzen in diesem Leiden ermessen zu können, auch die Größe dieser Sündenschuld und die Größe der Erlösungsfrucht erfassen. Dieß aber übersteigt alle menschliche, alle geschöpfliche Fassungskraft. Man nehme also alle wirklichen und alle möglichen menschlichen Leiden dieser Zeit und auf dieser Erde zusammen, und vergleiche sie mit dem Leiden des Herrn; man wird mit dem heiligen Chrysostomus bekennen müssen: „Es genügte Christo nicht ein gewöhnliches Leiden, nicht ein Tod im Verborgenen, nicht ein einfacher Tod, nicht ein Tod, der dem Tode ähnlich ist; sondern sein Leiden sollte so einzig sein, wie seine Geduld einzig war." [1])

Wenn wir endlich erwägen, wer Christus, der Herr, selbst war, der dieses Alles litt; so müssen wir sagen, daß sein Leiden so groß war, wie groß er selbst war. Denn je unschuldiger, je heiliger, je würdevoller, je erhabener Jemand ist, desto empfindlicher, bitterer, schmerzlicher und schwerer fällt ihm das unverdiente, ungerechte und mit aller Bosheit zugefügte Leiden; und dieß um so mehr, je niedriger, unwürdiger und verächtlicher diejenigen sind, von welchen und für welche er sie zu erdulden hat. Dem Herrn aber geschah, was der hl. Augustinus sagt: „Sieh! für den Gottlosen wird die Gottseligkeit gegeißelt, für den Thoren die Weisheit verspottet, für den Lügner die Wahrheit getödtet; es wird für die Ungerechten die Gerechtigkeit verurtheilt, für die Grausamen die Barmherzigkeit gequält, für den Auswurf die Ehrlichkeit mit Essig getränkt, die Süßigkeit mit Galle gelabt, für den Schuldigen die Unschuld verdammt, für den Todten stirbt das Lamm." [2]) Wie daher wegen der unendlichen Würde der Person des Herrn die Unbilden, die ihm zugefügt wurden, ein unendliches Unrecht in sich schlossen; so ging auch im göttlichen Herzen des Erlösers der Schmerz darüber über Alles hinaus, besonders da ihm diese Unbilden von denjenigen zugefügt wurden, die er vor allen Völkern der Erde von jeher, und zuletzt in eigener Person, mit Wohlthaten überhäuft, und mit Wundern aller Art ausgezeichnet hatte.

---

[1]) Serm. 3. Fer. V. Pass.   [2]) Serm. 1. Fer. II. post. Dom. Palm.

Es kann also keinem Zweifel unterliegen, daß der Schmerz, den Christus, der Herr, erduldet hat, wenn man alle diese Ursachen, aus welchen er hervorgegangen ist, zusammenfaßt, der größte, und so groß war, daß wir uns von demselben keinen Begriff machen können. Aber eben daraus müssen wir auch erkennen, daß er uns mit eben so unbegreiflicher Liebe geliebt habe, da er diesen ganzen Schmerz aus Liebe zu uns auf sich genommen hat.

Aber könnte man nicht einwenden, daß die heiligen Märtyrer, wie z. B. der heilige Laurentius auf dem glühenden Roste, oder der heilige Vincentius unter den eisernen Krallen, oder andere, welche lange Jahre hindurch auf die verschiedenste Weise gepeiniget wurden, denn doch größere Schmerzen erduldet zu haben scheinen, als der göttliche Erlöser? Darauf ist zu erwidern, daß die Leiden der heiligen Märtyrer nur einzelne, nicht aber allgemeine Leiden waren, wie die Leiden des Herrn; daß ihre Leiden weder in ihren Ursachen, noch in ihrem Zwecke, noch in ihrer Bitterkeit, noch in ihrer Ausdehnung, noch in ihrem Inhalte, noch in Bezug auf die Persönlichkeit mit dem Gesammtleiden des göttlichen Heilandes verglichen werden können. Überdieß hat der Herr auch ihre Leiden, und zwar nicht bloß ihre Leiden, sondern die Leiden aller Menschen empfunden; während sie nur ihre Leiden zu ertragen hatten, und jeder Mensch nur sein eigenes Leiden erdulden muß.

Wollte man sagen, je größer die Tugend sei, desto minder werde das Leiden empfunden, und desto erträglicher müsse es daher sein; Christus, der Herr, habe aber alle Tugenden im höchsten Grade besessen; daher müsse auch sein Leiden eben darum minder schmerzlich gewesen sein: so muß man bedenken, daß die Tugend Christi, des Herrn, zwar nicht gestattete, daß der Schmerz sich bis zur Herrschaft über die Vernunft und über den Willen erhob, oder der Herrschaft dieser Seelenkräfte sich entzog; wohl aber und zwar recht eigentlich bewirkte, daß der Schmerz auf seinem Gebiete, das ist, in den unteren Seelenkräften, seine ganze Kraft entfalten konnte. Denn eben die Tugend war es, welche den Schmerz als Mittel gebrauchte, um ihre Zwecke zu erreichen; und weil ihre Zwecke in Christus, dem Herrn, unermeßlich große waren, darum erheischte sie auch einen unermeßlich großen Schmerz. Die Tugend kann den Schmerz, der vom Leibe kommt, direkt gar nicht mildern, weil derselbe der Vernunft nicht gehorcht, und der Natur des Leibes folgt; sie könnte ihn aber durch die Einflüsse der höheren Seelenkräfte indirekt lindern, doch ließ Christus auch dieses nicht zu, wie wir gehört haben, um das Leiden dem großen Zwecke desselben gleichförmig zu machen. Auch ist es die Tugend, welche den Schmerz um so reiner, und deßhalb um so empfindlicher macht. Endlich ergibt sich aus der größeren und vollkommeneren Tugend eine um so größere und vollkommenere Erkenntniß des Unrechtes, des Undankes, der Bosheit dessen, welcher die Leiden auf solche Weise verursacht, und aus dieser Erkenntniß auch ein um so schmerzlicherer Eindruck und eine um so bitterere Empfindung.

Man kann auch den Schmerz, den ein Sünder über seine Sünden, oder eine Seele im Fegfeuer über ihre Pein, oder ein Verdammter in den Qualen der Hölle empfinden muß, oder auch die Leiden des Adam, wenn er unschuldig geblieben wäre, und alle Schmerzen dieses Lebens auf sich genommen hätte, mit dem Schmerze des göttlichen Erlösers nicht vergleichen; denn kein Sünder erkennt die Sünden, empfindet, liebt, und leidet für die Sünden der ganzen Welt, wie Christus; Adam hätte die Ursachen der Leiden des Herrn gar nicht gekannt; und von den Leiden in der Ewigkeit kann hier keine Rede sein, weil sie aus ganz andern Ursachen hervorgehen, von ganz anderer Natur sind, einen ganz andern Zweck haben, und darum mit den Leiden dieser Zeit nicht verglichen werden können. Übrigens würde jeder bloße Mensch dem Leiden Christi gleich Anfangs erlegen sein, und Christus konnte dasselbe, nur von der Gottheit unterstützt, bis zum Ende durchführen; und diese Unterstützung selbst hat es, wie wir schon bemerkt haben, für seine menschliche Natur nicht nur nicht verringert, sondern in's Unermeßliche vermehrt. /

Wiewohl endlich, wenn schon der göttliche Erlöser nicht bloß durch was immer für einen Akt, sondern durch Leiden uns erlösen sollte, ein Leiden im mindesten Grade genügt hätte, um für alle Sünden der ganzen Welt genugzuthun, weil es von seiner göttlichen Person einen unendlichen Werth erhielt; so kann sein

Leiden in solcher unermeßlicher Größe doch nicht als überflüssig angesehen werden. Denn er wollte das Menschengeschlecht nicht mit seiner Macht, und auch nicht bloß durch das Ansehen seiner Würde, sondern auch durch die Gerechtigkeit, und zwar in seiner Menschheit erlösen. Deßhalb sah er nicht bloß darauf, welchen Werth sein Leiden in Ansehung seiner Gottheit hätte; sondern auch darauf, was die Gerechtigkeit von seiner Menschheit forderte, und welche Genugthuung von Seite seiner Menschheit zur Sühnung der Sünden der Welt im entsprechendsten Verhältnisse stünde. Nach diesem Maßstabe wollte er die Größe der Leiden für dieselbe bestimmt, und festgesetzt wissen; und daher mußte es auch das möglich größte sein. So schreibt denn auch der heilige Bonaventura: „Christus hat das bitterste Leiden erduldet, weil er nicht bloß durch die geduldige Ertragung der Wunden uns belehren, sondern auch aus Mitleid mit unsern Vergehungen sehr große Schmerzen erleiden wollte. Christus hat das allseitigste Leiden, das schmerzlichste Leiden, das schmachvollste Leiden, das tödtlichste, aber auch das belebendste Leiden erduldet."[1]) So konnte uns der Herr selbst durch den Mund seines Propheten zurufen: „O ihr Alle, die ihr vorübergehet am Wege, gebet Acht, und schauet, ob ein Schmerz gleich sei meinem Schmerze!"[2])

Wenn wir nun die Größe dieses Leidens, dieses Schmerzes des Herrn erwägen, so müssen wir auch mit demselben heiligen Bonaventura daraus den Schluß ziehen: „Welche Schmach müßte es für uns sein, für ihn nicht sterben, oder für ihn nicht etwas Weniges leiden zu wollen, da er für uns an's Kreuz geheftet worden ist?"[3]) Wir müssen mit ihm betheuern: „Das Leiden Christi soll unsere Lebensregel bilden, und darin sollen wir unsern um so größeren Trost finden, daß wir dadurch Christo gleichförmiger werden; uns aber um so trostloser fühlen, je weiter wir uns von diesem Vorbilde entfernen."[4])

Wie dem Herrn fremdes Leiden das eigene Leiden vermehrt hat, weil er es miterduldet; so ist sein Leiden für unser eigenes

---

[1]) In Breviloq. P. IV. c. 9.   [2]) Thren. c. I. v. 12.
[3]) Serm. 1. de S. Bartholom.   [4]) Stim. amor. P. I. c. 4.

Leiden Milderung und Trost und Ermuthigung und Kraft, ja der begeisterndste Beweggrund, es geduldig und standhaft bis an's Ende zu tragen, und noch mehreres und größeres Leiden zu wünschen; weil wir an dem Herrn ein Vorbild haben, das wir nie erreichen, weil er für uns gelitten, und aus reinster Liebe zu uns gelitten, weil wir aus seinem Leiden die Gnade schöpfen, unser Leiden ertragen zu können, weil sein Leiden unserm Leiden den Werth nnd das Verdienst verleiht, und weil unsere Gleichförmigkeit mit ihm das Unterpfand unserer Auserwählung und ewigen Seligkeit ist. Daher sagt der heilige Bernardus: „Erinnert man sich an das Leiden Jesu, so muß alles Leiden eines Menschen im Hinblicke auf das Leiden, welches der Gottmensch, der Mittler zwischen Gott und den Menschen, für Alle erduldet hat, leicht erscheinen."[1]

Je mehr wir durch die Betrachtung in dieses unermeßlich tiefe und breite Meer der Schmerzen des Herrn eindringen, desto größer und wunderbarer erscheint uns seine Liebe zu uns; und aus dieser Liebe, die uns da in glühender Purpurfarbe entgegenleuchtet, können wir unsere Herzen am kräftigsten zur Gegenliebe entzünden. Deßhalb mahnt derselbe heilige Lehrer: „Fesseln wir uns mit den Banden des Leidens des guten Jesus, damit wir vermittelst derselben auch mit den Banden der Liebe gefesselt werden können."[2]

Erglüht in uns einmal diese Liebe zum leidenden und sterbenden Heilande in unsern Herzen, dann werden wir mit jenen Leiden uns nicht zufrieden geben, welche uns ohne uns zukommen, sondern auch freiwilligen Leiden uns unterziehen, welche in der Selbstverläugnung, in der Abtödtung, in Bußwerken zu finden sind, nach der Mahnung des heiligen Augustinus: „Der Christ muß die Leiden Christi nachahmen, nicht den Ergötzlichkeiten nachjagen."[3] Denn was wäre es, wenn wir Sünder, für welche Christus Solches gelitten hat, in den Ehren, Reichthümern und Freuden der Welt schwelgen wollten, welche die Köder und Lockspeisen aller Leidenschaften, und der Anlaß aller Sünden, der Ehr-

---

[1] De Pass. Dom. c. 44. [2] Ibid. c. 4. [3] De pastoribus c. 5.

sucht, der Habsucht und der Genußsucht sind, zu deren Sühnung Christus der Herr alle Leiden der Schmach, der Armuth und der Schmerzen auf sich genommen hat? Eben diese Blindheit, diese Gleichgiltigkeit, dieser Kaltsinn, dieser Undank, diese Gefühllosigkeit so vieler Menschen gegen ihren göttlichen Erlöser und sein blutiges Erlösungswerk bildete sicher keinen geringen Theil seiner Schmerzen. Wer möchte oder könnte sich auch nach dieser Erkenntniß noch dieses so schwarzen Verbrechens gegen den Gottmenschen schuldig machen?

Wenn aber Christus der Herr ein so unermeßliches Leiden, so unaussprechliche und unbegreifliche Schmerzen auf sich genommen hat; so ergibt sich daraus die weitere Frage, ob denn daher auch seine ganze Seele gelitten habe. Hören wir, wie der heilige Thomas diese Frage beantwortet.

7.
Das Leiden der Seele Christi.[1]

Was und wie Christus, der Herr, dem Leibe nach gelitten habe, können wir aus den Weissagungen der Propheten und aus den Erzählungen der Evangelisten leichter erkennen, als dasjenige, was er der Seele nach erduldet, und besonders, wie und in wie fern seine Seele gelitten habe. Um darüber eine größere Klarheit zu gewinnen, stellt der heilige Thomas die Frage, ob Christus, der Herr, seiner ganzen Seele nach gelitten habe.

Wenn von einem Ganzen die Rede ist, so setzt dieß Theile voraus; denn es kann Etwas nur in seiner Beziehung auf seine Theile so genannt werden. Wenn also gefragt wird, ob die ganze Seele des Herrn gelitten habe; so muß man sich zuerst klar machen, was denn in Bezug auf die Seele unter dem Ganzen, und was unter den Theilen zu verstehen sei. Die Seele ist ihrer Natur und Wesenheit nach ein geistiges, einfaches, untheilbares Wesen, besitzt aber vielerlei und verschiedene Kräfte für vielerlei und verschiedene Thätigkeiten in Bezug auf vielerlei und verschie-

---

[1] P. III. q. 46. a. 7.

bene Gegenstände vielerlei und verschiedene Fähigkeiten, um vielerlei und verschiedene Eindrücke in sich aufzunehmen. So kann nun die Seele in ihrer Natur und Wesenheit als etwas Ganzes, und können ihre Kräfte und Fähigkeiten als Theile betrachtet werden. Wenn es sich daher um die Frage handelt, ob die ganze Seele Christi gelitten habe; so ist diese Frage gleichbedeutend mit der Frage, ob die Seele des Herrn nach ihrer Natur und Wesenheit, oder nach ihren Kräften und Fähigkeiten gelitten habe.

Eine Kraft oder Fähigkeit der Seele kann auf zweierlei Weise leiden; entweder von Seite ihres Gegenstandes, wie z. B. die Sehkraft leidet, wenn ihr Etwas in zu grellem Lichte erscheint; oder von Seite des Grundes, in dem sie wurzelt, wie die Sehkraft leidet, wenn der Tastsinn im Auge verletzt wird, auf welchem die Sehkraft beruht.

Versteht man nun unter der ganzen Seele die Natur und Wesenheit der Seele, so muß man sagen, daß die ganze Seele Christi des Herrn gelitten habe. Denn die Seele ist ihrer Natur und Wesenheit nach untheilbar und Eine; hat also Etwas von dieser Natur und Wesenheit gelitten, so hat die ganze Natur und Wesenheit gelitten. Nun aber ist die Seele ihrer ganzen Natur und Wesenheit nach mit dem Leibe vereiniget, und zwar dergestalt, daß sie so ganz im ganzen Leibe, und ganz in jedem einzelnen Theile des Leibes ist. Was immer daher der Leib des Herrn, und was immer jeder einzelne Theil dieses Leibes gelitten, das Alles hat die ganze Seele Christi gelitten. Daher sagt der hl. Thomas an einer andern Stelle: „Das Sein der Seele und des Leibes ist Eines; daher muß nothwendig, wenn der Leib durch irgend ein leibliches Leiden gestört wird, von daher auch die Seele gestört werden, nämlich in Bezug auf das Sein, das sie im Leibe hat." [1]

Versteht man aber unter der ganzen Seele deren Kräfte und Fähigkeiten, und faßt man das Leiden in's Auge, in wie fern es diesen Kräften und Fähigkeiten eigenthümlich zukommt, das heißt, durch die ihnen eigenen Akte entstehen soll; so muß man sagen, daß die Seele Christi in ihren untern Kräften, das ist, in dem

---

[1] P. III. q. 15. a. 4. O.

Empfindungs-, Vorstellungs- und Begehrungsvermögen nicht bloß von Seite des Grundes, in dem sie wurzelten, nämlich von Seite der Natur und Wesenheit, die gelitten hat, sondern auch von Seite ihrer Gegenstände Alles gelitten habe, was durch die Akte dieser Vermögen ihr Schmerzliches zugefügt wurde. Denn diese Vermögen haben ihren Wirkungskreis in zeitlichen Dingen, und ihre Thätigkeiten beschäftigen sich mit diesen Dingen; in diesen Dingen gibt es aber Unzähliges, was sie schmerzlich berühren kann, und daß dieß in Bezug auf die Seele des göttlichen Erlösers wirklich und bis zum Vollmaße geschehen sei, davon haben wir uns im vorausgegangenen Abschnitte überzeugt.

Was die höheren Seelenkräfte, nämlich den Verstand und den Willen betrifft, mußten auch diese von dem Schmerze, welchen die Seele ihrer Natur und Wesenheit nach litt, berührt werden, eben weil sie in dieser Natur und Wesenheit wurzelten. „Der Schmerz berührt überdieß die Vernunft, wenn er eine Traurigkeit verursacht, die aus dem Urtheile des Verstandes und aus dem Widerstreben des Willens hervorgeht, in wie fern diese beiden Kräfte als Naturen betrachtet werden, das heißt, in wie fern sie auf einen Gegenstand und einen Schmerz an sich und ohne Berücksichtigung der Umstände gerichtet sind."[1]) So mußte Christus, der Herr, den Tod, an sich und ohne Umstände betrachtet, mit seinem Verstande als das größte Übel der Natur beurtheilen, und mit seinem Willen verabscheuen; und daraus konnte nichts Anderes, als Schmerz und Traurigkeit hervorgehen. Diese Wahrheit ergibt sich aus den Worten des Herrn, die er zum Vater gesprochen: „Nicht wie ich will";[2]) denn er hat nicht gesagt: Nicht wie ich möchte; weil er den Tod als Tod und ohne Umstände durchaus nicht gewollt hat, und daher auch nicht bedingnißweise so sprechen konnte. „Es berührt der Schmerz die Vernunft auch als Vernunft, wenn er eine Traurigkeit verursacht, die aus der Betrachtung und aus der freien Wahl hervorgeht, welche den Gegenstand mit seinen Umständen in Erwägung zieht." — So „trauerten in Christus der obere Theil, welcher die Geschöpfe in ihrer Hinordnung auf Gott betrachtete, wie auch der untere Theil, auf das Heftigste über

---

[1]) Cardin. Tolet. in P. III. q. 46. a. 8.   [2]) Matth. c. XXVI. v. 39.

die Sünden des Menschen und über sein Leiden selbst, in wie fern es die größte Sünde der Juden war; und dieß war eine heilige, vernünftige und überlegte Traurigkeit."[1]/

In dem Willen Christi war Traurigkeit auf eine vierfache Weise nach der vierfachen Weise, auf welche sie aus der Erkenntniß der Vernunft hervorgeht. Denn wenn man Etwas durchaus will, und die Vernunft erkennt, daß man es nicht erlangt, oder dessen beraubt wird; so entsteht daraus Traurigkeit. So trauerte Christus darüber, daß er so viele Menschen ungeachtet seines Erlösungswerkes nicht zum Heile führen konnte. Dasselbe findet statt, wenn man Etwas durchaus nicht will, und die Vernunft erkennt, daß es doch geschehe; und so trauerte Christus über den ewigen Untergang so vieler Menschen, den er durchaus nicht wollte. Zweitens entsteht Traurigkeit, wenn Etwas gegen einen bedingten Akt des Willens geschieht. So hatte Christus gewollt, daß Jerusalem und das jüdische Volk nicht zu Grunde ging, wenn es ihn als Erlöser anerkannt, und im Glauben sich ihm angeschlossen hätte; allein er erkannte, daß diese Bedingniß nicht erfüllt werde; und darum trauerte er über dieses Volk, und weinte er über Jerusalem.[2]) Drittens wenn die Vernunft Etwas als bevorstehend erkennt, das gegen die natürliche Neigung des Willens ist, so entsteht auch aus dieser Erkenntniß Traurigkeit. Auf diese Weise trauerte Christus, der Herr, über sein bevorstehendes Leiden in der Todesangst auf dem Ölberge. Viertens entsteht Traurigkeit, wenn die Vernunft Etwas gegen das sinnliche Begehrungsvermögen, mit welchem der Wille naturgemäß in Verbindung steht, eintreten sieht; denn wenn die Vernunft erkennt, daß dem sinnlichen Theile der Seele, die sich im Leibe befindet, etwas Widerwärtiges bevorsteht, oder wirklich schon zugefügt wird; so entsteht in dem Willen, wenn es ihm von der Vernunft als Solches vorgehalten wird, wegen eben dieser wahren Verbindung mit dem sinnlichen Begehrungsvermögen, eben so naturgemäß Traurigkeit. Auf diese Weise trauerte Christus über alle Leiden, die er an seinem Leibe zu erdulden hatte.[3]/

---

[1]) Cardin. Tol. l. c.   [2]) Luc. c. XIX. v. 41.
[3]) Vide Cardin. Tolet. l. c.

In wie fern aber Gott und die Wahrheit an sich Gegenstände der Erkenntniß und des höheren Begehrungsvermögens waren, konnte im Verstande und im Willen Christi weder Schmerz noch Traurigkeit sein, da diese Gegenstände nicht nur nichts Widerstrebendes an sich haben, sondern nur Freude, Wonne und Seligkeit verursachen können.

Wenn aber der Schmerz, die Traurigkeit nicht auch die obern Seelenkräfte ganz erfassen konnte; wie kann man denn sagen, daß die ganze Seele des göttlichen Erlösers gelitten habe? Daß der Schmerz, die Trauer auch in die obern Seelenkräfte hinaufgereicht, und daß die Seele Christi daher auch an diesem Theile, somit an allen Theilen gelitten habe, ist aus dem, was wir erörtert haben, klar; und das genügt, um zu behaupten, daß die ganze Seele des Gottmenschen gelitten habe. Der Schmerz, die Traurigkeit durfte eben die obern Seelenkräfte nicht in dem Grade erfassen, daß sie in den ihnen eigenthümlichen Thätigkeiten beherrscht, und gestört wurden; denn auf solche Weise wäre der Schmerz, die Traurigkeit zur ungeordneten Leidenschaft und zur Ursache der größten Unordnungen geworden, was sich mit der Vollkommenheit des Gottmenschen nicht vertrug. Daher konnte Christus, der Herr, keinen solchen Schmerz, keine solche Traurigkeit auf sich nehmen, oder zulassen.

Wie kann denn aber der Verstand, die Vernunft leiden? Der Gegenstand der Verstandesthätigkeit und der Erörterungen und Erwägungen der Vernunft ist ja die Wahrheit; die erkannte Wahrheit kann niemals einen Schmerz oder eine Traurigkeit hervorrufen. Also muß wenigstens dieser Theil der Seele Christi von jedem Schmerze, von jeder Traurigkeit frei geblieben sein. Allerdings kann die Wahrheit an sich weder Schmerz noch Traurigkeit erzeugen, denn sie ist ein wahres und reines Gut. Es kann darum auch die Erkenntniß der Wahrheit keine Traurigkeit erzeugen, sondern die erkannte Wahrheit vervollkommnet den Verstand und die Vernunft, und muß daher Freude erzeugen. Aber diese Seelenkraft wurzelt eben in der Natur und Wesenheit der Seele, und wenn diese Natur und

Wesenheit leidet, kann sie von diesem Leiden nicht unberührt bleiben. Ferner erkennt der Verstand nicht bloß die Wahrheit, sondern auch deren Gegentheil, den Irrthum und die Lüge, die Vernunft untersucht, und erörtert auch alle Umstände, welche zur Wahrheit im grellsten Gegensatze stehen können; die Erkenntniß solcher Gegenstände hat aber für die Natur des Verstandes und der Vernunft etwas Widerstrebendes und Peinvolles. Überdieß wird die Erkenntniß alles dessen, was der Natur und Wesenheit der Seele und der Natur des Leibes feindlich und schädlich ist, von dem Verstande und von der Vernunft dem Willen übermittelt; und somit ist diese Erkenntniß die veranlassende Ursache der Traurigkeit, welche zwar im Willen ihren Sitz hat, aber auf solche Weise zunächst doch vom Verstande und von der Vernunft ausgeht, und daher auch dieser Seelenkraft zugeschrieben werden muß. Endlich ist das Mitleid oft noch größer, als das eigene Leiden; dieses Mitleid aber geht einzig nur von dem Verstande, von der Vernunft aus, da es aus der Erkenntniß des fremden Elendes entsteht, wie der Cardinal Toletus sagt: „Die Traurigkeit des Willens ist eine zweifache; eine, die vom eigenen Leiden stammt, und diese wird vom sinnlichen Schmerze erzeugt, welcher die Vernunft berührt; die andere ist jene, welche vom Mitleiden stammt, und diese wird von den Gegenständen erzeugt, welche (von der Vernunft) dem Willen vorgehalten werden, und nicht von der sinnlichen Wahrnehmung (ausgehen); wie wenn wir über fremde Übel trauern, oder auch über eigene, welche die sinnliche Wahrnehmung nicht berühren. Jene fängt im sinnlichen Wahrnehmungsvermögen an, und wird im Willen vollendet; diese fängt im Willen an, und wird im sinnlichen Wahrnehmungsvermögen vollendet, nach dem Worte:[1] Ein trauriger Geist vertrocknet die Gebeine." Dann führt der Cardinal aus dem heiligen Bonaventura die Worte des heiligen Bernardus an, um zu zeigen, welche Traurigkeit dem göttlichen Heilande vom Mitleide verursacht wurde. Der heilige Lehrer läßt Christus, den Herrn, zum Menschen also sprechen: „Sieh, o Mensch! was ich durch dich

---

[1] Prov. c. XVII. v. 22.

leide; sieh die Peinen, die mir angethan sind; sieh die Nägel, von welchen ich durchbohrt bin; und obwohl der äußere Schmerz so groß ist, so ist doch die innere Trauer noch schwerer, da ich an dir einen so Undankbaren sehen muß." [1])

Aus diesen Gründen kann man sagen, daß in Christus auch der Verstand, auch die Vernunft gelitten habe, und somit keine Seelenkraft vom Leiden frei geblieben sei.

Wenn man aber gegen das Leiden des Willens Christi, des Herrn, noch ein Bedenken erheben, und sagen wollte, Christus habe sein Leiden freiwillig auf sich genommen, und überdieß sei sein menschlicher Wille vollkommen dem göttlichen Willen gleichförmig gewesen; es sei daher auch sein Leiden nicht gegen seinen Willen, sondern seinem Willen entsprechend gewesen, und könne daher demselben weder Schmerz noch Traurigkeit verursacht haben; so muß man wohl unterscheiden zwischen dem, was Christus seinem göttlichen und menschlichen Willen gemäß gewollt, und nicht gewollt habe. Weder der göttliche noch der menschliche Wille Christi hat auch nur Eines seiner Leiden an sich betrachtet gewollt, sondern nur als Mittel erwählt, und zugelassen, um Gott zu versöhnen, und das Menschengeschlecht zu erlösen; ein solches Mittel aber wäre es gar nicht gewesen, wenn es des Schmerzes und der Traurigkeit entbehrt hätte. Daraus aber folgt so wenig, daß er darum den Schmerz und die Traurigkeit nicht empfunden, und nicht gefühlt habe, als daß ein Kaufmann, welcher seine Waaren in's Meer wirft, um sein Leben zu retten, über diesen Verlust keinen Schmerz und keine Traurigkeit empfinde, oder daß ein Kranker, der, um sein Leben zu retten, sich der schmerzlichsten Behandlung der Ärzte unterzieht, darum diesen Schmerz nicht fühle.

So muß man denn sagen, daß Christus, der Herr, im dargelegten Sinne seiner ganzen Seele nach gelitten habe; aber man muß sich daher nicht weigern, ihm auch hierin sich ähnlich zu machen.

Es gibt auch für uns unzählige und oft sehr schwere Seelenleiden, und es kann auch geschehen, daß Jemand der Wahrheit

---

[1]) Loc. cit.

gemäß mit dem Propheten zum Herrn seine Stimme erheben muß: „Sieh, Herr! wie ich geängstiget bin; mein Innerstes bebt, mein Herz wendet sich um in mir selbst, denn ich bin des Bittern voll."¹) Erinnern wir uns dann an den Schmerz und an die Traurigkeit, welche unser Herr und Gott an seiner ganzen menschlichen Seele gelitten hat, und trösten wir uns damit, daß wir aus seinem Leidenskelche trinken dürfen; aber folgen wir auch darin seinem Beispiele, daß wir von unserm Schmerze und von unserer Traurigkeit nicht den Verstand verwirren, nicht den Willen verkehren lassen, sondern diese beiden Seelenkräfte auf Gott hinrichten, und in dem ewig Unwandelbaren den Anker unserer Hoffnung und unsers Vertrauens befestigen, daß wir nicht durch Unordnung und Ausartung in Sünden fallen, und zu Grunde gehen.

Lernen wir von dem Leiden der Seele des Herrn auch Mitleid tragen; Mitleid tragen zuerst mit uns selbst, mit der eigenen Seele, daß wir sie nicht ewig zu Grunde gehen lassen, daß wir sie dem ewigen Tode und dem Tode der Sünde entreißen, und ihre Wunden heilen; denn der heilige Augustinus sagt: „Was gibt es Elenderes, als den Elenden, der sich seiner selbst nicht erbarmt?"²) Lernen wir dann auch Mitleid haben mit andern Sündern, daß wir auch ihnen nach Möglichkeit zum Heile verhelfen; aber vergessen wir dabei nicht, was der heilige Bernardus sagt: „Damit du gegen fremdes Elend ein erbarmungsvolles Herz haben könnest, mußt du zuvor dein Elend erkennen, auf daß du den Geisteszustand des Nächsten in dem deinigen findest, und aus dir verstehen lernest, wie du ihm zu Hilfe kommen könnest."³) Lernen wir Mitleid tragen auch mit dem zeitlichen Leiden des Nebenmenschen, und unterlassen wir nicht zu beobachten, was der heilige Papst Gregorius in dieser Beziehung bemerkt: „Es ist meistens mehr, herzliches Mitleid haben, als geben; weil, wer mit dem Dürftigen vollkommenes Mitleid hat, Alles, was er gibt, für zu wenig erachtet. Wer Äußerliches spendet, der gibt Etwas außer sich selbst; wer aber Thränen und Mitleid bietet, der gibt

---

¹) Thren. c. I. v. 20.   ²) Confess. Libr. I. c. 13.
³) De duodecim grad. hum. verb. *Inquirimus.*

auch Etwas von sich selbst. Oft gibt auch der irgend Etwas, welcher kein Mitleid hat; aber derjenige, welcher wahres Mitleid hat, verweigert niemals, wovon er weiß, daß es der Nächste brauche." [1]).

Von einem Menschen, der kein mitleidiges Herz hat, sagt der heilige Antonius von Padua: „Ein Herz aus Stein trägt der in sich, welcher von keinem Mitleide gegen den Nebenmenschen bewegt wird;" [2]) und der heilige Augustinus: „Wenn du dein Inneres der Barmherzigkeit gegen den Dürftigen verschließest, wird dir ganz sicher die Thüre Christi verschlossen werden." [3]) Es wird einem Solchen ergehen, wie jenem Knechte im Evangelium, an dem sein Herr große Barmherzigkeit geübt hat, der aber dann mit seinem Mitknechte unbarmherzig verfahren ist; es wird ihm geschehen, was geschrieben steht: „Ein Gericht ohne Barmherzigkeit wird über den ergehen, welcher nicht Barmherzigkeit übt." [4]) Je größeres Mitleid wir aber im Herzen tragen, und im Werke üben, desto gleichförmiger werden wir mit dem göttlichen Erlöser, und ein desto gewisseres Unterpfand für unsere Auserwählung und ewige Seligkeit besitzen wir. Daher schreibt auch der heilige Bernardus: „Je eifriger wir aus Mitleid den Nebenmenschen in ihrer Noth zu Hilfe kommen, desto mehr nahen wir dem Schöpfer." [5]) Die aus Mitleid Erlösten sollen neben dem mitleidigen Erlöser auch aus Mitleid wieder erlösen; wenn es sie auch Leiden kostet, wie Christus, der Herr, aus Mitleid so Unermeßliches gelitten hat.

Wenn aber die ganze Seele des göttlichen Erlösers gelitten hat, wie vertrug sich denn dieser Schmerz, diese Traurigkeit mit der beseligenden Anschauung Gottes, deren die Seele des Gottmenschen ununterbrochen genoß? Diese Frage ist eine höchst wichtige, aber deren Lösung eine ebenso schwierige; wir wollen die Beantwortung derselben, welche der englische Lehrer uns gibt, erwägen, und uns klar zu machen suchen.

---

[1]) Libr. IV. in I. Reg. c. III.   [2]) Serm infra. Oct. Nativ. Dom.
[3]) Serm. 6. ad fratres in eremo.   [4]) Jacob. c. II. v. 13.
[5]) Serm. 14. ad sororem.

8.
Die selige Anschauung der Seele Christi.[1]

Es ist einerseits gewiß, daß Christus die unaussprechlichen Schmerzen gelitten, die wir bisher erwogen haben; andererseits ist es aber ebenso gewiß, daß die Seele des Herrn fortwährend der Anschauung Gottes genoß, welche derselben wegen ihrer hypostatischen Vereinigung mit der Gottheit zukam, und eigen war, und ihrer Natur nach die höchste Seligkeit ausmacht. Wie läßt sich nun die höchste Traurigkeit und die höchste Seligkeit in derselben Seele denken, und zwar zu gleicher Zeit und der ganzen Seele nach?

Diese Seligkeit und diese Traurigkeit können wir uns in der Seele des Herrn nicht im Wechsel denken, so, daß jetzt die Seligkeit, und dann die Traurigkeit, oder daß bald diese bald jene in derselben herrschte. Denn da die Seligkeit ihr in Folge ihrer Vereinigung mit der Gottheit zukam; so konnte diese Seligkeit eben so wenig, als ihre Vereinigung mit der Gottheit, jemals aufhören, oder unterbrochen werden. Eben so hat das Leiden, der Schmerz, die Traurigkeit in der Seele des Gottmenschen von dem ersten bis zum letzten Augenblicke seines Lebens auf Erden ununterbrochen fortgedauert; da er immer und überall und in Allem Erlöser war, das Leben des Erlösers lebte; da jeder Akt dieses Lebens ein genugthuender, sühnender, versöhnender Erlösungsakt war; und da die Vollendung der Erlösung aus den Gesammtakten hervorgehen sollte. Er hat unser ganzes Elend, die Sünde allein ausgenommen, auf sich genommen; dieses Elend aber dauert im Menschenleben vom Anfange bis zum Ende ununterbrochen fort. Wir müssen uns also diese Seligkeit und diese Traurigkeit in der Seele des Herrn gleichzeitig und fortwährend vorhanden denken.

Wenn es sich nun weiter darum fragt, ob die ganze Seele Christi, des Herrn, wie sie gelitten, so auch zugleich der Seligkeit genossen habe; so müssen wir auch hier zwischen der Natur und Wesenheit und den Kräften der Seele, und zwischen den höheren und niederen Kräften derselben den gehörigen Unterschied machen,

---

[1] P. III. q. 46. a. 8.

wie wir es in Bezug auf den Schmerz und auf die Traurigkeit gethan haben. Fassen wir die Natur und Wesenheit der Seele des Herrn in's Auge; so müssen wir sagen, daß die ganze Seele Christi der Seligkeit genossen habe, und zwar in wie fern deren Natur und Wesenheit der Grund und Boden war, in dem die höheren Kräfte derselben wurzelten. Denn die Seligkeit besteht wesentlich in der Anschauung und im Genusse Gottes; die Anschauung Gottes aber wird durch den Verstand, der Genuß Gottes durch den Willen der Seele zugeführt; die Kräfte also, durch deren Thätigkeit die Seele der Seligkeit genießt, sind der Verstand und der Wille. In wie fern daher der Verstand und der Wille in der Natur und Wesenheit der Seele wurzeln, in so fern wird durch sie die Seligkeit auch der Natur und Wesenheit der Seele zugeführt. Die Natur und Wesenheit der Seele aber ist geistig, untheilbar und Eine; daher hat auf solche Weise die ganze Natur und Wesenheit der Seele, und in diesem Sinne die ganze Seele Christi der Seligkeit genossen. Wie daher das Leiden des Herrn von der Natur und Wesenheit auch zu diesen höheren Seelenkräften hinaufreichte, und sie berührte; so hat sich umgekehrt die Seligkeit durch diese höheren Kräfte der Natur und Wesenheit der Seele Christi, des Herrn, mitgetheilt. „Da also die höhere Kraft (Verstand und Wille zusammengenommen) selig war, und die ganze Substanz der Seele durch dieselbe, wie durch jede andere Kraft wirkt; so genoß die ganze der Seligkeit." [1]

Versteht man aber unter der ganzen Seele alle ihre Kräfte, so muß man sagen, daß nicht die ganze Seele des Herrn der Seligkeit genoß; denn die Anschauung und der Genuß Gottes vollzieht sich in der Seele nicht durch die Akte was immer für anderer Kräfte der Seele, sondern nur durch die Akte des Verstandes und des Willens, welchen diese Akte des Erkennens und des Genießens eigenthümlich zukommen. Auf die unteren Kräfte könnte diese Seligkeit also nur von den höheren Seelenkräften, oder von der Natur und Wesenheit der Seele überströmen. Dieses Überströmen aber wurde, während Christus auf Erden wandelte,

---

[1] Card. Tolet. in h. l.

von der Gottheit Christi verhindert, und zwar eben zu dem Zwecke, daß der göttliche Erlöser leiden, und sterben, und dadurch sein Erlösungswerk durchführen konnte. Die Seligkeit der Seele Christi ergoß sich also nicht auf die unteren Kräfte, und noch viel weniger auf den Leib, und somit muß man sagen, daß in diesem Sinne nicht die ganze Seele Christi, des Herrn, der Seligkeit genossen habe.

Nach allem dem aber ist denn doch die höchste Seligkeit und die höchste Traurigkeit in derselben Einen Seele Christi und zwar zu gleicher Zeit, ununterbrochen und im dargelegten Sinne der ganzen Seele nach vorhanden gewesen; wie läßt sich dieß erklären, da Seligkeit und Traurigkeit Gegensätze sind, die sich einander aufheben, und daher in demselben Wesen nicht bestehen zu können scheinen?

Um in diese Schwierigkeit, die ein tiefes Geheimniß ist, das die menschliche Fassungskraft übersteigt, einiges Licht zu bringen, können wir folgende Wahrheiten erwägen. In dem Gottmenschen, welcher die göttliche und die menschliche Natur in seiner Einen göttlichen Person vereinigte, gab es eine zweifache Ordnung der Erkenntnisse, Begehren und Handlungen nicht bloß nach der zweifachen göttlichen und menschlichen Natur, sondern auch nach dem zweifachen Zustande, in welchem sich Christus hier auf Erden befand, nämlich als der, welcher noch in diesem sterblichen Leben wandelte,[1]) und zugleich als der, welcher im Besitze der Seligkeit war.[2]) Es mußten also die Akte seiner Seele, in wie fern sie der Seligkeit genoß, der Natur der Seligkeit und der Beseligung, in wie fern sie ein irdisches und sterbliches Leben führte, der Natur dieses Lebens folgen. Die Seligkeit und die beseligenden Akte schließen Schmerz und Traurigkeit ihrer Natur gemäß aus; die Akte des irdischen und sterblichen Lebens schließen Schmerz und Traurigkeit nicht aus, sondern sind vielmehr naturgemäß dem Schmerze und der Traurigkeit unterworfen. Durch jene Akte genoß die Seele Christi, des Herrn, der Seligkeit, durch diese Akte war sie dem Schmerze und der Traurigkeit zugänglich,

---

[1]) Viator.   [2]) Comprehensor.

und unterworfen. So konnte die Seele des Gottmenschen zugleich selig sein, und leiden. Einen Widerspruch kann man in dieser Folgerung so wenig finden, als in dem doppelten Zustande und in der doppelten Natur Christi, woraus diese Folgerung sich ergibt.[1])

Wie ferner die Gottheit Christi seine Menschheit den derselben eigenthümlichen Akten überließ, daß sie ihrer Natur gemäß wirken, und ein wahres menschliches Leben führen konnte; eben so konnte auch dieses menschliche Leben und Wirken der menschlichen Natur die Gottheit nicht hindern, die ihr eigenthümlichen Akte zu wirken. Dem wahren menschlichen Leben und Wirken aber sind auch jene Akte eigenthümlich, aus welchen für die Seele Schmerz und Traurigkeit hervorgehen. Hinderte also die Gottheit die Akte der menschlichen Natur nicht, so war es derselben gleichsam natürlich, Schmerz und Traurigkeit zu erdulden. Daß aber die Gottheit dagegen kein Hinderniß setzte, zeugt nicht bloß von keinem Widerspruche, sondern es ist vollbrachte Thatsache. Der Gottheit ist es eigen, die ihr hypostatisch vereinigte Menschennatur durch die Anschauung und durch den Genuß ihrer selbst zu beseligen, und daran konnte sie von der menschlichen Natur durch nichts gehindert werden. Auch in dem Allen kann man keinen Widerspruch finden, sondern diese Wahrheit geht auch aus den, beiden Naturen eigenthümlichen, Akten hervor. Somit genoß die Seele Christi, des Herrn, wegen ihrer hypostatischen Vereinigung mit der Gottheit die Seligkeit, und blieb während ihres sterblichen Lebens auf Erden zugleich den Leiden unterworfen.

Betrachten wir endlich die menschliche Natur Christi, des Herrn, für sich, so kam es ihrem natürlichen Zustande zu, zu leiden, und Akte zu üben, aus welchen für die Seele Schmerz und Traurigkeit hervorgingen; ihrem Zustande in der Erhebung zur hypostatischen Vereinigung mit der Gottheit aber kam es zu, selig zu sein, und Akte zu verrichten, durch welche der Seele diese Seligkeit vermittelt wurde. Sollte aber diese menschliche Seele ihrer Natur gemäß wirken, so durfte sie in ihren natürlichen

---

[1]) Vide Card. Franzelin „De Verbo Incarnato" Thes. XLII. Schol. 1. 2.

Akten durch die Akte, durch welche sie selig war, nicht gestört werden; und sollte sie gemäß ihrer Erhebung zur hypostatischen Vereinigung mit der Gottheit wirken, so durfte sie in ihren beseligenden Akten auch von ihren natürlichen Akten nicht gestört werden. Das Leiden durfte die Seligkeit nicht stören, und die Seligkeit durfte die Leiden nicht verhindern. Die ihrer Seligkeit eigenthümlichen Akte waren in den höheren Seelenkräften, im Verstande die Anschauung und der Besitz Gottes, im Willen der Genuß Gottes. Auch die ihrem natürlichen Leben, und somit auch die ihrem Leiden eigenthümlichen Akte waren in denselben höheren Seelenkräften, in dem Verstande und im Willen. Dennoch hinderten die einen die andern nicht, da die beseligenden Akte auf die Gegenstände der Seligkeit, die Schmerz und Traurigkeit erregenden Akte auf die Gegenstände des Schmerzes und der Traurigkeit gerichtet waren, jene nicht auf die unteren Seelenkräfte und noch viel weniger auf den Leib einwirkten, und diese von dem Leibe und von den unteren Seelenkräften nicht der Art beeinflußt wurden, daß sie selbst in ihrem Wirken in Unordnung geriethen und noch viel weniger, daß sie die beseligenden Akte störten. Wir finden auch hierin keinen Widerspruch. Denn es schließen sich Gegensätze, die sich zwar in demselben Subjekte, aber nicht auf dieselbe Weise zusammenfinden, nicht aus; und Freude und Schmerz sind da nicht direkt einander entgegengesetzt, weil sie nicht von demselben Gegenstande herrühren. Wenn dieselben Kräfte der Seele aus der Erfassung freudiger Gegenstände Freude, und zugleich aus der Erfassung trauriger Gegenstände Traurigkeit zuführen; so hat dieß nichts Widersprechendes an sich, und es können somit Freude und Traurigkeit in derselben Seele und in denselben Seelenkräften bestehen.

Ähnliches ereignet sich oft auch im gewöhnlichen Menschenleben. Wir können uns zugleich freuen, und traurig sein, wenn ein freudiger und zugleich trauriger Vorfall zu unserer Kenntniß kommt, die Freude und die Traurigkeit auf ihrem Gebiete festgehalten werden, und in keine Unordnung ausarten. Wenn ein Kaufmann aus dem Meeressturme sich dadurch gerettet, daß er die Waaren über Bord geworfen hat; so trauert er über seinen

Verlust, und freut sich zugleich über seine Rettung. Hört ein Kind, daß seine Eltern Raubmördern in die Hände gefallen, sein Vater getödtet, seine Mutter aber gerettet worden sei; so trauert es über den Tod seines Vaters, und freut sich zugleich über die Erhaltung seiner Mutter. Der heilige Apostelfürst Petrus hat über seinen Fall das ganze übrige Leben hindurch getrauert, und geweint, über seine Begnadigung aber und über die wunderbare Liebe und Erbarmung seines Herrn und Meisters eben so sein Leben lang sich gefreut. Die heiligen Märtyrer haben in ihren Peinen unaussprechlich gelitten, im Hinblicke auf die ihnen winkende Krone des ewigen Lebens aber sich zugleich unaussprechlich gefreut. Sie haßten, und verabscheuten die Marter und den Tod an sich, und waren darin und darüber voll Schmerz und Traurigkeit; aber sie liebten, und wünschten die Marter und den Tod, als Mittel, zum ewigen Leben zu gelangen, und aus diesem Grunde freuten sie sich darüber. So sagt nun der Cardinal Toletus auch von Christus: „Betrachtete er den Tod allein (an sich), so wollte er ihn durchaus nicht" (und trauerte darüber); „betrachtete er den Tod aber mit den Umständen" (Wirkungen und Folgen), „welche durch den Tod hergestellt werden sollten, so konnte er darüber nicht trauern, denn dieß wäre eine ungeordnete Traurigkeit gewesen; er empfand im Gegentheile darüber die größte Freude, wie er sich im oberen Theile auch über den Tod und über den Schmerz selbst freute, in wie fern es so der Wille des Vaters war. Ja er wollte mit voller Überzeugung diese natürliche Traurigkeit, und freute sich über sie selbst; und so war in demselben Verhältnisse die Traurigkeit der Stoff zur Freude." Daher schließt er: „Es standen sich in Christus die Freude und der Schmerz auch über denselben Gegenstand nicht entgegen, da dieser nicht unter demselben Gesichtspunkte zur Anschauung kam."[1]) Wer aber wollte leugnen, daß an dieser Freude und an diesem Schmerze auch die oberen Seelenkräfte ihren Antheil gehabt haben? So haben also in der menschlichen Natur Christi, des Herrn, selbst über denselben Gegenstand in derselben Seele und in denselben Kräften Freude

---

[1]) Loc. cit.

und Trauer zugleich bestanden. Von einem Widerspruche kann daher in dem Allen keine Rede sein.

Wie aber die höchste Seligkeit und die höchste Traurigkeit in der Seele Christi, des Herrn, vermittelt wurde, das läßt sich nicht begreifen, und noch weniger erklären; das ist, und bleibt ein undurchdringliches Geheimniß, und war ein fortwährendes und vielfaches Wunder. Der Cardinal Toletus sieht hier vier Wunder, und sagt: „Es war ein Wunder, daß von der Freude im oberen Theile die Traurigkeit im unteren Theile nicht verschlungen, und jene von dieser nicht verhindert wurde. Es war ein Wunder, daß von der Vernunft mit ihrer Freude und mit vielen Erwägungen und mit der seligen Anschauung dem sinnlichen Schmerze nicht Einhalt gethan, und daß von diesen die Vernunft nicht gestört wurde." [1]) Dieses vierfache Wunder fand in Christus durch sein ganzes Leben vom Anfange bis zum Ende fortwährend statt. Wir müssen aber noch hinzufügen: Es war ein Wunder, daß die Menschheit Christi nicht schon am Anfange, als sie die Last des Erlösungswerkes auf sich nahm, derselben erlag; es war ein Wunder, daß sie unter dieser Last nicht jeden Augenblick zusammenbrach; es waren Wunder, daß sie in der Todesangst auf dem Ölberge, in der furchtbaren Geißlung, in der schrecklichen Krönung mit den Dornen, auf dem Kreuzwege, in der Kreuzigung von den Schmerzen nicht erdrückt wurde, besonders da diese Schmerzen fortwährend zunahmen, und die menschliche Natur unter denselben immer schwächer werden mußte; und derselbe Cardinal Toletus sagt noch von den Todesstunden des Herrn am Kreuze: „Es war auch ein Wunder, daß der Schmerz Christi, je näher der Tod heranrückte, nicht vermindert wurde. Andere Menschen fühlen da einen mindern Schmerz wegen der Störung in dem Tastsinne; aber der Schmerz Christi wurde immer empfindlicher, und zu diesem Zwecke wurde auch der sinnliche Theil von Seite des oberen Theiles ohne Unterstützung gelassen." [2]) Wie also die Gottheit einerseits die Menschheit durch Wunder unterstützte, daß sie alle Leiden durchführen, und vollenden konnte; so

---

[1]) Loc. cit.   [2]) Ibid.

bewirkte sie durch Wunder, daß ihre Leiden fortwährend vermehrt, und vergrößert wurden.

Wie daher in Christus auf wunderbare Weise das göttliche und das menschliche Leben, zwar untrennbar, aber unvermischt, vereiniget waren; eben so bestanden in ihm das selige und das leidende Leben mit allen entsprechenden Akten und Wirkungen nebeneinander auf eben so wunderbare Weise. Darum war Christus das größte Wunder und das größte Geheimniß, welches von der unendlichen Liebe und Barmherzigkeit Gottes für uns dargestellt worden ist.

Wenn Christus, der Herr, fortwährende und unzählige Wunder gewirkt hat, um leiden, und Unbegreifliches und Unaussprechliches leiden zu können; welche Schätze müssen im Leiden liegen! Wie müssen wir ihm dafür dankbar sein, daß er durch seine Erlösung die Leiden dieses Lebens und den Tod nicht von uns genommen hat, damit auch wir leiden, und dieser Schätze uns theilhaftig machen können! Es ist jedoch auch unser Leiden, auch unser Tod in seinen Ursachen, in seinem Wesen, in seinen Umständen, in seinen Wirkungen, in seinem Zwecke ein Geheimniß, von dem die Welt keinen Begriff hat, und das wir nur aus dem Glauben und aus dem Leiden des Herrn kennen lernen. Die Heiligen haben es verstanden, und es zu schätzen gewußt, daß sie, wie die heilige Theresia von sich bekennt, ohne Leiden nicht lange leben zu können glaubten; und der heilige Papst Gregorius sagt: „Das ist das Lob vollkommener Größe, Widerwärtiges zu leiden, und dabei äußerlich starkmüthig, innerlich sanftmüthig zu sein." [1]/

Wir sehen da an unserm göttlichen Erlöser auch, daß wir kein Leiden an sich zu lieben brauchen; ja, wir könnten dieß nicht einmal, da es ein natürliches Übel ist; sondern wir haben es nur in so fern zu lieben, und zu schätzen, als es Gottes Wille ist, daß wir es ertragen, als es uns Christo, unserm Herrn, gleichförmig, und seines Leidens theilhaftig macht, und als es heilsame und freudige Folgen und Wirkungen hat, was wir sicherlich lie-

---

[1] Moral. Libr. XXII. c. 7.

ben, und wünschen können, und, wenn wir vernünftig sein wollen, lieben, und wünschen müssen. Daher schreibt der heilige Augustinus: „Niemand nimmt Etwas, was peiniget, freiwillig auf sich, um es zu ertragen, außer um dessentwillen, was erfreut." [1]

Diese Erwägung, daß der Herr gelitten, und nebenbei der vollen Seligkeit genossen hat, muß uns auch in unsern Leiden beruhigen, ermuthigen, und trösten; denn wir erfahren selbst Ähnliches, und Gott behandelt uns eben so. Der gütige und barmherzige Vater im Himmel läßt uns nicht immer so leiden, daß wir nicht nebenbei auch durch irgend eine Freude Linderung fänden. Ein reines Gewissen, die Hoffnung auf die ewige Vergeltung, innere Erleuchtungen und Tröstungen des heiligen Geistes, die Liebe zum leidenden Erlöser gewähren mitten in den Leiden die reinsten Freuden. Glückliche Ereignisse, das Beispiel anderer Leidenden, das Mitleid und die Aufmunterung geistesverwandter Kinder Gottes, die Betrachtung der Wahrheiten der göttlichen Religion, die Erwägung der Leiden unsers Erlösers sind Quellen des Trostes, aus welchen wir Muth und Kraft und Ausdauer schöpfen.

Je weniger irdische Freude, natürliche Hilfe und menschlicher Trost sich aber in unser Leiden mischen, desto reiner und verdienstlicher ist es; und wenn auch geistiger Trost mangelt, der Himmel von Erz, und die Erde von Eisen zu sein scheinen, daß wir, wenigstens dem unteren Menschen nach, uns ganz verlassen fühlen, und nichts, als Leiden empfinden: dann kommen wir dem Leiden des Herrn am nächsten, der nicht gestattete, daß die Seligkeit aus den höheren Seelenkräften sich auf die unteren oder auf den Leib verbreitete, keinen irdischen, keinen menschlichen Trost zuließ, sondern sich ganz dem Leiden hingab, und in der fühlbaren Verlassenheit von der Gottheit und von den Geschöpfen seinen Leidenskelch bis auf den letzten Tropfen austrinken wollte. Es kann Gott allen höheren Seelenkräften jeden Gegenstand der Freude und des Trostes, in wie weit derselbe seine Wirkung auf die unteren Seelenkräfte ausüben könnte, entrücken, und für die

---

[1] De patient. c. 2.

höheren Seelenkräfte selbst, in wie fern er schmerzlindernden Einfluß üben könnte, wirkungslos machen; wie er bewirken kann, daß das Feuer nicht brenne, und das Licht nicht leuchte, und wie in Christus die Seligkeit das Leiden nicht milderte. Der Herr läßt einen solchen Zustand manchesmal über seine Diener kommen, um sie zu prüfen, ob sie ihn selbst, oder seine Gaben lieben; um sie von den Geschöpfen loszureißen, und sich allein und ganz zu vereinigen; um sie zu reinigen, zu heiligen, zu höheren Verdiensten und Belohnungen zu erheben; und aber auch, um sie reichlicher zu trösten, wie der Cardinal Hugo sagt: „Der Herr verläßt die Seinigen auf eine Zeit, um sie zu erproben, wer die Seinigen seien, und damit ihnen nachher die Tröstung angenehmer sei." [1]

Christus, der Herr, hat nichts, als seinen himmlischen Vater, und, was der Vater liebt, geliebt, und in der äußersten Verlassenheit selbst sich an ihm festgehalten, wie er dieß auf dem Ölberge und auf dem Kreuze auch ausgesprochen, damit auch wir thun, was er gethan hat. Das ist der Anker, der uns auch im trostlosesten Leiden festhält, daß wir nicht zu Ungebührlichem fortgerissen werden, und zu Grunde gehen. Deßhalb sagt der heil. Papst Gregorius: „Ein besonderes und sehr heilsames Trostmittel für den, welcher Trübsal leidet, besteht darin, daß er zu Gott in die innern Wohnungen des Geistes flüchte, und da zu ihm rufe, wo es Niemand hört." [2]

Denn in solchen trostlosen Stunden bedarf es großer Vorsicht, Klugheit und Stärke, um bei dem Herrn auf dem Kreuze auszuharren, und sich nicht an die Geschöpfe zu wenden. Fleisch und Blut sind nur zu sehr geneigt, sinnliche Tröstungen zu suchen, obwohl darin nur noch größere Trostlosigkeit gefunden werden kann, wie der heilige Bernardus sagt: „Das elende, thörichte, blinde, unvernünftige und wahrhaft unsinnige Fleisch sucht vergängliche, hinfällige Tröstungen; nein, Mißtröstungen." [3] Denn eben diese sinnlichen Tröstungen sind es, welche die Seele nicht befriedigen, nicht beruhigen können, und die himmlischen Tröstungen verhindern, wie derselbe heilige Lehrer sagt: „Die weltliche

---

[1] Super Job. c. XXX. [2] Super 7. Psalm. poenit. v. 13.
[3] Serm. 6. de Advent. Dom.

Tröstung ist niedrig, nützt zu nichts, und ist, was mehr zu fürch=
ten, auch ein Hinderniß der wahren und heilsamen Tröstung."[1])
Können wir uns daher auf uns selbst nicht stützen, und finden
wir auch unter den Geschöpfen keine Stütze; wo sollen wir Hilfe
suchen, außer im festen und unzertrennlichen Anschlusse an Gott?
Das ist aber auch die Absicht Gottes in solchen Leiden.

Unsere Anhänglichkeit an die Geschöpfe ist das Hinderniß
unserer Vereinigung mit Gott, die Veranlassung aller Sünden,
und die Ursache des Verderbens. Da nun Gott uns selig machen
will, läßt er Leiden über uns kommen, die uns die unordentliche
Liebe zu den Geschöpfen benehmen, schneidet uns auch jeden Trost
von Seite derselben ab, und macht, weil die Anhänglichkeit an
die Geschöpfe nur aus der ungeordneten Selbstliebe hervorgeht,
daß wir auch in uns selbst keinen Trost finden; damit wir endlich
gleichsam genöthiget werden, uns ganz und allein an ihn anzu=
schließen, und in ihm unser Heil zu suchen. Daher schreibt der
Cardinal Hugo: „Die Trübsale sind gleichsam Kriegsheere des
Herrn, die er gegen uns entsendet, um uns für sich zu erobern,
und vollständig seinem Willen zu unterwerfen."[2]) Daher sehen
wir auch oft, daß Gott, je mehr er eine Seele liebt, ihr auch um
so mehrere oder größere Leiden sendet; und wir sehen auch, daß
heilige Seelen, je schwerer sie leiden, desto enger und inniger an
Gott im Leiden selbst sich anschließen. Dieß haben sie von dem
göttlichen Heilande gelernt, der auf dem Oelberge zum Vater ge=
rufen: „Dein Wille geschehe!"[3]) und noch sterbend auf dem Cal=
varienberge gesprochen hat: „In deine Hände empfehle ich meinen
Geist."[4])

Ein solches Leiden in aller Trostlosigkeit und Verlassenheit
ist unschätzbar, wenn es im Glauben und in der Liebe geduldig,
ergeben und standhaft ertragen wird; denn Dionysius, der Kar=
thäuser, sagt von einem solchen Leiden: „Wenn es im Hinblicke
auf Gott und aus Liebe gleichmüthig erduldet wird, reiniget es
von Fehlern, bereitet es auf die Gnade vor, vermehrt es dieselbe,

---

[1]) Serm. 4. in Vigil. Nativ. Dom.   [2]) Super Epist. ad Hebr. c. X.
[3]) Matth. c. XXVI. v. 42.   [4]) Luc. c. XXIII. v. 46.

erhöht es die Tugenden, macht es dem leidenden Christus ähnlich, der für uns gelitten hat. Auch ist es ein wahrscheinliches Zeichen der ewigen Auserwählung, der Annahme an Kindesstatt und der Liebe Gottes zu dem Menschen."[1]) Lernen wir doch von unserm lieben Heilande leiden!

Von der Erwägung dieses Zustandes der heiligsten Seele Christi, des Herrn, während seines Leidens geht der heilige Thomas nun zur Erörterung der äußern Umstände des Leidens über, und untersucht zuerst die Umstände der Zeit, zu welcher der Herr gelitten hat. Die Werke des Herrn sind alle vollkommen, und nichts an denselben ist ohne tiefe Bedeutung. So verhält es sich auch mit der Zeit seines Leidens; und es liegen auch in dieser Erörterung sehr wichtige Lehren für unser Leben, die wir uns zu Nutzen machen wollen.

9.
Die Zeit des Leidens Christi.[2])

Wie die Erlösung des Menschengeschlechtes und Alles, was mit derselben in Verbindung steht, so war auch die Zeit der Erscheinung des göttlichen Erlösers auf Erden, die Zeit seines Wandels unter den Menschen, die Zeit für die einzelnen Handlungen seines Lebens, und die Zeit seines Leidens und Sterbens in dem ewigen Rathschlusse Gottes vorhergesehen, und vorausbestimmt, und Christus der Herr hat diese Zeitbestimmungen, die er mit dem Vater und dem heiligen Geiste festgesetzt, auf das Genaueste eingehalten. So schreibt denn auch der heilige Augustinus: „Nicht die Zeit hat Christum dazu gebracht, daß er starb; sondern Christus hat die Zeit, zu der er sterben wollte, erwählt; wie er auch die Zeit, zu der er aus der Jungfrau geboren worden ist, mit dem Vater, von dem er ohne Zeit erzeugt worden ist, festgesetzt hat."[3]) Da Gott aber nichts ohne weise Absichten anordnet, und ohne angemessene Zwecke vollführt; so müssen wir auch auf die Zeit des

---

[1]) Super Epist. Jacob. c. I.   [2]) P. III. q. 46. a. 9.
[3]) Tract. 104. super Joann.

Leidens des göttlichen Erlösers unser besonderes Augenmerk richten, um die Bedeutung derselben kennen zu lernen.

Nach den Berichten des heiligen Evangeliums hat Christus, der Herr, am vierzehnten Tage des ersten Monates nach der jüdischen Zeitrechnung mit seinen Jüngern das Osterlamm gegessen, und ist am fünfzehnten Tage desselben Monates gestorben. Denn der heilige Evangelist Matthäus sagt: „Am ersten Tage der ungesäuerten Brode, traten die Jünger zu Jesus, und sprachen: Wo willst du, daß wir dir das Osterlamm zu essen bereiten? Jesus aber sprach: Gehet hin in die Stadt zu Einem, und saget ihm: der Meister spricht: Meine Zeit ist nahe; bei dir will ich mit meinen Jüngern Ostern halten. Und die Jünger thaten, wie Jesus ihnen befohlen hatte, und bereiteten das Osterlamm. Als es nun Abend geworden war, setzte er sich mit seinen zwölf Jüngern zu Tische."[1]) Noch deutlicher und umständlicher erzählt diese Thatsache der heilige Evangelist Marcus mit folgenden Worten: „Am ersten Tage der ungesäuerten Brode, wo man das Osterlamm schlachtete, sprachen die Jünger zu ihm: Wo willst du, daß wir hingehen, und dir das Osterlamm zu essen bereiten? Da sendete er Zwei seiner Jünger, und sprach zu ihnen: Gehet hin in die Stadt, da wird euch ein Mensch begegnen, der einen Wasserkrug trägt; folget ihm, und wo er hineingeht, da saget zu dem Herrn des Hauses: Der Meister läßt dir sagen: Wo ist mein Speisezimmer, in dem ich mit meinen Jüngern das Osterlamm essen kann? Und er wird euch einen großen, mit Polstern versehenen Speisesaal zeigen; da richtet für uns zu. Und seine Jünger gingen hin, und kamen in die Stadt, und fanden es, wie er ihnen gesagt hatte, und bereiteten das Osterlamm. Da es nun Abend geworden war, kam er mit den Zwölfen. Und als sie zu Tische saßen, und aßen; sprach Jesus: Wahrlich, ich sage euch, Einer von euch, der mit mir ißt, wird mich verrathen."[2]) Dasselbe erzählt der heilige Evangelist Lucas.[3]) Das war nun das letzte Mal, daß der Herr Ostern feierte, das letzte Abendmahl, welches Christus mit seinen Jüngern gefeiert hat; in der auf

---

[1]) Matth. c. XXVI. v. 17.—21. [2]) Marc. c. XIV. v. 12.—19.
[3]) Luc. c. XXII. v. 21.

diesen Tag folgenden Nacht hat er auf dem Oelberge sein Leiden begonnen, und an dem auf diese Nacht folgendem Tage ist er am Kreuze gestorben. Das bezeugen alle heiligen Evangelisten einstimmig. Nun aber war der Tag, an dem Christus, der Herr, dieses Osterlamm mit seinen Jüngern aß, der vierzehnte, und der folgende Tag, an dem er starb, der fünfzehnte Tag des ersten Monates im Jahre nach der jüdischen Zeitrechnung.[1]) Denn die heiligen Evangelisten nennen den ersteren dieser zwei Tage „den ersten Tag der ungesäuerten Brode"; der erste Tag der ungesäuerten Brode war aber der vierzehnte Tag dieses Monates nach der Vorschrift des Gesetzes: „Im ersten Monate, am vierzehnten Tage des Monates am Abende sollet ihr ungesäuertes Brod essen bis zum einundzwanzigsten Tage desselben Monates am Abende. Sieben Tage soll nichts Gesäuertes gefunden werden in euern Häusern; wer Gesäuertes ißt, dessen Seele soll zu Grunde gehen aus der Gemeinde Israels, es sei ein Anklömmling, oder ein Eingeborner des Landes."[2]) Ferner sagte der heilige Evangelist Marcus von diesem ersteren Tage: „Wo man das Osterlamm schlachtete";[3]) und ebenso der heilige Evangelist Lucas: „An welchem man das Osterlamm schlachten mußte."[4]) Von diesem Osterlamme war aber im Gesetze befohlen: „Ihr sollet es aufbewahren bis zum vierzehnten Tage dieses Monates; dann soll es die ganze Gemeinde der Söhne Israels schlachten gegen den Abend",[5]) und da ist die Rede von dem vierzehnten Tage desselben ersten Monates.[6]) Nach dem Zeugnisse dieser heiligen Evangelisten hat also der göttliche Heiland genau die Vorschrift des Gesetzes eingehalten, hat am vierzehnten Tage des Monates Nisan mit seinen Jüngern das Osterlamm gegessen, und ist am fünfzehnten Tage desselben Monates gestorben. Daher schreibt auch der heilige Hieronymus: „Der erste Tag der ungesäuerten Brode wird der vierzehnte des ersten Monates genannt, an welchem das Oster-

---

[1]) Der erste Monat des Jahres hieß bei den Juden Nisan, und entsprach der zweiten Hälfte des Märzes und der ersten Hälfte des Aprils nach unserer Zeitrechnung. Vide Exod. c. XII. v. 2.   [2]) Exod. c. XII. v. 18. 19.
[3]) Marc. c. XIV. v. 12.   [4]) Luc. c. XXII. v. 7.
[5]) Exod. c. XII. v. 6.   [6]) Ibid. v. 2.

lamm geschlachtet wurde, und der Mond ganz voll ist."¹) Dieser
Tag aber war damals ein Donnerstag.²)/

Der heilige Apostel und Evangelist Johannes schreibt von dem
letzten Abendmahle: „Vor dem Festtage der Ostern, da Jesus wußte,
daß seine Stunde gekommen sei, um aus dieser Welt zum Vater
zu gehen, und er die Seinigen, die in der Welt waren, lieb hatte,
so liebte er sie bis an das Ende. Und nach gehaltenem Abendmahle, als schon der Teufel dem Judas Iscariot, dem Sohne
Simons in's Herz gegeben hatte, ihn zu verrathen, und obwohl
er wußte, daß der Vater ihm Alles in die Hände gegeben habe,
daß er von Gott ausgegangen sei, und zu Gott zurückkehre; stand
er vom Mahle auf, legte seine Kleider ab, nahm ein leinenes
Tuch, und umgürtete sich damit. Dann goß er Wasser in ein
Becken, und fing an, die Füße seiner Jünger zu waschen, und mit
dem leinenen Tuche abzutrocknen, womit er umgürtet war."³)
Nach dieser Erzählung hat Christus, der Herr, am Tage „vor
dem Festtage der Ostern" mit seinen Jüngern das Osterlamm
gegessen, und ist „am Festtage der Ostern" gestorben. Der Festtag
der Ostern aber war bei den Juden der fünfzehnte Tag des
ersten Monates. Denn am zehnten Tage dieses Monates mußten
die Israeliten einst in Aegypten das Osterlamm bereiten: „Am
zehnten Tage dieses Monates nahmen Jeglicher ein Lamm, je
nach ihren Familien und Häusern."⁴) Am vierzehnten Tage
desselben Monates mußten sie das Osterlamm schlachten, und
essen: „Ihr sollet es aufbewahren bis zum vierzehnten Tage
dieses Monates; dann soll es die ganze Gemeinde der Söhne
Israels schlachten gegen den Abend. — Und sie sollen das Fleisch
essen in derselben Nacht."⁵) Von dieser Nacht aber steht geschrieben: „Und ich will in derselben Nacht durch das Land
Aegypten gehen, und schlagen alle Erstgeburt im Lande von dem
Menschen bis zum Viehe, und will an allen Göttern Aegyptens

---

¹) Super Matth. c. XXVI. v. 17.

²) Vergleiche: Matth. c. XXVII. v. 62. c. XXVIII. v. 1. Luc. c. XXIII.
v. 54. c. XXIV. v. 1. Joann. c. XIX. v. 31. c. XX. v. 1.

³) Joann. c. XIII. v. 1.—6.   ⁴) Exod. c. XII. v. 3.   ⁵) Ibid. v. 6. 8.

Gericht üben, ich der Herr."¹) Von dem auf diese Nacht folgenden Tage aber hatte der Herr gesprochen: „An demselben Tage werde ich eure ganze Menge aus dem Lande Aegypten führen, und haltet diesen Tag von Geschlecht zu Geschlecht nach immerwährender Weise."²) So ist es dann auch geschehen: „Und alle Söhne Israels thaten, wie der Herr dem Moses und Aaron geboten hatte. Und an demselben Tage führte der Herr die Söhne Israels heerweise aus dem Lande Aegypten."³) Von diesem Tage endlich befahl der Herr: „Es soll euch aber dieser Tag zum Gedächtnisse sein; und ihr sollet ihn festlich dem Herrn feiern von Geschlecht zu Geschlecht mit ewigem Gottesdienste."⁴) Das war nun der Festtag der Ostern bei den Juden, und dieser Tag begann mit dem Untergange der Sonne am vorigen Tage, wie es bei den Juden Sitte und Brauch war, die Tage zu berechnen. Deßhalb nennt der heilige Johannes den vierzehnten Tag dieses Monates den Tag „vor dem Festage der Ostern," welchen die andern heiligen Evangelisten „den ersten Tag der ungesäuerten Brode" nennen. Johannes sagte zwar von dem folgenden Tage: „Sie führten Jesum von Kaiphas in das Gerichtshaus (des Pilatus). Es war früh Morgens. Sie gingen aber nicht in das Gerichtshaus, damit sie nicht verunreiniget würden, sondern das Ostermahl essen konnten."⁵) Aber er spricht da nicht von dem Essen des Osterlammes, sondern von dem Essen des Ostermahles, welches das Mahl der ungesäuerten Brode war, für dessen Genuß die Juden rein sein mußten. Daher kann man aus diesen Worten nicht schließen, daß die Juden das Osterlamm erst am folgenden Tage geschlachtet, und gegessen haben; besonders da das Gesetz den vorigen Tag dazu bestimmte, und die Juden das Gesetz genau einhielten. Folglich hat Christus mit den Juden zu gleicher Zeit das Osterlamm gegessen. Es herrscht also zwischen den heiligen Evangelisten die vollste Uebereinstimmung in der Angabe der Zeit, zu welcher der Herr das letzte Osterlamm gegessen, gelitten hat, und gestorben ist.

---

¹) Exod. c. XII. v. 12. ²) Ibid. v. 17. ³) Ibid. v. 50. 51.
⁴) Ibid. v. 14. ⁵) Joann. c. XVIII. v. 28.

Wenn nun aber Christus, der Herr, am fünfzehnten Tage dieses Monates gestorben, das Osterlamm aber am vierzehnten Tage desselben geschlachtet worden ist; wie hat denn der Herr, von welchem der heilige Paulus sagt: „Unser Osterlamm Christus ist geopfert worden;"[1]) in Bezug auf die Zeit seines Todes dieses Vorbild seines Opfers in Erfüllung gebracht, und verwirklichet? Der fünfzehnte Tag dieses Monates, das ist, der Freitag, hatte von dem Untergange der Sonne am vierzehnten Tage, das ist, am Donnerstage begonnen. Nun aber hat Christus, der Herr, nach diesem Sonnenuntergange, in der Nacht[2]) Brod und Wein in seinen allerheiligsten Leib und in sein allerheiligstes Blut verwandelt, und so sich selbst, zwar noch unblutiger Weise, aber als wahres Opfer und als dasselbe Opfer, wie am Kreuze, dem himmlischen Vater dargebracht, und den Jüngern als göttliche Speise zum Genuße gereicht. Diese Opferhandlung, und dieser Genuß schloß sich aber unmittelbar an die Opferhandlung an, durch welche das Osterlamm des alten Bundes geschlachtet, zubereitet, und genossen wurde, kann und muß somit als gleichzeitig angesehen werden, da beide Handlungen natürlicher Weise nicht in einem strengeren Sinne gleichzeitig, nicht nebeneinander, sondern nur nacheinander stattfinden konnten. Wie überdieß der alte Bund, welcher durch das Blut des vorbildlichen Osterlammes eingesetzt, und eingesegnet wurde, der Einsetzung und Einsegnung des neuen Bundes vorangehen mußte; so sollte in diesen so feierlichen Stunden das Osterlamm des alten Bundes nun zum letzten Male geschlachtet, und genossen werden, sofort dem göttlichen Osterlamme, das jetzt geopfert, und genossen wurde, Platz machen, und, da die Wahrheit und die Erfüllung eintrat, zugleich mit dem alten Bunde aufhören, vorbildliches Opfer und vorbildliche Speise zu sein. „Die Einsetzung des Sakramentes und Opfers für die Kirche des neuen Testamentes schloß sich an die nun in allen ihren Bestandtheilen und Ceremonien ganz vollbrachte Feier des vorbildlichen Passah-Mahles des alten Testamentes an."[3]) Nach so geendigtem Passah-Mahle durfte Niemand mehr andere, gewöhnliche Speise

---

[1]) I. Cor. c. V. v. 7.   [2]) Marc. c. XIV. v. 30. I. Cor. c. XI. v. 23.
[3]) Conc. Trid. Sess. XXII. cap. 1.

genießen.¹) Dieß war der Augenblick, in welchem der Gottmensch, nachdem er selbst von seiner Geburt und von seiner Taufe an bis zu dieser letzten Feier des typischen Osterlammes — alle Gerechtigkeit des Gesetzes — in Gemeinschaft mit seinem Volke erfüllt,²) und auch dieses Ostern noch, das Gedächtniß der ersten, zeitlichen Erlösung Israels, nach dem Ritus der Väter begangen hatte;³) nun die neue Ordnung⁴) für das aus seinem Leiden und Tode neu erstehende Volk Gottes,⁵) das neue Testament in Allmacht schuf, und in unendlicher Liebe spendete, zur Vermittlung und zum Gedächtnisse der zweiten und ewigen Erlösung,⁶) mithin zu seinem Gedächtnisse.⁷) Somit haben die einzelnen Handlungen des Erlösers, mit welchen er das Sakrament des neuen Bundes einsetzte, allerdings ihr entsprechendes Vorbild im Rituale des alttestamentlichen Ostermahles, ohne daß jedoch auch nur Eine derselben mit dieser identisch (Eins und dasselbe) wäre."⁸) Unmittelbar nach dieser unblutigen Opferung seiner selbst, des göttlichen Osterlammes, begann Christus, der Herr, sogleich in dieser Nacht die blutige Opferung seiner selbst auf dem Oelberge, und setzte sie am folgenden Tage bis zur Vollendung auf dem Kalvarienberge durch seinen Tod am Kreuze fort. Daher sagt der ehrwürdige Beda: „Obwohl Christus, der unser Osterlamm ist, am folgenden Tage, welcher der fünfzehnte Monatstag ist, gekreuziget wurde; so hat er doch in der Nacht, wo das Osterlamm geschlachtet wurde, die Geheimnisse seines Leibes und Blutes den Jüngern zu feiern übergeben, ist von den Juden gefangen genommen, und gebunden worden, und hat so den Anfang seiner Opferung, das ist, seines Leidens gemacht."⁹) Christus, der göttliche Bundesherr, hat mit dieser Opferung des vorbildlichen Osterlammes den alten Bund abgeschlossen, und zu gleicher Zeit mit der Opferung seiner selbst, des göttlichen Osterlammes, den neuen Bund eingeführt, und mit seinem Blute besiegelt; er hat

---

¹) I. Cor. c. XI. v. 29.   ²) Matth. c. III. v. 15.
³) Hebr. c. XI. v. 28.   ⁴) Joann. c. XIII. v. 34.   ⁵) Rom. c. VI. v. 4.
⁶) Hebr. c. IX. v. 12.   ⁷) I. Cor. c. XI. v. 24.
⁸) Dr. Wilh. Reischl: Die Schriften des neuen Testamentes. Zu Matthäus K. XXVI. Note z.   ⁹) Super Marc. secundum ejus ordinem. c. 43.

somit der Bedeutung des vorbildlichen Osterlammes mit seiner Opferung in Hinsicht der Zeit vollkommen entsprochen, und für sein Leiden und Sterben die angemessenste Zeit gewählt. Wie wunderbar verschlingen sich Vorbild und Wahrheit, Schatten und Wirklichkeit durch Jahrhunderte im Wirken und Walten Gottes und im Leben der Menschen vorbereitend und zugleich rettend und erlösend für das Eine Ziel des Heiles in unaufhörlichen Erbarmungen über das sündige Menschengeschlecht!

Diese Zeit entsprach auch vollkommen der Weissagung des Propheten Daniel, zu welchem der Engel des Herrn in der babylonischen Gefangenschaft also gesprochen hat: „Wisse, und merke: Von der Zeit an, da ausgeht das Wort, daß man Jerusalem wieder baue, bis auf Christus, den Fürsten, sind sieben Wochen und zweiundsechzig Wochen; und Gassen und Mauern werden wieder gebaut werden in bedrängter Zeit. Und nach den zweiundsechzig Wochen wird Christus getödtet werden; und es wird sein Volk nicht sein, das ihn verleugnen wird. Und ein Volk wird mit einem kommenden Fürsten Stadt und Heiligthum zerstören; ihr Ende wird Verwüstung sein, und die Verwüstung ist beschlossen nach dem Ende des Krieges. Aber in Einer Woche wird er Vielen den Bund stärken, und in der Mitte der Woche wird Schlachtopfer und Speisopfer aufhören; im Tempel wird der Gräuel der Verwüstung sein, und die Verwüstung bis zum letzten Ende dauern."[1]) Eine Jahrwoche ist eine Wochenzahl von Jahren, das heißt, wie eine Woche sieben Tage hat, so hat eine Jahrwoche sieben Jahre. Sieben und zweiundsechzig Jahrwochen, oder neunundsechzig Jahrwochen machen vierhundertdreiundachtzig Jahre. Nimmt man an, daß diese Jahrwochen von der Zeit an zu zählen seien, wo das Edikt zur Wiedererbauung Jerusalems mit Gassen und Mauer zur befestigten Stadt erschienen ist, welches der König Artaxerxes Longimanus in seinem zwanzigsten Regierungsjahre erlassen hat; so reichen diese Jahrwochen nach berichtigter chronologischer Rechnung bis zur Taufe Christi durch

---

[1]) Dan. c. IX. v. 25. 26. 27.

Johannes, den Täufer, im Flusse Jordan.¹) Von da an beginnt nun die „Eine Jahrwoche" Daniels, die siebenzigste und letzte Jahrwoche, in deren erster Hälfte, das heißt, drei Jahre und ein halbes Jahr hindurch Christus in seinem öffentlichen Leben durch seine Lehre, durch sein Beispiel, durch seine Wunder den „Bund Vielen gestärkt," das ist, kräftig abgeschlossen, in deren „Mitte", das heißt, am Ende dieser ersten Hälfte, er durch die Einsetzung seines neuen Opfers und durch sein blutiges Opfer am Kreuze „die Schlachtopfer und Speisopfer", die alttestamentlichen Opfer sammt dem jüdischen Priesterthume aufgehoben, und den neuen Bund mit seinem Blute besiegelt, und deren letzte Hälfte er der Predigt der Apostel zugewiesen hat. Diesen Uebergang vom alten zum neuen Bunde, das Aufhören des alten und den Anfang des neuen Gottesdienstes bedeutete das Zerreißen des Vorhanges vor dem Allerheiligsten im Tempel zu Jerusalem bei dem Tode des göttlichen Erlösers, wie der heilige Papst Leo, der Große, über jene Worte des heiligen Evangeliums: „Und sieh'! der Vorhang des Tempels zerriß in zwei Stücke von oben bis unten;"²) die Bemerkung macht: „So offenbar geschah damals die Übertragung vom Gesetze zum Evangelium, von der Synagoge zur Kirche, von den vielen Opfern zum Einen Opfer, welches Gott ist; daß, als der Herr den Geist aufgab, der Vorhang des Tempels plötzlich zerriß."³) Den übrigen Theil der Weissagung Daniels hat vierzig Jahre nachher der römische Feldherr Titus ausgeführt, welcher den Tempel und die Stadt zerstörte, daß kein Stein auf dem andern blieb, das Volk theils tödtete, theils zu Sklaven machte, theils in die ganze Welt zerstreute; und an demselben erfüllt sich bis auf den heutigen Tag auch die Weissagung des Propheten Osee: „Viele Tage werden die Söhne Israels bleiben ohne König, ohne Fürsten,

---

¹) Das zwanzigste Regierungsjahr des Königs Artaxerxes Longimanus fällt auf das Jahr 299 nach Erbauung der Stadt Rom. Zählt man zu dieser Jahreszahl die danielischen Jahrwochen von 483 Jahren hinzu, so erhält man das Jahr 782 nach der Erbauung Roms. Dieses Jahr aber war das fünfzehnte Regierungsjahr des Kaisers Tiberius, und in diesem Jahre ist (nach Luc. c. III. v. 1.) Johannes am Jordan erschienen, und Christus, der Herr, von ihm getauft worden.

²) Matth. c. XXVII. v. 51.   ³) Serm. 7. de Pass. Dom.

ohne Opfer, ohne Altar, ohne Ephod, und ohne Theraphim."[1]) Christus hat also auch in Bezug auf die Weissagung für sein Leiden und Sterben den rechten Zeitpunkt gewählt. Welchen Lichtstrahl werfen Weissagung und Erfüllung durch das sonst undurchdringliche Dunkel der göttlichen Heilsökonomie in der Vorwelt, welche durch die fortlaufende That des gottesdienstlichen Opfers und durch die Belehrung der Weissagung im Glauben und Lieben an den kommenden Erlöser gebunden, und durch ihn zum Heile geführt wird!\

Christus, der Herr, hat aber für sein Erlösungsopfer nicht bloß in Bezug auf die Mitte der Jahrwoche nach der Weissagung, und in Bezug auf den Monat und Tag nach dem Vorbilde des Osterlammes, sondern auch in Bezug auf die Tageszeit das Angemessenste und Zweckmäßigste gewählt; und in diesem letzten Umstande liegt ein großes Geheimniß, eine tiefe Bedeutung. Denn Christus wird „die Sonne der Gerechtigkeit"[2]) genannt, und er selbst nennt sich „das Licht der Welt."[3]) Der Herr hat uns gesagt: „Wenn ich erhöht sein werde, werde ich Alles an mich ziehen,"[4]) und der heilige Apostelfürst Petrus schreibt: „Christus hat für uns gelitten, und euch ein Beispiel hinterlassen; damit ihr seinen Fußstapfen nachfolget."[5]) Auch hat Christus für die ganze Welt gelitten, und ist für alle Menschen gestorben, wie der heilige Apostel Paulus an die Korinther schreibt: „Christus ist für Alle gestorben."[6]) Es sollte daher die Welt dieses Erlösungsopfer sehen, die Fußstapfen seines Leidens mit eigenen Augen schauen, ihn in seiner Erhöhung auf dem Kreuze betrachten, von diesem Lichte sich durchstrahlen, von dieser Sonne sich erwärmen, beleben, und befruchten lassen; und daher wollte der Herr nicht in der Nacht, sondern am hellen Tage, nicht im Verbor-

---

[1]) Ose. c. III. v. 4. Ephod war ein Oberkleid des Hohenpriesters, worauf sich das heilige Orakel befand. Theraphim waren eine Art Hausgötzen, die man um Rath fragte. „Ohne Ephod und ohne Teraphim" bedeutet daher so viel, als: Sie werden ohne wahre und ohne falsche Gottesverehrung sein, und ohne wahre und ohne falsche Weissagung bleiben. [2]) Malach. c. IV. v. 2.
[3]) Joann. c. VIII. v. 21. [4]) Ibid. c. XII. v. 32.
[5]) I. Petr. c. II. v. 31. [6]) I. Cor. c. V. v. 15.

genen, sondern öffentlich, nicht an einem gewöhnlichen Tage, sondern „am Festtage der Ostern," wo Menschen aus allen Theilen der Erde zu Jerusalem versammelt waren, und in der Mitte dieses Tages unter unerhörten Zeichen und Wundern auf dem Kreuze leiden, und sterben, wo bei diesem größten und feierlichsten Opfer, welches die Erde mit dem Himmel, die Menschheit mit Gott versöhnen sollte, Alle gegenwärtig sein konnten. Christus, der Herr, hat an diesem Tage von zwölf Uhr bis drei Uhr am Kreuze gelitten, und ist um drei Uhr gestorben.

Der heilige Evangelist Matthäus berichtet: „Von der sechsten Stunde aber bis zur neunten ward eine Finsterniß über die ganze Erde, und um die neunte Stunde rief Jesus mit lauter Stimme: Eli, Eli! lamma sabacthani? das ist: Mein Gott, mein Gott! warum hast du mich verlassen?"[1]) und, nachdem man ihm Essig gereicht hatte, „rief Jesus abermals mit lauter Stimme, und gab den Geist auf."[2]) Die Juden theilten den Tag, wie die Nacht, in vier Theile, die sie die erste, die dritte, die sechste, die neunte Stunde nannten, und von diesen Stunden enthielt Jede drei Stunden unserer Zeitbestimmung. Die erste Stunde begann mit dem Aufgange der Sonne, und diese Stunde dauerte zur Zeit, wo Christus, der Herr, sein Leiden vollbrachte, ungefähr von sechs Uhr Morgens bis neun Uhr, die dritte Stunde von neun Uhr bis zwölf Uhr, die sechste Stunde von zwölf bis drei Uhr, die neunte Stunde von drei Uhr bis zum Untergange der Sonne. Der göttliche Erlöser hat also nach dem Zeugnisse des heiligen Evangelisten Matthäus von zwölf bis drei Uhr am Kreuze gelitten, und ist um drei Uhr gestorben.

Wie die Wahrheit der Auferstehung des Herrn von so vielen unverdächtigen Zeugen und durch so viele unleugbare Beweisgründe erhärtet werden sollte, daß die Welt von derselben überzeugt werden konnte; so mußte auch sein Leiden und sein Tod so offenkundig, und so erwiesen sein, daß die Welt eben so wenig daran zweifeln konnte. Daher war es angemessen und zweckmäßig, daß der Herr an diesem Tage zu jenen Stunden am

---

[1]) Matth. c. XXVII. v. 45. 46. [2]) Ibid. v. 50.

Kreuze litt, und starb, zu welchen die ganze, zu Jerusalem versammelte, Volksmenge Alles sehen, und hören konnte, was da vorging.

Wenn der heilige Evangelist Marcus sagt: „Es war aber die dritte Stunde, da sie ihn kreuzigten;"[1]) so ist damit gesagt, daß die Kreuzigung im Verlaufe der dritten Stunde, das ist, in der Zeit von neun Uhr bis zwölf Uhr vollzogen wurde, was daher mit der Erzählung des heiligen Evangelisten Matthäus in vollkommenem Einklange steht. Auch der heilige Evangelist Lucas stimmt in dieser Erzählung und in Bezug auf die Zeit mit ihnen überein. Eine Schwierigkeit entsteht aber aus der Erzählung und aus der Zeitangabe des heiligen Johannes.

Dieser heilige Evangelist erzählt: „Es war aber der Rüsttag des Osterfestes, ungefähr die sechste Stunde, und er (nämlich Pilatus) sprach zu den Juden: Sehet, euer König! Sie aber schrieen: Hinweg, hinweg! Kreuzige ihn!"[2]) Nach diesen Worten hätten also die Juden erst ungefähr um die sechste Stunde, das ist gegen zwölf Uhr vor Pilatus nach der Kreuzigung des Herrn geschrieen, und dieselbe von dem ungerechten Richter erwirkt. Wie läßt sich nun dieser Bericht mit der Erzählung der andern heiligen Evangelisten vereinigen? Cornelius a Lapide führt bei dieser Schriftstelle die verschiedenen Meinungen an, welche die Schriftausleger zur Vereinigung dieser Zeitangaben aufstellen, und nimmt als die wahrscheinlichste und natürlichste diese an: „Marcus (mit Matthäus und Lucas) zeigt durch die dritte Stunde den Ursprung und den Beginn der Kreuzigung an, Johannes aber bezeichnet durch die sechste Stunde deren Ausführung und Erfüllung."[3]) Nimmt man das Geschrei der Juden, den Urtheilsspruch des Pilatus, die Kreuztragung und die Kreuzigung als Eine Gesammthandlung, so reicht sie von der dritten Stunde, das ist, neun Uhr, bis zur sechsten Stunde, das ist, zwölf Uhr, und so bezeichnet der heilige Johannes den Anfang dieser Handlung, und begreift das Übrige durch die Bezeichnung des Endzeitpunktes

---

[1]) Marc. XV. v. 25. [2]) Joann. c. XIX. v. 14. 15.
[3]) Comment. in Joann. c. XIX. v. 14.

derselben mit ein.¹) So sagt denn auch der heilige Papst Clemens: „An das Kreuzholz hefteten sie ihn zwar um die sechste Stunde, in der dritten aber erhielten sie den Urtheilsspruch gegen ihn."²) Auch der heilige Bischof und Märtyrer Ignatius, ein Schüler des heiligen Apostels Johannes, der seinen Meister gewiß nicht mißverstanden hat, schreibt in seinem Briefe an die Trullaner von Christus: „In der dritten Stunde hat er, mit Zulassung des Vaters, von Pilatus den Urtheilsspruch empfangen, gegen die sechste Stunde ist er gekreuziget worden, um die neunte Stunde aber hat er seinen Geist aufgegeben."³) Wenn endlich von der sechsten bis zur neunten Stunde die Finsterniß geherrscht hat, woran Niemand zweifelt; so hat Christus, der Herr, während dieser Zeit am Kreuze gelitten, und dann den Geist aufgegeben; und somit steht es auch fest, daß er um die Mitte dieses Tages, und daher zu der für den angegebenen Zweck angemessensten Tageszeit sein Erlösungsopfer vollbracht habe.

Manche Schriftausleger und heilige Väter finden in diesen Zeitumständen des Leidens und Sterbens unsers göttlichen Erlösers noch andere Geheimnisse. Theophilaktus sagt: „Am sechsten Tage ist der Mensch erschaffen worden, und er hat auch am sechsten Tage von dem Baume gegessen; zu welcher Zeit also der Herr den Menschen erschaffen hat, (und dieser gefallen ist), zu derselben hat er ihn auch von dem Falle wieder aufgerichtet."⁴) Ebenso schreibt der selige Beda: „Die Vernunft, ja die göttliche Liebe forderte diese Ordnung, daß zu derselben Stunde, wo Adam durch seine Sünde den Tod in diese Welt gebracht hat, der zweite Adam den Tod durch seinen Tod vernichtete."⁵) Daß aber Adam gegen Mittag, oder um die Mittagszeit gesündiget, und Gott zu dieser Zeit auch die Erlösung verheißen habe, scheint aus der Schriftstelle hervorzugehen: „Da sie die Stimme Gottes des Herrn hörten, der bei der Kühle nach Mittag im Garten wandelte, verbargen sich Adam und sein Weib unter den Bäumen des Gar-

---

¹) Vide Maldonat Comment. in Matth. c. XXVII. v. 45.
²) Constitut. apost. Libr. V. c. 16.   ³) Epist. ad Trullan.
⁴) Cit. a Corn. a Lap. in Matth. c. XXVII. v. 35.
⁵) Enarrat. in Marc.

tens."¹) Auch Tertullian ist derselben Ansicht, und sagt: „An welchem Tage — der so herrliche Adam gefallen ist, an demselben Tage im Verlaufe der Jahre trat der gewaltige Held auf der Rennbahn des Kreuzes in den Kampf, erndtete Strafe für Lohn ein, streckte die Hände aus, und besiegte den Tod."²) Der heilige Augustinus glaubt, daß zu dieser Zeit des Jahres die Welt erschaffen worden, bringt damit die neue Schöpfung des Gnadenreiches in Verbindung, und sagt, daß, wie damals das Licht aus der Finsterniß hervorgerufen worden, und dieselbe verscheucht habe, so jetzt das Licht der Gnade über die Finsterniß der Sünde gesiegt habe. Seine Worte lauten: „Der Herr wollte damals mit seinem Leiden die Welt erlösen, wo er sie erschaffen hat, nämlich zur Frühlings-Tag- und Nacht-Gleiche, wo die Welt ihren Anfang genommen hat, und der Tag über die Nacht hinausgewachsen ist; weil wir durch das Leiden des Erlösers aus der Finsterniß zum Lichte geführt werden."³) Der heilige Thomas aber fügt diesen Worten hinzu: „Und weil die vollkommene Erleuchtung bei der zweiten Ankunft Christi eintreten wird, darum wird die Zeit dieser zweiten Ankunft dem Sommer verglichen, nach dem Worte: Von dem Feigenbaume aber lernet das Gleichniß: Wenn sein Zweig schon zart wird, und die Blätter hervorgewachsen sind; so wisset ihr, daß der Sommer nahe ist.⁴) Dann aber wird auch die größte Erhebung Christi stattfinden."⁵) Wenn diese Ansichten und Meinungen auch strenger Beweise entbehren, so genügt doch das gewichtige Ansehen der Vertreter derselben, um daraus Stoff zur Betrachtung zu schöpfen; besonders da sie den bekannten Thatsachen und den wunderbaren Wegen und Anordnungen der göttlichen Vorsehung nicht unangemessen erscheinen, und auf keinen Fall das Gegentheil bewiesen werden kann.

Christus, der Herr, hat endlich in seinem vollen Mannesalter gelitten, und sein Leben geopfert; um uns seine große Liebe zu bezeigen, da er zu der Zeit auf das Leben verzichtete, wo es in der schönsten Blüthe stand; um dem himmlischen Vater auch in

---

¹) Gen. c. III. v. 8. ²) Libr. I. Carm. contr. Marcion.
³) Inter Opera S. Aug. Quæst. vet. et nov. Testam. quæst. 55.
⁴) Matth. c. XXIV. v. 32. ⁵) P. III. q. 46. a. 9. ad 3.

dieser Beziehung das vollkommenste Opfer darzubringen; um der Abnahme seiner menschlichen Natur vorzubeugen, da es sich nicht geziemte, daß dieselbe durch das Alter geschwächt würde; und endlich um, wie er im vollkommensten Alter gestorben, und auferstanden ist, dadurch an sich zu zeigen, wie auch wir auferstehen werden, nämlich in der Vollkommenheit der menschlichen Natur, wie der heilige Apostel Paulus an die Ephesier schreibt: „Bis wir alle zusammengelangen — zur vollkommenen Mannheit, zum Maße des vollen Alters Christi."[1])

Diese Umstände der Zeit, zu welcher der göttliche Erlöser gelitten hat, und am Kreuze gestorben ist, lassen uns nun einen tieferen und helleren Blick in den ewigen Rathschluß Gottes hineinthun, und sehen, wie wunderbar weise und kräftig[2]) auch die Zeit für das große Erlösungsopfer der Welt bestimmt, und festgesetzt worden ist. Denn es war auch die Zeit des Leidens und des Todes des Herrn vollkommen seinem Willen unterworfen, sein Wille aber wurde von der göttlichen Weisheit geleitet, und die göttliche Weisheit hat diese Zeit mit diesen Umständen erwählt. Das erhellt aus den Weissagungen und Vorbedeutungen; denn was geweissagt, und auf göttliche Anordnung vorbedeutet worden, das ist auch von Ewigkeit her in dem göttlichen Rathschlusse vorhergesehen, und vorausbestimmt gewesen.

Christus, der Herr, hatte von seinem himmlischen Vater die bestimmte Aufgabe erhalten, die er auf Erden vollbringen sollte, wie er selbst gesagt: „Ich bin vom Himmel herabgekommen, nicht damit ich meinen Willen thue, sondern den Willen dessen, der mich gesendet hat"[3]) und: „Meine Speise ist, daß ich den Willen dessen thue, der mich gesendet hat, damit ich sein Werk vollbringe."[4]) Der Wille des Vaters hatte aber nicht bloß sein Werk und alle seine Handlungen, sondern auch die Zeiten für deren Vollbringung bestimmt; „daher hat der Erlöser", wie der heilige Augustinus bemerkt, „auch Alles zu den bestimmten Zeiten

---

[1]) Ephes. c. IV. v. 13.   [2]) Sap. c. VIII. v. 1.
[3]) Joann. c. VI. v. 38.   [4]) Ibid. c. IV. v. 34.

vollbracht."¹) So sprach der Herr von dem Beginne seiner Wunder zu seiner jungfräulichen Mutter: „Meine Stunde ist noch nicht gekommen."²) Ebenso steht von seinem bevorstehenden Leiden und Sterben geschrieben: „Da Jesus wußte, daß seine Stunde gekommen sei, um aus dieser Welt zum Vater zu gehen"³) u. s. w., worüber der heilige Augustinus sagt: „Nachdem er so viel gethan, als er für genug hielt; kam die Stunde nicht des Zwanges, sondern des freien Willens",⁴) den er dem Willen des himmlischen Vaters gleichförmig gemacht hat. Es war damit das Ende seines Wirkens gekommen, und das Werk, das ihm der Vater zu vollbringen aufgetragen hatte, ausgeführt, wie er nach dem letzten Abendmahle zum Vater gebetet: „Ich habe dich verherrlichet auf Erden; ich habe das Werk vollbracht, das du mir zu verrichten gegeben. Und nun, Vater! verherrliche mich bei dir selbst mit jener Herrlichkeit, die ich bei dir hatte, ehe die Welt war."⁵) Nachdem nun dieses Werk vollbracht war, mußte er auch nach dem Willen seines himmlischen Vaters zu wirken aufhören, und in das Leiden und in den Tod gehen.

Auf dem Oelberge erklärte der Herr auch von seinem Leiden und Sterben den Feinden, die bereit standen, ihn gefangen zu nehmen, daß dieß die Stunde, welche der Vater für sein Leiden und für seinen Tod bestimmt habe, und darum auch für sie und für die Hölle die Stunde sei, in welcher sie das Werk ihrer Bosheit an ihm ausführen könnten; er sprach zu ihnen: „Täglich war ich bei euch im Tempel, und ihr habet die Hände nicht gegen mich ausgestreckt; aber das ist eure Stunde und die Macht der Finsterniß."⁶) Da haben wir die Erklärung des Herrn selbst zum Beweise, daß diese Zeit für sein Leiden und Sterben im göttlichen Rathschlusse festgesetzt war. Sie war daher nicht nur die angemessenste, sondern auch die allein angemessene Zeit. Wie tief geheimnißvoll und wie wunderbar weise ist doch Alles im Leben, Leiden und Sterben des Gottmenschen!

---

¹) Quæst. vet. et nov. Testam. quæst. 55.   ²) Joann. c. II. v. 4.
³) Ibid. c. XIII. v. 1.   ⁴) Tract. 8. in Joann.   ⁵) Ibid. c. XVII. v. 4. 5.
⁶) Luc. c. XX. v. 53.

Aber auch für Jeden aus uns ist die Zeit des Lebens, der Tag der Geburt, und die Stunde des Todes von Gott bestimmt, und ein gewisses Maß von Arbeiten und Leiden Jedem von Gott zugemessen; um zur Ehre Gottes, zum eigenen Heile und zum Wohle der Nebenmenschen zu wirken, dadurch sich zu heiligen, und jenen Grad der Vollkommenheit auf Erden und der Seligkeit im Himmel zu erreichen, der ebenfalls von Gott festgesetzt ist. Wäre daher Jedermann heilig und vollkommen, wie Christus, der Herr; so würde auch von Jedermann Alles, was Gott will, auch zu der Zeit, wo es Gott will, vollbracht werden, wie der göttliche Erlöser das vom Vater ihm aufgetragene Erlösungswerk vollbracht hat. Es ist nichts dem Zufalle anheimgestellt, und wie wir nicht unabhängig sind in Bezug auf alles Übrige, so sind wir es auch nicht in Bezug auf die Zeit; sondern es gilt für uns auch in dieser Hinsicht, was der heilige Antoninus sagt: „Alle Zeit, die dir verliehen ist, wird von dir wieder gefordert werden; und wie kein Haar vom Haupte verloren geht, so gibt es auch keinen Augenblick der Zeit, über welchen nicht Rechenschaft gefordert wird."[1]

Es gibt keine Handlung des Lebens, die vollkommen wäre, wenn sie nicht zur rechten Zeit geschieht; und die unrechte Zeit kann auch die übrigens tugendhafteste Handlung zu einer sündhaften Handlung machen; wie wenn z. B. Jemand zu der Zeit in dem Tempel des Herrn beten würde, wo er verpflichtet ist, zu Hause zu arbeiten. Daher schreibt Hugo vom heiligen Viktor: „Dann ist die Zeit für jede Sache, wenn es recht ist, daß geschieht, was zu geschehen hat, was immer es sein mag, entweder von Gott ohne den Menschen, oder von dem Menschen mit Gott."[2] Gott ist ein Gott der Ordnung, und haßt jede Unordnung. Wenn daher von Gott ohne den Menschen Etwas geschieht, so geschieht es gewiß immer zur rechten Zeit. Sendet Gott daher Leiden an der Seele, an dem Leibe, von Seite anderer Menschen oder äußerer Dinge, und den Tod zu dieser oder zu

---

[1] P. II. Tit. 6. de acedia, c. 14. §. 1.
[2] Homil. 13. in illud: *Omnia tempus habent.*

jener Zeit, in der Jugend oder im Alter, bei Tag oder bei Nacht; so ist es, wenn sie nicht von uns ausgehen, immer zur rechten Zeit, und wir müssen mit Christus, dem Herrn, sagen: "Die Stunde ist gekommen;"[1] es muß uns, wie ihm, diese Zeit des Leidens und des Todes als die rechte und angemessene erscheinen. Soll aber Etwas von uns mit Gott geschehen; so müssen wir genau darauf achten, welche Zeit wir dazu nach dem Willen und nach dem Wohlgefallen Gottes zu wählen haben; und wenn wir erkennen, daß eine Zeit dem Willen Gottes nicht entspreche, müssen wir ebenfalls mit dem Herrn erklären: "Meine Stunde ist noch nicht gekommen."[2] Es ist dieß nicht die rechte, nicht die angemessene Zeit.

Wir dürfen auch nicht vergessen, ein wie kostbares Geschenk Gottes die Zeit sei; da wir nur in und mit der Zeit unser Heil wirken, und die ewige Seligkeit gewinnen können. So sagt der heilige Bernardinus: "So groß ist die Kostbarkeit der Zeit, daß der Mensch mit geringer Zeit die Verzeihung (der Sünden), die Gnade und die Glorie gewinnen kann."[3] Wenn die heilige Schrift andeuten will, daß nichts Gutes mehr geschehen, oder gewonnen werden könne; so sagt sie: "Es wird keine Zeit mehr sein."[4] Wir müssen daher die Zeit, alle Zeit des Lebens benützen, und dazu verwenden, wozu sie uns von Gott gegeben ist.

Die unaufhaltsam vorübereilenden Augenblicke der Zeit tragen das, was man denselben übergibt, mit sich in die Ewigkeit hinüber vor den Richterstuhl Gottes, sei es Gutes, oder Böses, oder nichts. Wie wenig Gutes, wie viel Böses werden sie mit sich nehmen, und wie viele werden dort ganz leer ankommen! Von der müßig verlornen Zeit schreibt der heilige Bernardus: "Niemand schätze die Zeit gering, welche in müßigen Worten vergeudet wird; denn unwiederruflich fliegt das Wort vorüber, und unwiederbringlich verfliegt die Zeit; der Thor aber merkt es nicht, was er verliert. Wir wollen plaudern, sagt man, bis die Stunde vergeht, bis die Zeit vergeht; ja wohl, bis die

---

[1] Joann. c. XII. v. 23.   [2] Ibid. c. II. v. 4.
[3] Serm. 43. Dom. 5. Quadrag.   [4] Apoc. c. X. v. 6.

Zeit vergeht, die dir die Erbarmung des Schöpfers gewährt, um Buße zu thun, um Verzeihung zu erlangen, um Gnade zu gewinnen, um die Glorie zu verdienen; bis die Zeit vergeht, in der du hättest die göttliche Güte versöhnen, zur Gesellschaft der Engel eilen, nach der verlornen Erbschaft seufzen, nach der verheißenen Seligkeit dich sehnen, den lauen Willen anspornen, die begangene Ungerechtigkeit beweinen sollen!"[1] Wer kann es ergründen, was und wie viel der göttliche Erlöser eben in Bezug auf die Zeit seiner Leiden und seines Todes und in Hinsicht auf die schmerzlichen Umstände dieser Zeit gelitten habe, um für die Sünden der nicht benützten und mißbrauchten Zeit zu büßen? Es wird zudem von allen Sünden auch die Zeit befleckt, da sie nur in der Zeit begangen werden können. Die geheimnißvollen Zeitumstände des Leidens und Sterbens des Herrn müssen also für uns die mächtigsten Antriebe sein, die Zeit auf die angemessenste Weise zu verwenden.

Der göttliche Erlöser hat aber auch an dem angemessensten Orte gelitten, und sein Leben geopfert; daher wollen wir nun auch die Umstände des Ortes erwägen, an welchem der Herr sein Erlösungsopfer vollbracht hat.

10.
Der Ort des Leidens Christi.[2]

Wie die Zeit, so war auch der Ort für die Menschwerdung, für die Geburt, für das verborgene und öffentliche Leben, für das Leiden und Sterben des Sohnes Gottes in dem ewigen Rathschlusse der allerheiligsten Dreifaltigkeit vorausgesehen, und vorherbestimmt. Daher sagt der heilige Augustinus: „Der Erlöser hat Alles an den bestimmten Orten vollbracht."[3]

Von dem Orte, wo Christus, der Herr, gekreuzigt worden, und gestorben ist, berichtet der heilige Evangelist Marcus: „Und sie führten ihn an den Ort Golgotha, welches verdollmetscht wird: „Schädelstätte";[4] und der heilige Evangelist Lucas sagt: „Und

---

[1] De tripl. custod. ling. [2] P. III. q. 46. a. 10.
[3] Quest. vet. et nov. Testam. quæst. 55. [4] Marc. c. XV. v. 23.

als sie an den Ort kamen, den man Schädelstätte nennt, so kreuzigten sie ihn daselbst."¹) Diese Schädelstätte lag in der Nähe der Stadt Jerusalem. Um nun die Angemessenheit dieses Ortes für das Leiden und Sterben des Welterlösers zu erkennen, müssen wir die Umstände erwägen.

Das Leiden Christi, des Herrn, zog sich nach der Erzählung der heiligen Evangelisten von dem Oelberge, welcher auf der einen Seite der Stadt Jerusalem lag, durch diese Stadt hindurch, auf den Calvarienberg hinauf, welcher auf der entgegengesetzten Seite derselben Stadt sich erhob; denn auf diesem ganzen Wege und an allen diesen Orten hat der Herr gelitten. Christus hat in und um Jerusalem gelittten, Jerusalem und dessen Umgebung gleichsam mit seinem Leiden erfüllt, und mit seinem Blute getränkt; daher muß man mit aller Wahrheit sagen, Christus, der Herr, habe zu Jerusalem gelitten.

Nun aber war es Jerusalem, wo nach dem göttlichen Gesetze des alten Bundes die Opfer, welche die Vorbilder Christi waren, dargebracht werden mußten. Was war also angemessener, als daß, wo die vorbildlichen Opfer geschlachtet wurden, auch das wahre Opfer dargebracht würde, von welchem der heilige Paulus sagt: „Christus hat uns geliebt, und sich für uns als Gabe und Opfer hingegeben Gott zum lieblichen Wohlgeruche?"²);

Die übrigen vorbildlichen Opfer wurden zwar in der Stadt Jerusalem, im Tempel, geschlachtet, und dargebracht; aber die Sündopfer, das Kalb und der Bock, welche für den Hohenpriester und für das Volk zur Versöhnung von Gott gefordert wurden, mußten nach der Vorschrift des Gesetzes außer den Thoren verbrannt werden; denn so steht geschrieben: „Das Kalb und der Bock, welche für die Sünden geschlachtet wurden, und deren Blut in das Heiligthum getragen ward, die Versöhnung zu vollenden, soll man hinaustragen außerhalb des Lagers, und mit Feuer verbrennen."³) So hat Christus, das Opfer für die Sünden der Welt, in der Stadt Jerusalem, welche das Lager Israels in der Wüste darstellte, bei der Einsetzung des allerheiligsten Altarssakra-

---

¹) Luc. c. XXIII. v. 33.   ²) Ephes. c. v. 2.   ³) Levit. c. XVI. v. 27.

mentes sich selbst zum Opfer dargebracht, und sein Blut in der Geißelung und Dornenkrönung vergossen; aber sein Brandopfer außerhalb der Stadt im Feuer seiner Liebe dargebracht; und daher schreibt der heilige Paulus: „Von den Thieren, deren Blut für die Sünde durch den Hohenpriester in das Heiligthum getragen wird, werden die Körper außerhalb des Lagers verbrannt. Darum hat auch Jesus, damit er durch sein Blut das Volk heiligte, außen vor den Thoren gelitten." [1]) Der Zweck der Verbrennung jener Opferthiere außerhalb des Lagers war, „daß dadurch in den Juden Schrecken und Abscheu vor den Sünden erweckt würde; denn es wurde dadurch angedeutet, daß, wie dieses Opfer für die Sünden außerhalb des Lagers verbrannt wurde, so auch die Sünder außerhalb dieser Welt im Feuer der Hölle brennen würden. Diese Ceremonie war zugleich ein stillschweigendes Gebet, daß die Sünden und die für die Sünden verdienten Strafen das Volk nicht berühren, nicht beschädigen, sondern mit dem Opfer des Bockes und des Kalbes außer das Lager hinausgetragen, verbrannt, und vertilgt werden möchten." [2]) In demselben Sinne hat Christus, der Herr, am Kreuze gebetet: „Vater, verzeihe ihnen!" [3]) Welcher Ort hätte nun in der Erfüllung und Verwirklichung der Bedeutung dieser Vorbilder für das Versöhnungsopfer des göttlichen Erlösers angemessener sein können?

Der heilige Apostel Paulus knüpft an den Umstand und an die Bedeutung jenes vorbildlichen Opfers auch für uns die bedeutungsvolle Mahnung in Bezug auf diesen Umstand des Leidens des Herrn außerhalb Jerusalem: „Lasset uns nun hinausgehen zu ihm außerhalb des Lagers, und seine Schmach tragen; denn wir haben hier keine bleibende Stadt, sondern wir suchen die künftige." [4]) Christus hat für uns außerhalb der Stadt gelitten, daß wir aus dem Babylon dieser Welt hinausgehen, das heißt, durch den Geist der Armuth und Losschälung von dem Irdischen, durch Demuth, Abtödtung, Selbstverleugnung, durch Verachtung,

---

[1]) Hebr. c. XIII. v. 11. [2]) Corn. a Lap. in h. l.
[3]) Luc. c. XXIII. v. 34. [4]) Hebr. c. XIII. v. 13. 14.

Verfolgung, Mißhandlung, durch Leiden, Kämpfe und Opfer aller Art, endlich durch den Tod selbst an dem Leiden und an dem Tode des Herrn theilnehmen; damit wir mit ihm auch in die ewige Herrlichkeit und Seligkeit, für die wir berufen sind, eingehen mögen.

Der heilige Papst Leo, der Große, findet in diesem Umstande des Ortes noch eine andere Bedeutung, und sagt, Christus habe deßhalb außer der Stadt Jerusalem sein Erlösungsopfer dargebracht, um anzudeuten, daß er nicht bloß für Jerusalem und für die Juden, sondern auch für die ganze Welt leiden, und sterben wollte: „Auf daß das Kreuz Christi nicht ein Altar des Tempels, sondern der Welt wäre." [1]) Eben so spricht der heilige Chrysostomus: „Der Herr wollte nicht unter einem Dache, nicht im jüdischen Tempel leiden, damit die Juden das heilbringende Opfer nicht (der Welt) entzögen, und damit man nicht glauben sollte, es sei nur für jenes Volk dargebracht worden; und er wollte darum außer der Stadt, außer den Mauern leiden, damit man wüßte, daß das Opfer ein gemeinschaftliches, daß die Darbringung für die ganze Welt, daß die Reinigung eine allgemeine sei." [2]) \

Nach der Bemerkung des ehrwürdigen Beda war selbst der letzte Gang des Herrn nach Jerusalem bedeutungsvoll, indem er dadurch der Vorbedeutung des vorbildlichen Osterlammes ihre Erfüllung bis auf diesen unscheinbarsten Umstand gab; denn er sagt: „Als die Stunde seines Leidens herannahte, wollte auch er dem Orte seines Leidens sich nähern;" [3]) und der heilige Thomas setzt hinzu: „Nämlich Jerusalem, wohin er sechs Tage vor Ostern kam; wie auch das Osterlamm sechs Tage vor Ostern nach der Vorschrift des Gesetzes an den Ort geführt wurde, wo es geschlachtet werden sollte." [4]) Zudem hat Christus, der Herr, seinen feierlichen Einzug in Jerusalem von Bethanien aus über Bethphage, über den Oelberg, durch das Thal Josaphat und durch das goldene Thor gehalten; und von Bethphage aus sendete er

---

[1]) Serm. 9. de Pass. Dom.   [2]) Serm. de Cruce et Latrone.
[3]) Homil. Dom. Palm.   [4]) P. III. q. 46. a. 10. ad 1.

die zwei Jünger um die Eselin und um das Füllen, und von hier aus begann er den feierlichen Zug, wie der heilige Evangelist Matthäus erzählt: „Als sie sich nun Jerusalem nahten, und nach Bethphage am Oelberge kamen; da sendete Jesus zwei Jünger ab, und sprach zu ihnen: Gehet in den Flecken, der euch gegenüber liegt, und ihr werdet alsbald eine Eselin angebunden finden und ein Füllen bei ihr; machet sie los, und führet sie zu mir."[1] Nun aber wurden zu Bethphage die Osterlämmer aufgezogen, und genährt, und zur bestimmten Zeit denselben Weg, den der göttliche Heiland genommen, nach Jerusalem zum Tempel geführt, um da geopfert zu werden.[2] Wie genau entspricht da die Wahrheit dem Vorbilde auch in dieser Beziehung!

Wie der Herr ferner die schmachvollste Todesart erwählt hat; so wollte er für dieselbe auch jenen Ort erwählen, der diesem Zwecke am vollkommensten entsprach. Dazu gab es aber keinen geeigneteren Ort, als Jerusalem; Jerusalem, die Hauptstadt des Landes, den Sitz der höchsten geistlichen und weltlichen Obrigkeiten, die volkreichste Stadt, von der die Apostelgeschichte sagt: „Es waren aber zu Jerusalem Juden wohnhaft, gottesfürchtige Männer, aus allerlei Völkern, die unter dem Himmel sind;"[3] und diese sprachen am ersten Pfingstfeste über die Sprachengabe der Apostel: „Wie hören wir denn ein Jeder seine Sprache, in der wir geboren sind? Parther, Meder, Älamiter und Bewohner von Mesopotamien, Judäa, Cappadocien, Pontus und Asia, von Phrygien und Pamphylien und von den Gegenden Lybiens bei Cyrene, Ankömmlinge von Rom, Juden und Judengenossen, Creter und Araber, wir hören sie in unsern Sprachen die großen Thaten Gottes aussprechen!"[4] Daraus kann man schließen, welche Volksmasse damals zu Jerusalem versammelt war; und alle diese Menschen sollten die Schmach des Herrn sehen. Daher sagt der heilige Papst Leo, der Große: „Er, der Knechtsgestalt angenommen, hat für seine Geburt Bethlehem, für sein Leiden

---

[1] Matth. c. XXI. v. 1.
[2] Vide Corn. a Lap. in Matth. c. XXI. v. 1.
[3] Act. Apost. c. II. v. 5.
[4] Ibid. v. 8.—12.

Jerusalem gewählt."¹) Wie dieses Leiden, so sagte auch dieser Ort des Leidens seiner Demuth am meisten zu.

Die Menschheit hatte verdient, vor dem Richterstuhle Gottes verurtheilt, und zum ewigen Tode verdammt zu werden. Da nun der göttliche Erlöser die ganze Sündenschuld der Menschheit zur Sühne vor der göttlichen Gerechtigkeit auf sich genommen hatte; so wollte er vor alle menschlichen Richterstühle geschleppt, von den geistlichen und weltlichen Obrigkeiten gerichtet, und zum Tode verurtheilt werden. Dazu aber gab es wieder keinen tauglicheren Ort, als Jerusalem, wo der Hoherath der Juden, das oberste geistliche Gericht, Pilatus, der oberste weltliche Richter in Judäa, und damals auch der König Herodes, der in Galiläa herrschte, anwesend waren. Die Sünde muß eben vor dem Richstuhle Gottes, vor dem Richterstuhle des Glaubens, vor dem Richterstuhle der Vernunft, vor dem Richterstuhle des Gewissens verurtheilt werden; und um uns von einem solchen Gerichte zu befreien, wollte der unschuldige Erlöser für die Schuldigen jenen Gerichten sich unterziehen, von Gott als unser Bürge, und von den Menschen auf die ungerechteste Weise verurtheilt werden.

Christus, der Herr, wollte vor den Juden und vor den Heiden, vor der ganzen Welt sein Erlösungsopfer darbringen. Es sollten die Juden sehen, was ihnen der Herr durch seinen Propheten vorausgesagt hatte: „Den ganzen Tag breitete ich meine Hände aus nach dem ungläubigen Volke, das seinen Gedanken nachwandelt, auf einem Wege, der nicht gut ist."²) Sie sollten wenigstens jetzt ihn erkennen, und diese blutige Sprache seiner Liebe und Erbarmung verstehen; denn es war, wie der heilige Chrysostomus zu diesen Prophetenworten bemerkt, als wenn er ihnen vom Kreuze herab zuriefe: „Kommet also, kehret zurück, erkennet da euren Vater, den ihr für das Böse Gutes, für die Unbilden Zuneigung, für solche Wunden eine solche Liebe erwiedern sehet."³) Denn hier sahen sie, was der heilige Bonaventura sagt: „Sieh, o Mensch! wie da das Haupt zum Kusse geneigt, die Hände zur

---

¹) Serm. 1. in Epiphan. ²) Isai. c. LXV. v. 2. Rom. c. X. v. 21.
³) Serm. 108.

Umarmung ausgebreitet, die Seite zur Liebe eröffnet ist. Es rufen die Nägel, es rufen die Wunden, daß die Erbarmung keine Zahl hat. Es steht die Liebe des Herzens durch die Wunden des Leibes offen."¹) Es sollten da auch die Heiden ihren Erlöser finden nach den Worten desselben Propheten: „Es suchen mich, die vorher nach mir nicht fragten; es fanden mich, die mich nicht suchten. Ich sprach zu dem Volke, das meinen Namen nicht anrief: Sieh, hier bin ich! sieh, hier bin ich!"²) Dazu gab es aber keinen angemesseneren Ort, als Jerusalem am Osterfeste, wo die Juden- und Heidenwelt seinen in Wundern strahlenden Opfertod schaute; und die Heidenwelt hat, während Israel ungläubig und verstockt blieb, im Anblicke des göttlichen Opferlammes am Kreuze mit dem Hauptmanne und „mit jenen, die bei ihm waren, und Jesum bewachten," geantwortet: „Wahrhaftig, dieser ist Gottes Sohn gewesen!"³)

Warum aber hat Christus, der Herr, nicht auf dem Oelberge, oder an einem andern Orte außerhalb der Stadt, sondern auf Golgotha, auf dem Calvarienberge, auf dieser Schädelstätte sich geopfert? Mit einziger Ausnahme des heiligen Hieronymus, sagen alle heiligen Väter und Lehrer der Kirche, die über diesen Gegenstand geschrieben haben, wie Cyprianus, Athanasius, Basilius, Epiphanius, Chrysostomus, Ambrosius, Augustinus und auch Origenes und Tertullianus,⁴) daß dort unter dem Kreuze der Schädel Adams begraben lag. Es wird erzählt, daß Noe die Gebeine Adams mit sich in die Arche genommen, dieselben nach der Sündfluth unter seine Söhne vertheilt, dessen Schädel aber seinem Sohne Sem gegeben, dieser denselben mit sich nach Judäa gebracht, und an jener Stelle begraben habe.⁵) Was aber die Meinung des heiligen Hieronymus betrifft, so sagt er, er habe dieß von einem Menschen öffentlich in einer Kirche erzählen gehört, und setzt bei: „Ob dieß wahr sei, oder nicht, überlasse ich dem Urtheile des Lesers."⁶) Gleichwohl drückt er seine Meinung

---

¹) Serm. de exaltat. Crucis. ²) Isai. c. LXV. v. 1.
³) Matth. c. XXVII. v. 54. ⁴) Vide Maldonat. in Matth. c. XXVII. v. 33.
⁵) Jacob. Edessenus, magister S. Ephræm. teste Masio in Jos. c. ultim. v. 32. ⁶) In Epist. ad Ephes. c. V. v. 14.

an einer andern Stelle bestimmt und entschieden also aus: „Diese Auslegung gefällt zwar, und ist für das Volk angenehm, zu hören; aber wahr ist sie doch nicht. — Denn Adam ist bei Hebron und Arbe begraben, wie wir im Buche Jesu, des Sohnes Nave's, lesen."[1]) Allein im hebräischen Texte steht an dieser Stelle nichts von „Adam", sondern: „Der Name Hebrons ward zuvor Cariath Arbe genannt: dieser (nämlich Cariath Arbe) war der Größte unter den Enacim,"[2]) das heißt, der Stammvater der Enacim, wie dieß aus der folgenden Stelle erhellt: „Aber Caleb, dem Sohne Jephone's, gab er (Josue nämlich) seinen Antheil mitten unter den Söhnen Juda's, wie der Herr ihm geboten, nämlich Cariath-Arbe, des Vaters Enac's, dieses ist Hebron."[3]) Wenn aber auch der Name „Adam" dem Caleb beigesetzt wird, und wenn es in der Vulgata heißt: „Der Name Hebrons ward zuvor Cariath-Arbe genannt; Adam, der Größte unter den Enacim, liegt dort;"[4]) so ist dieser Name „Adam" hier nur als Beiname des Caleb hinzugefügt, und bedeutet keineswegs den eigentlichen Adam, den Stammvater des Menschengeschlechtes, wie dieß aus der zuletzt angeführten Stelle erhellt.[5]) Aus diesen Worten der Schrift kann also für den Begräbnißort Adams nichts Bestimmtes gefolgert werden. Wäre aber Adam dort auch einmal begraben worden; so könnte man darum doch nicht behaupten, daß seine Gebeine dort auch immer geblieben seien, oder daß sein Schädel nicht anderswo begraben sein könne. Da nun alle übrigen Väter und Lehrer die obige Meinung übereinstimmend festhalten, auch andere Schriftsteller dieselbe annehmen, und die bis auf unsere Tage bewahrte Gepflogenheit, im Bilde am Fuße des Kreuzes des Herrn einen Todtenschädel anzubringen, von dieser Meinung ihren Ursprung herleiten soll; trägt Cornelius a Lapide kein Bedenken, zu behaupten, „die Schädelstätte sei darum so genannt worden, weil nach der Überlieferung der Schädel Adams dort begraben lag."[6]) Der heilige Augustinus macht nun von diesem Umstande auf die Angemessenheit dieses Ortes für das Leiden des

---

[1]) In Matth. c. XXVII. [2]) Josue c. XIV. v. 15.
[3]) Ibid. c. XV. v. 13. [4]) Ibid. c. XIV. v. 15.
[5]) Vide Maldonat. l. c. [6]) In Matth. c. XXVII. v. 33.

Herrn den Schluß: „Es ist wahrlich nicht unangemessen, Brüder! zu glauben, daß dort der Arzt erhöht worden sei, wo der Kranke lag; und es war angemessen, daß dort, wo der menschliche Stolz untergegangen ist, die göttliche Barmherzigkeit sich herabgelassen habe. Auch kann man glauben, daß jenes kostbare Blut den Staub des ursprünglichen Sünders, als es herunterträufelnd ihn auch körperlich berührte, erlöst habe." [1]) Eben so schreibt Tertullianus: „Aus der Überlieferung wissen wir, daß hier der erste Mensch begraben worden sei; hier hat Christus gelitten, ist die Erde mit seinem theueren Blute befeuchtet worden; damit der Staub des alten Adam, mit dem Blute Christi vermischt, von der Kraft des hinuntertröpfelnden Wassers (aus der Seitenwunde des Herrn) gewaschen werden konnte." [2])

Übrigens gibt der heilige Lehrer Hieronymus einen andern Grund an, warum die göttliche Weisheit für das Erlösungsopfer des Herrn diesen Ort gewählt habe, und schreibt: „Außerhalb der Stadt und außer dem Thore sind Orte, an welchen die Verurtheilten enthauptet werden, und welche nach den Schädeln, der Verurtheilten nämlich, ihren Namen erhalten haben. Deßhalb aber ist Jesus dort gekreuziget worden; damit da, wo früher der Kampfplatz der Verurtheilten war, die Fahnen des Martherthums aufgepflanzt würden." [3]) Denn das Leiden und Sterben des göttlichen Erlösers ist das Vorbild und die Siegeskraft der heiligen Märtyrer geworden, und kein Christ sollte sich scheuen, für die Wahrheit und Gerechtigkeit auch wie der größte Verbrecher die schimpflichste Qual und Todesart zu erdulden./

Der heilige Thomas, welcher diese Worte des heiligen Hieronymus anführt, fügt noch einen andern Grund hinzu, und sagt: „Mehr noch, als neben dem Grabe Adams, sollte Christus an

---

[1]) Serm. 71. de temp.   [2]) Carm. contr. Marcion. Libr. II. c. 4.
[3]) In Matth. c. XXVII. v. 33. Malbonat sagt, er glaube, daß dieser Ort darum Schädelstätte genannt worden sei; „weil dort die Verbrecher enthauptet wurden, und weil er daher von Menschenschädeln voll war. Denn diejenigen, welche an diesem Orte gekreuziget worden waren, wurden, nachdem sie den Geist aufgegeben hatten, der Gewohnheit gemäß weggenommen, und begraben; die aber enthauptet worden waren, blieben, wie Hieronymus meint, unbegraben. In Matth. c. XXVII. v. 33.

dem gemeinschaftlichen Orte der Verurtheilten gekreuzigt werden; damit dadurch angezeigt würde, daß das Kreuz Christi das Heilmittel nicht bloß gegen die persönliche Sünde Adams, sondern auch gegen die Sünde der ganzen Welt sei." [1] Es wird damit auf den Zweck des Opfers des Gottmenschen, daß es nämlich ein Versöhnungsopfer für die Sünden sei, und auf die Allgemeinheit dieses Zweckes hingewiesen, daß dieses Erlösungsopfer, wie alle Verbrechen, so auch alle Verbrecher umfasse, und Nichts und Niemanden ausschließe.

So hat das Leiden und Sterben auch in Bezug auf den Ort, wo es vollbracht worden ist, tiefe und geheimnißvolle Bedeutungen; und es erhellt aus dem Gesagten zur Genüge, daß Christus, unser göttlicher Erlöser, wie zur angemessensten Zeit, so auch an dem angemessensten Orte gelitten habe, und gestorben sei.\

Das war die große Sühne für die Entweihung und Befleckung aller Orte, an welchen Sünden begangen werden, und die Lösung des Fluches, den die Sünde über die Erde gebracht hat. Die ganze Schöpfung ist rein und makellos aus den Händen des Schöpfers hervorgegangen, und ist ein göttliches Werk; durch die Sünde aber wird sie, und werden die Orte, wo gesündiget wird, verunreiniget, wie Gott von jenem Orte, wo die Juden Götzendienst geübt hatten, durch den Propheten gesprochen: „Sieh, ich will solches Elend über diesen Ort bringen, daß Jedem, der davon hört, die Ohren gellen sollen; darum daß sie mich verlassen, und diesen Ort zur Fremde gemacht haben, andern Göttern, die sie nicht kannten, weder sie, noch ihre Väter, noch die Könige von Juda, darin geopfert, und diesen Ort mit dem Blute der Unschuldigen erfüllt haben." [2] Weil aber die Menschen auch nach dem Opfertode des Herrn noch sündigen, durch Sündigen im Mißbrauche der Geschöpfe die ganze Natur beflecken, und das Sündigen vom Anfange her nie aufhört; so muß, nachdem endlich am jüngsten und letzten Tage dem Sündigen für immer ein Ende gemacht sein wird, noch eine besondere sühnende Reinigung

---

[1] P. III. q. 46. a. 10. ad 3.   [2] Jerem. c. XIX. v. 3. 4.

eintreten, und geschehen, was der heilige Apostelfürst Petrus sagt: „Es wird aber der Tag des Herrn kommen, wie ein Dieb; da werden die Himmel mit großem Getrache vergehen, die Elemente vor Hitze schmelzen, und es wird die Erde sammt den Werken auf ihr verbrennen. Da nun dieses Alles vergehen wird, wie sehr sollet ihr euch befleißen, mit heiligem Wandel und Gottseligkeit zu warten, und entgegenzueilen der Ankunft des Tages des Herrn, durch welchen die Himmel vom Feuer zergehen, und die Elemente von der Hitze des Feuers zerschmelzen! Wir erwarten aber nach seiner Verheißung neue Himmel und eine neue Erde, in welchen Gerechtigkeit wohnt." [1] Es muß die ganze Schöpfung durch Feuer gereiniget werden, und der heilige Paulus sagt, daß sie nach diesem Tage der Reinigung und Erneuerung sich sehne, und seufze; denn er schreibt an die Römer: „Das Harren des Geschöpfes [2] ist ein Harren auf die Offenbarung der Kinder Gottes. [3] Denn das Geschöpf ist der Eitelkeit [4] unterworfen, nicht freiwillig, sondern um dessen willen, der es unterworfen hat auf die Hoffnung hin; [5] weil auch selbst das Geschöpf von der Dienstbarkeit der Verderbtheit befreit wird zur Freiheit der Herrlichkeit der Kinder Gottes. Denn wir wissen, daß alle Geschöpfe seufzen. — Und nicht allein sie, sondern auch wir selbst, die wir die Erstlinge des Geistes besitzen; ja wir selbst seufzen innerhalb uns, und warten auf die (vollendete) Annahme zu Kindern Gottes, auf die Erlösung unsres Leibes. [6] Daraus können wir schließen, welchen verderblichen Einfluß die Sünde, wie auf die Zeit, so auch auf die Orte, auf die ganze Schöpfung ausübet. Es hat eben jedes Geschöpf seine von Gott ihm gegebene, seiner Natur gemäße Bestimmung; und, wenn der Mensch es zur Sünde mißbraucht, gebraucht er es gegen seine Bestimmung wider seinen Schöpfer, bringt sich und das Geschöpf in eine feindliche Stellung gegen Gott, und macht sich und das Geschöpf Gott ver-

---

[1] II. Petr. c. III. v. 10.—14. [2] Der ganzen Schöpfung.
[3] Auf ihre auch leibliche Verklärung in der Auferstehung.
[4] Dem Mißbrauche und dem Verderben durch die Sünden der Menschen.
[5] Aus Zulassung Gottes, der Alles erneuern wird.
[6] Rom. c. VIII. v. 19.—24.

haßt. Daher steht von einem Götzenbilde und von dem, der es gemacht hat, geschrieben: „Ein Götzenbild, das durch Menschenhände gemacht wird, ist verflucht, das Bild und der Künstler; dieser, weil er es gemacht; jenes, weil es ein Gott genannt wird, da es doch ein zerbrechliches Ding ist. Denn Gott sind beide gleich verhaßt, der Gottlose und sein gottloses Wesen; und das Werk muß mit dem Künstler zugleich gestraft werden. Darum werden auch die Götzen der Heiden nicht verschont bleiben, weil sie aus Gottes Geschöpfen zu Gräueln wurden, zur Verführung der Seelen der Menschen, zum Falle den Füßen der Thoren." [1]) Geschieht aber Ähnliches nicht, so oft der Mensch ein Geschöpf zur Sünde mißbraucht? So nennt auch der heilige Paulus aus diesem Grunde den Geiz einen Götzendienst,[2]) und den Geizigen einen Götzendiener;[3]) denn der Sünder setzt das Geschöpf, um dessentwillen er sündiget, an Gottes Stelle, und wird, anstatt ein Diener Gottes zu sein, der Knecht dieses Gegenstandes seiner Sünde, der Sünde selbst,[4]) und des Teufels.[5]) Die Sünde hat darum auch die Schöpfung dem Menschen feindlich gegenüber gestellt, und, womit er gesündigt hat, damit wird er gestraft, wie geschrieben steht: „Die Creatur dient dir, als ihrem Schöpfer, und fährt heftig auf zur Strafe wider die Ungerechten;"[6]) und von Gott selbst ist gesagt: Er wird die Geschöpfe zur Rache wider seine Feinde bewaffnen."[7]) Es ruft uns, wie jeder Augenblick der Zeit, so auch jeder Ort der Schöpfung zu: Mensch, sündige nicht! Zeiten und Orte sollten durch das Leiden und Sterben Christi gereiniget, und vom Fluche erlöst werden; und wer selbst durch das Leiden und Sterben des Herrn nicht erlöst wird, der muß für die Sünden, mit welchen er die Orte der Schöpfung befleckt, durch „den Ort der Qualen",[8]) und für die Sünden, mit welchen er die Zeiten befleckt hat, durch die Ewigkeit[9]) an jenem Orte der Qualen büßen. Auch das ist angemessen.

---

[1]) Sap. XIV. v. 8.—12.   [2]) Coloss. c. III. v. 5.
[3]) Ephes. c. V. v. 5.   [4]) Joann. c. VIII. v. 34.
[5]) Ibid. v. 44. II. Tim. c. II. v. 26.   [6]) Sap. c. XVI. v. 24.
[7]) Ibid. c. V. v. 18.   [8]) Luc. c. XVI. v. 28.   [9]) Matth. c. XXV. v. 41.

Wie der heilige Geist sagt: „Alles hat seine Zeit;"¹) so sagt auch der heilige Chrysostomus: „Allem hat Gott seinen Ort angewiesen;"²) und wir können darum sagen, Gott habe dem Menschen zur Bewahrnng der Unschuld, zur Übung der Buße, und auch zum Sündigen und zur Verhärtung in der Sünde Zeit und Ort gestattet; so daß er in seiner Freiheit wählen, und Lohn, oder Strafe verdienen kann, wie geschrieben steht: „Wer beschädiget, beschädige noch mehr, wer unrein ist, werde noch unreiner; wer gerecht ist, werde noch gerechter, und wer heilig ist, werde noch heiliger."³) Für diesen dreifachen Ort, wo der Mensch in Unschuld, oder Buße, oder Verhärtung lebt, hat Gott, je nachdem der Mensch in diesem Leben davon Gebrauch macht, auch einen dreifachen Ort in der Ewigkeit bestimmt, der nicht mehr der freien Wahl des Menschen unterliegt; sondern es wird ihm derjenige angewiesen werden, den er verdient hat, wie der heilige Petrus Damianus sagt: „Es gibt drei verschiedene Orte, welche den Seelen nach der Verschiedenheit der Verdienste zu Theil werden, den Himmel, die Hölle und das Fegfeuer. Zum Himmel fliegen alsogleich diejenigen auf, welche von der Behausung des Leibes wie von einem Kerker Gebrauch gemacht, und beide Bestandtheile des Menschen (Leib und Seele) unbefleckt und rein bewahrt haben. Im Gegentheile aber werden jene, welche Dinge gethan haben, die des Todes würdig sind, ohne Barmherzigkeit den Orten der Hölle überliefert. Die aber weder zu diesen, noch zu jenen gehören, sondern in der Mitte zwischen beiden sind, zwar Todsünden begangen, aber vor dem Tode Buße gethan, die Buße jedoch nicht vollständig verrichtet haben, und somit nicht würdig sind, sogleich in die Freude einzugehen, aber auch nicht verdienen, ewig zu brennen, werden die Orte des Fegfeuers zu ihrem Antheile erhalten."⁴) Wie bedeutungsvoll sind doch Orte und Zeiten, wie geheimnißvoll deren Beziehungen zu uns und zu unserm Leben, und wie folgenschwer deren Einfluß auf unser Schicksal!

---

¹) Eccles. c. III. v. 2.
²) Homil. 3. super Gen.
³) Apoc. c. XXII. v. 11.   ⁴) Serm 29. de S. Nicolao.

Viele Menschen weinen, und seufzen: Hätte ich jenen Ort niemals gesehen, so wäre ich unschuldig geblieben! Viele Menschen weinen, und seufzen: Hätte ich diesen Ort nicht mehr besucht, so wäre ich in die Sünde nicht zurückgefallen, und in der Buße standhaft geblieben! Wie viele Verdammte jammern in der Hölle: Hätte ich die Orte der Sünde gemieden, so wäre ich nicht an diesem Orte ewiger Qualen! Aber man muß auch von vielen Menschen sagen: Weil sie an diesen oder jenen Ort gekommen, sind sie bekehrt, und gerettet worden. So viel kommt darauf an, an welchem Orte man sich befindet, und welchen Gebrauch man von demselben macht. Die Orte der Sünde muß man meiden, um nicht zu sündigen, und verlassen, um sich von der Sünde zu bekehren; die Orte der Unschuld und der Tugend soll man suchen, und an solchen Orten soll man bleiben, um unschuldig und tugendhaft zu leben, wie der heilige Isidorus nach der täglichen Erfahrung bemerkt: „Denjenigen, die sich bekehrt haben, dient zuweilen die Veränderung des Ortes zum Heile der Seele; denn meistentheils ändert sich mit der Veränderung des Ortes auch die Gesinnung und Stimmung des Herzens. Denn der Ort, wo Jemand gesündiget hat, stellt seinem Geiste dasjenige vor Augen, was immer er da gedacht, und gethan hat;"[1] und dadurch wird er leicht wieder in die alten Sünden hineingezogen. So steht von dem Unbußfertigen geschrieben: „Gott gab ihm Raum zur Buße, und er machte Mißbrauch davon zur Hoffart;"[2] und von dem apokalyptischen Weibe Jezabel: „Ich habe ihr Frist gegeben, daß sie Buße thue; aber sie will sich nicht bekehren."[3] Der Unbußfertige will weder die Orte der Sünde verlassen, noch die Zeit zur Bekehrung benützen; und so muß er zu Grunde gehen.

Es kann aber der Mensch auch an dem Orte der Unschuld und Tugend ein Sünder, und an dem Orte der Sünde, den er nicht meiden kann, ein Heiliger werden. Kein Mensch kann dem Orte, oder der Zeit die Schuld seiner Sünde zuschreiben, und

---

[1] S. Isid. hispal. de summo bono Libr. I. c. 10. sent. 7.
[2] Job. c. XXIV. v. 23. [3] Apoc. II. v. 21.

von sich abwälzen. Denn wiewohl Zeit und Ort Gelegenheit zur Sünde bieten können; so steht es doch immer in der Gewalt des freien Willens, die Zustimmung zu derselben zu geben, oder zu verweigern. Der Mensch kann die Orte der Sünde fliehen, und kann er sie nicht fliehen; so steht es doch bei ihm, sich mit solchen Waffen zu schützen, daß er nicht überwältiget wird. Wie ihn daher kein Ort, keine Zeit wider seinen Willen heiligen kann, so vermag auch kein Ort, keine Zeit ihn wider seinen Willen zur Sünde zu verleiten. Wo kein Wille ist, da gibt es weder Tugend, noch Sünde. Daher schreibt der heilige Chrysostomus: „Der Ort macht den Menschen nicht selig, sondern die Sitten. Adam hat im Paradiese wie im Hafen Schiffbruch gelitten; Lot ist in Sodoma wie im Meere gerettet worden. Job hat sich auf dem Dünger geheiliget; Saul hat unter seinen Lieben das gegenwärtige und das künftige Reich verloren." [1]) Wer wider seinen Willen an Orten der Sünde verweilen muß, und das Seinige thut, um von der Sünde unberührt zu bleiben; der kann auf Gottes allmächtigen Schutz sich verlassen, und die Sünde meiden. Wer aber freiwillig und vermessen solche Orte aufsucht, von welchen er erfahrungsmäßig weiß, daß er an denselben sündigen werde, oder solche Orte nicht verläßt, obwohl er eben so erfahrungsmäßig weiß, daß er an denselben sich von dem Sündigen nicht enthalten werde; wer an Orten, die er nicht verlassen, oder nicht fliehen kann, die nothwendigen und ihm möglichen Mittel nicht anwendet, um sich gegen das Sündigen zu verwahren: der kann auf den Beistand der Gnade Gottes nicht rechnen, und muß es der eigenen Schuld zuschreiben, wenn er fällt, oder vom Falle sich nicht erhebt; denn der heilige Geist sagt: „Wer die Gefahr liebt, wird darin umkommen." [2])

Endlich lehrt uns der Ort, wo Christus, der Herr, für uns gelitten hat, und gestorben ist, daß wir, wenn Gottes Wille es so bestimmt, jene Orte weder meiden, noch fürchten sollen, die uns allerlei Leiden bereiten, sei es von Seite der äußern Natur, oder von Seite menschlicher Umgebung, oder von Seite der Be-

---

[1]) Serm. de Eucharist. [2]) Eccli. c. III. v. 27.

schäftigung an denselben. In dieser Beziehung bleibt es immer wahr, was der heilige Chrysostomus sagt: „Nicht die Bequemlichkeit der Orte, sondern die Rechtschaffenheit der Sitten verschafft Ruhe;"[1]) und: „Man wird Viele finden, welche, wenn sie aus der Mitte der Unruhen befreit, und an einen andern Ort geschickt werden, dem Trübsinne, der Traurigkeit verfallen, und mit ihrer Versetzung unzufrieden sind."[2]) Der heilige Lehrer warnt aber auch vor dem Gegentheile, und sagt: „Viele haben sich so sehr an ihre Gewohnheit gebunden, daß sie lieber Vieles und Alles, als eine Veränderung der Orte, ertragen wollen."[3]) Fügen wir uns auch in Bezug auf Zeit und Ort der Anordnung und Führung der göttlichen Vorsehung, wie unser göttlicher Herr und Meister; und wir werden mit ihm aus der Zeit und aus dem Orte der Leiden und des Todes in die Ewigkeit und an den Ort der Herrlichkeit und des glückseligen Lebens gelangen.

Christus, der Herr, sollte aber nicht bloß von Seite der Zeit und des Ortes, sondern auch von Seite der Gesellschaft auf die angemessenste Weise leiden, und sterben; und diese Gesellschaft wollen wir nun kennen lernen.

11.
Das Leiden Christi zwischen Straßenräubern.[4])

Zeit- und Ortsverhältnisse, so schmerzlich und bitter sie auch sein mögen, erträgt das menschliche Herz noch leichter, als Leiden, die ihm von Seite einer entehrenden und peinvollen Gesellschaft zugeführt werden. Christus, der Herr, hat auch in dieser Beziehung das Äußerste gelitten. Denn es wurde ihm nicht nur Barabbas, der im Aufruhre einen Todschlag begangen hatte,[5]) von seinem Volke vor dem heidnischen Richter vorgezogen;[6]) sondern er mußte auch auf dem Kreuze vor den Augen der ganzen Welt zwischen zwei Straßenräubern leiden, und sterben, als wenn

---

[1]) Homil. 21. ad popul. antioch.   [2]) Homil. 34. super Gen.
[3]) Ibid. homil. 31.   [4]) P. III. q. 46. a. 11.
[5]) Marc. c. XV. v. 7. Luc. c. XXIII. v. 19.
[6]) Matth. c. XXVII. v. 20.—24.

er der ärgste aller Verbrecher gewesen wäre. Dieß bezeugt der heilige Evangelist Lucas mit folgenden Worten: „Und als sie an den Ort kamen, den man Schädelstätte heißt, so kreuzigten sie ihn daselbst sammt den Straßenräubern, den einen zur Rechten, den andern zur Linken".¹) Wie konnte denn nun dieser Umstand für sein Leiden und für seinen Tod, für sein Erlösungsopfer zweckmäßig und angemessen sein?

Es gilt auch hier die allgemeine Antwort: Es war im ewigen Rathschlusse Gottes so bestimmt, und Christus, der Herr, hat es so gewollt; also war es das Zweckmäßigste und Angemessenste. Es war dieß im göttlichen Rathschlusse so bestimmt; denn es war geweissagt, und bei dem Propheten Isaias lesen wir: „Er hat sein Leben in den Tod gegeben, und ist unter die Missethäter gerechnet worden".²) Es hat dieß der Herr selbst vorausgesagt, und sich auf diese Weissagung berufen, indem er zu den Jüngern gesprochen: „Ich sage euch, es muß an mir noch erfüllt werden, was geschrieben steht: Er ist unter die Missethäter gerechnet worden".³) Damit hat er auch seinen Willen kundgegeben, sich diesem Rathschlusse Gottes zu unterwerfen, und der Ausführung desselben sich zu unterziehen. Die Juden haben ihn aber auch wirklich als einen Missethäter vor Pilatus angeklagt, und gefordert, daß er als Missethäter gekreuziget würde; denn sie sprachen zu Pilatus: „Wenn dieser kein Missethäter wäre, so würden wir ihn dir nicht überliefert haben".⁴) Der heilige Evangelist Marcus endlich bezeugt, daß dieser Kreuztod zwischen den zwei Missethätern auch wirklich die Erfüllung jener Weissagung gewesen sei; denn er sagt: „Und sie kreuzigten mit ihm zwei Mörder, einen zu seiner Rechten, und den andern zu seiner Linken. Da ward die Schrift erfüllt, die sagt: Er ist unter die Uebelthäter gerechnet worden".⁵) Der göttliche Erlöser ist daher als Missethäter angeklagt, als Missethäter zum Tode gefordert, als Missethäter gekreuziget worden, als Missethäter zwischen Missethätern am

---

¹) Luc. c. XXIII. v. 33. ²) Isai. c. LIII. v. 12.
³) Luc. c. XXII. v. 37. ⁴) Joan. c. XVIII. v. 30.
⁵) Marc. c. XV. v. 27. 28.

Kreuze gehangen, und gestorben. So wurde die Weissagung erfüllt, und der Rathschluß Gottes ausgeführt.

Aber obwohl es der Wille Gottes, obwohl es der Wille des göttlichen Erlösers war, daß das Erlösungsopfer zwischen Missethätern vollbracht werden sollte; so war doch die Absicht Gottes, die Absicht des göttlichen Erlösers von der Absicht der Juden durchaus verschieden. Von der Absicht der Juden schreibt der heilige Chrysostomus: „Sie haben zu beiden Seiten zwei Straßenräuber gekreuziget, damit derselbe Verdacht auch auf ihn fallen sollte".[1]) Der Herr sollte, zwischen zwei Missethätern gekreuziget, selbst als Missethäter erscheinen, und die ruchlose That der Juden in den Augen der Welt als gerechtfertiget sich darstellen. Diese Absicht haben die Feinde des Herrn in den obigen Worten an Pilatus klar ausgesprochen. Ihre That ist ferner dem Hasse und dem Neide gegen Christus, den Herrn, entsprungen, wie Christus von ihnen gesprochen: „Sie hassen mich und meinen Vater;"[2]) und wie von Pilatus geschrieben steht: „Er wußte, daß sie ihn aus Neid überantwortet hatten".[3]) Die Juden wollten den göttlichen Erlöser und sein Erlösungswerk aus der Welt schaffen, wie dieß aus ihren Worten hervorgeht, mit welchen sie ihre Bitte an Pilatus begründeten, sein Grab bewachen zu lassen: „Herr! wir haben uns erinnert, daß jener Verführer, als er noch lebte, gesagt hat: Nach drei Tagen werde ich wieder auferstehen. Befiehl also, daß man das Grab bis auf den dritten Tag bewache, damit nicht etwa seine Jünger kommen, ihn stehlen, und dem Volke sagen: Er ist von den Todten auferstanden; und so der letzte Irrthum ärger würde, als der erste".[4]) Sie wollten also den Herrn als einen Verführer und sein Werk als einen Irrthum für immer ausrotten. In dem Allen lag eine Bosheit, die Gott verabscheute; und sie sollte auch den Erfolg, auf den sie gerechnet hatte, nicht erzielen, wie der heilige Chrysostomus weiter bemerkt: „Es ist aber nicht so gekommen. Denn von jenen (von den Straßenräubern nämlich) redet

---

[1]) Homil. 84. in Joann. [2]) Joann. c. XV. v. 24.
[3]) Matth. c. XXVII. v. 18. [4]) Ibid. v. 63. 64.

man nicht mehr, von ihm aber wird das Kreuz überall geehrt. Die Könige legen ihre Kronen nieder, und setzen das Kreuz auf ihren Purpur, auf ihre Diademe, auf ihre Waffen, auf den heiligen Tisch; in der ganzen Welt erstrahlt das Kreuz".[1]) Von der Anordnung Gottes aber und von der Absicht des göttlichen Erlösers schreibt der heilige Hieronymus: „Christus ist mit den Straßenräubern gekreuziget worden, weil er, wie er für uns zum Fluche des Kreuzes geworden ist, so auch gleichsam wie ein Schuldiger unter den Schuldigen für das Heil Aller gekreuziget werden sollte".[2]) Christus hat die Sünden, die Verbrechen der ganzen Welt zur Sühne auf sich genommen, und daher sollte er, wie ein Verbrecher, wie der größte der Verbrecher, unter Verbrechern am Orte der Verbrecher, durch die Strafe der Verbrecher diese Sühne vollziehen. Das war der Sühne angemessen. Aber kein Mensch sollte glauben, daß er wirklich ein Verbrecher war; denn so hätte die Welt nicht an ihn glauben, nicht gerettet werden können. Darum ist diese Sühne so durchgeführt worden, daß weder die Juden selbst, noch Pilatus, noch irgend ein Feind des Herrn eine Spur von Ueberzeugung gewinnen konnten, daß er wegen irgend einer eigenen Schuld gekreuziget worden sei. Daher die fortwährenden Widersprüche der falschen Zeugen; daher die wiederholten Erklärungen des Pilatus bis an's Ende, daß er keine Schuld an ihm finde, und daß er ein Gerechter sei; daher seine Rechtfertigung aus dem Munde des Mitgekreuzigten zu seiner Rechten; daher die Wunder bei seinem Tode; daher „sein glorreiches Grab";[3]) daher dann der Glaube der Welt; und während der zwischen Missethätern Gekreuzigte angebetet wird, stehen die Juden als Missethäter und Gottesmörder da. So hat Gott sein Wort zur Wahrheit gemacht: „Der Herr vereitelt die Rathschläge der Heiden, verwirft die Gedanken der Völker, und verwirft die Rathschläge der Fürsten. Aber der Rath des Herrn bleibt in Ewigkeit".[4]) Die Heiden, wie die Juden, Pilatus, wie die Hohenpriester, Schriftgelehrten und Pharisäer mit dem Volke konnten den Rathschluß Gottes nicht vereiteln, und, was sie zur Verhinderung der Aus-

---

[1]) Homil. 84. in Joann.   [2]) In Matth. c. XXVII. v. 33.
[3]) Isai. c. XI. v. 10.   [4]) Psalm. XXXII. v. 10.

führung desselben unternommen haben, ist in der Hand Gottes zum Mittel geworden, was er beschlossen hatte, in's Werk zu setzen, und zu vollenden; ihnen aber galt das andere Wort des Herrn: „Den Gottlosen fangen seine Missethaten, und er wird gebunden mit den Stricken seiner Sünden"[1]); und: „Die Gottlosen fangen sich in ihren Rathschlägen";[2]) und: „Wer einen bösen Anschlag ausführt, auf den fällt er selbst zurück, ohne daß er weiß, woher es für ihn kommt".[3])

Es hatte auch dieser Nebenumstand, daß nicht beide Straßenräuber auf der einen oder auf der andern Seite, sondern der eine zu seiner Rechten, und der andere zu seiner Linken, und zwar der, welcher gerettet werden sollte, zu seiner Rechten, und jener, welcher verstockt und unbußfertig blieb, zu seiner Linken, gekreuziget wurden, in der Anordnung Gottes seine besondere Bedeutung. Denn der heilige Papst Leo, der Große, sagt: „Es wurden zwei Straßenräuber, der eine zur Rechten, der andere zur Linken, gekreuziget, damit bei dem Anblicke des Kreuzes selbst schon jene Scheidung dargestellt würde, welche in seinem Gerichte mit allen Menschen vorgenommen werden wird".[4]) Eben so und noch klarer schreibt der heilige Augustinus: „Das Kreuz selbst, wenn man es betrachten will, war ein Richterstuhl; denn da stand der Richter in der Mitte, und der Eine, der geglaubt, ist freigesprochen, der Andere aber, der gehöhnt hat, verdammt worden. Der Herr hat also schon dadurch angezeigt, was er mit den Lebendigen und mit den Todten thun werde, wenn er die einen zu seiner Rechten, die andern zu seiner Linken aufstellen wird".[5]) Das hat auch der Herr selbst angedeutet, als er von dem letzten Gerichte gesagt: „Wenn der Menschensohn in seiner Herrlichkeit kommen wird, und alle Engel mit ihm; dann wird er auf dem Throne seiner Herrlichkeit sitzen, und es werden alle Völker vor ihm versammelt werden, und er wird sie von einander scheiden, wie ein Hirt die Schafe von den Böcken scheidet. Die Schafe wird er zu seiner Rechten, die Böcke zu seiner Linken stellen".[6])

---

[1]) Prov. c. V. v. 22.   [2]) Ibid. c. XI. v. 6.   [3]) Eccli. c. XXVII v. 30.
[4]) Serm. 4. de Pass. Dom.   [5]) Tract. 31. in Joann.
[6]) Matth. c. XXV. v. 31.—34.

Es war also auch in dieser Hinsicht höchst bedeutungsvoll und sehr angemessen, daß der Herr mit Missethätern gekreuziget wurde; und was damals die beiden Missethäter an seiner Seite an sich selbst erfahren haben, das sollte später die ganze Welt erkennen lernen.

Wie die Bösen am Gerichtstage aus der Mitte der Gerechten ausgeschieden werden, so leben sie schon jetzt auf Erden, wiewohl oft in demselben Volke, in derselben Gemeinde, in derselben Familie, doch in Bezug auf das religiöse Leben von denselben geschieden, wie der Missethäter zur Rechten Buße gethan, der Missethäter zur Linken gehöhnt hat; indem sie den Glauben zurückweisen, und Werke der Finsterniß thun, während die Gerechten in dem Glauben an Christus die Werke des Lichtes und der Liebe verrichten. Auch diese gegenwärtige Scheidung sollte durch die Mitgekreuzigten angedeutet werden, wie der heilige Hilarius bemerkt: „Zwei Straßenräuber werden zur Rechten und Linken gekreuziget, um anzuzeigen, daß zwar die volle Gesammtheit des Menschengeschlechtes zum Geheimnisse des Leidens des Herrn berufen wurde; aber weil nach der Verschiedenheit der Gläubigen und der Ungläubigen eine Scheidung nach der Rechten und nach der Linken stattfindet, wird der eine aus beiden, der zu seiner Rechten gestellt ist, durch die Rechtfertigung des Glaubens gerettet."[1] Es geschah neben dem Kreuze des göttlichen Erlösers, was er von seiner zweiten Ankunft vorausgesagt hatte: „Wie sie in den Tagen vor der Sündfluth aßen, und tranken, zur Ehe nahmen, und zur Ehe gaben, bis zu dem Tage, wo Noe in die Arche ging, und nicht achtsam waren, bis die Sündfluth kam, und Alle hinwegnahm; also wird es auch bei der Ankunft des Menschensohnes sein. Da werden zwei auf dem Felde sein; der eine wird aufgenommen, der andere verlassen werden. Zwei werden an der Mühle mahlen; die eine wird aufgenommen, die andere verlassen werden."[2] Die größten, wichtigsten und folgenschwersten Weltereignisse waren die Sündfluth, der Kreuztod Christi, und wird das letzte allgemeine Gericht sein. Das Verhalten des Men-

---

[1] Can. 33. in Matth. [2] Matth. c. XXIV. v. 38.—42.

schen ist gegen alle diese drei Ereignisse das gleiche. Wie bei der Sündfluth Wenige gerettet wurden, und die Vielen zu Grunde gingen; und wie bei dem Weltgerichte die zur Rechten mit dem Herrn zum ewigen Leben, die zur Linken aber in die ewige Pein eingehen werden: so hat auch bei dem Kreuztode Christi eine ähnliche Scheidung auf Golgotha stattgefunden. Der Missethäter zur Rechten wurde gerettet, der Missethäter zur Linken ging zu Grunde. Wenige von dem Judenvolke standen als Gläubige neben dem Kreuze, die große Menge desselben hatte in ihrer Verblendung kein Verständniß und keinen Sinn für dieses Gottesgericht, das sich vor ihren Augen vollzog, und verhöhnte ihren Gott und Erlöser noch am Kreuze; wie sie auch bei seinem Verhöre, als er auf das Weltgericht hinwies: „Von nun an werdet ihr den Menschensohn zur Rechten der Kraft Gottes sitzen, und auf den Wolken des Himmels kommen sehen;"[1] wie wahnsinnig geschrieen: „Er ist des Todes schuldig;"[2] und vor Pilatus Gottes Strafgericht über sich herabgerufen hat mit den fürchterlichen Worten: „Sein Blut komme über uns und über unsere Kinder!"[3]

So gibt es auch zu allen Zeiten Ungläubige, welche den Urheber des Glaubens nicht erkennen, weil sie von dem Irrthume und von der Sünde verblendet sind; welche den Herrn und seine Gläubigen lästern, verspotten, und verfolgen, weil sie sich von ihnen in der Befriedigung ihrer Leidenschaften beunruhigt, und gestört fühlen; welche kein Verständniß und keinen Sinn haben für das Gericht, dem sie nicht entgehen können, und vor demselben geflissentlich Geist und Herz verschließen. Sie kennen die Sündfluth, sie kennen das Leiden Christi, des Herrn, sie kennen das Gericht, welches über die beiden Missethäter neben dem Kreuze Christi ergangen ist, und für alle Welt im Evangelium verzeichnet steht, sie kennen das Weltgericht; aber sie ziehen aus dieser Kenntniß keinen Nutzen für sich, obwohl sie in allen diesen Gerichten auch ihr eigenes Schicksal in den erschütterndsten Zügen geschrieben sehen. Das Leiden und Sterben des Herrn zwischen diesen zwei Missethätern war ganz geeignet, die Rettung der Gläubigen und

---

[1] Matth. c. XXVI. v. 64. [2] Ibid. v. 66. [3] Ibid. c. XXVII. v. 25.

die Verwerfung der Ungläubigen darzustellen. Möchten es nur alle Menschen bedenken, mit Hilfe der Gnade verstehen, und glauben, und nach diesem Glauben leben, um erlöst, und gerettet werden zu können! Das war der Zweck, welchen dieses fürchterliche Gericht auf Golgotha erreichen sollte.

Der ehrwürdige Beda findet an diesen beiden Missethätern noch eine andere Bedeutung, und schreibt: „Die Straßenräuber, welche mit Christus gekreuziget worden sind, bedeuten diejenigen, welche im Glauben und im Bekenntnisse Christi entweder den Kampf des Marterthums, oder sonst eine strengere Lebensweise auf sich nehmen; diejenigen, welche dieß um der ewigen Glorie willen thun, werden durch den Glauben des rechten Schächers bezeichnet, die es aber dabei auf Menschenlob abgesehen haben, ahmen die Gesinnung und die Handlungen des linken Schächers nach." [1]) Der rechte Schächer ertrug seine Qualen, und erlitt den Tod nach seiner Bekehrung aus Beweggründen des Glaubens, der Liebe und der Buße; der linke Schächer aber erduldete dasselbe nur aus natürlichen Ursachen, nämlich aus Zwang zur Strafe für seine Verbrechen. Der erstere lehrt uns, wie wir leiden, der letztere, wie wir nicht leiden sollen. Daher mahnt der heilige Petrus die Gläubigen: „Selig seid ihr, wenn ihr um des Namens Christi willen geschmäht werdet; denn die Ehre, die Herrlichkeit, die Kraft Gottes und sein Geist ruht auf euch. Niemand unter euch aber leide als Mörder, oder Dieb, oder Lästerer, oder Lüstling nach fremdem Gute. Leidet er dagegen als Christ, so schäme er sich nicht; vielmehr preise er Gott in diesem Namen." [2])

Wie vertrug sich denn aber diese Gesellschaft der Verbrecher mit der Unschuld, mit der Heiligkeit, mit der Würde des Gottmenschen, wie das Erlösungsopfer des Herrn mit der Strafe der Straßenräuber, wie das Kreuz Christi mit den Kreuzen der Schächer? Sagt nicht der heilige Apostel Petrus: „Welche Gemeinschaft hat die Gerechtigkeit mit der Ungerechtigkeit?" [3]) Von Christus aber schreibt er: „Er ist uns vor Gott zur Weisheit gewor-

---

[1]) Super Marc. c. 44. secund. ejus ord.   [2]) I. Petr. c. IV. v. 14.—17.
[3]) II. Cor. c. VI. v. 14.

den, zur Gerechtigkeit, Heiligung und Erlösung." [1]) Christus, der Herr, hatte mit diesen Missethätern Gemeinschaft in den Leiden, aber selbst in diesen nicht, in wie fern sie verschuldet waren, da er freiwillig und unschuldig litt, und in wie fern sie Jeder nur für sich ertragen mußte, da Christus für die Sünden der Welt und auch dieser Verbrecher litt; wie der Reuige zur Rechten dem Lästerer zur Linken zugerufen: „Fürchtest auch du Gott nicht, da du doch dieselbe Strafe erleidest? Wir aber mit Recht; denn wir empfangen, was unsere Thaten verdient haben; dieser aber hat nichts Böses gethan." [2]) Unschuldig und für Andere leiden aber, bringt mit denen, die als Schuldige für sich leiden, in keine Gemeinschaft, die entehrt, oder entwürdiget; sondern es stellt sich da die Unschuld nur um so mehr heraus, und es leuchtet da die Ehre dessen, der so leidet, nur um so glänzender. Die Gerechtigkeit, Heiligkeit und Würde des Herrn trat mit der Ungerechtigkeit und Niedrigkeit dieser Missethäter nur in so fern in Gemeinschaft, als Christus, indem er der göttlichen Gerechtigkeit Genugthuung leistete, dem Schächer zur Rechten die Gnade der Bekehrung verdiente, und die Pforten des Paradieses eröffnete, und den verstockten Sünder zur Linken seinem bösen Willen überließ. Er hat den Ersteren als Erlöser gerettet, den Letzteren als Richter verurtheilt; er hat an jenem Barmherzigkeit, an diesem Gerechtigkeit geübt; und eben dadurch zeigte sich seine Heiligkeit und Würde in der Mitte dieser Missethäter in der augenfälligsten Weise. Christus wollte also unter Missethätern leiden, um für die Missethaten Genugthuung zu leisten, und die Missethäter zu retten; und von der Rettung des rechten Schächers sagt der heilige Chrysostomus: „Den Straßenräuber am Kreuze bekehren, und in das Paradies einführen, war nichts Geringeres, als die Felsen erschüttern." [3]) Christus ist unter Missethätern gestorben, um den Tod derer zu vernichten, die ihn verdient haben, und sie in das ewige Leben einzuführen; ein solcher Tod aber kann mit dem Tode Aller, die sterben, in keine Gemeinschaft gebracht werden. Daher kann auch kein Leiden und kein Sterben anderer Menschen, wenn

---

[1]) I. Cor. c. I. v. 30.   [2]) Luc. c. XXIII. v. 40. 41.
[3]) Homil. 84. super Joann.

es auch körperlich dasselbe wäre, mit dem Leiden und Sterben Christi, des Herrn, kein Kreuz mit seinem Kreuze in eine Gemeinschaft, in einen Vergleich gebracht werden; weßhalb Origenes schreibt: „Mit dem für Alle sterbenden Jesus zu sterben, war nicht Sache der Menschen;" und er fügt die Ursache bei: „Alle waren in Sünden, und Alle hatten nöthig, daß für sie ein Anderer starb, und nicht sie für Andere."[1]) Aus demselben Grunde sagt auch der heilige Ambrosius: „Das Leiden Christi hat Nachahmer, aber nicht seines Gleichen."[2]) Diese Wahrheit beleuchtet diese Gesellschaft, in welcher Christus, der Herr, gelitten hat, und gestorben ist.

Aber es hat ja Einer dieser beiden Mitgekreuzigten, wie wir gehört haben, laut die Unschuld des Herrn ausgesprochen, dem Andern seine Lästerung verwiesen, und den göttlichen Heiland gebeten: „Herr! gedenke meiner, wenn du in dein Reich kommst;"[3]) es hat auch Christus, der Herr, seine Bitte erhört, und ihn versichert: „Wahrlich, sage ich dir, heute wirst du bei mir im Paradiese sein."[4]) Dieser scheint also ein Gerechter gewesen zu sein; wie kann man daher sagen, daß Christus, der Herr, unter Missethäter gerechnet worden sei? Dieser Missethäter ist allerdings als Gerechter gestorben, aber erst am Kreuze gerechtfertigt worden. Daß er aber früher ein Missethäter gewesen, und deßwegen gekreuziget worden sei, bekannte er ja selbst, indem er zum Andern sprach: „Wir empfangen, was unsere Thaten verdient haben."[5]) Der heilige Evangelist Matthäus sagt ausdrücklich, daß Beide Mörder waren, und den Herrn lästerten, indem er schreibt: „Dasselbe warfen ihm auch die Mörder vor, die mit ihm gekreuziget wurden."[6]) Ebenso nennt der heilige Evangelist Lucas Beide „Straßenräuber".[7]) Auch spricht das heilige Evangelium nur von diesen Zweien, und von keinem Andern, der mit dem Herrn gekreuziget worden wäre. Ferner sagt der heilige Evangelist Lucas eben so bestimmt, daß derjenige, welcher um Gnade gefleht

---

[1]) Tract. 35. in Matth.   [2]) In Luc. c. XXII. v. 33.
[3]) Luc. c. XXIII. v. 42.   [4]) Ibid. v. 43.   [5]) Ibid. v. 41.
[6]) Matth. c. XXVII. v. 44.   [7]) Luc. c. XXIII. v. 33.

hat, der Eine von diesen Zweien gewesen sei.¹) Endlich könnte man vernünftigerweise auch gar nicht annehmen, daß die Römer diesen Menschen ohne Erweisung seiner Schuld zum Tode am Kreuze verurtheilt hätten. Somit hat der göttliche Erlöser mit Missethätern, und nur mit Missethätern gelitten, und ist daher unter die Missethäter gerechnet worden.

Wie viel aber Christus, die Unschuld und Heiligkeit selbst, in der Gesellschaft dieser Missethäter wegen der Schmach vor den Augen der ganzen Welt, wegen der Sünden dieser Beiden, und wegen des Unterganges des Einen ungeachtet seines Erlösungsopfers in der nächsten Nähe gelitten habe; wer kann dieß ermessen, oder beschreiben? Aber es drängt sich da der Gedanke von selbst auf, daß der Herr in der Gesellschaft dieser Verbrecher auch darum leiden, und sterben wollte, um dadurch für die Sünden zu büßen, welche in bösen Gesellschaften begangen werden; und es war dieses Leiden auch aus diesem Grunde angemessen. Denn was kann zur Sühne zweckmäßiger sein, als für die Sünden der Gesellschaft die Leiden der Gesellschaft zu tragen; und was kann uns von bösen Gesellschaften kräftiger zurückhalten, als wenn wir sehen, was der göttliche Erlöser in der Gesellschaft der Missethäter gelitten habe?

„Es hat Einer gesagt: So oft ich unter Menschen gewesen, bin ich immer als minderer Mensch zurückgekehrt."²) Unsere eigentliche und beständige Gesellschaft soll Christus sein, wie der heilige Augustinus sagt: „Die Gesellschaft Christi ist die Speise der Christen."³) Auch die beste Gesellschaft von Menschen kann die Gesellschaft Jesu nicht ersetzen: „Wenn du Christum besitzest, bist du reich, und er genügt dir. Er wird über dich wachen, und treu für dich sorgen in Allem, daß du auf keinen Menschen zu vertrauen nöthig haben werdest. Die Menschen ändern sich bald, und schwinden schnell dahin; Christus aber bleibt in Ewigkeit, und steht dir kräftig bei bis an das Ende."⁴)

---

¹) Luc. v. c. XXIII. 39. 40. ²) De imit. Christ. Libr. I. c. 20. n. 2.
³) Serm. 6. de Pent. ⁴) De imit. Christ. Libr. II. c. I. n. 2.

Man kann aber nicht unter Menschen leben, und zugleich jede Gesellschaft von Menschen meiden; man muß also lernen, in jeder Gesellschaft, der man nicht ausweichen kann, recht zu leben, und der Gesellschaft wegen nicht Sünden zu begehen, wegen welcher der göttliche Erlöser dieses Leiden in der Mitte von Missethätern auf sich genommen hat.

Es gibt gute Gesellschaften unter den Menschen, und der Umgang mit Weisen macht weise, der Umgang mit Guten macht gut. Von solchen Gesellschaften sagt der heilige Bernardus: „Schließe dich den Guten an, nach dem Umgange mit Guten sieh dich um, die Gesellschaft der Guten suche auf;"[1]) und der heilige Papst Gregorius schreibt: „Wer einem heiligen Manne anhängt, der zieht aus seinem beständigen Anblicke, aus der Theilnahme an seiner Unterredung, aus dem Vorbilde seiner Handlungen den Vortheil, daß er zur Liebe der Wahrheit entflammt wird, die Finsterniß seiner Sünden meidet, und im Verlangen nach dem göttlichen Lichte entzündet wird."[2]) Wie selten aber wahrhaft weise, tugendhafte und heilige Menschen sind, eben so selten sind solche Gesellschaften; und daher soll auch diese Wahl mit größter Vorsicht und nur nach langer und reifer Überlegung getroffen werden.

Man darf selbst in Bezug auf gute Gesellschaften die Warnung des heiligen Hieronymus nicht außer Acht lassen, der sagt: „Unter den gewöhnlichen Menschen ahme die besseren nach; denn in jedem Stande und Range ist das Beste mit dem Schlechtesten vermischt."[3]) Selbst in der Gesellschaft des göttlichen Erlösers war unter den Aposteln ein Judas, und wegen des Judas kam selbst Petrus mit den übrigen Aposteln in Gefahr; wie der heilige Augustinus bemerkt, indem er sagt: „Das Schifflein, welches den Petrus trägt, wird nicht beunruhiget; beunruhiget wird jenes, welches den Judas trägt. Obwohl in diesem viele Verdienste der Jünger mitschifften, so wirft es doch die Treulosigkeit des Verräthers hin und her. In beiden ist Petrus; aber er wird, obwohl er durch seine Verdienste feststeht, doch durch fremde Schulden beunruhi-

---

[1]) Serm. 60. ad sororem.   [2]) Homil. 5. super Ezech.
[3]) Epist. 4. ad Rusticum.

get." [1]) Die beste Gesellschaft wird, wenn auch nur Ein böser Genosse in derselben sich befindet, nicht ohne Gefahr sein, und kann demjenigen großen Schaden zufügen, der nicht vorsichtig ist, und die Mahnung des heiligen Bonaventura nicht befolgt: „Wer in einer Gesellschaft sich befindet, der muß wohl darauf Acht haben, wie er sich dieser Gesellschaft gleichförmig mache." [2]) Er muß das Gute, was er sieht, und hört, sich zur Befolgung zu Herzen nehmen; was er aber Böses bemerkt, ohne Theilnahme an sich vorübergehen lassen, und bei sich überlegen, ob es nicht besser für ihn sei, wegen des Einen Bösen auch die Gesellschaft der übrigen Guten zu meiden. So lange man für sich allein ist, weiß man, wer man ist; begibt man sich in eine Gesellschaft, so weiß man nicht, wer man nach der Rückkehr aus derselben sein werde.

Von einer bösen Gesellschaft sagt derselbe heilige Lehrer: „Eine böse Gesellschaft beraubt der Glorie im Himmel, vergrößert die Schuld auf Erden, und vermehrt die Strafe in der Hölle." [3]) Die bösen Reden, die man hört, die bösen Beispiele, die man sieht, die listigen oder gewaltthätigen Verführungsmittel, die angewendet werden, führen allmälig zur Theilnahme, zur Nachahmung, wie der heilige Papst Gregorius sagt: „Eines ist es, um dessentwillen die Gesellschaft der Bösen gemieden werden muß; nämlich daß sie, wenn sie nicht gebessert werden können, zur Nachahmung ziehen, und, während sie selbst in ihrer Bosheit sich nicht ändern, diejenigen, welche sich ihnen anschließen, verkehren." [4]) Denn der heilige Chrysostomus sagt: „So liegt es in der Natur der Sache, daß, so oft der Gute dem Bösen sich anschließt, nicht der Böse durch den Guten besser, sondern der Gute von dem Bösen angesteckt wird;" [5]) wie wenn ein gesunder Apfel zu einem faulen gelegt wird, nicht der faule gesund, sondern der gesunde faul wird. Kommt aber Jemand so weit, daß er selbst als Böser in der Gesellschaft erscheint, und in der Gesellschaft böse Reden führt, böses Beispiel gibt, und so das Verderben und den Fluch

---

[1]) Libr. V. super Luc. c. V.   [2]) Super Eccles. c. IV.
[3]) Serm. 3. Dom. III. post Epiph.   [4]) Hom. 9. super Ezech.
[5]) Homil. 14. ex divers.

des Ärgernisses auf Andere verbreitet; dann wird er auch fremder Sünden schuldig, dann beraubt er auch Andere der Glorie des Himmels, dann vermehrt er seine Schuld auf Erden in's Unberechenbare, dann bereitet er sich desto größere Peinen im ewigen Feuer der Hölle. Sind die Sünden, die Jeder für sich begeht, Krankheiten seiner Seele, so gleichen solche Gesellschaftssünden Pestseuchen, die Alles anstecken. Daher sagt der heilige Bernardus: „Wie das gemeinschaftliche Leben mit Heiligen viel Gutes hat, so führt die Gesellschaft mit Bösen sehr viele Übel herbei." [1]

Kann man daher die Gesellschaft der Bösen meiden, und hat man weder den Beruf, noch die Kraft, die Bösen zu bekehren; so ist man verpflichtet, dieselbe zu fliehen. Daher mahnt der heilige Augustinus: „Mit bösen Menschen sollst du keine Verbindung haben, wenn du sie nicht durch die Erbarmung des Herrn von ihrer Verirrung zurückzuführen vermagst." [2] Kann man aber eine solche Gesellschaft nicht meiden, dann muß man das andere Wort desselben heiligen Lehrers befolgen, welches lautet: „Auf zweierlei Weise befleckt dich der Böse nicht; nämlich wenn du ihm nicht beistimmst, und wenn du ihn zurechtweisest; und das heißt, mit ihm keine Gemeinschaft haben." [3]

Befindet man sich unfreiwillig in böser Gesellschaft, und wendet man die geeigneten Mittel an, um diese Mahnung des heiligen Augustinus zu befolgen; so kann man sich auf den Schutz und Beistand des Herrn verlassen, und man wird nicht nur keinen Schaden erleiden, sondern durch die Bitterkeiten und Mühen des Kampfes seine Verdienste vermehren, und eine um so schönere Krone im Himmel sich erwerben, wie der heilige Bernardus sagt: „Es ist kein geringer Ruhm der Tugend, unter Bösen gut zu leben, und unter Boshaften den Glanz der Unschuld und der sittlichen Sanftmuth zu bewahren." [4] Man wird dadurch dem Herrn auf dem Kreuze zwischen den Straßenräubern ähnlich.

---

[1] Serm. 60. ad sororem.   [2] De salutar. document. c. 44.
[3] Serm. 18. de verb. Dom.   [4] Serm. 48. super Cant.

Nur in der Gesellschaft des Herrn findet man die volle Sicherheit, die heilige Ruhe, den wahren Frieden und das ewige Heil; in seinem Leiden aber Vorbild und Muth und Kraft und Trost im eigenen Leiden. Daher die Mahnung: „Dein Gedanke sei bei dem Allerhöchsten, und dein Gebet ohne Unterlaß zu Christus gerichtet. Verstehst du auch nicht, Hohes und Himmlisches zu betrachten; so wohne doch gern in seinen heiligen Wundmalen. Denn wenn du andächtig zu den Wunden und heiligen Malen fliehest, wirst du in den Trübsalen großen Trost finden; auch wirst du um die Verachtung der Menschen dich nicht viel kümmern, und die Reden der Verleumder leicht ertragen. Christus war auch in der Welt von den Menschen verachtet, und in der größten Noth von den Bekannten und Freunden unter den Beschimpfungen verlassen. Christus hatte Feinde und Widersacher; und du willst Alle zu Freunden und Gutthätern haben? Woher soll deine Geduld gekrönt werden, wenn dir nichts Widerwärtiges begegnet? Willst du nichts Widriges ertragen, wie wirst du ein Freund Christi sein? Dulde mit Christus, und für Christus, wenn du mit Christus herrschen willst."[1])

So hat nun Christus, der Herr, als Mensch gelitten; aber was that denn die Gottheit, während die Menschheit litt?

12.
Die Gottheit im Leiden Christi.[2])

Der englische Lehrer stellt hier die Frage auf, ob das Leiden Christi, des Herrn, seiner Gottheit zugeschrieben werden könne, oder zugeschrieben werden müsse? Diese Frage ist nicht überflüßig; denn Christus war nicht nur wahrer Mensch, sondern zugleich auch wahrer Gott, und es ist nicht so leicht begreiflich, wie seine Menschheit leiden konnte, ohne daß auch die Gottheit, welche mit dieser Menschheit hypostatisch vereinigt war, von diesem Leiden berührt wurde, oder wie die Gottheit sich verhielt, während die Menschheit litt. Die Erörterung dieser Frage wird uns ein neues

---

[1]) De imit. Christi Libr. II. c. 1. n. 4. 5.   [2]) P. III. q. 46. a. 12.

Licht über das Leiden des Herrn verschaffen, und zugleich für unser Seelenleben sehr lehrreich sein.

In Christus war die göttliche Natur mit der menschlichen Natur in der Person des göttlichen Wortes, zwar unzertrennbar, aber unvermischt, vereiniget; so daß beide Naturen ihre Eigenthümlichkeiten beibehielten, und eine die andere in ihren Thätigkeiten und Handlungen nicht störte; denn wäre es anders gewesen, so würde Christus entweder nicht als wahrer Gott, oder nicht als wahrer Mensch gelebt haben, entweder nicht wahrer Gott, oder nicht wahrer Mensch gewesen sein, da die eine oder die andere Natur nicht ihrem Wesen gemäß hätte wirken, und bestehen können. Nun aber ist es der menschlichen Natur, weil sie sterblich und hinfällig, eigen, dem Leiden unterworfen zu sein; der göttlichen Natur aber ist es, weil sie unendlich vollkommen, unsterblich und selig, eigen, dem Leiden nicht unterworfen zu sein. Somit ist die göttliche Natur in Christus, während die menschliche Natur litt, von diesem Leiden unberührt und frei geblieben. Daher sagt der heilige Johannes Damascenus: „Wenn wir die Gottheit (das ist, die göttliche Natur) nennen, so sagen wir von derselben nicht das aus, was der Menschheit (das ist, der menschlichen Natur) eigenthümlich ist; denn wir sagen nicht, daß die Gottheit leiden, oder erschaffen werden könne." [1] Christus hat also nicht in seiner göttlichen, sondern in seiner menschlichen Natur gelitten.

Ferner waren in Christus nicht zwei Personen, die göttliche und eine menschliche, sondern es war in ihm nur Eine, nur die göttliche Person, welche die göttliche und menschliche Natur in sich vereinigte. In Christus war daher die menschliche Natur eben so die Natur des Sohnes Gottes, wie die göttliche Natur die Natur des Sohnes Gottes war; oder, was dasselbe ist, die Eine Person des göttlichen Wortes war die Person sowohl der menschlichen, als auch der göttlichen Natur. Es muß daher auch, sowohl was der menschlichen, als auch was der göttlichen Natur eigen ist, von dieser Einen göttlichen Person ausgesagt werden. So muß man sagen: Christus ist Gottessohn; und: Christus ist Men-

---

[1] De orthodox. fid. Libr. III. c. 4.

schensohn. Was aber nur dieser Person als solcher eigen ist, kann von den beiden Naturen nicht ausgesagt werden. So kann man nicht sagen: Die göttliche Natur ist geboren worden; während man doch sagen muß: Der Sohn Gottes ist geboren worden. Man kann auch nicht sagen: Die göttliche Natur hat gelitten; während man doch sagen muß: Der Sohn Gottes hat gelitten. Auf gleiche Weise kann man nicht sagen: Der Sohn Gottes ist erschaffen worden; da man doch sagen muß: Die menschliche Natur ist erschaffen worden. Überdieß sagt der heilige Papst Leo, der Große: „Es ist kein Unterschied, nach welcher Substanz Christus genannt wird; da er, weil die Einheit der Person untrennbar bleibt, derselbe sowohl ganz des Menschen Sohn wegen des Fleisches (das ist, wegen der menschlichen Natur), als auch ganz der Sohn Gottes wegen der mit dem Vater (gemeinschaftlichen) Einen Gottheit (das ist, wegen der göttlichen Natur) ist."[1] In wie fern daher die Person Christi mit einbegriffen ist, kann und muß man Alles sowohl von Seite der menschlichen als auch von Seite der göttlichen Natur von eben dieser Person aussagen; jedoch so, daß dasselbe nicht sofort auch der einen oder der andern Natur zugeschrieben werde. Daher muß man, was die menschliche Natur gelitten hat, auch dem Sohne Gottes zuschreiben, und man muß sagen, daß der Sohn Gottes gelitten habe, und gestorben sei, nämlich in seiner menschlichen Natur; man kann aber nicht sagen, daß er zugleich in seiner göttlichen Natur gelitten habe, und gestorben sei. Daher sagt das Concil von Ephesus nach den Worten des heiligen Cyrillus: „Wenn Jemand nicht bekennt, daß das Wort Gottes im Fleische gelitten habe, und im Fleische gekreuziget worden sei; der sei im Banne;"[2] und der heilige Thomas schließt demnach: „Das Leiden Christi muß also der Person der göttlichen Natur nach der dem Leiden unterworfenen angenommenen (das ist, menschlichen) Natur, nicht aber nach der des Leidens unfähigen göttlichen Natur zugeschrieben werden."[3]/

In diesem Sinne hat der heilige Petrus zu den Juden gesprochen: „Den Urheber des Lebens habet ihr getödtet;"[4] und

---

[1] Epist. ad Palæstinos, 83. [2] Concil. Ephes. gen. III. P. I. c. 26.
[3] P. III. q. 46. a. 12. 0. [4] Act. Apost. c. III. v. 15.

wollte sagen: Ihr habet den Sohn Gottes, welcher der Urheber alles Lebens ist, in seiner menschlichen Natur getödtet. Im gleichen Sinne schreibt der heilige Paulus an die Corinther: „Wir lehren Gottes Weisheit, die geheimnißvolle, verborgene, welche Gott vom Anbeginne der Welt zu unserer Herrlichkeit bestimmt, die Keiner von den Fürsten dieser Welt erkannt hat; denn wenn sie dieselbe erkannt hätten, so würden sie den Herrn der Herrlichkeit nie gekreuziget haben."[1] Der Herr der Herrlichkeit ist der Sohn Gottes, und er ist in seiner menschlichen Natur gekreuziget worden. Beide Apostelfürsten schreiben also das Leiden und den Tod dem Sohne Gottes, der göttlichen Person Christi, aber nicht nach seiner göttlichen, sondern nach seiner menschlichen Natur zu; denn Christus war „der Urheber des Lebens" und „der Herr der Herrlichkeit" seiner göttlichen Person nach, und ist seiner menschlichen Natur nach gekreuziget, und getödtet worden.

Das Leiden und Sterben Christi darf also nicht seiner göttlichen Natur, muß aber seiner göttlichen Person, in wie fern sie eben die Person seiner menschlichen Natur war, in der er gelitten hat, und gestorben ist, zugeschrieben werden.

Das Leiden und Sterben Christi erhielt auch daher seinen Erlösungswerth, weil seine menschliche Natur, in der er gelitten hat, und gestorben ist, die Person des göttlichen Wortes zu ihrer Person hatte, und so, nicht aus sich, sondern aus dieser göttlichen Person den Werth ihres Leidens und Sterbens, so wie aller übrigen Handlungen, schöpfte; wie dieß im Concile von Ephesus mit folgenden Worten ausgesprochen wurde: „Der Tod Christi, der zum Tode Gottes geworden ist, hat den Tod vernichtet, weil er, der ihn gelitten hat, Gott und Mensch war; denn nicht die Natur Gottes ist verletzt worden, sondern die menschliche, und er hat, ohne sich zu ändern, das Leiden auf sich genommen."[2] Der Tod Christi hat den Tod vernichtet, weil er von seiner göttlichen Person die Kraft dazu empfing. Dasselbe Concil erklärt sich darüber noch deutlicher in einem Gleichnisse, und sagt: „Die Juden

---

[1] I. Cor. c. II. v. 7. 8.
[2] Concil. Ephes. gen. III. c. 10. Serm. Theodot Ancyr.

haben nicht einen bloßen Menschen gekreuziget, sondern Gott die Vermessenheit angethan. Denn man nehme an, ein Fürst spreche ein Wort, und dieses werde in Buchstaben auf ein Papier gebracht, und an die Städte versendet, ein Ungehorsamer aber zerreiße dieses Papier; so wird er zum Tode verurtheilt werden, nicht weil er das Papier zerrissen, sondern weil er das fürstliche Wort zerrissen hat. Der Jude soll sich also keine Sicherheit versprechen, als hätte er einen bloßen Menschen gekreuziget; denn was er sah, war gleichsam ein Papier, was aber darin verborgen lag, war ein fürstliches Wort, das aus der Natur geboren, nicht mit der Zunge hervorgebracht worden ist."[1]) Wie also die Juden das Wort Gottes, den Sohn Gottes in seiner Menschheit gekreuziget haben, so hat dieses Wort Gottes, der Sohn Gottes auch in seiner menschlichen Natur diese Kreuzigung gelitten; es war sein Leiden, und erhielt daher auch von ihm seinen Werth.

Nach allem dem steht also nun der Schluß des heiligen Athanasius fest: „Da das Wort seiner Natur nach Gott blieb, war es (seiner göttlichen Natur nach) keines Leidens fähig;"[2]) in wie fern aber Etwas keines Leidens fähig ist, kann es auch nicht leiden; also konnte das Wort Gottes seiner göttlichen Natur nach nicht leiden, und hat in Christus auch nicht gelitten. Es steht aber auch der Schluß fest: Das Wort Gottes ist Mensch geworden, und war seiner menschlichen Natur nach des Leidens fähig; in wie fern aber Etwas des Leidens fähig ist, kann es leiden; also konnte das Wort Gottes seiner menschlichen Natur nach leiden. Diese menschliche Natur aber hat wirklich gelitten, und ist auch gestorben; darum hat das Wort Gottes dieser seiner menschlichen Natur nach wirklich gelitten, und ist derselben nach auch gestorben. Somit muß man in diesem Sinne sagen: Christus, der Sohn Gottes, Gott ist gekreuziget worden, Gott hat gelitten, Gott ist gestorben.

Wie hat sich nun aber die Gottheit Christi zu seiner Menschheit, seine göttliche Natur zu seiner menschlichen Natur während des Leidens verhalten? Der heilige Ignatius sagt in seinem

---
[1]) Concil. Ephes. gen. III. c. 10. Serm. Theodot. Ancyr.
[2]) Epist. ad Epictetum.

Büchlein der geistlichen Übungen, „man soll erwägen, wie sich die Gottheit verbirgt, das heißt, wie sie seine Feinde vertilgen könnte, und es nicht thut, und wie sie die heiligste Menschheit auf das Heftigste leiden läßt." [1] Die Gottheit hat den Feinden Christi, des Herrn, nicht gewährt, ihren ganzen Haß, ihre ganze Wuth an seiner hochheiligen Menschheit durch alle Peinigungen und Qualen zu befriedigen; die Gottheit hat durch ein fortwährendes Wunder, die ihr in derselben Person des Wortes Gottes vereinigte Menschheit dem Leiden überlassen, und in dem dazu bestimmten Maße die derselben gebührende Seligkeit von ihr zurückgehalten; die Gottheit hat endlich mit ihrer Kraft die menschliche Natur in so weit unterstützt, daß sie dem Leiden nicht unterlag, bis das festgesetzte Maß voll war; und diese Unterstützung hat das Leiden nicht nur nicht vermindert, sondern in's Unberechenbare vermehrt, und vergrößert, weil sie dadurch um so länger und um so Mehreres und Größeres zu leiden befähiget wurde.

Im Lichte dieser Wahrheiten erscheint uns nun das Leiden Jesu Christi in seiner ganzen Größe. Denn stellen wir uns die einzelnen Leiden des Herrn vor, auf dem Ölberge, vor den Richterstühlen, in dem Kerker, in der Geißlung, in der Krönung mit Dornen, in der Verurtheilung zum Kreuzestode, auf dem Kreuzgange, in der Kreuzigung, auf dem Kreuze, im Tode am Kreuze; und denken wir uns dabei: Das leidet unser Gott für uns, und so stirbt unser Gott für uns! Müssen wir da nicht voll Verwunderung und Bewunderung mit dem heiligen Bernardus ausrufen: „O welch eine unverdiente Erbarmung, welch eine uneigennützige Liebe, welch eine unerwartete Herablassung, welch eine unbesiegbare Milde, daß der König der Glorie für den verächtlichsten Sklaven, ja für ein Würmlein sich hat kreuzigen lassen! Wer hat jemals so etwas gehört? Wer hat je etwas Ähnliches gesehen?" [2] Bei diesem Anblicke versagen die Worte, und entschwinden die Gedanken in das Unbegreifliche und Unermeßliche der Erbarmungen unseres Gottes, und das Herz selbst versinkt in

---

[1] Libr. Exerc. hebd. III. Contempl. 1. Punct. 5.
[2] Serm. de quadrupl. debito.

den unergründlichen Tiefen dieser gränzenlosen Liebe unseres Gottes. Staunen, Anbeten, Danken, Lieben, Loben und Preisen ist der einzige Tribut, den wir für diese göttlichen Großthaten unserm leidenden und sterbenden, unserm geopferten Erlöser zollen können.

Diese wunderbare Barmherzigkeit und Liebe muß uns um so größer erscheinen, je erhabener Gott, der Herr, ist, und je niedriger und unwürdiger wir sind, die wir Alles eher, als solche Wohlthaten verdient haben. Der heilige Chrysostomus weist auf dieses Verhältniß hin, und sagt: „Den Untergebenen mittheilen, den Dienern schenken, ist das gewöhnliche Zeichen eines Gebers; für die Untergebenen leiden, für die Diener sterben, ist der ausgezeichnetste Beweis unermeßlicher Liebe, und das Zeugniß außerordentlicher Zuneigung. Denn in Widerwärtigkeiten erprobt sich die Zuneigung, in Gefahren bewährt sich das Wohlwollen, im Leiden erweist sich die Liebe, im Tode zeigt sich die vollkommene Werthschätzung."[1] Und das Alles hat der eingeborne Sohn Gottes für uns arme Sünder thatsächlich in Ausführung gebracht.

Es war eine ganz unverdiente Liebe, daß Gott uns, da wir nicht waren, für das dreifache Leben der Natur, der Gnade und der Glorie erschaffen, und bestimmt, und zu diesem Zwecke mit den unzähligen und unschätzbaren Gütern im Reiche der Natur und im Reiche der Gnade überhäuft, und noch unvergleichlich größere im Reiche der Glorie für uns hinterlegt hat. Es wäre eine noch größere Liebe gewesen, wenn Gott uns, nachdem wir dieses dreifache Leben auf so schuldbare Weise verloren, und alle seine wunderbaren Werke für uns zwecklos gemacht hatten, neuerdings zu diesem dreifachen Leben begnadiget hätte. Wer aber kann die Liebe begreifen, in welcher Gott uns durch seinen eigenen Tod von unserm dreifachen Tode befreit, und zu jenem dreifachen Leben zurückgeführt hat? Diese Liebe betrachtet der heilige Bernardus, fordert zu ähnlicher Liebe auf, und sagt: „Gott hat uns auf freundliche, auf kluge, auf kräftige Weise geliebt; auf freundliche Weise, weil er Fleisch geworden ist; auf kluge Weise, weil

---

[1] Serm. 3. Fer. V. Pass. Dom.

er die Schuld vermieden hat; auf kräftige Weise, weil er den Tod erduldet hat. Lerne also, Christ! von Christus, wie du Christum lieben sollest. Lerne, auf freundliche Weise lieben, auf kluge Weise lieben, auf kräftige Weise lieben; auf freundliche Weise, daß du nicht wegen eines Reizes, auf kluge Weise, daß du nicht wegen eines Betruges, auf kräftige Weise, daß du nicht wegen einer Unterdrückung von der Liebe des Herrn dich abwendig machen lassest. Durch Schmeicheleien nicht abgezogen, durch Hinterlistigkeiten nicht verführt, durch Unbilden nicht gebrochen werden, heißt, aus ganzem Herzen, aus ganzer Seele, aus allen Kräften lieben." [1] Der heilige Lehrer fügt bei: „In der Liebe Gottes darf es für das Lieben kein Maß geben; er hat dich ohne Maß geliebt, auch du mußt ihn ohne Maß lieben; er hat in der Liebe alles Maß überschritten, indem er aus Liebe zu dir gestorben ist." [2]

Der heilige Bonaventura aber lehrt uns, wie wir diese Liebe üben sollen, indem er schreibt: „Die Liebe Gottes erweist sich aus sechs Anzeichen: Aus der Verabscheuung der Sünden, aus der Zurückweisung der Feinde, aus der Ausführung der Gebote, aus der Sorge für die Untergebenen, aus der Losschälung von dem Irdischen, aus der Ertragung der Widerwärtigkeiten. — Wie sehr Gott geliebt wird, so sehr werden der Teufel, das Fleisch und die Welt verachtet. — Es erwähle der Mensch, vielmehr für den geliebten Gott zu sterben, als vor dem beleidigten (Gott) zu leben; das ist der thatsächliche Beweis der wahren Liebe." [3]

Gott, der Schöpfer, hat uns das Gebot gegeben: „Du sollst den Herrn, deinen Gott lieben aus deinem ganzen Herzen, aus deiner ganzen Seele, und aus allen deinen Kräften;" [4] und das andere Gebot: „Du sollst deinen Freund (deinen Nächsten) lieben wie dich selbst." [5] Gott, der Erlöser, hat dieses erste Gebot erneuert, und es für das größte Gebot erklärt: „Dieß ist das größte und das erste Gebot." [6] Er hat auch das zweite Gebot erneuert, und dem ersten gleichgestellt: „Das andere aber ist diesem

---

[1] Serm. 20. super Cant.   [2] Serm. 1. in Cœna Dom.
[3] Serm. 3. Dom. 17. post Pent.   [4] Deut. c. VI. v. 5.
[5] Levit. c. XIX. v. 18.   [6] Matth. c. XXII. v. 38.

gleich: Du sollst deinen Nächsten lieben, wie dich selbst."¹) Er hat uns das Gebot gegeben, den Nächsten so zu lieben, wie er uns geliebt hat: „Ein neues Gebot gebe ich euch, daß ihr euch einander liebet, wie ich euch geliebt habe."²) Er hat uns das Gebot gegeben, daß, wie er uns als Sünder und Feinde geliebt hat, auch wir unsere Beleidiger und Feinde lieben: „Liebet eure Feinde, thuet Gutes denen, die euch hassen, und betet für die, welche euch verfolgen, und verleumden; auf daß ihr Kinder eures Vaters seiet, der im Himmel ist, der seine Sonne über die Guten und Bösen aufgehen, und über die Gerechten und Ungerechten regnen läßt."³) Diese Liebe ist es, mit welcher wir unserm Gott und Erlöser seine Liebe vergelten sollen; und welches Herz könnte nicht lieben, und mit Hilfe der Gnade so lieben?

Wir müssen aber nach dem Vorbilde des Herrn auch dann noch in der Liebe verharren, wenn Gott uns Leiden sendet, in welchen wir uns von dem Himmel und von der Erde verlassen scheinen; wenn Gott unsere Bitten und Thränen nicht erhören will, wie er seinen vielgeliebten Sohn auf dem Ölberge nicht erhört hat, als er zu ihm gerufen: „Mein Vater! wenn es möglich ist, so gehe dieser Kelch von mir vorüber;"⁴) wenn wir auch keinen Trost finden, und, wie der liebe Heiland auf dem Kreuze seine Hilflosigkeit ausdrückt: „Mein Gott, mein Gott! warum hast du mich verlassen?"⁵) vergeblich auch zum himmlischen Vater rufen. Wie wenig aber der göttliche Erlöser vom Vater und seine Menschheit von seiner Gottheit in Wirklichkeit verlassen war; eben so wenig werden wir von Gott jemals verlassen, so lange wir ihn nicht verlassen; denn der heilige Apostel Paulus versichert uns: „Gott ist getreu; er wird euch nicht über eure Kräfte versucht werden lassen, sondern bei der Versuchung auch den Ausgang geben, daß ihr ausharren könnet."⁶) Harren wir aber in der Prüfung treu aus, bis Gott seine weisesten, liebvollsten und barmherzigsten Absichten erreicht hat; dann werden auch wir, wie unser göttlicher Erlöser, die Früchte unserer Leiden, Kämpfe und

---

¹) Matth. c. XXII. v. 39. ²) Joann. c. XIII. v. 34.
³) Matth. c. V. v. 44. 45. ⁴) Ibid. c. XXVI. v. 39.
⁵) Ibid. c. XXVII. v. 46. ⁶) I. Cor. c. X. v. 13.

Opfer einernbten. Wie der Herr für unser Heil gelitten hat, müssen auch wir mit ihm zu unserm Heile leiden; denn das Leiden, wenn es recht ertragen wird, reiniget, heiliget, und vereiniget mit Gott auf die kräftigste und wirksamste Weise, und der heilige Hieronymus sagt: „Auf die Zurechtweisung folgt die Tröstung, auf die Tröstung das Heil." [1])

Das sind nun die Antworten auf die Fragen, welche der heilige Thomas in Bezug auf das Leiden des Herrn an sich betrachtet aufgestellt hat, und wie wir sie nach unserer Weise dargelegt haben; und wir sehen jetzt, wie er dasselbe in seiner Nothwendigkeit, in seinem Vergleiche mit andern Erlösungsarten und deren Möglichkeit, in seiner allseitigen Zweckmäßigkeit, in seiner Ausdehnung und Größe, in seiner Beschaffenheit in Bezug auf den Leib und auf die Seele des Herrn, in seinen Beziehungen zur Zeit, zum Orte, zu den Mitgekreuzigten und zu seiner Gottheit selbst erörtert hat.

Wir haben auch Gelegenheit gehabt, seinen Scharfsinn zu bewundern, mit dem er in bündigster Kürze dieses große Geheimniß in seinen Tiefen durchforscht, nach allen Seiten hin beleuchtet, mit den größten und wichtigsten Grundwahrheiten des Erlösungswerkes in Berührung gebracht, und dessen Verhältniß zu denselben dargelegt hat.

Wir haben uns auch überzeugt, daß sich an seine Darstellung heilsame Erwägungen für das christliche Tugendleben anknüpfen lassen, und daß dieselbe die tiefe Grundlage zur allseitigen Betrachtung über das Leiden und Sterben des Gottmenschen bildet.

In den nachfolgenden Erörterungen beleuchtet der englische Lehrer die Ursachen, aus welchen das Leiden und Sterben des Herrn hervorgegangen ist; und wir wollen ihm nun auch hierin nach unserer bisher beobachteten Weise folgen. Er stellt dadurch dieses unermeßliche Geheimniß in ein noch helleres Licht, das uns in dasselbe einen noch tieferen Einblick gewährt, und für das geistige Leben neue Anhaltspunkte zur vollkommeneren Nachfolge unseres göttlichen Herrn und Meisters darbietet.

---

[1]) In Reg. Monach. c. 6.

Zweites Kapitel.
Die Ursachen des Leidens Christi.¹)

Um die Ursachen des Leidens und des Todes Jesu Christi zu ermitteln, erörtert der heilige Lehrer folgende sechs Fragen: Ob Christus, der Herr, selbst die Ursache seines Todes gewesen, oder ob ihm derselbe von Andern angethan worden sei; warum sich der göttliche Erlöser dem Leiden und dem Tode unterzogen; ob ihn auch der himmlische Vater zu diesem blutigen Opfer hingegeben habe; ob es angemessen war, daß er von Seite der Heiden und von Seite der Juden das Leiden und den Tod erduldete; ob ihn seine Mörder erkannt; und was für eine Sünde sie begangen haben. Auf diese Fragen antwortet nun der heilige Lehrer, und eine einfachere und ausführliche Erwägung dessen, was er sagt, wird uns seine Antworten klar machen.

1.
Die Urheber des Leidens Christi.²)

Wenn wir nach den Urhebern des Leidens und des Todes des göttlichen Erlösers fragen, und dabei die geschichtlichen Thatsachen in's Auge fassen; so sehen wir Juden und Heiden sich wider den gemeinsamen Erlöser erheben, um ihn und sein Werk gewaltsam aus der Menschheit hinauszuwerfen, und von dem Erdboden für immer verschwinden zu machen. Wir sehen da einerseits, wie von diesen Menschen das größte aller Verbrechen, der Gottesmord verübt wird; andererseits, wie Gott im gleichen Augenblicke aus demselben Verbrechen die Erlösung der ganzen Menschheit und auch dieser Menschen hervorbringt; wie diese Menschen, während sie die schwerste Schuld auf sich laden, in der Hand Gottes

---

¹) P. III. q. 47.   ²) P. III. q. 47. a. 1.

zum Werkzeuge werden, für die Schulden aller Menschen und auch für alle ihre Schulden die vollste Genugthuung zu Stande zu bringen; wir sehen da, wie diese Menschen, während sie das Lamm Gottes mit sakrilegischen Händen schlachten, das Versöhnungs- und Befreiungsopfer für das ganze Menschengeschlecht und auch für sich selbst schlachten. Sehen wir auf diese Menschen, so stellt sich unsern Augen eine unbegreifliche Verblendung und Bosheit dar; sehen wir auf Gott, so begegnet unsern Blicken eine unbegreifliche Liebe und Barmherzigkeit. Halten wir jene Verblendung und Bosheit mit dieser Liebe und Barmherzigkeit zusammen; so müssen wir hierin die eben so unbegreifliche Weisheit Gottes anbeten, welche aus der schwärzesten Nacht des Verbrechens den glänzendsten Tag des Heiles hervorgerufen hat.

Jene Juden und Heiden haben diesen Gottesmord thatsächlich vollbracht. Die eigentliche Ursache des Leidens und Sterbens Jesu Christi haben alle Menschen, hat jeder einzelne Mensch gesetzt; denn die eigentliche Ursache, warum der Gottmensch leiden, und sterben mußte, ist die Sünde, und Sünder sind wir Alle. Wer aber die Ursachen setzt, aus welcher eine Wirkung hervorgeht, der ist auch der Urheber dieser Wirkung; und darum fällt die Urheberschaft des Leidens und des Todes Christi, des Herrn, in diesem Sinne allen Menschen insgesammt und jedem einzelnen Menschen zur Last, wie Christus auch für alle Menschen und für jeden einzelnen Menschen gelitten hat, und gestorben ist. Wer waren aber diejenigen, welche an dem Leiden und an dem Tode Christi sich unmittelbar und thatsächlich betheiligten?

Zunächst waren es die Henkersknechte, welche den Herrn nach allen vorausgegangenen Mißhandlungen an das Kreuz genagelt, und auf demselben in den Tod gebracht haben. War ihnen die Unschuld des Herrn unbekannt, und hatten sie bei der Ausführung ihres Werkes keinen bösen Willen und keine böse Absicht; sondern vollzogen sie einfach den Befehl ihrer Vorgesetzten, ohne sich mehr zu erlauben, als diese angeordnet hatten: so gilt von ihnen das Wort des heiligen Augustinus: „Jener tödtet nicht, welcher dem Befehlenden den Dienst schuldig ist, und gleicht dem Schwerte, welches demjenigen dient, der es gebraucht."¹) Sie waren daher die physische, aber nicht die moralische Ursache des Leidens und Sterbens Christi, und in so fern ohne Schuld.

Pilatus war es, welcher den göttlichen Erlöser den Mißhandlungen preisgegeben, zum Tode verurtheilt, dessen Kreuzigung und Tödtung am Kreuze befohlen hat, wie von ihm geschrieben steht: „Jesum aber, nachdem er ihn hatte geißeln lassen, übergab er ihnen, auf daß er gekreuziget würde."²) Pilatus war also die nächste moralische Ursache des Todes Christi, und zwar auf sehr schuldbare Weise; weil er die Unschuld des Herrn erkannt, und wiederholt und öffentlich und amtlich ausgesprochen hatte;³) weil er die volle Überzeugung hatte, daß „ihn die Juden aus Neid überliefert haben";⁴) und weil er verpflichtet war, nicht nur an keinem Unrechte wider die Unschuld sich zu betheiligen, sondern auch dieselbe als Richter und Stellvertreter des Landesherrn gegen jedes Unrecht zu schützen.

Die eigentlichste und wirksamste moralische Ursache des Leidens und des Todes Christi waren die Juden, und zwar auf die schuldbarste und strafbarste Weise. Denn sie haben selbst den Herrn zum Tode verurtheilt: „Er ist des Todes schuldig."⁵) Sie haben ihn vor Pilatus der schwersten Verbrechen angeklagt: „Wir haben ein Gesetz, und nach diesem Gesetze muß er sterben;"⁶) und: „Diesen haben wir befunden als einen Aufwiegler unseres Volkes, und als Einen, der verbietet, dem Kaiser Zins zu geben, indem er sagt, er sei Christus, der König."⁷) Sie haben den furchtsamen Richter mit Hilfe des von ihnen aufgestachelten Volkes eingeschüchtert: „Die Hohenpriester beredeten das Volk, daß sie den Barabbas begehren, Jesum aber tödten lassen sollten."⁸) Sie haben mit dem Volke den schwankenden Landpfleger mit dem Mordgeschrei bestürmt: „Kreuzige, kreuzige ihn!"⁹) Sie haben

---

¹) De civit. Dei Libr. I. c. 21. ²) Matth. c. XXVII. v. 26.
³) Joann. c. XVIII. v. 38. c. XIX. v. 4. 6. Matth. c. XXVII. v. 24.
⁴) Matth. c. XXVII. v. 18. ⁵) Ibid. v. XXVI. v. 66.
⁶) Joann. c. XIX. v. 7. ⁷) Luc. c. XXIII. v. 2.
⁸) Matth. XXVII. v. 20. ⁹) Joann. c. XIX. v. 6.

ben für die eigenen Interessen eingenommenen Statthalter des Kaisers mit ihrer Drohung: „Wenn du diesen losläſſeſt, biſt du kein Freund des Kaiſers;"¹) dazu gebracht, und moraliſch genöthiget, daß er den Herrn zum Tode am Kreuze verurtheilte. Sie wußten, und waren überzeugt, wie Pilatus, daß Chriſtus, der Herr, unſchuldig, daß alle ihre Anſchuldigungen grundlos und unwahr, daß ſie ſelbſt im allſeitigen Unrechte waren, und nur aus Haß und Neid ſo handelten. Es geht aus dem Allen auch ganz klar hervor, daß ſie die überlegte Abſicht und den ernſten und feſten Willen hatten, mit allen dieſen Mitteln den Tod des Gottmenſchen zu erwirken, der nicht erfolgt wäre, wenn ſie dieſe Mittel nicht angewendet hätten./

Dieſes Alles erhellt noch deutlicher aus dem, was Pilatus gethan hat, um den göttlichen Erlöſer ihren gottesmörderiſchen Händen zu entziehen. Denn Pilatus hatte ihnen erklärt: „Ich finde keine Schuld an ihm:"²) — „Sehet! ich führe ihn zu euch heraus; damit ihr erkennet, daß ich keine Schuld an ihm finde:"³) — „Ich habe nichts von dem gefunden, weßwegen ihr ihn anklaget. Aber auch Herodes nicht:"⁴) — „Pilatus redete ihnen nochmals zu, indem er Jeſum losgeben wollte:"⁵) — „Er ſprach zum dritten Male: Was hat denn dieſer Böſes gethan? Ich finde keine Schuld an ihm; darum will ich ihn züchtigen laſſen, und losgeben."⁶) Selbſt als er das Todesurtheil fällte, „nahm er Waſſer, wuſch ſeine Hände vor dem Volke, und ſprach: Ich bin unſchuldig an dem Blute dieſes Gerechten; ſehet ihr zu!"⁷) Pilatus hat auch vieles Andere verſucht, um dem Herrn das Leben zu erhalten. Er wollte dieſen Prozeß gar nicht annehmen;⁸) er ſtellte mit dem Herrn eine öftere Unterſuchung an, um ſeine Unſchuld beweiſen, und bezeugen zu können; er ließ ihn zu Herodes führen, und machte auch deſſen Urtheil geltend; er ſtellte den Herrn neben Barabbas, um durch dieſe grelle Zuſammenſtellung der Unſchuld mit dem Verbrecher deſſen Freilaſſung zu erwirken; er ließ

---

¹) Joann. c. XIX. v. 12. ²) Ibid. c. XVIII. v. 38. c. XIX. v. 6.
³) Ibid. v. 4. ⁴) Luc. c. XXIII. v. 14. 15. ⁵) Ibid. v. 20.
⁶) Ibid. v. 22. ⁷) Matth. c. XXVII. v. 24. ⁸) Joann. c. XVIII. v. 31.

ihn geißeln, und stellte den mit Blut und Wunden bedeckten, und mit Dornen gekrönten Heiland vor ihre Augen hin, um sie zum Mitleiden zu rühren, und zum Ablassen von ihrer mörderischen Forderung zu bewegen; und erst, nachdem sie ihm die Ungnade des Kaisers, den Verlust seines Amtes und seines Einkommens in Aussicht gestellt hatten, und „als er sah, daß er nichts ausrichtete, sondern der Lärm immer größer wurde;"¹) willfahrte er ihrem Begehren.

Daher schreibt der heilige Augustinus mit Recht: „Pilatus war in dem, was er gethan, dadurch, daß er es gethan hat, in Etwas an der Schuld betheiliget; aber im Vergleiche mit jenen (mit den Juden) viel unschuldiger. Denn er bemühte sich, so viel er konnte, ihn aus ihren Händen zu befreien; denn deßhalb ließ er ihn geißeln, und führte ihn deßhalb vor. Er hat den Herrn nicht aus Verfolgungssucht gegeißelt, sondern aus der Absicht, ihrer Wuth Genüge zu thun, damit sie wenigstens auf solche Weise sich besänftigen ließen, und aufhörten, ihn tödten zu wollen, wenn sie ihn gegeißelt sähen. Als sie aber hartnäckig blieben, hat er, wie ihr wisset, die Hände gewaschen, und erklärt, daß er es nicht gethan habe, und an seinem Tode unschuldig sei. Gethan hat er es aber doch. Wenn er nun schuldig ist, weil er es gethan hat; sind jene unschuldig, die ihn gezwungen haben, es zu thun? Auf keine Weise. Er hat über ihn das Urtheil gefällt, und befohlen, daß er gekreuziget werde, und ihn gleichsam auch selbst getödtet; und auch ihr, o Juden! habet ihn getödtet. Womit habet ihr ihn getödtet? Mit dem Schwerte der Zunge; denn ihr habet eure Zungen geschärft. Und wann habet ihr ihn getödtet, wenn nicht damals, als ihr geschrieen: „Kreuzige, kreuzige ihn?"²) Die Juden haben also auch noch die Sünde des Pilatus auf sich geladen.

Diese Alle waren nun die direkte Ursache des Leidens und des Todes Christi, des Herrn. Denn jener tödtet Einen direkt, welcher eine Ursache setzt, die hinreicht, daß aus derselben der Tod erfolgt, und, zu tödten, die Absicht und den Willen hat. Aus

---

¹) Matth. c. XXVII. v. 24.   ²) Tract. in Psalm. LXIII.

dem Gesagten aber ergibt sich unzweifelhaft, daß die Henkersknechte, daß Pilatus, daß ganz vorzüglich die Juden diese Absicht und diesen Willen gehabt haben; und es ist aus den Ursachen, die sie gesetzt haben, der Tod des Herrn auch wirklich erfolgt. Die Hauptursache liegt aber auf Seite der Juden.

Wollte man dagegen noch einwenden, die Juden hätten ohne die Mithilfe des Pilatus ihren Zweck nicht erreicht, und somit sei Pilatus die den Ausschlag gebende Ursache, und somit die Hauptursache gewesen; so antwortet der heilige Augustinus: „Jener, welcher aus Neid einen Unschuldigen der obrigkeitlichen Gewalt zum Tode überliefert, sündiget mehr, als diese Gewalt selbst, wenn sie denselben aus Furcht vor einer höheren Gewalt tödtet." [1] Es hat ja der Herr selbst dem Pilatus erklärt: „Du hättest keine Gewalt über mich, wenn sie dir nicht von oben herab gegeben worden wäre; darum hat der, welcher mich dir überlieferte, eine größere Sünde." [2] Wer aber an einer That die größere Sünde, die größere Schuld hat, der ist auch die wirksamere Ursache derselben. Somit waren die Juden die Haupturheber des Leidens und Sterbens des göttlichen Erlösers.

Aber Christus, der Herr, hätte ja alle diese Urheber seines Leidens und seines Todes an der Ausführung ihrer That hindern, und sich ihren Händen entziehen können; war er daher nicht selbst die Ursache seines Leidens und Sterbens? Der Herr hätte sein Leiden und Sterben auf vielerlei Weise verhindern können. Er konnte bewirken, daß seine Feinde ihn nicht zu tödten vermochten, und auch, daß sie ihn nicht tödten wollten, wie dieß aus andern Thatsachen einleuchtet. Als ihn seine Mitbürger zu Nazareth tödten wollten, bewirkte er, daß sie ihn nicht tödten konnten; denn das heilige Evangelium sagt: „Sie standen auf, und stießen ihn zur Stadt hinaus, und führten ihn auf die Anhöhe des Berges, auf welchem ihre Stadt gebaut war, um ihn hinabzustürzen. Er aber schritt mitten durch sie hin, und ging hinweg." [3] Als die Hohenpriester und Pharisäer ihre Diener in den Tempel zu

---

[1] Tract. 116. in Joann.   [2] Joann. c. XIX. v. 11.
[3] Luc. c. IV. v. 29. 30.

Jerusalem, wo der Herr lehrte, mit dem Auftrage gesendet hatten, ihn gefangen zu nehmen, und zu ihnen zu führen; bewirkte der Herr, daß sie ihn nicht ergreifen wollten, wie sie es selbst gestanden. Denn das heilige Evangelium erzählt: „Einige von ihnen wollten ihn ergreifen, aber Niemand legte Hand an ihn. Es kamen nun die Diener zu den Hohenpriestern und Pharisäern, und diese sprachen zu ihnen: Warum habet ihr ihn nicht hergebracht? Die Diener antworteten: Niemals hat ein Mensch so geredet, wie dieser Mensch." [1]) Der Herr hätte sich vor seinen Feinden verbergen, und durch die Flucht sich dem Tode entziehen können, wie er damals gethan hat, als die Juden ihn in dem Tempel steinigen wollten, wie geschrieben steht: „Da hoben sie Steine auf, um auf ihn zu werfen; Jesus aber verbarg sich, und ging aus dem Tempel hinaus." [2]) Er konnte seinen Feinden jede Gewalt und Kraft entziehen, sie lahm legen, sie tödten, sie vernichten. Einen Beweis dessen gab er ihnen noch unmittelbar vor seiner Gefangennehmung auf dem Ölberge; denn das heilige Evangelium sagt: „Als er nun zu ihnen sprach: Ich bin es; da wichen sie zurück, und fielen zu Boden." [3]) Sie lagen ohnmächtig zu seinen Füßen, und konnten sich überzeugen, daß sie gegen seinen Willen über ihn keine Gewalt hätten. Endlich hatte die Seele Christi wegen ihrer Vereinigung mit der Gottheit in der Einheit der Person des Wortes Gottes, wie der heilige Augustinus sagt,[4]) die Macht, ihren Leib gegen jede Verletzung zu verwahren. Da nun der göttliche Heiland von dem Allen keinen Gebrauch machte, sondern der Bosheit seiner Feinde freien Lauf ließ, und seine Menschheit allen Leiden und dem Tode preisgab; so wird von ihm mit aller Wahrheit gesagt, daß er freiwillig in das Leiden und in den Tod gegangen sei, daß er sein Leben freiwillig hingegeben habe, nach seinen eigenen Worten: „Darum liebt mich mein Vater, weil ich mein Leben hingebe, um es wieder zu nehmen. Niemand nimmt es von mir, sondern ich gebe es von mir selbst hin; ich habe Macht, es hinzugeben, und es wieder zu neh-

---

[1]) Joann. c. VII. v. 44.—49. [2]) Ibid. c. VIII. v. 59.
[3]) Ibid. c. XVIII. v. 6. [4]) De Trinit. Libr. IV. c. 13

men."¹) Christus, der Herr, war darum wohl die indirekte, aber nicht die direkte Ursache seines Leidens und Sterbens.

Aber ergibt sich daraus nicht die Folgerung, daß Christus, der Herr, selbst die eigentliche, erste und wirksamste Ursache seines Leidens und seines Todes gewesen sei, und so sich selbst das Leben genommen habe; da er seinen Tod verhindern konnte, und ihn nicht verhindert hat? Durchaus nicht; denn was man Andere thun läßt, das hat man deßhalb noch nicht selbst gethan, wenn man keine Pflicht hat, es zu verhindern; sonst müßte man, weil ohne die Zulassung Gottes keine Sünde geschehen kann, alle Sünden Gott zuschreiben. Mit den angeführten Worten aber sagt der Herr weder, daß er sich selbst das Leben nehmen, noch auch, daß es ihm Andere nehmen werden, oder gegen seinen Willen nehmen können. Denn Jemanden Etwas nehmen, heißt so viel, als es ihm gegen seinen Willen nehmen, was weder Christus selbst gethan hat, noch Andere in Bezug auf sein Leben gethan haben, oder thun konnten. Weil er sich aber sein Leben nehmen ließ, und Andere es ihm darum nehmen konnten, und auch wirklich nahmen; darum sagte er, daß er sein Leben hingeben werde. Daher schreibt der heilige Augustinus: „Die Seele des Mittlers hat das Fleisch nicht wider ihren Willen verlassen; sondern weil sie es gewollt, wann sie es gewollt, wie sie es gewollt; denn es war der Mensch mit dem Worte Gottes zur Einheit verbunden, und deßhalb sagte er: „Ich habe Macht, es wieder zu nehmen; Niemand nimmt es von mir, sondern ich gebe es hin, und nehme es wieder." ²) Christus hat also sein Leben freiwillig hingegeben, aber es nicht sich selbst genommen.

Das heilige Evangelium sagt aber: „Jesus rief abermals mit lauter Stimme, und gab den Geist auf."³) Dieses laute Rufen bedeutet doch, daß der Herr noch große Lebenskraft besaß; und wenn er unmittelbar darauf seinen Geist aufgab, bedeutet dieß nicht, daß er zuletzt doch selbst seinem Leben ein Ende gemacht habe, und daher eigentlich nicht von Andern getödtet worden sei? Allerdings hat Christus, der Herr, seine Lebenskraft

---

¹) Joann. C. X. v. 17. 18.   ²) De Trinit. Libr. IV. c. 13.
³) Matth. c. XXVII. v. 50.

bis zu jenem Zeitpunkte erhalten, wo das ihm zugemessene Leidensmaß voll war; aber er hat sich dadurch nicht selbst getödtet. Denn er hat durch dieses Wunder nur sein Leben gegen die tödtenden Ursachen bis dahin, und nachher nicht mehr geschützt, sondern sofort ihrer Zerstörungskraft den natürlichen Lauf gelassen; und daher ist seinem Leben nicht von ihm, sondern von denselben ein Ende gemacht worden. Er hat damit eben in dem letzten Augenblicke noch bewiesen, daß er freiwillig starb; denn wie er den Tod bis dahin zurückgehalten hat, so hätte er ihn auch noch länger zurückhalten, und für immer von sich abhalten können. Daher sagt der heilige Evangelist auch nicht: Er starb; sondern: „Er gab den Geist auf;" über welche Worte der heilige Ambrosius die Bemerkung macht: „Was aufgegeben wird, ist freiwillig; was verloren wird, ist gezwungen."[1]) Es schreibt auch der heilige Chrysostomus über jene Worte des heiligen Johannes: „Er neigte sein Haupt, und gab den Geist auf;"[2]) auf ähnliche Weise: „Er neigte das Haupt, und gab den Geist auf; um zu zeigen, daß er nicht gezwungen, sondern freiwillig starb. Wie lange er gewollt, hat er gelebt; und als er gewollt hat, ist er gestorben."[3]) Die Aufrechthaltung des Hauptes bis zum Tode war ein neues Wunder, und hatte den gleichen Zweck, wie das Rufen mit lauter Stimme; der Herr wollte in Wort und That beweisen, daß er für uns freiwillig gestorben sei.

Wenn aber Pilatus sich wunderte, daß der göttliche Heiland schon gestorben sei, da doch die Mitgekreuzigten noch lebten, als Joseph von Arimathäa ihn um dessen heiligen Leichnam bat;[4]) und wenn auch die Soldaten sich darüber wunderten, und daher ihm auch nicht die Beine zerbrachen: so hat dieß seinen Grund nicht darin, daß etwa der Herr selbst seinem Leben früher ein Ende gemacht, und daß nicht natürliche Ursachen den Tod herbeigeführt hätten, sondern in andern Umständen, welche der Cardinal Toletus bezeichnet, indem er sagt: „Das Leiden Christi hat viel früher angefangen, und wurde im Verlaufe immer größer

---

[1]) In Luc. c. XXIII. [2]) Joann. c. XIX. v. 30.
[3]) Homil. 84. [4]) Marc. c. 15. v. 44.

durch die Gefangennehmung, durch die grausame Geißlung, durch welche sie ihn tödten wollten, weil sie ihn mit Geißeln tödten wollten, da sie ihn (damals noch) nicht kreuzigen konnten, und wegen vieler anderer Dinge. Ebenso war die Leibesbeschaffenheit Christi die vollkommenste, und konnte nicht so viele Verletzungen ertragen; der Leib war durch Gebet und Entbehrung empfindsamer geworden, auch waren die unteren Kräfte im Leiden sich selbst überlassen; und nach allem dem hatte er drei Stunden am Kreuze gehangen. Daher ist es vielmehr zu verwundern, daß er auf dem Kreuze so lange Zeit gelebt habe. Wenn also Pilatus sich wunderte; so kam dies daher, weil er die andern Ursachen nicht kannte, und nicht vollkommen erkannte."[1] Auch muß man die Todesangst auf dem Ölberge, die Mißhandlungen während der Leidensnacht, die Krönung mit Dornen, die Leiden des Kreuzweges und der Kreuzigung, die unbeschreiblichen Seelenpeinen, welche auch auf den Leib einwirkten, in Anschlag bringen, und bedenken, daß auch die einzelnen Leiden schon tödtlich sein konnten. Daher ist man vollkommen berechtigt, anzunehmen, daß der Herr nur durch fortwährende Wunder das Leben erhalten, und das Leiden so lange ertragen, und so weit fortführen konnte. Daraus folgt, daß in dem Augenblicke, wo diese Wunder aufhörten, der Tod auf natürliche Weise und in Folge der Leiden, welchen die Natur unterlag, eintreten mußte; diese Wunder aber hörten auf, sobald das bestimmte Maß der Leiden voll, und das Erlösungswerk vollbracht war.

Diese Wunder entgingen auch denjenigen aus den Gegenwärtigen nicht, welche eines guten Willens waren; denn das heilige Evangelium bezeugt: „Als aber der Hauptmann, der gegenüber stand, sah, daß er so laut rufend den Geist aufgab; sprach er: Wahrlich dieser Mensch war der Sohn Gottes!"[2] und: „Alles Volk, das bei diesem Vorgange zugegen war, und sah, was geschah, schlug an seine Brust, und kehrte zurück."[3] Daher macht der heilige Thomas den Schluß: „Christus hat zugleich Gewalt erlitten, daß er starb, und ist freiwillig gestorben; weil seinem

---

[1] Loc. cit. in h. art. [2] Marc. c. XV. v. 39. [3] Luc. c. XXIII. v. 48.

Leibe Gewalt angethan wurde, die aber über seinen Leib nur so viel vermochte, als er wollte." [1])

Aber heißt das nicht einen offenbaren Widerspruch behaupten wollen, wenn man sagt, man habe dem Herrn mit Gewalt den Tod angethan, und zugleich sagt, er habe den Tod freiwillig erlitten? Der göttliche Heiland hat gesagt: „Niemand nimmt (mein Leben) von mir, sondern ich gebe es von mir selbst hin." [2]) Der heilige Thomas bemerkt, daß diese Worte des Herrn so viel bedeuten, als: Niemand nimmt mein Leben „gegen meinen Willen" von mir; und setzt bei: „Was Jemand einem Andern gegen seinen Willen wegnimmt, weil er nicht widerstehen kann, von dem sagt man eigentlich, daß es weggenommen wurde." [3]) Wenn aber derjenige, dem Etwas genommen wird, widerstehen, und sein Eigenthum bewahren könnte, aber doch nicht widersteht, und sein Eigenthum sich nehmen läßt; so muß man sagen, daß er es freiwillig hingegeben habe. Und wenn jener, der es wegnimmt, kein Recht darauf hat, und es durch Anwendung von Gewaltmitteln wegnimmt; so muß man sagen, daß er Gewalt gebraucht, und es mit Gewalt weggenommen habe. Wenn ein Straßenräuber einen Reisenden ausraubt, oder tödtet, und der Reisende sich und das Seinige vertheidigen, und schützen könnte, aber es doch nicht thut; so ist diese Beraubung und diese Zerstörung des Lebens von Seite des Reisenden eine freiwillige, von Seite des Straßenräubers aber eine Gewaltthat. So haben die Juden ihrerseits den Heiland gewaltsam gekreuziget, und getödtet; und hat Christus, der Herr, seinerseits sich freiwillig in dieses Leiden und in diesen Tod hingegeben. /

Wollte man aber noch einwenden, Leib und Leben zu erhalten, sei Naturgesetz und Naturpflicht, und somit hätte Christus, der Herr, wenn es von seinem Willen abgehangen wäre, sich gegen diese Gewaltthaten der Juden vertheidigen, und schützen müssen; so muß bemerkt werden, daß dasjenige, was für uns Naturgesetz und Naturpflicht ist, es für Christus, den Herrn, nicht war; denn der unabhängige und unbeschränkte Herr über Leben und Tod

---

[1]) Loc. cit. [2]) Joann. c. X. v. 18. [3]) Loc. cit. ad 1.

kann, was er gegeben, auch ohne Unrecht nehmen, und das Leben, das er erschaffen hat, auch zerstören, oder der Zerstörung preisgeben, oder zu zerstören befehlen; wie er dem Abraham befohlen hat, seinen Sohn Isaak zu schlachten.¹) Überdieß ist es erlaubt, und die heldenmüthigste Tugendübung, sein Leben für den Nächsten hinzugeben, wie dieß Christus, der Herr, selbst mit den Worten erklärt hat: „Eine größere Liebe hat Niemand, als diese, daß er sein Leben für seine Freunde hingibt."²) Es können endlich Fälle sich ereignen, in welchen es Pflicht ist, sein Leben für den Nebenmenschen hinzugeben, wie auch der heilige Apostel Johannes sagt: „Auch wir sollen für die Brüder das Leben lassen."³) /

Daß nun der göttliche Erlöser allen Gewaltthätigkeiten der Juden gegenüber sein Leben sowohl von Seite seines göttlichen als auch von Seite seines menschlichen Willens freiwillig auf dem Kreuze geopfert habe, behauptet der heilige Thomas⁴) mit dem heiligen Bonaventura⁵) ausdrücklich, und erklärt der Cardinal Toletus auf folgende Weise: „Es ist kein Zweifel, daß die Seele Christi, da sie der Glorie theilhaftig war, ihrem Leibe die Gabe der Unverletzlichkeit mittheilen konnte, wie sie ihm dieselbe nach der Auferstehung wirklich mitgetheilt hat, und wie sie auch andere Seelen (ihren Leibern nach der Auferstehung) mittheilen werden; und so lag es in seiner Macht, nicht zu sterben. Es ist eben so kein Zweifel, daß jener Leib ohne diese Gabe der Unverletzlichkeit auflösbar, und nothwendig verletzbar war, sei es durch einen gewaltsamen, oder durch einen natürlichen Tod. Es ist gleichfalls kein Zweifel, daß jener Leib durch den göttlichen Willen vor jeder Verletzung bewahrt werden konnte, wie auch die Leiber mancher Heiligen durch einige Zeit vor dem Feuer und vor andern Peinen bewahrt geblieben sind. Die Schwierigkeit liegt also nur darin, ob auch der menschliche Wille Christi eine solche Macht gehabt habe. — Wir bejahen es mit dem heiligen Thomas. Denn die

---

¹) Gen. c. XXII. v. 2. ²) Joann. c. XV. v. 13.
³) I. Joann. c. III. v. 16. ⁴) P. III. q. 47. a. 1.
⁵) Dist. 16. a. q. 3.

Seele Christi kann von einem zweifachen Gesichtspunkte aus betrachtet werden; einerseits an sich, (nämlich in wie fern sie als ein rein geschöpfliches Wesen angesehen wird), und so hat sie eine solche Macht ohne Zweifel nicht gehabt; andererseits in wie fern sie mit dem göttlichen Worte vereiniget, und das Werkzeug dieses Wortes war, und so konnte sie ihren Leib vor jeder Verletzung bewahren. Das beweist erstens die Stelle: Niemand nimmt (mein Leben) von mir, sondern ich gebe es von mir selbst hin.[1]) Diese Worte konnte kein Märtyrer, mit welcher Liebe er auch leiden mochte, von sich sagen. Christus hatte also diese Gewalt, zu sterben, wenn er es wollte; und diese Worte sind auch nicht auf seine Gottheit zu beziehen, denn er redete da als Mensch, dem das Leiden zugefügt wurde. Den zweiten Beweis liefert Athanasius an Antiochus.[2]) Dieser fragte, warum Christus zuerst das Haupt geneigt habe, und dann erst gestorben sei; da doch andere Menschen früher sterben, und dann das Haupt neigen. Jener antwortete: Obwohl Alles schon vollbracht war; so fürchtete der Tod doch noch, Christo sich zu nahen, bis er ihn mit der Neigung des Hauptes herbeirief. Sieh da die Macht Christi über den Tod! Der dritte Beweis ist dieser: Die Seele Christi hatte als Werkzeug des göttlichen Wortes mit ihrem Willen die Macht, Wunder zu wirken, und andere Körper umzuwandeln; also hatte sie auch die Macht, wenn sie wollte, den Leib zu erhalten. Der Tod Christi war also in Hinsicht auf seinen Leib an sich betrachtet, und den Willen, zu sterben, vorausgesetzt, nothwendig; das that aber dem keinen Eintrag, daß er mit seinem Willen den Tod verhindern konnte, sonst hätte er dieß ja auch mit seinem göttlichen Willen nicht gekonnt."[3]) Obwohl also Christus, der Herr, das Leiden und den Tod von Seite seiner Feinde gewaltsamer Weise erduldet hat, war und blieb es doch durchaus sein freier Wille, sich diese Gewalt anthun zu lassen; er hat freiwillig für uns gelitten, und ist freiwillig für uns gestorben./

---

[1]) Joann. c. X. v. 18.   [2]) Quæst. 75.
[3]) Loc. cit. Hier ist selbstverständlich nicht die Rede von der Freiheit des menschlichen Willens Christi in seinem Gehorsame gegen den göttlichen Willen, sondern nur von der Freiheit desselben den Gewaltthätigkeiten der Feinde gegenüber.

Wenn aber auch Christus, der Herr, sein Leben freiwillig hingegeben hat, so verminderte, oder veränderte dieß an der Schuld derjenigen, die ihn gekreuziget, und getödtet haben, nichts; denn ihre Bosheit und ihre That blieb dieselbe.

Den Juden ähnlich sind alle Sünder; denn der heilige Apostel Paulus sagt von Christen, die abfallen, die schauerlichen Worte: „Sie kreuzigen, und verspotten, Jeder für sich, den Sohn Gottes auf ein Neues." [1]) Der Grund dessen ist, weil sie die Ursache, wegen welcher Christus, der Herr, verspottet, und gekreuziget worden ist, neuerdings setzen, und diese Ursache ist die Sünde. Was aber von einer Sünde in dieser Beziehung gilt, das gilt auch von jeder andern Sünde, da keine einzige Sünde nachgelassen, oder getilgt wird, außer um des Leidens und Sterbens Christi willen. Wer also sündiget, der verübt ein Verbrechen, um dessentwillen der Sohn Gottes, wenn er für dasselbe noch nicht gelitten hätte, und gestorben wäre, neuerdings leiden und sterben müßte, damit es gesühnt werden, und der Sünder Verzeihung erlangen könnte. Es ist dieß eine erschütternde Wahrheit, die wohl geeignet sein sollte, Jedermann vom Sündigen zurückzuschrecken. Darum sagt auch der heilige Bonaventura: „Das Andenken an das Leiden Christi ist eine Waffenrüstung, um alle Versuchungen des Teufels zu überwinden;" [2]) und eben so schreibt der heilige Petrus Damianus: „Nichts vermag so die Wurzeln der Begierlichkeiten auszurotten, als die Erinnerung an die Wunden Christi, welcher vor dem Richter gestanden, welcher gegeißelt, angespieen, welcher mit Dornen gekrönt, welcher mit Backenstreichen geschlagen, welcher auf dem Holze erhöht worden, welcher am Kreuze gestorben ist." [3]) Diese Erinnerung, diese Vorstellung würde uns bei jeder Versuchung zur Sünde zurufen: Willst du den Sohn Gottes auf ein Neues kreuzigen, und verspotten? und wer könnte es über sein Herz bringen, bei diesem Gedanken zu sündigen?/

---

[1]) Hebr. c. VI. v. 6. [2]) Serm. 4. Dom. 13. post Pent. in illud Ephes. VI: *Induite vos armaturam* Dei.
[3]) Serm. 59. de S. Nicolao.

Allein dieses schauerliche Geheimniß wiederholt sich auf die entsetzlichste Weise in der unwürdigen Kommunion. Daher eifert der heilige Paulus gegen diese Mißhandlung des Herrn auch mit der ganzen Kraft seiner apostolischen Beredtsamkeit, und schreibt an die Corinther: „So oft ihr dieses Brod esset, und diesen Kelch trinket, sollet ihr den Tod des Herrn verkünden, bis er kommt. Wer unwürdig dieses Brod ißt, oder den Kelch des Herrn trinkt; der ist schuldig des Leibes und Blutes des Herrn."[1]) Der Apostel nennt die unwürdige Kommunion eine Blutschuld, und eine Blutschuld an dem Herrn begangen; denn solche Sünder nahen sich dem Herrn als Feinde, bemächtigen sich seiner, seines Leibes, seines Blutes, mißbrauchen es, da sie es weder als Opfer, noch als Nahrung ihrer Seele, sondern zu ihrem Verderben verwenden, gießen es so gleichsam aus, und vergießen es auf eine ganz unnütze und auf die verbrecherischeste Weise. Daher fragt auch der heilige Chrysostomus in Bezug auf diese Worte des heiligen Paulus, warum ein Solcher des Blutes Christi schuldig sei; und antwortet: „Weil er dasselbe vergießt, und weil das eine Tödtung, aber keineswegs ein Opfer bedeutet. Wie also jene, die ihn damals verwundet, ihn nicht verwundet haben, um (sein Blut) zu trinken, sondern um es zu vergießen; so thut dasselbe derjenige, welcher unwürdig hinzutritt, und keine Frucht daraus schöpft."[2]) Der Apostel fügt darum auch noch die Worte hinzu: „Wer unwürdig ißt, und trinkt; der ißt, und trinkt sich das Gericht, weil er den Leib des Herrn nicht unterscheidet."[3]) Wenn Judas, der den Herrn an dessen Feinde verkauft, verrathen, und überliefert hat, des Leidens und des Todes des Gottmenschen sich schuldig gemacht hat; so muß in dem bezeichneten Sinne Ähnliches von dem gesagt werden, welcher als Todsünder den Herrn in sich selbst aufnimmt, da er ein Feind Christi, und sein Herz eine Wohnstätte des Satans ist; denn er überliefert ihn so ebenfalls seinen Feinden. Welches Gericht aber über Judas gekommen ist, das wissen wir. Der heilige Chrysostomus sagt noch mehr; er schreibt: „Viel schlechter, als ein vom Teufel Besessener, ist

---

[1]) I. Cor. c. XI. v. 26. 27.   [2]) Homil. in h. l.
[3]) I. Cor. c. XI. v. 29.

derjenige, welcher sich einer schweren Sünde bewußt ist, und zur heiligen Kommunion geht;"[1] denn ein Besessener schmachtet bloß dem Leibe nach in der Gewalt des Teufels, der Todsünder liegt auch der Seele nach in der Knechtschaft dieses Feindes Gottes und der menschlichen Natur. Welches Gericht verdient nun ein solcher Frevler?/

Eine solche, und zwar vielfache Blutschuld laden auch jene Menschen auf sich, welche Andere zu schweren Sünden verleiten; denn sie tödten dadurch das übernatürliche Leben der Kindschaft an der eigenen Seele; sie tödten dasselbe an den Verführten, und machen sich und sie des Leidens und Sterbens, des Blutes Christi, des Herrn schuldig. Daher schreibt der heilige Augustinus: „Auf die traurigste Weise vergießen jene Blut, welche Christum, so viel an ihnen ist, in einem Menschen tödten."[2] — „Der Teufel wird ein Menschenmörder genannt, und er ist nicht mit einem Schwerte bewaffnet, nicht mit Eisen gegürtet, zum Menschen gekommen; sondern er hat ein böses Wort gesäet, und ihn dadurch getödtet. Glaube also nicht, daß du kein Menschenmörder seiest, wenn du den Bruder zum Bösen beredest; wenn du den Bruder zum Bösen beredest, tödtest du ihn."[3] Die Sünde ist die Ursache des Todes im Reiche der Natur, im Reiche der Gnade und im Reiche der Hölle, Ursache des Todes Christi. Als solche Ursache und als eine Blutschuld, welche der Verführer an den Verführten und an Christus, dem Herrn, begeht, bezeichnet auch der heilige Apostel Paulus die Verführung; denn er sprach in der Abschiedsrede zu Milet an die um ihn versammelten Bischöfe und Priester: „Ich bezeuge an dem heutigen Tage, daß ich rein bin am Blute Aller. Denn ich habe mich nicht entzogen, euch den ganzen Rathschluß Gottes zu verkünden. Gebet Acht auf euch und auf die ganze Heerde, in welcher euch der heilige Geist zu Bischöfen gesetzt, die Kirche Gottes zu regieren, die er mit seinem Blute erworben hat. Ich weiß, daß nach meiner Abreise reißende Wölfe unter euch kommen werden, die der Heerde nicht schonen. Und aus euch selbst werden Männer aufstehen, die Verkehrtes reden werden, um

---

[1] Homil. 83.   [2] Tract. 5. in Joann.   [3] Tract. 42. in Joann.

die Jünger zu sich wegzuziehen."¹) Der Apostel erklärt sich für „rein vom Blute Aller", weil er für das Heil jener Seelen gethan, was er thun konnte; er erklärt aber eben dadurch jene für nicht rein vom Blute derselben, welche die Ursache ihres Verderbens und ihres Unterganges sein würden; er nennt die Verführer derselben „reißende Wölfe", die nach Blut lechzen, und Leben zerstören; er weist darauf hin, daß diese Seelen „das Blut Christi" gekostet haben, welches in denselben durch die Verführung verloren gehe; er lehrt damit klar und bestimmt, daß die Verführer des Blutes dieser Seelen und des Blutes Christi sich schuldig machen, und eine doppelte Blutschuld auf sich laden. Christus, der Herr, selbst spricht von solchen Verführern, namentlich wenn sie sich als Hirten seiner Schäflein aufdrängen, die noch schrecklicheren Worte: „Alle, so viele ihrer kamen, sind Diebe und Mörder. — Ein Dieb kommt nur, um zu stehlen, zu morden, und zu verderben."²) Welche Schuld laden daher jene Menschen auf sich, welche in Worten und Thaten, durch Schriften und Bilder, durch ärgerliche Beispiele und verführerische Geschenke und Verheißungen, durch List und Gewaltthätigkeit ihre Mitmenschen zum Sündigen verleiten! Wie Christus von dem Verkäufer und Verräther seines Blutes gesagt hat: „Es wäre ihm besser, wenn dieser Mensch nicht geboren worden wäre";³) so sprach er auch von jedem solchen Verführer: „Wer Eines von diesen Kleinen, die an mich glauben, ärgert, dem wäre es besser, daß ein Mühlstein an seinen Hals gehängt, und er in die Tiefe des Meeres versenkt würde."⁴) Der Herr spricht auch von den göttlichen Strafgerichten, welche wegen dieser Verführungen, die er Ärgernisse nennt, über einzelne Menschen, und auch über die Welt, welche davon voll ist, kommen, und sagt: „Wehe aber dem Menschen, durch welchen Ärgerniß kommt!"⁵) und: „Wehe der Welt um der Ärgernisse willen!"⁶)

Wie groß aber ist die Schuld derjenigen, welche vor Gott die Pflicht haben, Andere vor der Verführung und vor der Sünde

---

¹) Act. Apost. c. XX. v. 26.—31.   ²) Joann. c. X. v. 8. 10.
³) Matth. c. XXVI. v. 24.   ⁴) Ibid. c. XVIII. v. 6.
⁵) Ibid. v. 7.   ⁶) Ibid.

zu schützen, und zu bewahren, wenn sie die Lämmlein Christi den Wölfen preisgeben, oder selbst Wölfe sind! Der heilige Paulus sagt: „Wenn aber Jemand für die Seinigen, und besonders für die Hausgenossen, nicht Sorge trägt; der hat den Glauben verleugnet, und ist ärger, als ein Ungläubiger." [1])

Wie Christus, der Herr, nicht aufhört, sein blutiges Opfer auf unblutige Weise für die Menschen darzubringen; so hören auch die Menschen nicht auf, sich des Blutes ihres göttlichen Erlösers auf unblutige Weise schuldig zu machen, und eine so entsetzliche Blutschuld auf sich zu laden, so lange es Unglückliche gibt, welche unwürdig kommuniziren, oder Andere zur Sünde verführen, oder auch nur selbst schwere Sünden begehen. Was sind doch das für unbegreifliche Geheimnisse der Liebe des Herrn, und was für schauerliche Geheimnisse der Bosheit der Menschen! Wie in seinem Leiden und Sterben, gehen seine wunderbare Erbarmung und der verbrecherische Undank der Menschen immerfort neben einander einher. Welches Weltgericht wird sich daraus einst ergeben?

Wie nun Christus, der Herr, den Gewaltthätigkeiten seiner Feinde gegenüber das Leiden und den Tod freiwillig auf sich genommen, so hat er sich seinem himmlischen Vater gegenüber diesem wunderbaren Versöhnungsopfer aus Gehorsam unterzogen. Wie dieß geschehen sei, untersucht der heilige Thomas in der folgenden Erörterung.

2.
Der Gehorsam Christi in seinem Leiden.

Der heilige Apostel Paulus zeichnet uns das ganze herrliche Bild unseres Herrn und Heilandes Jesu Christi in folgenden großartigen Zügen: „Da er in Gottesgestalt war, hielt er es für keinen Raub, Gott gleich zu sein; aber er hat sich selbst entäußert, und Knechtesgestalt angenommen, ist den Menschen gleich, und im Äußern wie ein Mensch erfunden worden. Er hat sich selbst er-

---
[1]) I. Tim. c. V. v. 8.

niedriget, und ist gehorsam geworden bis zum Tode, ja bis zum Tode am Kreuze. Darum hat ihn Gott auch erhöht, und ihm einen Namen gegeben, der über alle Namen ist, auf daß sich im Namen Jesus alle Kniee beugen derer, die im Himmel, auf der Erde, und unter der Erde sind, und auf daß alle Zungen bekennen, daß der Herr Jesus Christus in der Herrlichkeit Gottes des Vaters ist."[1] Der Apostel zeigt uns da Christum, den Herrn, als den dem Vater wesensgleichen Gott, von dessen Seite es darum auch keine Selbstüberhebung war, wenn er sich für den Sohn Gottes hielt, als Gott ausgab, und den Glauben an sich als Gott und an sein Wort als Gottes Wort forderte: „Da er in Gottes Gestalt war, hielt er es für keinen Raub, Gott gleich zu sein." Denn der Apostel setzt hier die Gestalt des Knechtes der Gestalt Gottes entgegen; die Gestalt des Knechtes aber ist die menschliche Natur; und somit ist die Gestalt Gottes die göttliche Natur, die er mit dem Vater gemein hat. Darum ist er hierin dem Vater gleich, und mit dem Vater der eine und derselbe Gott, wie er dieß auch mit den Worten: „Ich und der Vater sind Eins;"[2] ausdrücklich erklärt, und durch unzählige Wunder bewiesen hat. Der Apostel zeigt uns da den Herrn zugleich als den wahren, uns wesensgleichen Menschen: „Er hat Knechtsgestalt angenommen, ist den Menschen gleich, und im Äußern wie ein Mensch erfunden worden." Der Sohn Gottes hat die menschliche Natur angenommen, ist dadurch den Menschen gleich, ein wahrer Mensch geworden, und hat sich auch in seinem ganzen Äußern als wahren Menschen erwiesen; und dadurch „hat er sich selbst entäußert," wie der heilige Cyrillus schreibt: „Das Wort, welches seiner Natur nach der Entäußerung unfähig war, hat, von der Liebe zum Menschengeschlechte angetrieben, durch die Annahme der Knechtesgestalt sich entäußert, und erniedriget; er, der von einer Gemeinschaft mit dem Fleische nichts wußte, hat deinetwegen sich mit dem Fleische bekleidet, denn das Wort ist Fleisch geworden; er, welcher wegen seiner unkörperlichen Natur nicht berührt werden konnte, ist berührbar geworden; er, der keinen Anfang kannte, hat dem Leibe (und der Seele nach) einen An-

---

[1] Philipp. c. II. v. 6.—12. [2] Joann. c. X. v. 30.

fang genommen; er, der unendlich vollkommen war, hat zugenommen; er, der sich nicht verändern kann, hat Fortschritte zum Bessern gemacht; er, der reich war, ist in der Herberge geboren worden; er, der den Himmel mit Wolken bedeckt, ist in Windeln eingewickelt worden; er, der König war, ist in die Krippe gelegt worden."[1]) Der Apostel zeigt uns da den Herrn nicht bloß in seiner Entäußerung durch die Menschwerdung, sondern auch in seiner Selbsterniedrigung in der Menschengestalt: „Er hat sich selbst erniedriget, und ist gehorsam geworden bis zum Tode, ja bis zum Tode am Kreuze." Der heilige Gregorius von Nyssa schreibt darüber: „Der König der Könige, der Herr der Herrschenden hat sich den Fürsten dieser Welt zinspflichtig gemacht. — Der Richter hat sich in das Richthaus führen lassen, der Herr über alle Lebendigen hat sich dem Urtheile des Richters unterworfen, der König aller himmlischen Kräfte hat es nicht verschmäht, den Händen der Henkersknechte überliefert zu werden."[2]) Der Apostel zeigt uns da den Herrn in seiner Erhebung über Alles: „Gott hat ihm einen Namen gegeben, der über alle Namen ist, auf daß sich im Namen Jesus alle Kniee beugen derer, die im Himmel, auf der Erde, und unter der Erde sind." Daher steht auch geschrieben: „Auf seinem Kleide und auf seiner Hüfte ist geschrieben: König der Könige und Herr der Herren;"[3]) daher sagt er selbst: „Der Vater richtet Niemanden, sondern hat das ganze Gericht dem Sohne übergeben; damit Alle den Sohn ehren, wie sie den Vater ehren;"[4]) und daher sagt der heilige Apostelfürst Petrus: „Es ist in keinem Andern Heil; denn es ist kein anderer Name unter dem Himmel den Menschen gegeben, wodurch wir selig werden sollen."[5]) Alle Herrschaft, alles Gericht und alles Heil liegt in seinen Händen. Der Apostel zeigt uns da den Herrn endlich in seiner Verherrlichung und Herrlichkeit: „Auf daß alle Zungen bekennen, daß der Herr Jesus Christus in der Herrlichkeit Gottes des Vaters ist;" das ist, in der Herrlichkeit, Seligkeit, Würde und Majestät Gottes, zu welcher die menschliche

---

[1]) Libr. de fide ad Reginas.   [2]) Cit. in Conc. Ephes. T. II. c. 7.
[3]) Apoc. c. XIX. v. 16.   [4]) Joann. c. V. v. 22. 23.
[5]) Act. Apost. c. IV. v. 12.

Natur Christi nicht bloß wegen ihrer hypostatischen Vereinigung mit der Gottheit, sondern auch überdieß noch um ihrer Verdienste willen erhoben worden ist. Dieß ist es auch, was der Apostel hier besonders noch mit den Worten hervorhebt: „Darum hat ihn Gott auch erhöht"; denn er will damit sagen, daß diese Erhebung und Verklärung der Lohn für seine Erniedrigung und für seinen Gehorsam bis zum Tode am Kreuze sei.[1]) Das ist nun der ganze Christus; und der Apostel belehrt uns, daß die ganze Erhöhung des Herrn als Verdienst aus seinem Gehorsame bis zum Tode am Kreuze hervorgewachsen sei. Auch der ganze Himmel gibt dafür Zeugniß durch den ewigen Jubelruf: „Würdig ist das Lamm, das getödtet worden ist, zu empfangen Macht, und Gottheit, und Weisheit, und Stärke, und Ehre, und Preis, und Lob."[2]) Christus ist das Schlachtopfer des Gehorsams geworden, und zum Lohne dafür in die Herrlichkeit des Vaters eingegangen, dem er sich so durch diesen Gehorsam unterworfen hat.[3])

Dieser Gehorsam umfaßt, und durchzieht das ganze Leben des göttlichen Erlösers von dem ersten bis zu dem letzten Augenblicke. Von dem Beginne seines menschlichen Lebens spricht Christus durch den Mund des Propheten zum himmlischen Vater: „Schlachtopfer und Speisopfer hast du nicht verlangt, aber die Ohren mir zugerichtet; Brandopfer und Sündopfer hast du nicht begehrt. Da sprach ich: Sieh, ich komme! In der Buchrolle ist von mir geschrieben, deinen Willen zu thun. Mein Gott! ich habe es gewollt, und dein Gesetz war in der Mitte meines Herzens."[4]) Der heilige Paulus sagt ausdrücklich, daß Christus, der Herr, dieß „bei seinem Eintritte in die Welt gesprochen habe," und setzt bei: „In diesem Willen sind wir geheiligt durch das Opfer des Leidens Jesu Christi ein für allemal."[5]) Der Herr hat also gleich bei seinem Eintritte in die Welt das ganze Erlösungswerk vom Anfange bis zum Ende aus Gehorsam gegen den Willen seines himmlischen Vaters auf sich genommen, und sein Erlösungsleben in diesem Gehorsame angefangen.

---

[1]) Vide Corn. a Lap. in h. l. et in Hebr. c. I. v. 3. et seqq.
[2]) Apoc. c. V. v. 12. [3]) Luc. c. XXIV. v. 26.
[4]) Psalm. XXXIX. v. 7.—10. [5]) Hebr. c. X. v. 5.—11.

Von dem verborgenen Leben des Heilandes zu Nazareth steht geschrieben: „Er war ihnen unterthan;"[1] und daß er Mariä und Joseph aus Gehorsam gegen seinen himmlischen Vater so unterthan war, erhellt aus seinen Worten, die er als zwölfjähriger Knabe im Tempel zu Jerusalem zu ihnen gesprochen hat: „Wußtet ihr nicht, daß ich in dem sein muß, was meines Vaters ist?"[2] Denn daraus geht hervor, daß er immer, überall und in Allem den Willen seines himmlischen Vaters that, auch wenn er Menschen gehorchte.

Von seinem öffentlichen Leben betheuert er wieder: „Ich bin vom Himmel herabgestiegen, nicht um meinen Willen zu thun, sondern den Willen dessen, der mich gesendet hat;"[3] und: „Meine Speise ist es, den Willen dessen zu thun, der mich gesendet hat, damit ich sein Werk vollbringe;"[4] und: „Ich kann nichts von mir selbst thun. Denn ich suche nicht meinen Willen, sondern den Willen dessen, der mich gesendet hat."[5]

Da der göttliche Heiland im Begriffe stand, in sein Leiden und in den Tod zu gehen, sprach er von seinem ganzen Erlösungswerke, als wenn es schon vollbracht wäre, zum himmlischen Vater: „Ich habe dich verherrlichet auf Erden, ich habe das Werk vollbracht, das du mir zu verrichten gegeben hast. Und nun, Vater! verherrliche mich bei dir selbst mit jener Herrlichkeit, die ich bei dir hatte, ehe die Welt war."[6] Daraus erhellt, daß sein ganzes Erlösungswerk ein Werk des Gehorsams gegen seinen himmlischen Vater war.

Eben so sprach der göttliche Erlöser noch unmittelbar vor seiner Gefangennehmung auf dem Ölberge zu Petrus, der ihn mit dem Schwerte wider seine Feinde vertheidigen wollte: „Stecke dein Schwert in die Scheide. Soll ich den Kelch, den mir mein Vater gegeben hat, nicht trinken?"[7] Unter diesem Kelche verstand er sein Leiden und Sterben, und erklärte somit, daß ihm der Wille des himmlischen Vater das Leiden und Sterben aufgetragen

---

[1] Luc. c. II. v. 51. [2] Ibid. v. 49. [3] Joann. c. VI. v. 38.
[4] Ibid. c. IV. v. 34. [5] Ibid. c. V. v. 30. [6] Ibid. c. XVII. v. 4. 5.
[7] Ibid. c. XVIII. v. 11.

habe, und daß er aus Gehorsam gegen diesen Willen in das Leiden und in den Tod ging.

Es war also das ganze Leben, Leiden und Sterben des Herrn ein ununterbrochener Gehorsam gegen seinen himmlischen Vater in der Ausführung des Erlösungswerkes, bis er am Schluße desselben sagen konnte: „Es ist vollbracht." [1]

Auch die Weissagungen zeugen von dieser Wahrheit. Denn es war in denselben von dem göttlichen Erlöser Alles vorherverkündet, so daß die heiligen Evangelisten sich oft auf dieselben berufen, und in ihren Erzählungen darauf hinweisen, wie sie nun an Christus, dem Herrn, sich erfüllen. Auch der göttliche Heiland selbst berief sich in seinen Handlungen auf dieselben,[2] und namentlich in Bezug auf sein Leiden und Sterben, als er es seinen Jüngern vorhersagte.[3] Nach seiner Auferstehung wies er wieder darauf hin,[4] und sprach zu den Aposteln: „Das sind die Worte, die ich zu euch geredet habe,[5] da ich noch bei euch war, daß Alles erfüllt werden müsse, was im Gesetze Moses, in den Propheten und Psalmen von mir geschrieben steht. Dann schloß er ihnen den Sinn auf, daß sie die Schrift verstünden. Und er sprach zu ihnen: Also steht es geschrieben, und also mußte Christus leiden, und am dritten Tage von den Todten auferstehen."[6] Was aber aus Eingebung des heiligen Geistes geweissagt worden ist, das war in dem ewigen Rathschluße von dem göttlichen Willen bestimmt, und festgesetzt. Somit hat Christus, der Herr, dadurch, daß er die Weissagungen erfüllte, diesen Willen Gottes ausgeführt, und darum aus Gehorsam gegen denselben sich dem Leiden und dem Tode am Kreuze unterzogen.

Was nun Christus, der Herr, äußerlich gethan, und gelitten, das hat er auch innerlich mit seinem Verstande gebilligt, und dem hat er auch seinen Willen unterworfen; denn in Christus kann es zwischen dem äußern Thun und Lassen und dem inneren Urtheilen und Wollen keinen Widerspruch geben. Christus hat also mit Leib und Seele, mit allen Kräften des Leibes und der Seele,

---

[1] Joann. c. XIX. v. 30.   [2] Matth. s. XI. v. 2.—7.
[3] Marc. c. XV. v. 37.   [4] Luc. c. XXIV. v. 35. 36. 37.
[5] Matth. c. XX. v. 17.—20.   [6] Luc. c. XXIV. v. 44. 45. 46.

mit seinem ganzen innern und äußern Leben gehorcht; er war
ganz Gehorsam; er hat aus Gehorsam gelebt, aus Gehorsam ge=
litten, und ist aus Gehorsam gestorben; er war ein Brandopfer
und ein Schlachtopfer des Gehorsams. Die Menschheit war durch
den Ungehorsam zu Grunde gegangen; sie sollte von ihrem Er=
löser durch den Gehorsam gerettet werden, wie der heilige Apostel
Paulus sagt: „Gleichwie durch den Ungehorsam des Einen Men=
schen die Vielen zu Sündern geworden sind, so werden auch
durch den Gehorsam des Einen die Vielen zu Gerechten gemacht." [1]

Es versteht sich aber von selbst, daß Christus, der Herr, diesen
Gehorsam nicht als Gott, sondern als Mensch, nicht mit seinem
göttlichen, sondern mit seinem menschlichen Willen geübt habe; da
ja sein göttlicher Wille mit dem Willen des Vaters der eine und
derselbe Wille war, der keinem andern Willen sich unterwerfen,
und gehorchen konnte. Das geht auch aus seinen Worten hervor,
die er in seiner Todesangst auf dem Ölberge vor seinem Leiden
und Sterben zum himmlischen Vater gesprochen hat: „Vater!
willst du, so nimm diesen Kelch von mir; doch nicht mein, son=
dern dein Wille geschehe." [2] Denn da unterscheidet der Herr
ausdrücklich seinen Willen von dem Willen des Vaters, folglich
seinen menschlichen von seinem göttlichen Willen, der mit dem
Willen des Vaters derselbe war; und er wollte daher sagen: Nicht
mein menschlicher Wille, der bittet, sondern dein und mein gött=
licher Wille geschehe, dem ich meinen menschlichen Willen im Ge=
horsame unterwerfe.

Aber Gehorsam im eigentlichen Sinne kann ja nur in so
fern geübt werden, als ein Befehl, ein Gebot vorliegt, dem man
sich unterwirft; hat denn Christus wirklich den Befehl, das Ge=
bot vom Vater erhalten, zu leiden, und zu sterben? Das unter=
liegt keinem Zweifel, und erhellt aus Allem, was wir bisher von
dem Gehorsame des Herrn gesagt haben. Denn hat er in Allem
gethan, was im Rathschlusse Gottes festgesetzt, und von den Pro=
pheten vorausverkündet war; hat er nie und nirgends seinen
Willen, sondern immer und überall nur den Willen des Vaters

---

[1] Rom. c. V. v. 19.   [2] Luc. c. XXII. v. 42.

ausgeführt; und hat der Vater namentlich in Bezug auf das Leiden und Sterben auch auf dessen Bitte seinen Willen nicht geändert, und der Heiland diesem Willen sich unterworfen, und ihn ausgeführt: so war eben dieser Wille des Vaters ihm Befehl, Gebot und Gesetz. Zudem hat der Herr selbst erklärt: „Ich habe Macht (mein Leben) hinzugeben, und ich habe Macht, es wieder zu nehmen. Diesen Auftrag habe ich von meinem Vater empfangen;"[1] nämlich den Auftrag, den Befehl, das Gebot, das Leben hinzugeben, und es wieder zu nehmen.

Es war in Christus der menschliche Wille mit dem göttlichen Willen vom ersten Augenblicke an auf das Vollkommenste vereiniget, und demselben in Allem unterworfen; er hatte darum auch nicht nöthig, den göttlichen Willen erst kennen zu lernen, und dann sich demselben zu unterwerfen. Es war dieß eine Unterwerfung vom ersten Augenblicke an, aber doch eine Unterwerfung, und darum und in der beständigen Ausführung derselben ein wahrer Gehorsam. Deßhalb schreibt der heilige Chrysostomus über die eben angeführten Worte des Herrn: „Man muß das nicht so verstehen, als hätte Christus zuvor gewartet, um (diesen Auftrag) zu vernehmen, und als wäre es für ihn nothwendig gewesen, denselben erst kennen zu lernen; sondern er hat nur gezeigt, daß der ganze Verlauf nach seinem Willen war, und damit jeden Verdacht des Gegensatzes zum Vater vernichtet."[2] Wenn der Herr aber sagt: „Ich habe Macht", nämlich mein Leben hinzugeben, und es wieder zu nehmen; so will er damit sagen, daß keine geschöpfliche Kraft oder Macht ihm sein Leben gegen seinen Willen nehmen, oder ihn hindern könne, es wieder zu nehmen; und daß er nach dem Willen des Vaters Beides thun könne, und thun werde.

Überdieß hat der göttliche Heiland auch alle übrigen Gebote, die Gott im alten Bunde gegeben, in diesem Gehorsame auf das Vollkommenste erfüllt, und somit den Gehorsam auch in dieser Beziehung gegen Gebote, und zwar gegen Gottes Gebote geübt. Denn er hat das Moralgesetz erfüllt, welches in der Liebe seine

---

[1] Joann. c. X. v. 18.   [2] Homil. 59. in Joann.

Wurzel hat, und seine Vollendung findet, indem er aus Liebe zum Vater und zu uns Menschen gelebt, gearbeitet, gelitten, und den Tod erduldet; wie er dieß auch unmittelbar vor seinem Leiden ausgesprochen, da er zu den Jüngern sagte: „Ich werde nun nicht mehr viel mit euch reden: denn es kommt der Fürst dieser Welt, aber er hat nichts an mir; sondern damit die Welt erkenne, daß ich den Vater liebe, und thue, wie es mir der Vater befohlen hat. Stehet auf, lasset uns von hinnen gehen!"[1] nämlich vom Orte des letzten Abendmahles auf den Ölberg, um das Leiden zu beginnen. Er spricht auch hier wieder von dem Befehle des Vaters und von seinem Gehorsame gegen denselben, in dem er ihm seine Liebe durch die That bewies. In Bezug auf seine Liebe zu uns Menschen muß Jedermann mit dem heiligen Apostel Paulus bekennen: „Er hat mich geliebt, und sich selbst für mich hingegeben."[2] In diesen zwei Geboten ist das ganze Sittengesetz enthalten.

Das Ceremoniengesetz, welches vorzüglich die verschiedenen Feste und Opfer betraf, hat Christus dadurch erfüllt, daß er dessen Vorschriften bis zuletzt selbst beobachtete, und endlich durch sein Kreuzopfer, welches von den Opfern des alten Bundes vorgebildet wurde, dessen ganze Bedeutung verwirklichte, weßhalb es auch für die Zukunft zwecklos wurde, und aufhören mußte. Daher schreibt der heilige Apostel Paulus an die Colosser: „Niemand soll euch richten wegen der Speise, oder wegen des Trankes, oder in Hinsicht eines Festtages, oder eines Neumondes, oder der Sabbate, welche der Schatten künftiger Dinge sind; die Sache aber ist Christus;"[3] weil nämlich alle jene Feste und Opfer zu Christus sich verhielten, wie der Schatten einer Sache zur Sache selbst sich verhält.

Das Gesetz der Rechtspflege endlich, welches die Verordnungen über das Gerichtsverfahren enthielt, um denen, welche Unrecht gelitten hatten, Recht zu schaffen, hat der Herr dadurch in der großartigsten Weise erfüllt, daß er für die Sünden und Verbrechen des ganzen Menschengeschlechtes der göttlichen Gerech-

---

[1] Joann. c. XIV. v. 31.   [2] Galat. c. II. v. 20.
[3] Coloss. c. II. v. 16. 17.

tigkeit die vollkommenste und überschwänglichste Genugthuung geleistet, es mit Gott, die Erde mit dem Himmel versöhnt, wie der heilige Apostel Paulus an die Corinther schreibt: „Gott hat in Christo die Welt mit sich versöhnt;" [1]) und an die Colosser: „Denn es gefiel, daß in ihm die Fülle wohne, und daß durch ihn Alles mit ihm versöhnt werde, sowohl was auf der Erde, als was im Himmel ist, indem er Frieden machte durch das Blut seines Kreuzes." [2])

So hat der göttliche Erlöser geleistet, was er zum heiligen Johannes, dem Täufer, gesprochen: „Es geziemt sich, daß wir alle Gerechtigkeit erfüllen;" [3]) und was er an einem andern Orte gesagt: „Glaubet nicht, daß ich gekommen sei, das Gesetz oder die Propheten aufzuheben. Ich bin nicht gekommen, sie aufzuheben, sondern zu erfüllen. Denn wahrlich sage ich euch: Bis der Himmel und die Erde vergeht, wird nicht Ein Strichlein oder Ein Pünktlein vom Gesetze vergehen, bis Alles geschieht." [4]) Christus hat das ganze Gesetz des alten Bundes in höherer Weise zur Vollendung gebracht.

Wir sehen also hier von Seite des himmlischen Vaters, von Seite des göttlichen Willens das Gebot, von Seite Christi, des Herrn, von Seite seines menschlichen Willens den Gehorsam, und in seinem Leben, Leiden und Sterben die Ausführung des Gebotes durch den Gehorsam. Denn der heilige Thomas sagt: „Der Gehorsam schließt zwar in Bezug auf das, was geboten wird, eine Nothwendigkeit in sich, aber er schließt auch in Bezug auf die Erfüllung des Gebotes den Willen in sich. So war auch der Gehorsam Christi beschaffen. Denn das Leiden und der Tod an sich betrachtet, widerstrebten dem natürlichen Willen; dennoch wollte Christus in dieser Hinsicht den Willen Gottes erfüllen, nach dem Worte des 39. Psalmes: Auf daß ich deinen Willen thue, mein Gott! ich habe gewollt. Daher sagte er auch (Matth. 26): Wenn dieser Kelch an mir nicht vorüber gehen kann, ohne daß ich ihn trinke; so geschehe dein Wille." [5]) So ist auch neben

---

[1]) II. Cor. c. V. v. 19. [2]) Coloss. c. I. v. 19. 20.
[3]) Matth. c. III. v. 15. [4]) Ibid. c. V. v. 17. 18.
[5]) P. III. q. 47. a. 2. ad 2.

dem Gebote des Vaters das Wort des Propheten an ihm allseitig wahr geworden: „Er ist geopfert worden, weil er es selbst gewollt hat." ¹)

Wenn endlich Christus, der Herr, selbst betheuert, er sei aus Liebe zum Vater in das Leiden und in den Tod gegangen,²) und wenn die Liebe auch eine vollkommenere Tugend, als der Gehorsam, und der Inbegriff aller Vollkommenheit ist; so kann man deßhalb doch nicht behaupten, der göttliche Heiland sei nur aus Liebe, und nicht aus Gehorsam, gestorben, sondern man muß vielmehr sagen, er habe eben durch diesen Gehorsam dem Vater seine Liebe bewiesen, und so aus Liebe und Gehorsam sich geopfert, wie auch der englische Lehrer bemerkt: „Christus hat auf gleiche Weise aus Liebe und aus Gehorsam gelitten; weil er die Gebote der Liebe aus Gehorsam erfüllt hat, und aus Liebe zum Vater, der die Gebote gegeben, gehorsam gewesen ist." ³) Die Liebe ist der Beweggrund, die Richtschnur und das Endziel des Gehorsams, und der Gehorsam ist das Werk, der thatsächliche Beweis der Liebe. Das hat auch der Herr mit den Worten erklärt, als er in das Leiden ging: „Damit die Welt erkenne, daß ich den Vater liebe, und thue, wie mir es der Vater befohlen hat. Stehet auf, lasset uns von hinnen gehen!" ⁴) Auch gibt der Herr eben diesen Gehorsam als Grund an, warum ihn der Vater liebte: „Darum liebt mich der Vater, weil ich mein Leben hingebe." ⁵) Es ist dieß dieselbe Wahrheit, welche der heilige Apostel Paulus mit den Worten lehrt: „Er ist gehorsam geworden bis zum Tode, ja bis zum Tode am Kreuze. Darum hat ihn Gott erhöht, und ihm einen Namen gegeben, der über alle Namen ist." ⁶)

Es war aber auch ganz angemessen, daß der göttliche Erlöser aus Gehorsam litt, und starb; und zwar zuerst in Bezug auf dieses Erlösungsopfer selbst. Denn das Opfer ist der kräftigste

---

¹) Isai. c. LIII. v. 7. Quæ sint Theologorum opiniones circa conciliationem hujus obedientiæ Christi Domini cum ejus libertate et impeccantia, vide Suarez P. III. q. 18. Card. Tolet. quæst. 18. a. 4. Card. Franzelin De Verbo incar. Thes. 44. Hurter Comp. Theol. dogm. T. II. Thes. 147. Coroll. 2. ²) Joann. c. XIV. v. 31. ³) Loc. cit. ad 3.
⁴) Joann. c. XIV. v. 31. ⁵) Ibid. c. X. v. 17. ⁶) Philipp. c. II. v. 8. 9.

Ausdruck der Anerkennung der obersten Herrschaft Gottes und der allseitigen Abhängigkeit und der tiefsten Unterwürfigkeit des Geschöpfes; es ist selbst der höchste Akt des vollkommensten Gehorsams, und der Gehorsam gibt ihm den Werth und die Weihe, wie geschrieben steht: „Der Gehorsam ist besser, als Schlachtopfer."[1]) Es war darum ganz angemessen, daß Christus, der Herr, dieses Opfer dem himmlischen Vater aus Gehorsam darbrachte.

Der Zweck des Kreuzopfers war die Befreiung des Menschengeschlechtes aus der Knechtschaft der Sünde, des Teufels und des Todes und die Zurückführung desselben zur Freiheit der Kinder Gottes durch die Überwindung und Besiegung dieser Feinde Gottes und der menschlichen Natur. Es soll aber der Feldoberste nicht anders, als im Gehorsame seines Königs und Kriegsherrn kämpfen, und siegen. Es war daher geziemend, daß Christus, der Herr, im Gehorsame gegen seinen himmlischen Vater den Kampf mit diesen feindlichen Mächten durch sein Leiden und Sterben aufnahm, siegreich durchführte, und über dieselben in seiner glorreichen Auferstehung triumphirte; wie geschrieben steht: „Der Mann, welcher gehorcht, wird vom Siege reden."[2])

Die Ursache des Leidens und Sterbens Christi war die Sünde; in jeder Sünde aber liegt die Auflehnung gegen Gottes Gebot und gegen Gott, der Ungehorsam; es war daher auch angemessen, daß die Genugthuung für die Sünde Gott durch den Gehorsam gegen sein Gebot geleistet, und daß der ungehorsame Mensch von seiner Sünde durch den Gehorsam erlöst würde. Daher sagt der heilige Bruno: „Der erste Mensch ist ungehorsam geworden, und hat sich und uns zu Grunde gerichtet; der zweite Mensch (Christus) ist gehorsam geworden bis zum Tode, um uns zu retten."[3]) Der Mensch ist ungehorsam gewesen, und dadurch dem Tode verfallen; der Erlöser sollte gehorsam sein bis in den Tod, und ihm dadurch das Leben wieder gewinnen.

Wir mögen also das Kreuzopfer an sich, oder in Bezug auf seinen Zweck, oder in Hinsicht auf seine Ursache betrachten; so

---

[1]) I. Reg. c. XV. v. 22.   [2]) Prov. c. XXI. v. 28.
[3]) De laudibus Eccles. c. 1. De paradiso.

war es das Angemessenste, daß dasselbe aus Gehorsam dargebracht wurde.

Christus, der Herr, aber war in Allem zugleich ein Vorbild, das alle Menschen nachahmen müssen, wenn sie durch ihn wirklich Erlösung, Heil und Seligkeit finden wollen. In dieser Nachahmung und Nachfolge ist der Gehorsam ein unerläßliches Erforderniß; und die Menschen sollen, wie sie durch die Nachahmung des Luzifer im Ungehorsame zu Sündern geworden sind, auch nur durch die Nachahmung Christi im Gehorsame zu Gerechten werden. Denn wollen wir die Erlösungsgnaden Christi uns aneignen, so müssen wir unsern Verstand seiner Lehre durch den Glauben, unsern Willen seinem Gesetze durch die Beobachtung desselben, uns selbst seinen Gnadenmitteln durch den Gebrauch derselben, und unser inneres und äußeres Leben seinem Vorbilde durch die Nachahmung seiner Tugenden unterwerfen. Das Alles aber kann ohne Gehorsam nicht geschehen.

Es wird auch uns, wie unserm göttlichen Erlöser, der Wille Gottes bekannt, daß wir, wie er, den Gehorsam gegen Gott nicht bloß unmittelbar, sondern auch durch die Vermittlung von Menschen zu üben Gelegenheit finden. Denn der Wille Gottes wird uns klar und bestimmt bekannt durch die göttliche Lehre, die uns geprediget, durch die göttlichen Gebote, die uns verkündiget werden, durch die heilige Kirche, welche Christus wie ihn selbst zu hören befohlen hat, durch unsere rechtmäßigen Vorgesetzten, welche Gottes Stelle vertreten, durch unsere Standes- und Berufspflichten, welche, wie der Stand und Beruf, von Gott angeordnet sind, und durch unser Gewissen, von welchem der heilige Antoninus sagt: „Das Gewissen ist als Sittenlehrer und Geistesführer unserer Seele beigegeben."[1] Wie Christus, wenn er sich Menschen unterwarf, darin den Willen seines himmlischen Vaters erfüllte; so gehorchen auch wir, wenn wir den von Gott angeordneten Gehorsam gegen Menschen üben, Gott, wie der heilige Bernardus sagt: „Der Gehorsam, welchen man den Vorgesetzten leistet, wird Gott erwiesen."[2]

---

[1] P. I. Tit. 3. c. 10.   [2] De Præcept. et Dispensat.

Christus, der Herr, hat unser Heil durch seinen Gehorsam gewirkt; es ist daher billig und recht, daß wir dasselbe von ihm auch nicht anders, als durch unsern Gehorsam, erlangen; und nichts ist geziemender, als daß wir, die wir durch stolzen Ungehorsam von Gott abgefallen sind, durch demüthigen Gehorsam zu Gott zurückkehren. Wie Christus, der Herr, seine Erhöhung und Verklärung durch seinen Gehorsam verdient hat, so sollen auch wir durch unsern Gehorsam unsere ewige Seligkeit und Herrlichkeit verdienen. Christus, der Herr, hat uns noch überdieß durch seinen Gehorsam die Gnaden verdient, vermittelst welcher wir so gehorchen, und durch den Gehorsam so verdienen können. Darum sagt der heilige Augustinus: „O preiswürdiger und heiliger Gehorsam, Heil aller Gläubigen, Bewahrer aller Tugenden! du öffnest den Himmel, und schließest die Hölle." [1]

Der göttliche Erlöser hat uns durch seinen Gehorsam auch das Vorbild gegeben, nach welchem wir den Gehorsam üben sollen; wie wir Gott und allen Menschen, die von Gott die Autorität, das Recht und die Gewalt haben, uns zu befehlen, in kleinen und großen, in leichten und schweren Dingen, an jedem Orte, zu jeder Zeit, mit allen Kräften des Leibes und der Seele, mit Unterwerfung des Willens und des Urtheils, in Arbeiten, Kämpfen, Leiden und Opfern, bis zum Tode, und, wenn es nöthig wäre, bis zum Tode am Kreuze gehorchen sollen; vorausgesetzt jedoch, daß diese Menschen nichts von uns verlangen, was gegen den Willen Gottes, und eine Sünde wäre. Wenn wir auf den Gottmenschen und auf seinen Gehorsam hinblicken, finden wir sicher keine Entschuldigung, die uns des Gehorsams entbinden könnte; wir mögen den Gehorsam selbst, oder den Befehlenden, oder den Befehl, oder die Art und Weise des Befehlens, oder die Umstände der Zeit und des Ortes, oder das, was befohlen wird, oder uns selbst, oder was immer, das mit dem Gehorsame verbunden sein mag, in's Auge fassen. Denn wer kann sich mit Christus, dem Herrn, vergleichen? Welcher Vorgesetzte ist den Feinden des Herrn ähnlich? Welche Aufgabe des Gehorsams führt

---

[1] Serm. 5. ad fratres in eremo.

uns in ein Leiden und in einen Tod, wie den Sohn Gottes? Daher schreibt der heilige Cyprianus: „Der Gehorsam, welcher der Anfang eines geordneten Lebens ist, bedarf einer gründlichen Übung, welche die Norm ihres Strebens von Christus, dem Herrn, nimmt." [1]) Vom Herrn lernen wir auch, was der heilige Bernardus über die Vollkommenheit des Gehorsams sagt: „Der treu Gehorsame kennt keine Zögerung, flieht die Verschiebung auf Morgen, weiß nichts von einer Langsamkeit, kommt dem Befehlenden zuvor, hält das Auge zum Sehen, das Ohr zum Hören, die Zunge zum Reden, die Hand zum Werke, den Fuß zum Wandel bereit; er ist ganz gesammelt, um den Willen des Befehlenden zu vernehmen." [2])

Der Gehorsam allein ist es, durch welchen wir, wie der göttliche Heiland, vor Gott zum Brandopfer werden können; denn durch denselben wird der Wille und der Verstand Gott geopfert, mit dem Willen und Verstande aber, welche den ganzen innern und äußern Menschen beherrschen, und regieren, ist der ganze Mensch Gott geopfert. Daher sagt der heilige Papst Gregorius: „Der Gehorsam wird mit Recht den Schlachtopfern vorgezogen, weil durch die Schlachtopfer fremdes Fleisch, durch den Gehorsam aber der eigene Wille geschlachtet wird." [3])

Der Gehorsam macht dem gekreuzigten und am Kreuze sterbenden Heilande am ähnlichsten, weil er immer ein unblutiges, oft aber auch ein blutiges Martherthum ist; da er eine beständige Selbstverleugnung und Abtödtung bis in den Tod fordert, und wohl auch Blut und Leben fordert, wenn ihm auf andere Weise nicht mehr Genüge geschehen kann. Daher trägt er aber auch das bestimmte und zuverlässige Gepräge der Auserwählung an sich, nach der Lehre des heiligen Apostels Paulus, welcher an die Römer schreibt: „Die (Gott) vorhergesehen, hat er auch vorherbestimmt, dem Bilde seines Sohnes gleichförmig zu werden, damit er der Erstgeborne aus vielen Brüdern sei;" [4]) und nach den Worten Christi, des Herrn, selbst: „Willst du zum Leben ein-

---

[1]) De duodecim abusionibus c. 3.   [2]) Serm. de virt. obed.
[3]) Moral. Libr. XXXV. c. 10. n. 15.   [4]) Rom. c. VIII. v. 29.

gehen, halte die Gebote."¹) Darum schreibt der heilige Bonaventura: „Der Gehorsam ist die Schule Christi, eine edle Art des Martertums, die Palme des Triumphes, die Leiter zum Paradiese."²)

Endlich ist es der Gehorsam, welcher, so lange er nicht mit einer offenbaren Sünde verbunden ist, und im Stande der heiligmachenden Gnade geübt wird, Alles in Verdienst für das ewige Leben verwandelt, wie der ehrwürdige Thomas von Kempen sagt: „Der Gehorsam mag beten, oder arbeiten, wachen, oder schlafen; er mag reden, oder schweigen, stehen, oder gehen, schreiben, oder lesen, eingehen, oder ausgehen, essen, oder fasten: durch die Tugend des Gehorsams wird Alles in Gutes und Verdienst verwandelt."³) Daher auch sein anderes Wort: „Es gibt nichts Vollkommeneres, nichts Heilsameres, nichts Nützlicheres, nichts Ruhigeres, um ein gutes Gewissen und ein reines Herz zu bewahren, als zu jeder Stunde, ohne Widerspruch, ohne Zögerung, ohne Verstellung, ohne Abneigung, hurtig und gern zu gehorchen."⁴)

Es gibt auch für das zeitliche Wohl der Menschen nichts Nothwendigeres und Heilsameres, als den Gehorsam, wie der heilige Augustinus bemerkt: „Das ist jener Gehorsam, welcher die Eintracht unter den Engeln bewahrt, den Frieden unter den Ordensleuten nährt, die Ruhe unter den Bürgern erzeugt, ohne welche kein Staat bestehen, und ohne welche keine Familie regiert werden kann."⁵)

Im Gehorsame liegt alles Heil, wie im Ungehorsame alles Unheil; darum ist der göttliche Erlöser gehorsam geworden bis zum Tode am Kreuze, und müssen auch wir gehorsam werden bis zum Tode, und, wenn es Gott von uns ebenfalls fordern sollte, gleichfalls bis zum Tode am Kreuze. Dazu aber bildet der Anblick des sich entäußernden, erniedrigenden, gehorsamen Gottmenschen sicherlich den mächtigsten Antrieb; denn der heilige

---

¹) Matth. c. XIX. v. 17.   ²) Diæt. Tit. IV. c. 2.
³) Hospit. paup. c. 5.   ⁴) Ad Novit. Serm. 18. divis. 6.
⁵) Serm. 7. ad fratres in eremo.

Bernardus sagt: „Was gibt es Unwürdigeres, was Verabscheuungswürdigeres, was Strafbareres, als wenn der Mensch, da er doch sieht, daß der Gott des Himmels ein Kind geworden ist, sich noch ferner vermißt, auf der Erde sich groß zu machen? Es ist eine unerträgliche Unverschämtheit, daß, während die Majestät sich selbst entäußert, das Würmchen sich aufbläst, und anschwellt." [1] „Erröthe, stolzer Staub: Gott verdemüthiget sich, und du erhebst dich!" [2] Vergessen wir niemals, was der heilige Cyprianus von diesem sich selbst opfernden und heilbringenden Gehorsame des göttlichen Erlösers sagt: „Er wollte des Menschen Sohn sein, um uns zu Söhnen Gottes zu machen; er hat sich erniedriget, um das Volk, welches früher darnieder lag, zu erheben; er ist verwundet worden, um unsere Wunden zu heilen; er hat gedient, um uns, die wir in der Dienstbarkeit uns befanden, zur Freiheit herauszuführen; er hat den Tod erduldet, um uns Sterblichen die Unsterblichkeit zu verschaffen." [3] Er kann aber diesen großen und erhabenen Zweck an keinem Menschen erreichen, der nicht gehorcht; und dieser Erlösungsfrüchte kann auch nur, wer gehorcht, theilhaftig werden.

Das Alles mag nun wohl Jedermann klar sein; aber eben daraus ergibt sich eine andere Frage, deren Lösung nicht sogleich eben so klar und auch nicht so leicht sein dürfte. Denn wenn Christus aus Gehorsam gegen den Willen und gegen das Gebot des himmlischen Vaters gelitten hat, und gestorben ist; muß man dann nicht sein Leiden und Sterben dem himmlischen Vater zuschreiben? Auf diese Frage antwortet der englische Lehrer in der folgenden Erörterung, die um so wichtiger ist, als unser Herz eine bejahende Antwort nicht begreiflich findet, unsere Vernunft aber auch eine verneinende Antwort zu erwarten nicht wagt, und Herz und Vernunft an den Glauben sich wenden müssen, um von ihm Aufschluß zu erhalten.

---

[1] Serm. 1. de Nativ. Dom.   [2] Serm. 1. super *Missus*.
[3] Tract. de eleemos.

3.
Das Verhalten des himmlischen Vaters in Bezug auf das Leiden Christi.[1])

Wir haben gesehen, daß das Leiden und Sterben Jesu Christi im Rathschlusse Gottes bestimmt, und festgesetzt, von dem himmlischen Vater dem göttlichen Erlöser aufgetragen, und befohlen, und von dem Gottmenschen im Gehorsame gegen diesen Auftrag und Befehl seines göttlichen Vaters übernommen, und erduldet worden ist. Kann oder muß man nun daraus nicht folgern, daß Gott der Vater Christum, den Herrn, diesem Leiden und diesem Tode übergeben habe? Zur klareren und gründlicheren Erläuterung dieser Fragen wollen wir zuerst die Schwierigkeiten erörtern, welche sich in dieser Beziehung geltend machen können.

Von Seite des himmlischen Vaters muß man erwägen, wie es sich mit seiner Gerechtigkeit vertrage, die Unschuld solchen Leiden und einem solchen Tode zu übergeben; wie seine Vaterliebe den vielgeliebten eingebornen Sohn auf solche Weise opfern; wie seine Güte über ihn solche Peinen verhängen; und wie dieses Alles seiner Weisheit entsprechen konnte.

Was nun die göttliche Gerechtigkeit anbelangt, muß zuvörderst bemerkt werden, daß es sich hier nicht darum handelte, an Christus, dem Herrn, ein ihm eigenes Vergehen, oder eine ihm eigene Schuld zu strafen, oder darüber von ihm eine Genugthuung zu fordern, da er die Unschuld selbst war. In diesem Sinne hat die göttliche Gerechtigkeit von ihm nichts gefordert, aus diesem Grunde hat Christus, der Herr, auch nichts gelitten, aus diesem Grunde ist er auch nicht gestorben. Die göttliche Gerechtigkeit hatte aber für die ungeheuere Sündenschuld des Menschengeschlechtes die gebührende Genugthuung zu fordern; diese gebührende Genugthuung aber kann kein Mensch, könnten alle Menschen, könnten alle Geschöpfe mit einander nicht leisten. Wollte nun Gott der Vater diese gebührende Genugthuung von Seite der Menschheit fordern, und erhalten; so mußte er einen menschlichen Bürgen finden, dessen

---
[1]) P. III. q. 47. a. 3.

Genugthuung einen seiner Beleidigung und einer solchen Schuld entsprechenden, das ist, einen göttlichen Werth hätte; es mußte Gott Mensch werden. Wenn nun im ewigen Rathschlusse die drei göttlichen Personen, deren göttlicher Wille der eine und derselbe ist, beschlossen haben, daß der Sohn Gottes Mensch werde, und daß er in der von ihm angenommenen menschlichen Natur diese Genugthuung auch in dem Maße leiste, welches nicht nur wegen des göttlichen Werthes, den sie von seiner göttlichen Person erhielt, entsprach, sondern auch dieser genugthuenden menschlichen Natur geziemte, und dem gemäß dieses Leiden und diesen Tod auf sich nehme; so hatte die göttliche Gerechtigkeit das Recht, dieses Leiden und diesen Tod von dem Gottmenschen zu fordern. Daher sagt der Cardinal Toletus: „Es war der göttlichen Gerechtigkeit angemessen, daß es ein Mensch wäre, der die Genugthuung leistete. Da dieß aber ein Mensch nicht konnte, der nicht zugleich Gott war; darum ist Gott Mensch geworden, um seiner Gerechtigkeit genugzuthun." [1]/

Wie Gott ferner jedes geschöpfliche Leben ganz unabhängig aus dem Nichts in's Dasein setzt, und erhält; so kann er auch jedes geschöpfliche Leben eben so unabhängig was immer für einer Zerstörung preisgeben, oder selbst zerstören, und auch wieder vernichten, ohne irgendwie ein Unrecht zu begehen: „Wie der Thon in der Hand des Töpfers, der ihn bildet, und zurichtet, und ganz nach seinem Gutbünken behandelt; so ist auch der Mensch in der Hand seines Schöpfers."[2] Somit hätte dieß Gott auch mit der angenommenen Menschennatur thun können, ohne ihr ein Unrecht zuzufügen, oder irgend eine Ungerechtigkeit zu begehen. Aber in Bezug auf den Gottmenschen wollte Gott ein milderes Verfahren eintreten lassen, und der Cardinal Toletus sagt: „Wie Gott Alle, (auch die unschuldigsten Geschöpfe) vernichten kann, so kann er sie auch ohne alle Ungerechtigkeit oder Ungebührlichkeit dem Tode übergeben. Aber es entsprach der Milde seiner Anordnung, daß er Christum nicht ohne dessen Willen dem Tode übergab."[3]/

---

[1] Loc. cit. q. 1. a. 1.   [2] Eccli. c. XXXIII. v. 13. 14.
[3] Loc. cit. q. 47. in h. a.

Im göttlichen Rathschlusse ist das Leiden und Sterben des Gottmenschen zur Genugthuung für die Sünden der Welt festgesetzt worden, nachdem die Bosheit der Juden und die Zustimmung des menschlichen Willens Christi zu dieser Genugthuung mittelst der Fülle der Gnaden, welche dieser menschlichen Natur verliehen wurden, vorausgesehen waren.[1]) Dem aber, der selbst Etwas will, kann darin kein Unrecht geschehen.

Endlich konnte die göttliche Gerechtigkeit sich auf keine andere Weise großartiger und wunderbarer offenbaren, als wenn sie auf solche Weise die vollste Genugthuung forderte, und im überschwänglichsten Maße erhielt.

Ueber diesem Walten der göttlichen Gerechtigkeit wurde aber auch die Liebe nicht nur nicht verletzt, sondern auf die glänzendste Weise bethätiget. Denn es wurde die menschliche Natur Christi ohne ihr Verdienst bis zur Vereinigung mit der Gottheit in der Person des Wortes Gottes erhoben; sie wurde die Natur des Sohnes Gottes; sie wurde vergöttlichet. Für das Verdienst des Leidens und Sterbens aber erhielt sie die göttliche Erhebung, Verklärung, Herrlichkeit und Seligkeit auch zum Lohne. Größeres, Werthvolleres, Erhabeneres und Beseligenderes konnte Gott selbst der menschlichen Natur nicht geben; daher bezeugt Christus, der Herr, selbst: „Der Vater liebt den Sohn, und hat Alles in seine Hand gegeben."[2]) Was für eine größere Liebe aber konnte der himmlische Vater uns Menschenkindern erweisen, als diese, daß er für uns das Liebste und Theuerste, was er besaß, seinen vielgeliebten, eingebornen Sohn geopfert, und mit ihm uns Alles gegeben hat, wie der heilige Apostel Paulus sagt: „Er, der selbst seines eigenen Sohnes nicht geschont, sondern ihn für uns Alle hingegeben hat; wie sollte er uns nicht Alles mit ihm geschenkt haben?"[3]) Es war dieß auch von Seite Christi, des Herrn, die größte Liebeserweisung gegen den himmlischen Vater, da er ihm durch sein Leiden und Sterben die überschwänglichste Genugthuung für die durch die Sünden der ganzen Welt ihm zugefügten Beleidigungen leistete, sein Werk und Ebenbild in den Menschen

---

[1]) Loc. cit. q. 47. in h. a. [2]) Joann. c. III. v. 35. [3]) Rom. c. VIII. v. 32.

rettete, und erneuerte, und ihn durch sich selbst und durch sein Erlösungswerk über Alles verherrlichte, wie er selbst zum Vater gesprochen hat: „Ich habe dich auf Erden verherrlichet; ich habe das Werk vollbracht, das du mir zu verrichten gegeben hast." [1] Der göttliche Erlöser hat durch dieses Werk auch uns die größte Liebe erwiesen, und zwar in Anbetracht seines Werkes, wie er selbst sagt: „Eine größere Liebe hat Niemand, als diese, daß er sein Leben für seine Freunde hingibt;" [2] als auch in Anbetracht der Übel, von welchen er uns befreit, und der Güter, die er uns verschafft hat. Diese Liebe des Vaters zu uns Menschen bewundert der heilige Johannes, indem er sagt: „Dadurch hat sich Gottes Liebe gegen uns geoffenbart, daß Gott seinen eingebornen Sohn in die Welt gesendet, damit wir durch ihn leben. Darin besteht diese Liebe, nicht daß wir Gott geliebt, sondern daß er uns zuvor geliebt, und seinen Sohn gesendet hat zur Versöhnung für unsere Sünden." [3] Diese Liebe des Sohnes zu uns bewundert der heilige Paulus, und schreibt: „Christus hat uns geliebt, und sich für uns als Gabe und Opfer hingegeben." [4]

Aus dem Leiden und Sterben des Gottmenschen offenbart sich auch die göttliche Güte auf die herrlichste Weise, und zwar gegen die menschliche Natur Jesu Christi selbst, indem er sie aus der von der Sünde entstellten, und mit dem Fluche belegten, Menschheit rein und makellos herausgenommen, und bis zur Vereinigung mit seiner Gottheit in der Person seines Sohnes erhoben, mit allen Gnaden und Vorzügen geschmückt, und in ihrem Werke vom Anfange bis zum Ende durch ununterbrochene Wunder unterstützt, gestärkt, und verherrlichet hat. Daher schreibt der heilige Johannes Damascenus: „Er hat ein großes Meer seiner Gütigkeit aufgeschlossen; denn der Werkmeister, Schöpfer und Herr hat für sein Geschöpf selbst dessen geschöpfliche Natur angenommen." [5] Daher steht auch im Psalme geschrieben: „Barmherzigkeit und Wahrheit begegnen sich; Gerechtigkeit und Friede küssen sich. Die Wahrheit sproßt aus der Erde hervor, und die Gerechtigkeit schaut vom Himmel herab." [6] Neben der Gerechtigkeit Gottes im Himmel waltet

---

[1] Joann. c. XVII. v. 4.   [2] Ibid. c. XV. v. 18.   [3] I. Joann. c. IV. v. 9. 10.
[4] Ephes. c. V. v. 2.   [5] Lib. III. c. 1.   [6] Psalm. LXXXIV. v. 11. 12.

auch die Güte Gottes in der wahren Menschennatur Christi, die von der Erde genommen ist, und daraus geht der Friede zwischen Gott und den Menschen hervor. Gegen uns Menschen aber liegt darin die wunderbarste Barmherzigkeit. „Denn Gott ist höchst barmherzig; da aber der Mensch Schuldner war, und nichts hatte, womit er bezahlen konnte, und die Gerechtigkeit Gottes die Schuld nicht erließ; so sollte die Barmherzigkeit zu Hilfe kommen, und das ihm schenken, womit er bezahlen konnte."[1]) Das Geschenk war aber der Sohn Gottes, und der Geber des Geschenkes der himmlische Vater. Man bedenke, wer der ist, der gibt, was das ist, was er gibt, und wer der ist, dem er es gibt; und man wird darüber erstaunt und verwundert mit dem heiligen Bernardus zu Gott rufen: „Wie reich bist du in der Barmherzigkeit, wie groß in der Gerechtigkeit, wie freigebig in den Geschenken, Herr und Gott!"[2])/

Daraus aber leuchtet eben auch die höchste Weisheit Gottes hervor, die das Mittel gefunden hat, der Gerechtigkeit und Barmherzigkeit zugleich Genüge zu thun. Denn der heilige Johannes Damascenus sagt: „Er hat in dieser höchst mißlichen und schwierigen Sache die angemessenste Lösung gefunden. Der Mensch schuldete, konnte aber nicht zahlen. Gott hatte, womit er zahlen konnte, war aber dazu nicht verpflichtet. Die Barmherzigkeit schrie nach Erlassung, die Gerechtigkeit forderte Zahlung. Was gab es Weiseres, als eine solche Art und Weise ausfindig zu machen, daß die Barmherzigkeit und die Gerechtigkeit zugleich befriediget wurden? Und so haben sich die Gerechtigkeit und der Friede geküßt."[3]) Das aber ist durch das Leiden und Sterben des Sohnes Gottes in seiner angenommenen Menschennatur bewerkstelliget worden. Was gibt es Weiseres, als zu bewirken, daß der Sieger von dem Besiegten, der Teufel von dem Menschen überwunden wurde? Denn der heilige Augustinus schreibt: „Dieß scheint wahrlich die höchste Weisheit zu sein, wenn das vor dem Feinde den Vorzug erhält, was früher vom Feinde niedergeworfen wurde, und, was gefallen war, gleichsam neuerdings zu Kraft gelangt, und wenn

---

[1]) Card. Tolet. Loc. cit. Quæst. I.   [2]) Serm. 3. in Annunt. B. M. V.
[3]) Libr. III. c. 1.

derjenige, der vom Feinde überwunden worden ist, wieder gegen den Feind zum Kampfe sich erhebt; wenn der Feind wieder zum Kampfe herausgefordert wird, und derjenige, der sich früher über den Sieg gefreut hat, nachher besiegt wird, und eine vollständige Niederlage erleidet; und wenn so der Mensch nach seiner Wiederaufnahme weit glorreicher wird, als wenn er niemals gefallen wäre."[1] Das ist aber durch den Menschen Christus Jesus geschehen, wie der heilige Johannes sagt: „Der Sohn Gottes ist aber dazu erschienen, die Werke des Teufels zu zerstören;"[2] und wie der heilige Paulus von Christus schreibt, daß er darum Fleisch und Blut angenommen habe, wie es die Menschenkinder haben, um als Mensch den Teufel zu besiegen: „Da nun die Kinder des Fleisches und Blutes theilhaftig geworden sind, so hat auch er gleichfalls sich derselben theilhaftig gemacht, damit er durch den Tod dem die Macht benähme, der des Todes Gewalt hatte, das ist, dem Teufel, und diejenigen erlösete, die in der Furcht des Todes durch das ganze Leben der Knechtschaft unterworfen waren."[3] Was aber noch wunderbarer, ist dieß, daß Gott diesen Feind der menschlichen Natur auch auf dieselbe Weise besiegte, wie der Mensch von ihm besiegt worden ist. Der heilige Johannes Damascenus sagt: „Der Feind hat den Menschen mit der Hoffnung auf die Vergöttlichung verführt; und er ist von der Gottheit mit der Vorhaltung des Fleisches getäuscht worden."[4] Noch deutlicher spricht der heilige Augustinus: „Den scharfsinnigen Feind wollte Gott auch auf scharfsinnige Weise überwinden, und verbarg gleichsam unter der Lockspeise der Menschheit die Angel der Gottheit; auf daß er, der alles Fleisch sich unterworfen hatte, Eines fände, das ihm gar nichts schuldete, und, während er dieses unerlaubt angriff, mit Recht dasjenige, was er gleichsam erlaubter Weise besaß, verlöre. So sollte nämlich die alte Schlange getäuscht werden, daß sie, die die Menschen betrogen hatte, durch den Gottmenschen selbst zur Betrogenen würde; und wie sie den unvorsichtigen Menschen sich schlau unterworfen hatte, so durch den vorsichtigen, göttlichen Menschen, nicht schlau, sondern weise unterworfen würde."[5]

---

[1] Libr. *Quomodo Deus homo* c. 6. [2] I. Joann. c. III. v. 8.
[3] Hebr. c. 11. v. 14. 15. [4] Loc. cit. [5] Loc. cit.

Aus dem Gesagten erhellt nun zur Genüge, daß der himmlische Vater, daß der göttliche Wille dadurch, daß er Christum den Herrn, in seiner menschlichen Natur dem Leiden und dem Tode unterwarf, nicht nur die Gerechtigkeit, die Liebe, die Güte und Weisheit nicht verletzt habe, sondern daß daraus vielmehr eben diese Vollkommenheiten im glänzendsten und großartigsten Lichte hervorleuchten.

Es könnte nun aber von Seite Christi, des Herrn, selbst eine Schwierigkeit erhoben werden. Denn von dem göttlichen Erlöser sagt der heilige Paulus: „Er hat sich für uns — hingegeben."[1]) Wenn also der Sohn sich hingegeben hat, wie konnte ihn der Vater noch hingeben; da, was Einer schon hingegeben hat, nicht auch ein Anderer noch hingeben kann? Diese Schwierigkeit löst sich jedoch von selbst, wenn man weiß, daß in Christus zwei Willen waren, der göttliche und der menschliche Wille, und daß der göttliche Wille Christi mit dem Willen des Vaters der eine und derselbe Wille war. Mit seinem göttlichen Willen hat also Christus, der Herr, zugleich mit dem Vater sich hingegeben, und durch den Einfluß der Gnade auch seinen menschlichen Willen zur Beistimmung bewogen. Somit muß man mit Recht und in aller Wahrheit sagen, daß Christus, der Herr, sich selbst, und daß ihn zugleich auch der himmlische Vater hingegeben habe.

Wer endlich noch darin ein Bedenken finden wollte, daß Pilatus, die Hohenpriester und Schriftgelehrten, das Judenvolk und Judas des Gottesmordes schuldig sind, weil sie den göttlichen Erlöser dem Leiden und dem Tode überliefert haben, und daß somit der himmlische Vater Christum, den Herrn, nicht hätte ihren Händen und den Henkersknechten übergeben sollen; da der heilige Paulus sagt: „Welche Gemeinschaft hat die Gerechtigkeit mit der Ungerechtigkeit?"[2]) dem antwortet der englische Lehrer: „Dieselbe Handlung muß im Guten oder im Bösen verschieden beurtheilt werden, nach der Verschiedenheit der Wurzel, aus welcher sie hervorgeht. Denn der Vater hat Christum, und Christus hat sich selbst aus Liebe hingegeben; und darum sind sie preiswürdig.

---

[1]) Ephes. c. V. v. 2.   [2]) II. Cor. c. VI. v. 14.

Judas aber hat ihn aus Habsucht, die Juden haben ihn aus Neid, Pilatus hat ihn aus weltlicher Furcht, mit der er den Kaiser fürchtete, hingegeben; und darum sind sie tadelnswerth."[1]) Der himmlische Vater hat Christum nicht unmittelbar selbst geopfert, und ihm auch nicht befohlen, sich selbst das Leiden und den Tod anzuthun; auch hat dieß Christus nicht gethan: sondern es wurde von Seite des himmlischen Vaters und von Seite Christi nur der Bosheit der Hölle und der Menschen nicht gewehrt, und deren Werk nicht verhindert; und zu dessen Verhinderung lag weder für den himmlischen Vater oder für Christus eine verpflichtende Ursache, noch für die feindlichen Gewalten ein Recht vor. Überdieß ist aus dieser Zulassung für die Ehre Gottes, für die Erhöhung und Verherrlichung Christi, des Herrn, und für das Heil der gesammten Menschheit ein unendlich größerer Gewinn hervorgegangen, als wenn diese Bosheit an ihrem Werke verhindert worden wäre. Daher macht auch der heilige Augustinus über solche Zulassungen Gottes im Allgemeinen die Bemerkung: „Da Gott höchst gut ist, würde er nicht gestatten, daß in seinem Werke etwas Böses sei; wenn er nicht eben so allmächtig und gut wäre, daß er aus dem Bösen Gutes macht;"[2]) und: „Was gibt es Besseres und Allmächtigeres, als den, der, da er nichts Böses thut, selbst aus dem Bösen Gutes macht?"[3]) Gott macht nicht das Böse selbst zum Guten, sondern er benützt das Böse, das er nicht will, und haßt, aber zuläßt, indem er die Natur der Dinge nicht ändert, noch ihren Gang hindert, noch auch den Menschen ihre Freiheit nimmt, dazu, um Gutes zu bewirken, das weder in der Natur des Bösen liegt, noch von den Menschen, die Böses thun, beabsichtiget, sondern von ihm bewerkstelliget wird. Daher sagt der heilige Augustinus von den Bösen: „Jeder Böse bleibt entweder deßhalb am Leben, damit er gebessert werde; oder er bleibt deßhalb am Leben, damit durch ihn der Gute geprüft werde."[4]) Von den Übeln aber, welche die Guten erleiden, sagt er: „Die Übel, welche die Gläubigen fromm erdulden, nützen entweder zur Bekehrung von den Sünden, oder zur Übung und Prüfung der Gerechtigkeit, oder zur

---

[1]) Loc. cit. ad 8. [2]) Enchirid. c. 11. [3]) De continent. c. 6.
[4]) Super Psalm. LIV. v. 2. Conc. 2.

Klarstellung des Elendes in diesem Leben; damit man mit besto heißerem Verlangen und festerem Streben zu jenem Leben gelange, in welchem die wahre und ewige Glückseligkeit gefunden wird." [1] Das ist das Gute, welches Gott durch die Bösen und durch das Böse beabsichtiget, und erzweckt; und darum läßt er die Bösen walten, und das Böse geschehen. So hat Gott die Bosheit der Feinde Christi und das Werk ihrer Bosheit, woraus das Leiden und der Tod Christi hervorgegangen ist, zugelassen, aus diesem Leiden und aus diesem Tode des Herrn aber die Erlösung der Menschheit, die Verherrlichung des Erlösers und seine Ehre hervorgebracht.

Dadurch hat sich aber der himmlische Vater an der Bosheit der Feinde und an der bösen That derselben eben so wenig betheiliget, und zu ihrem Mitschuldigen gemacht, als dieß bei allen andern Sünden und Verbrechen der Fall ist, welche in der ganzen Welt begangen werden, und ebenfalls nicht ohne Zulassung Gottes geschehen können.

Wie hat denn nun also der himmlische Vater Christum, den Herrn, dem Leiden und dem Tode hingegeben? Er hat in seinem göttlichen Rathschlusse das Leiden und Sterben seines menschgewordenen Sohnes als Mittel bestimmt, und festgesetzt, um mit demselben den Zweck der Menschenerlösung zu erreichen, wie geschrieben steht: „Der Herr hat unsrer Aller Missethaten auf ihn gelegt;" [2] und: „Der Herr wollte ihn zermalmen in der Schwachheit." [3] Der himmlische Vater hat ferner der menschlichen Seele des Sohnes die Liebe eingegossen, und durch den Einfluß seiner Gnade den menschlichen Willen desselben bewogen, für uns zu leiden, und zu sterben; wie ebenfalls geschrieben steht: „Er ist geopfert worden, weil er es selbst gewollt hat." [4] Der himmlische Vater hat ihn auch gegen seine Feinde nicht in Schutz genommen, sondern dem Leiden und dem Tode überlassen; wie dieß die Worte des Herrn selbst beweisen, die er bei seiner Gefangennehmung zu den Juden gesprochen: „Das ist eure Stunde und die Macht der Finsterniß;" [5] und zu Pilatus: „Du hättest keine Macht über

---

[1] De Trinit. Libr. XIII. c. 16.　[2] Isai. c. LIII. v. 6.　[3] Ibid. v. 10.
[4] Ibid. v. 7.　[5] Luc. c. XXII. v. 53.

mich, wenn sie dir nicht von oben herab gegeben worden wäre;"¹) und zuletzt auf dem Kreuze zu seinem Vater selbst: "Mein Gott! mein Gott! warum hast du mich verlassen?"²) Endlich hat der himmlische Vater die menschliche Natur seines vielgeliebten Sohnes mit seiner göttlichen Kraft unterstützt, daß sie dem Leiden nicht erlag, bis es das bestimmte Vollmaß erreicht hatte; wie dieß aus der Größe und Menge der Leiden, denen die menschliche Natur, sich selbst überlassen, hätte fortwährend erliegen müssen, erhellt, und aus dem hervorgeht, was das heilige Evangelium von seinem Leiden auf dem Oelberge sagt: "Es erschien ihm aber ein Engel vom Himmel, und stärkte ihn."³) So hat der himmlische Vater Christum, den Herrn, dem Leiden und dem Tode übergeben; das hat Gott der Vater, und das hat Christus als gleicher Gott mit dem Vater mit demselben göttlichen Willen gewollt, dem hat Christus als Mensch mit seinem menschlichen Willen beigestimmt, und so hat, wie der Vater ihn, er sich selbst den Feinden überlassen, und dem Leiden und dem Tode übergeben, der Vater und der Sohn aus freiem Willen und in unendlicher Liebe und Barmherzigkeit für uns arme Menschenkinder./

Darin liegt eine höchst wichtige und zugleich sehr tröstliche Lehre für uns, die wir unsern göttlichen Erlöser, wie im ganzen innern und äußern Leben, so auch im Leiden nachahmen müssen. Denn es gibt wohl keinen Menschen, der nicht von andern Menschen zu leiden hätte; es gibt Viele, die sehr Vieles, und es gibt Manche, die auch das Aeußerste von Andern ertragen müssen. Es ist aber auch unser Leiden von Gott vorausgesehen, die Zulassung desselben im ewigen Rathschlusse Gottes festgesetzt, und zwar um unseres Heiles willen, aus Liebe und Barmherzigkeit. Gott haßt die Bosheit und die bösen Werke derer, welche uns ungerechter Weise das Leiden verursachen; aber er will, daß wir unsererseits die Leiden so aufnehmen, und ertragen, wie es seinen liebevollen und barmherzigen Absichten entspricht. Gott gibt auch uns dem Leiden und dem Tode hin, wie seinen eingebornen, vielgeliebten Sohn; aber es sollen auch wir, wie Christus, der Herr,

---

¹) Joann. c. XIX. v. 11.   ²) Matth. c. XXVII. v. 46.
³) Luc. c. XXII. v. 43.

uns dem Leiden und dem Tode hingeben. Das Erste also, was wir in Bezug auf die Leiden zu thun haben, ist dieß, daß wir dieselben als von Gott uns zugesendet ansehen, und von seiner Vaterhand annehmen, nicht aber auf die nächsten Ursachen, von welchen sie ausgehen, hinblicken; wir sollen die Worte, welche der Herr zu Petrus gesprochen: „Soll ich den Kelch, den mir der Vater gegeben hat, nicht trinken?" [1] uns selbst zurufen. Sieht man auf die Menschen, auf ihre Bosheit, auf ihre bösen Reden und Thaten, welche die Leiden verursachen; so empört sich die ganze Natur, und man ist versucht, sich Recht zu verschaffen, oder sogar Böses mit Bösem zu vergelten, und Rache zu nehmen. Sieht man aber auf Gott und dessen Anordnung; so findet man in dem Leiden große Schätze, und in denen, welche sie uns verursachen, Werkzeuge, mit welchen uns Gott diese Schätze verschafft. So kann man auch den ärgsten Feinden nicht zürnen; man kann sie sogar lieben, wegen ihrer Sünden aber, die sie in ihrer Bosheit begehen, und wegen des Unglückes, in das sie sich dadurch hineinstürzen, bemitleiden, und mit Christus, dem Herrn, für sie beten: „Vater! vergib ihnen; denn sie wissen nicht, was sie thun." [2]

Es verleiht dieser gläubige Aufblick zu Gott im Leiden Muth und Kraft, um dasselbe nach Gottes Wohlgefallen zu bestehen; weil man überzeugt ist, daß man damit Gottes Willen erfülle; und weil dieser Glaube zugleich die Sicherheit gewährt, daß Gott, wie er das Leiden zuläßt, so auch die Gnade verleihe, dasselbe bis an's Ende zu ertragen, nach den Worten des heiligen Paulus: „Gott aber ist getreu; er wird euch nicht über eure Kräfte versucht werden lassen, sondern bei der Versuchung auch den Ausgang geben, daß ihr ausharren könnet;" [3] und: „Denen, die Gott lieben, gereicht Alles zum Besten"! [4]

Überdies geziemt es sich für einen gläubigen, Gott liebenden, dankbaren Christen, der sieht, wie Gott der Vater seinen eigenen Sohn, und dieser sich selbst, und zwar für uns, dem Leiden und dem Tode hingegeben, das Leiden zu lieben, und es sogar zu wünschen, wenn es ohne Sünde des Nächsten erreicht

---

[1] Joann. c. XVIII. v. 11.   [2] Luc. c. XXIII. v. 34.
[3] I. Cor. c. X. v. 19.   [4] Rom. c. VIII. v. 28.

werden könnte; um durch dasselbe dem Vater und dem Sohne sich wohlgefällig zu machen, Gegenliebe zu erweisen, und Gottes Ehre, das Heil der eigenen Seele, und auch das Heil anderer Seelen zu fördern. Je feuriger die Liebe Gottes im Herzen brennt, desto flammender erhebt sich in demselben auch diese Sehnsucht nach dem Leiden. Das sehen wir an unserm göttlichen Erlöser.

Lange vor seinem Leiden hat Christus, der Herr, diese Sehnsucht mit den Worten geäußert: „Ich bin gekommen, Feuer zu senden auf die Erde, und was will ich anders, als daß es brenne? Aber ich muß mich mit einer Taufe taufen lassen, und wie drängt es mich, bis es vollbracht ist!"[1]) Er ist in diese Welt gekommen, um durch den heiligen Geist in den Menschenherzen das Feuer der Liebe Gottes anzuzünden; dieß aber sollte im vollsten Maße erst durch sein Leiden und Sterben, das er eine Taufe nannte, und durch welches er diese Gnade verdiente, bewirkt werden; und daher brannte in seinem liebeglühenden Herzen dieses heiße Verlangen, diese flammende Sehnsucht nach den Stunden, in welchen er dieses große Versöhnungsopfer darbringen könnte. Dasselbe Verlangen drückte der Herr vor der Einsetzung des allerheiligsten Altarssakramentes aus, indem er zu seinen Jüngern sprach: „Ich habe ein großes Verlangen gehabt, dieses Osterlamm mit euch zu essen, bevor ich leide";[2]) eben weil es das letzte war, hierauf sein Leiden begann, und sein Heimgang zum Vater folgte, wie es auch seine darauf folgenden Worte andeuten: „Denn ich sage euch: Ich werde es von nun an nicht mehr essen, bis es seine Erfüllung erhält im Reiche Gottes."[3]) Auch zu Judas hat er bei dem letzten Abendmahle gesprochen: „Was du thun willst, das thue bald;"[4]) über welche Worte der heilige Bernardus die Bemerkung macht, daß er mit denselben so viel sagen wollte, als: „Willst du mich den Juden verkaufen, o Judas! Ich will verkauft werden. Willst du mich überliefern? Ich will überliefert werden. Willst du, daß ich gekreuziget werde? Ich will gekreuziget werden. Willst du, daß ich getödtet werde? Ich will ge-

---

[1]) Luc. c. XII. v. 49. 50.   [2]) Ibid. c. XXII. v. 15.   [3]) Ibid. v. 16.
[4]) Joann. c. XIII. v. 27.

tödtet werden. Das liebe ich, das verlange ich. Was du willst, das thue bald."¹) Diese so oftmaligen Aeußerungen einer solchen Sehnsucht nach dem Leidenskelche offenbaren uns auch den Liebesbrand, der in seinem göttlichen Herzen loderte, und nicht befriediget werden konnte, bis er sich und all das Seinige hingeopfert haben würde; und darum wünschte der Herr auch den Zeitpunkt so sehr herbei, wo dieses Brandopfer dargebracht werden könnte. Es flammt nun aber seither das Feuer dieser Liebe und Sehnsucht auch in der heiligen Kirche Christi, welche am Vorabende des Pfingstfestes immer neuerdings zu Gott fleht: „Mit jenem Feuer, flehen wir, o Herr! wolle uns der heilige Geist entflammen, das unser Herr Jesus Christus auf die Erde gesendet, und von dem er gewollt hat, daß es mächtig entzündet werde."²) Von diesem Feuer brannten die heiligen Märtyrer, wie der heilige Papst Leo spricht, indem er in der Lobrede auf den heiligen Laurentius den Tyrannen, der ihn peinigen ließ, also anredet: „Mit deinen Flammen konnten die Flammen der Liebe nicht besiegt werden; und das Feuer, das von außen brannte, war lässiger, als jenes, welches von innen glühte. Du hast als Verfolger gegen den Märtyrer gewüthet; du hast gewüthet, und, indem du die Pein vermehrtest, hast du die Siegespalme vergrößert."³) So sprach auch der heilige Bischof Ignatius, als er zur Marter geführt wurde: „Feuer, Kreuz, wilde Thiere, Zerbrechung der Gebeine, Zerstücklung der Glieder, Zermalmung des ganzen Leibes und alle Peinigungen des Teufels sollen über mich kommen, damit ich nur Christum gewinne!"⁴) Das Märtyrervolk von Japan hat sich auf die Tage des Marterthums wie auf Festtage vorbereitet, und gefreut, und ist in Festgewanden in den Tod geeilt. Millionen von Blutzeugen haben von diesem Liebesfeuer geglüht, und dieses Feuer brennt auf Erden fort bis an das Ende der Welt, weil Jesus Christus uns geliebt, und sich für uns in das Leiden und in den Tod hingegeben hat.

Christus, der Herr, trug in seinem göttlichen Herzen auch darum diese Sehnsucht nach seinem Leiden und Sterben, weil er

---

¹) Serm. 3. de Coena Dom. ²) Orat. Miss. Sabb. Pent.
³) Serm. de S. Laurent. ⁴) Epist. ad Rom.

durch dasselbe die Sünden der Welt so bald als möglich hinwegnehmen, und das Menschengeschlecht mit seinem himmlischen Vater versöhnen wollte. Wir aber haben dafür noch den besondern Grund, weil wir Alle selbst Sünder sind, und von ganzer Seele wünschen müssen, unsere persönlichen Sünden abbüßen, und unsere eigenen Schulden tilgen zu können; denn der heilige Augustinus schreibt: "Niemand sage, daß er unverdient etwas Hartes leide; weil man, wenn auch nicht in Thaten, so doch in Worten und, wenn nicht in Worten, doch in vermessener Erhebung innerlich im Herzen, oder in der Sprache der Gedanken sündiget; und, weil vor Gott nichts verborgen ist, sage Keiner, der gegeißelt wird, daß er unverdienter Weise gezüchtiget werde."[1] Durch das Leiden und Sterben aber kann man in der Vereinigung mit dem Leiden und Sterben des Herrn und in seiner Nachahmung Gott für die Sünden Genugthuung leisten, und die für die Sünden verdienten zeitlichen Strafen abtragen. Was soll uns demnach erwünschter sein, als das Leiden?

Diese Sehnsucht nach dem Leiden, welche von der Liebe Gottes entzündet ist, findet darin ihre Nahrung, Kraft und Stärke, daß sie Gott im Leiden sieht, und den Geliebten am Kreuze schaut; sie wächst im Leiden, und nimmt zu, bis sie Alles aufgezehrt hat, wie der heilige Papst Gregorius schreibt: "Die Sehnsucht der Auserwählten nimmt, während sie von Widerwärtigkeiten gedrückt wird, zu, wie das Feuer, wenn es vom Winde bedrängt wird, wächst, und eben durch das, wodurch es ausgelöscht zu werden scheint, erstarkt;"[2] und: "Die Sehnsucht der Gerechten wird im Kampfe geweckt, auf daß ihnen auch größere Belohnungen in der Vergeltung aufgehäuft werden; und das Mühsal soll sich verlängern, damit auch die Siegeskrone wachse."[3] Will also Jemand wissen, wie sehr er seinen Gott und Erlöser liebe, und wie sehr ihm sein eigenes Seelenheil am Herzen liege; so sehe er darauf, wie sehr er sich nach Leiden sehne, und ob in den wirklichen Leiden, die er zu erdulden hat, seine Sehnsucht

---

[1] Annot. in Job. c. XXXVIII.   [2] Moral. Libr. XXVI. c. 10.
[3] Ibid. c. 15.

nach noch größeren und mehreren Leiden wachse. Das ist der sicherste Prüfstein der Liebe.

Schön ist die arbeitende und betende Liebe, aber schöner ist die verfolgte und leidende Liebe, am schönsten jedoch ist die blutende und sterbende Liebe; und mit aller dieser Liebe hat uns der Sohn Gottes geliebt. Wie können wir ihm diese Liebe vergelten? Wie ihm die Menschen, als er sichtbar unter ihnen wandelte, vergolten haben; ach! so vergelten ihm Ungläubige und Undankbare auch nach seinem Erlösungsopfer noch immerfort.

Es haben sich wider den Herrn nicht nur die Juden, sondern auch die Heiden erhoben, und an dem Gottesmorde theilgenommen. Nachdem wir nun gesehen, wie sich der himmlische Vater zum Leiden und Sterben unsers Erlösers verhalten; wollen wir untersuchen, in wie weit sich die Heiden an demselben betheiliget haben.

4.
Die Betheiligung der Heiden am Leiden Christi.[1]

Die göttliche Vorsehung hat das Judenvolk erwählt, um in demselben den Glauben an den künftigen Erlöser zu erhalten, und durch dasselbe ihn auch in der Heidenwelt nicht ganz verschwinden zu lassen. Zu diesem Zwecke hat Gott dieses Volk zu seinem Volke gemacht, es durch Wunder gebildet, durch Wunder großgezogen, durch Wunder erhalten, in ihm seine Verheißungen und Weissagungen niedergelegt, ihm sein Gesetz und den Gottesdienst gegeben, und versprochen, daß aus ihm der Erlöser der Welt hervorgehen werde. Darum schreibt der heilige Paulus von den Juden: „Die meine Verwandten sind dem Fleische nach, welche die Israeliten sind, denen die Kindschaft, die Herrlichkeit, der Bund, die Gesetzgebung, der Gottesdienst und die Verheißungen angehören, denen die Väter (gehören), und aus denen dem Fleische nach Christus stammt, der da ist über Alles, Gott, hochgelobt in Ewigkeit."[2] Das Heil der Welt sollte von den Juden ausgehen, und den Heiden mitgetheilt werden, wie auch Christus, der Herr,

---
[1] P. III. q. 47. a. 4.   [2] Rom. c. IX. v. 3.—6.

selbst zum samaritischen Weibe am Brunnen Jacobs gesprochen: „Das Heil kommt von den Juden"; ¹) und wie er dem chananäischen Weibe erklärt hat: „Ich bin nur gesendet zu den verlornen Schafen des Hauses Israel." ²) Der Herr hat auch den Aposteln während seines Lebens nicht erlaubt, den Heiden oder Samariten zu predigen; denn das heilige Evangelium sagt: „Diese Zwölf sendete Jesus aus, gebot ihnen, und sprach: Gehet nicht den Weg zu den Heiden, und ziehet nicht in die Städte der Samariten; sondern gehet vielmehr zu den verlornen Schafen des Hauses Israel." ³) Erst nach seiner Auferstehung gab Christus den Aposteln die Sendung auch an die Heiden und an die ganze Welt: „Gehet hin in die ganze Welt, und prediget das Evangelium allen Geschöpfen;" ⁴) und so haben es die Apostel auch gehalten. Nachdem am Pfingstfeste jenes Feuer der Liebe, von welchem Christus gesprochen hatte, durch den heiligen Geist vom Himmel herabgekommen war, begann Petrus seine Predigt zu Jerusalem, von welcher die Apostelgeschichte sagt: „Welche nun sein Wort vernahmen, die wurden getauft. Und es wurden an jenem Tage bei dreitausend Seelen hinzugefügt." ⁵) Sie erzählt noch weiter: „Der Herr aber vermehrte zugleich täglich die Anzahl derjenigen, welche selig werden sollten." ⁶) Von Jerusalem aus verbreiteten die Gesandten Christi das heilige Evangelium durch Judäa, durch Galiläa, durch Samaria, und Petrus war auch der Erste, welcher dasselbe zu Cäsaräa den Heiden verkündigte, auf dessen Bericht darüber die Judenchristen bekannten: „Also auch den Heiden hat Gott die Buße verliehen zum Leben!" ⁷) Hierauf theilten die Apostel den Erdkreis unter sich, führten Juden und Heiden ohne Unterschied in die Kirche Christi ein, und erfüllten so die Weissagung: „Über die ganze Erde geht aus ihr Schall, und bis an die Enden des Erdkreises ihr Wort;" ⁸) daß der heilige Paulus schon von seiner Zeit an die Christen von Rom schreiben konnte: „Euer Glaube wird in der ganzen Welt ver-

---

¹) Joann. c. IV. v. 22. ²) Matth. c. XV. v. 24. ³) Ibid. c. X. v. 5. 6.
⁴) Marc. c. XVI. v. 15. ⁵) Act. Apost. c. II. v. 41.
⁶) Ibid. v. 47. ⁷) Ibid. c. XI. v. 18.
⁸) Psalm. XVIII. v. 5. Rom. c. X. v. 18.

kündiget;"¹) und an die Coloſſer: „Das Wort der Wahrheit des Evangeliums, das zu euch gekommen iſt, wie es auch in der Welt iſt, bringt Früchte, und nimmt zu, gleichwie unter euch."²) Die Erlöſung iſt alſo von den Juden auf die Heiden übergegangen. Das ſollte nun durch das Leiden des Herrn ſelbſt vorbedeutet werden, und zu dieſer Vorbedeutung mußte die Bosheit der Juden ſelbſt dienen.

Als Jeſus mit ſeinen zwölf Apoſteln zum letzten Oſterfeſte nach Jeruſalem hinaufzog, ſprach er zu ihnen: „Sehet! wir ziehen hinauf nach Jeruſalem, und des Menſchen Sohn wird den Hohenprieſtern und Schriftgelehrten überliefert werden, und ſie werden ihn zum Tode verurtheilen. Sie werden ihn den Heiden ausliefern; daß ſie ihn verſpotten, geißeln, und kreuzigen, und am dritten Tage wird er wieder auferſtehen."³) Dieſe Weiſſagung iſt buchſtäblich in Erfüllung gegangen; Judas und die Häſcher haben den Herrn den Hohenprieſtern und Schriftgelehrten überliefert; die Hohenprieſter und Schriftgelehrten haben ihn zum Tode verurtheilt, und dem heidniſchen Landpfleger Pilatus ausgeliefert: Pilatus hat ihn von ſeinen heidniſchen Soldaten und Henkersknechten geißeln, mit Dornen krönen, verſpotten, und kreuzigen laſſen. Der göttliche Heiland iſt alſo zuerſt von den Juden und dann von den Heiden dem Leiden überliefert worden; die Juden haben den Anfang, die Heiden die Fortſetzung und das Ende gemacht. In der Ordnung, in welcher das Erlöſungswerk des Herrn vor ſich gegangen iſt, ſollte auch die Zuwendung der Erlöſungsfrüchte an die Menſchheit ſtattfinden; es ſollte das Evangelium von den Juden auf die Heiden übergehen, wie die Juden den Urheber deſſelben den Heiden überantwortet haben. Es war darum angemeſſen, daß der Herr nicht bloß von den Juden, ſondern auch von den Heiden, und zwar zuerſt von den Juden, und dann auch von den Heiden in das Leiden und in den Tod geführt wurde.

Chriſtus, der Herr, wollte für die Heiden, wie für die Juden, leiden, und dadurch, daß er von jenen, wie von dieſen litt,

---

¹) Rom. c. I. v. 8. ²) Coloſſ. c. I. v. 5. 6. ³) Matth. c. 20. v. 18. 19.

die Früchte seines Leidens für Alle verdienen. Darum hat er auch auf dem Kreuze für Alle gebetet. Es sollten aber auch die Heiden, wie die Juden, dem auferstandenen Heilande um so dankbarer im Glauben sich anschließen, ihn um so mehr lieben, ihm um so eifriger dienen, je schwerer sie sich an ihm versündiget hatten.

Für die verstockten und verhärteten Juden aber sollte da das furchtbare Gottesgericht an den Tag treten, welches der Prophet Daniel mit den Worten geweissagt: „Es wird sein Volk nicht sein, das ihn verleugnen wird;"[1] und dessen Erfüllung der heilige Apostel Paulus mit den Worten bestätiget: „Durch ihre Sünde ist den Heiden das Heil geworden. — Ihre Sünde ist der Welt Reichthum, und ihre Minderung der Heiden Reichthum."[2] Die Juden haben den Messias von sich weggestoßen, und den Heiden ausgeliefert; sie haben gethan, wovor sie der Herr in der Parabel von den mörderischen Winzern gewarnet hatte, welche die Knechte des Herrn des Weinberges mißhandelt, und seinen geliebten Sohn, den er zuletzt zu ihnen gesendet, getödtet haben.[3] Sie haben auf die Frage des Herrn: „Was wird nun der Herr des Weinberges ihnen thun?"[4] in ihrer Antwort: „Er wird die Elenden elendig zu Grunde richten, und seinen Weinberg an Andere verpachten";[5] ihr eigenes Urtheil gesprochen; und es ist an ihnen die Weissagung des Herrn, die er an dieses Gleichniß knüpfte, erfüllt worden: „Darum sage ich euch: das Reich Gottes wird von euch genommen, und einem Volke gegeben werden, das die Früchte desselben hervorbringt."[6] Das Reich Gottes ist auf die Heiden übertragen worden. Im Leiden und Sterben des göttlichen Heilandes bereitete sich dieses geheimnißvolle Gottesgericht vor, für die Juden zur Entfernung von der Verwaltung des göttlichen Weinberges, für die Heiden zur Berufung. Die Juden haben den Pilatus, die Heiden zur Mitschuld an dem Gottesmorde gleichsam genöthiget; sie sollten damit gestraft werden, daß, wie sie den Messias durch sie getödtet haben, auch das Reich des

---

[1] Dan. c. IX. v. 26. Rom. c. XI. v. 11. 12. [2] Deut. c. XXXII. v. 21. Ose. c. I. v. 10. c. II. v. 24. Isai. c. LXV. v. 1.
[3] Luc. c. XX. v. 9.—15. [4] Matth. c. XXI. v. 40. [5] Ibid. v. 41.
[6] Ibid. v. 43.

Messias durch sie von ihnen genommen würde. Es war darum geziemend, daß beide Parteien bei diesem Gottesgerichte gegenwärtig, und betheiliget wären.

Auf solche Weise konnten, und können nun auch weder die Juden den Heiden, noch die Heiden den Juden den Gottesmord ausschließlich zur Last legen; sondern es galt und gilt von Allen, was der heilige Paulus zu den bekehrten Heiden von den Juden gesagt hat: „Wenn einige Zweige von ihnen abgebrochen sind, und du als wilder Ölbaum auf sie eingepfropft, und der Wurzel und der Fettigkeit des edlen Ölbaumes theilhaftig geworden bist; so erhebe dich nicht über die Zweige; erhebst du dich aber, (so wisse:) nicht du trägst die Wurzel, sondern die Wurzel dich. Du wirst nun sagen: Die Zweige wurden abgebrochen, damit ich eingepfropft würde. Gut! wegen des Unglaubens sind sie abgebrochen worden; du aber stehst durch den Glauben; sei nicht hoffärtig, sondern fürchte dich! Wenn Gott der natürlichen Zweige nicht schonte, so möchte er etwa auch deiner nicht schonen. Sieh also die Güte und Strenge Gottes; die Strenge gegen die Gefallenen, die Güte Gottes gegen dich, wenn du im Guten verharrest; sonst wirst auch du ausgehauen werden."[1])

Wenn ferner nicht bloß die Juden, sondern auch die Heiden bei dem Leiden und bei dem Tode des göttlichen Erlösers als mitwirkende Ursachen gegenwärtig, und betheiliget waren; so mußte dieses Erlösungswerk und dann die Auferstehung des Herrn um so erwiesener, um so offenkundiger, um so unleugbarer und für die ganze Welt um so überzeugender sich darstellen, und konnte auch von den Heiden nicht etwa als eine jüdische Erfindung angesehen werden. Auch darum geziemte es sich, daß die Heiden selbst daran thätigen Antheil nahmen.

Überdieß wollte Christus, der Herr, für die Heiden, wie für die Juden, leiden, und sterben; daher mußte seine Liebe und Erbarmung um so größer und um so wunderbarer erscheinen, wenn ihm dieses Leiden und diesen Tod mit den Juden auch die Heiden anthaten. Alle müssen mit dem heiligen Paulus voll Vertrauen

---

[1]) Rom. c. XI. v. 17.—23.

bekennen: „Es erweist Gott seine Liebe zu uns dadurch, daß Christus, als wir noch Sünder waren, zur (bestimmten) Zeit für uns gestorben ist. Um so mehr werden wir nun, da wir durch sein Blut gerechtfertiget sind, durch ihn gerettet werden vom Zorne. Denn wenn wir, als wir noch Feinde waren, mit Gott versöhnt wurden durch den Tod seines Sohnes, um so mehr werden wir als Versöhnte selig werden in seinem Leben." [1])

Das Kreuzopfer des Herrn sollte den Opfern, dem Gottesdienste und dem Priesterthume der Juden die Erfüllung geben, und ein Ende machen; es sollte auch den Götzendienst des Heidenthums zerstören. Es sollten darum Juden und Heiden am Kreuzopfer Christi, des Herrn, sich betheiligen, und in deren Mitte erfüllte der göttliche Erlöser darum sein hochpriesterliches Amt in der ausdrucksvollsten Weise. Es sollte von nun an die Weissagung erfüllt werden: „Vom Aufgange der Sonne bis zum Untergange wird mein Name groß werden unter den Völkern, und an allen Orten wird meinem Namen geopfert, und ein reines Opfer dargebracht werden; denn groß wird mein Name werden unter den Völkern, spricht der Herr der Heerschaaren;" [2]) und die andere Weissagung: „Er wird herrschen von einem Meere zum andern, und vom Flusse bis an die Grenzen des Erdbodens. Vor ihm werden sich niederwerfen die Äthiopier, und seine Feinde den Staub lecken. Die Könige von Tharsis und die Inseln werden Geschenke opfern; die Könige von Arabien und Saba werden Gaben bringen. Es werden ihn anbeten alle Könige der Erde, alle Völker ihm dienen." [3])

Denn dadurch, daß der Herr auch für die Heiden nicht nur litt, und starb, sondern, wie von den Juden, so auch von ihnen dieses Leiden und diesen Tod erduldete, erhielt er eben als Erlöser ein doppeltes Recht, auch über sie zu herrschen, und von ihnen den Glauben, die Liebe und alle Dienstbarkeit zu fordern, wie er selbst in den Psalmen geweissagt hat, indem er von seinem himmlischen Vater sprach: „Der Herr hat zu mir gesagt: Du bist

---

[1]) Rom. c. V. v. 8. 9. 10.   [2]) Malach. c. I. v. 11.
[3]) Psalm. LXXI. v. 8.—12.

mein Sohn, heute habe ich dich gezeugt. Begehre von mir, so will ich dir geben die Heiden zu deinem Erbe, und zu deinem Eigenthume die Enden der Erde."[1]

Aus allem dem ersehen wir nun, wie geheimnißvoll und wie viel bedeutend im Leiden und im Tode Christi auch dieser Umstand war, daß sich an demselben auch die Heiden betheiligten, und, was die Juden begonnen hatten, zu Ende führten; und wir erkennen daraus auch, wie angemessen es der göttlichen Vorsehung war, daß sie die gegebenen Verhältnisse auf solche Weise benützte.

Wenn aber im alten Bunde die Opfer, welche die Vorbilder des Opfers Christi waren, ausschließlich von den Juden, nicht aber auch von den Heiden, vorschriftsmäßig dargebracht werden mußten; so kann man daraus doch nicht schließen, daß jenen Opfern an ihrer Vorbildlichkeit Etwas gemangelt, oder daß ihnen die Wahrheit, das Opfer des Herrn nicht vollkommen entsprochen habe. Denn in der Kreuzigung des göttlichen Erlösers haben weder die Juden, noch die Heiden ein Opfer dargebracht, sondern das größte Verbrechen, den Gottesmord, begangen. Im Kreuzopfer war Christus, der Herr, selbst, wie das Opfer, so auch der Opferpriester. Es hatten weder die Juden, noch die Heiden auf das Leiden und auf den Tod des Gottmenschen als auf eine Opferhandlung den geringsten Einfluß; sie wollten auch nichts weniger, als opfern, sondern einzig nur ihre Leidenschaften befriedigen, oder die Befehle ihrer Vorgesetzten ausführen. Es waren im alten Bunde die von Gott bestellten Opferpriester die Vorbilder des ewigen Hohenpriesters Jesu Christi, und die von Gott bestimmten Opfer die Vorbilder des Opfers am Kreuze; und somit entsprach die Sache dem Schatten, die Wahrheit dem Vorbilde, das Kreuzopfer den Opfern des alten Bundes auf das Vollkommenste. Das Leiden und der Tod Christi am Kreuze war nur in so fern ein Opfer, als er nach seinem eigenen Willen und aus Liebe sich hingegeben; in wie fern er aber das Leiden und den Tod von seinen Feinden erduldet hat, waren es Verbrechen, welche von diesen Feinden an ihm begangen wurden.

---

[1] Psalm. II. v. 6. 7. 8.

Überdieß ist der göttliche Erlöser unter dem Vorwande sowohl der jüdischen als auch der heidnischen Gesetze gekreuziget worden; nach den jüdischen Gesetzen, denn die Juden schrieen vor Pilatus: „Wir haben ein Gesetz, und nach dem Gesetze muß er sterben; denn er hat sich selbst zum Sohne Gottes gemacht"; [1] nach den heidnischen Gesetzen, denn auch auf diese Gesetze beriefen sich die Juden vor Pilatus mit der Anklage: „Diesen haben wir befunden als einen Aufwiegler unseres Volkes, und als Einen, der verbietet, dem Kaiser Zins zu geben; indem er sagt, er sei Christus, der König"; [2] den letzten entscheidenden Ausschlag aber gab das Geschrei vor Pilatus: „Wenn du diesen losläffest, bist du kein Freund des Kaisers; denn Jeder, der sich zum Könige macht, widersetzt sich dem Kaiser." [3]

Daß sich mit den Juden auch die Heiden an dem Leiden und an dem Tode Christi, des Herrn, betheiligten, brachten endlich die damaligen Verhältnisse im öffentlichen Leben und im Gerichtsverfahren mit sich, wie dieß aus den Verhandlungen über den Herrn selbst hervorgeht. Denn die Juden selbst haben die Betheuerung ausgesprochen: „Uns ist es nicht erlaubt, Jemanden zu tödten." [4] Nun sagt zwar der heilige Augustinus von dieser Äußerung: „Sie verstanden darunter, es sei ihnen nicht erlaubt, Jemanden zu tödten wegen der Heiligkeit des Festtages, den sie zu feiern bereits begonnen hatten"; [5] und der heilige Chrysostomus gibt als Ursache an: „Weil sie wollten, daß er nicht als Übertreter ihres Gesetzes, sondern als Reichsfeind, weil er sich zum Könige gemacht, getödtet werden sollte, was nicht ihrer Gerichtsbarkeit unterstand." [6] Auch könnte man sagen, sie haben dieß darum vorgegeben, weil sie zwar Niemanden kreuzigen, wohl aber Verbrecher gegen ihr Gesetz steinigen durften; und weil sie den Herrn auf die schmerzlichste und schmachvollste Weise tödten, das ist, kreuzigen wollten. Allein das Wahrscheinlichste ist, daß ihnen die Römer, unter deren Herrschaft sie standen, die Gewalt über Leben und Tod wirklich genommen hatten, und daß sie auch,

---

[1] Joann. c. XIX. v. 7.   [2] Luc. c. XXIII. v. 2.
[3] Joann. c. XIX. v. 12.   [4] Ibid. c. XVIII. v. 31.
[5] Tract. 114. in Joann.   [6] Homil. 82. in Joann.

wenn sie einen Verbrecher gegen ihr Gesetz nach der Vorschrift desselben steinigen, oder wie immer mit dem Tode bestrafen, und dieß öffentlich nach aller Form des Rechtes thun wollten, von der römischen Obrigkeit dazu wenigstens die Erlaubniß erwirken mußten. Wenn sie aber auch ohne diese Erlaubniß den heiligen Stephanus gesteiniget, den heiligen Paulus meuchlerisch zu ermorden sich verschworen, und den heiligen Jacobus von der Zinne des Tempels heruntergestürzt, und erschlagen haben; so ist dieß wie bei dem Ausbruche einer Volkswuth und gegen die gesetzliche Ordnung geschehen, und der jüdische Geschichtsschreiber Josephus berichtet ausdrücklich, daß sie wegen der Ermordung des heiligen Jacobus von der römischen Obrigkeit gestraft worden seien.[1]) Es lag also in den damaligen Verhältnissen und in dem öffentlichen Gerichtsverfahren jener Zeit, daß die Juden zwar zum Leiden und zum Tode des Herrn den Anfang machten, die Heiden aber die Fortsetzung und Vollendung dieses Verbrechens bewerkstelligten; die göttliche Vorsehung aber hat diese gesellschaftlichen Zustände benützt, um ihre geheimnißvollen und wunderbaren Absichten zu verwirklichen.

Dieses große Geheimniß staunt der heilige Paulus an, und belehrt die Römer, welche aus Heiden Christen geworden waren, während die Juden, wie sie Feinde Christi waren, so auch Feinde des Christenthums geblieben sind, mit folgenden Worten: „Ich will euch, Brüder! über dieses Geheimniß nicht in Unwissenheit lassen, (damit ihr nicht euch selber erhebet,) daß die Blindheit einem Theile von Israel zu Theil geworden, bis die Fülle der Heiden eingegangen ist. — Sie sind zwar in Hinsicht des Evangeliums Feinde um euretwillen; aber in Hinsicht der Auserwählung sind sie Lieblinge um der Väter willen. Denn Gottes Gaben und Berufung gereuen (ihn) nicht. Denn wie auch ihr einst Gott nicht geglaubt, jetzt aber um ihres Unglaubens willen Barmherzigkeit erlangt habet; so glauben auch sie jetzt nicht zu eurer Barmherzigkeit, damit auch sie Barmherzigkeit erlangen. Denn Gott hat Alles unter dem Unglauben verschlossen, damit er sich Aller

---

[1]) Antiq. Libr. XX. c. 8. alias 16.

erbarme."¹) Der Apostel will sagen: Als ihr Heiden waret, hat Gott sich Israels erbarmt, und es für sich auserwählt; als Israel vom Messias, von Gott abgefallen, und ein Feind des Evangeliums geworden ist, hat Gott sich euer erbarmt, und euch zu Christen gemacht; am Ende aber, wenn Gott seine Absichten mit euch erreicht hat, wird er auch Israels sich wieder erbarmen, und auch dasselbe in das Evangelium einführen, denn er hat Israel nicht ganz und für immer verworfen; und so erbarmt sich Gott über den Unglauben Aller. Das ist aber ein geheimnißvolles Walten der göttlichen Vorsehung, und darum fügt der Apostel hinzu: „O Tiefe des Reichthums der Weisheit und Erkenntniß Gottes! Wie unbegreiflich sind seine Gerichte, und wie unerforschlich seine Wege! Denn wer hat den Sinn des Herrn erkannt? Oder wer ist sein Rathgeber gewesen? Oder wer hat ihm zuerst Etwas gegeben, daß es ihm wieder vergolten werde? Denn von ihm und durch ihn und in ihm ist Alles. Ihm sei Ehre in Ewigkeit! Amen."²)

Da sehen wir nun einerseits das Gebahren von Völkern, von den Juden und von den Heiden, von der ganzen Menschheit der Führung Gottes gegenüber, und andererseits das Walten der göttlichen Vorsehung diesem Gebahren der Menschen gegenüber, und zwar in Bezug auf die Heilsordnung, auf den Weg zum ewigen Heile. Wir sehen die Heiden in ihrem Abfalle von Gott auf lange Zeit verlassen im Sinne der Worte des Völkerapostels: „Gott überließ sie den Lüften ihres Herzens. — Wie sie die Erkenntniß Gottes verworfen, überließ sie Gott dem verwerflichen Sinne, zu thun, was sich nicht geziemt."³) Wir sehen das Volk Israel ohne sein Verdienst auserwählt und hochbegnadigt, wie geschrieben steht: „Er fand es im wüsten Lande, am Orte des Grauens, der weiten Öde, führte, und lehrte es, und bewahrte es, wie seinen Augapfel. Wie der Adler seine Jungen zum Fluge lockt, und über ihnen schwebt; also breitete er seine Flügel aus, und nahm es, und trug es auf seinen Schultern."⁴) Wir sehen dann dieses Israel seinen Undank und seinen Frevel gegen Gott

---

¹) Rom. c. XI. v. 25.—33. ²) Ibid. v. 33.—36.
³) Ibid. c. I. v. 24. 28. ⁴) Dent. c. XXXII. v. 10. 11.

bis zum Gottesmorde steigern, und deßhalb von Gott auf lange Zeit aufgegeben, und verlassen, nach dem Worte des Erlösers: „Sehet, euer Haus wird euch wüste gelassen werden!"[1] Wir sehen aber jetzt die Heiden berufen, und auserwählt, aus ihnen die Kirche Gottes erstehen, nach der Weissagung: „Es suchen mich, die vorher nicht nach mir fragten; es fanden mich, die mich nicht suchten. Ich spreche zu dem Volke, das meinen Namen nicht anrief: Sieh, hier bin ich; sich, hier bin ich!"[2] Dieselbe Wahrheit liefert uns die Geschichte der Kirche Christi und der ihr gleichzeitigen Heidenwelt. Verläßt Gott ein Volk, so ist es Gerechtigkeit; erwählt Gott ein Volk, so ist es Barmherzigkeit. Wie Gott aber seine Gerechtigkeit und seine Barmherzigkeit walten läßt, wo, wann, wie, und über wen er die Gerechtigkeit oder die Barmherzigkeit walten läßt, das ist ein unerforschliches Geheimniß seines Rathschlusses. Dieses Alles gilt auch von einzelnen Menschen. Daher die Mahnung des heiligen Paulus: „Wirket euer Heil mit Furcht und Zittern";[3] aber auch die Zuversicht, mit welcher uns der Prophet beten lehrt: „Ein zerknirschtes und gedemüthigtes Herz wirst du, o Gott! nicht verachten;"[4] denn Gott hat bei seinem Leben geschworen: „So wahr ich lebe, spricht Gott, der Herr, ich will nicht den Tod des Gottlosen, sondern daß sich der Gottlose bekehre von seinem Wege, und lebe."[5]

Die Juden und Heiden, welche den Herrn gekreuziget haben, waren keine Christen, noch nicht gerechtfertiget, und geheiliget, wie wir; und weit schuldbarer ist der, welcher nach erlangter Begnadigung wieder frevelt, als jene, welche vor derselben Verbrechen begehen. Wir müssen daher vielmehr an die eigene Brust schlagen, und unsere eigenen Sünden bereuen, als die Feinde des Herrn anklagen, und verurtheilen. In diesem Sinne schreibt der heilige Augustinus über jene, die nach dem Erlösungstode des Herrn ihn durch ihre Sünden, wie der heilige Paulus sagt, „Jeder für sich, neuerdings kreuzigen, und verspotten,"[6] von dem letzten Gerichtstage: „Wie dem Thomas, der nicht geglaubt, ohne

---

[1] Matth. c. XXIII. v. 38. [2] Isai. c. LXV. v. 1. Rom. c. X. v. 19. 20. 21.
[3] Philipp. c. II. v. 12. [4] Psalm. L. v. 19.
[5] Ezech. c. XXXIII. v. 11. [6] Hebr. c. VI. v. 6.

zu berühren, und zu sehen, so wird (Christus) auch seinen Feinden seine Wunden zeigen, nicht, um ihnen, wie dem Thomas, zu sagen: Weil du gesehen, hast du geglaubt; sondern um als die Wahrheit zu ihrer Überführung zu sagen: Sehet da den Menschen, den ihr gekreuziget habet; sehet da den Gottmenschen, an den ihr nicht habet glauben wollen! Sehet ihr die Wunden, die ihr mir geschlagen; erkennet ihr die Seite, die ihr mir durchbohrt habet? Denn durch euch und euretwegen ist sie geöffnet worden, und ihr habet dennoch nicht hineingehen wollen." [1]

Ist es nicht vielmehr Pflicht für uns, für alle Unbilden, welche die Juden und Heiden ihm angethan haben, und an welchen auch unsere Sünden Schuld sind, den möglichsten Ersatz zu leisten, und für seine unendliche Erbarmung, mit der er dessenungeachtet die Juden und die Heiden, und mit ihnen auch uns zum Glauben berufen hat, uns erkenntlich zu erweisen? Denn ihre Bosheit und ihre Schuld überstieg alles Maß, und mußte den Herrn mehr schmerzen, als alle Mißhandlungen, und als der Tod selbst.

Davon werden wir uns noch mehr überzeugen, wenn wir erwägen, in wie weit die Feinde Christi ihn erkannt haben, und wie groß dieser Erkenntniß gemäß ihre Bosheit und Schuld gewesen sei.

5.
Die Verblendung der Feinde Christi. [2]

Die Erfordernisse zu einer moralischen Handlung des Menschen sind die Erkenntniß des Verstandes, das Begehren des Willens und die Freiheit der Wahl. Es gibt keine freie Wahl, wo der Wille sich nicht für dieses oder jenes aus sich selbst bestimmt, und entschließt; es gibt keinen Entschluß und kein Begehren des Willens, wenn ihm nicht die Erkenntniß des Verstandes den Gegenstand weist, und vorhält, nach dem er begehren, für den er sich entschließen kann. Die freie Wahl und das Begehren und der Entschluß des Willens setzen also die Erkenntniß des Verstandes als

---

[1] De symbol. Libr. II. c. 8. [2] P. III. q. 47. a. 5.

nothwendige Grundbebingniß voraus, und zwar so, daß, wo keine Erkenntniß, auch kein moralischer Akt vorhanden, und wie die Erkenntniß, auch der moralische Akt beschaffen ist.

Handelt es sich daher um eine moralische Schuld, so kann dort keine Schuld gefunden werden, wo keine Erkenntniß der Sündhaftigkeit einer Handlung vorhanden war; und war eine Erkenntniß der Sündhaftigkeit der Handlung vorhanden, so ist die Schuld von der Art, wie die Erkenntniß. Wie also die Erkenntniß, so ist die Schuld.

Soll also ermittelt werden, welche Schuld die Feinde Jesu Christi, die ihn gekreuziget, auf sich geladen haben; so muß zuvor festgestellt werden, welche Erkenntniß sie von der Sündhaftigkeit ihrer Handlung, und namentlich welche Erkenntniß sie von dem Herrn selbst gehabt, ob sie ihn als den Messias und als den Sohn Gottes erkannt haben. Hätten sie ihn nur als einen Verbrecher erkannt, welcher die Kreuzigung verdient; so würden sie durch die Kreuzigung keine Schuld auf sich geladen haben. Hätten sie ihn als einen unschuldigen Menschen erkannt, so würden sie sich einfach eines Menschenmordes schuldig gemacht haben. Haben sie ihn als den Messias erkannt, der das irdische Reich Israel wieder herstellen sollte, so haben sie sich mit der Schuld befleckt, sich selbst und ihrem Volke den Retter und Befreier aus der Fremdherrschaft getödtet zu haben. Haben sie ihn aber als den Sohn Gottes erkannt, so sind sie des Gottesmordes schuldig. Welche Erkenntniß haben sie also von Christus, dem Herrn, gehabt?

Diese Frage ist nicht so leicht zu lösen. Denn Christus, der Herr, hat am Kreuze gebetet: „Vater! vergib ihnen; denn sie wissen nicht, was sie thun."[1]) So betete er für seine Feinde, die ihn gekreuziget haben, und noch auf dem Kreuze verspotteten; und wollte man auch annehmen, daß er dieses Gebet für alle Sünder überhaupt verrichtet habe, so waren doch seine Feinde davon nicht ausgeschlossen, da er für alle Menschen ohne Ausnahme leiden, und sterben wollte, um alle selig zu machen. In

---

[1]) Luc. c. XXIII. v. 34.

diesem Gebete führt aber der Herr als Beweggrund für die Erhörung seiner Bitte deren Unkenntniß an: „Denn sie wissen nicht, was sie thun;" diese Unkenntniß kann aber nicht auf ihre Handlung, auf die Kreuzigung und auf die Lästerung bezogen werden, weil sich die Feinde dessen, was sie gethan haben, und thaten, wohl bewußt waren, sondern sie muß auf ihn selbst bezogen werden, und diese Worte des Herrn bedeuten also so viel, als: Sie wissen nicht, wer ich bin, an dem sie diese Handlung vollziehen, den sie gekreuziget haben, und verspotten. Der Herr scheint also seinen Mördern selbst das feierlichste Zeugniß zu geben, daß sie ihn nicht erkannt haben.

Auch der heilige Paulus schreibt an die Corinther: „Wir lehren Gottes Weisheit, die geheimnißvolle, die verborgene, welche Gott vor dem Anbeginne der Welt zu unserer Verherrlichung bestimmt hat, die Keiner von den Fürsten dieser Welt erkannt hat; denn wenn sie dieselbe erkannt hätten, würden sie den Herrn der Herrlichkeit niemals gekreuziget haben." [1] Der Apostel redet hier von der Weisheit Gottes im Erlösungswerke, von der Weisheit des Kreuzes, welche „den Juden ein Ärgerniß und den Heiden eine Thorheit, den Berufenen aber sowohl aus den Juden als auch aus den Heiden Gottes Kraft und Gottes Weisheit ist;" [2] er redet hier von „den Fürsten dieser Welt," welche „den Herrn der Herrlichkeit gekreuziget haben," also von dem Hohenrathe der Juden, von Pilatus und von Herodes; [3] und er sagt von diesen, daß „Keiner von ihnen" diese Weisheit, diese Verherrlichung, das Werk Christi, Christum, als „den Herrn der Herrlichkeit erkannt habe". Auch der Apostel scheint also zu bezeugen, daß die Feinde des Herrn, selbst die Hohenpriester, Schriftgelehrten und Pharisäer, ihn nicht erkannt haben.

Auf gleiche Weise hat der Apostelfürst Petrus zu den Juden von Christus gesprochen: „Diesen habet ihr überliefert, und verleugnet vor dem Angesichte des Pilatus, der geurtheilt, daß er loszulassen sei; aber ihr habet den Heiligen und Gerechten verleugnet, und verlangt, daß man euch den Mörder schenke. Den

---

[1] I. Cor. c. II. v. 7. 8. [2] Ibid. c. I. 23. 24.
[3] Vide Act. Apost. c. IV. v. 24.—29.

Urheber des Lebens aber habet ihr getödtet."¹) Dann aber fügte er bei: „Und nun, ihr Brüder! ich weiß, daß ihr es aus Unwissenheit gethan habet, wie auch eure Obersten."²) Auch Petrus behauptet also, daß nicht blos das Judenvolk, sondern auch dessen Vorsteher den Herrn nicht gekannt, und nicht gewußt haben, wen sie kreuzigten, und tödteten.

Daß nun Christus, der Herr, selbst und die beiden Apostelfürsten Petrus und Paulus die Juden und sogar deren Vorsteher mit ihrer Unkenntniß und Unwissenheit entschuldigten, und somit bezeugten, sie haben den Gottmenschen aus Unkenntniß und Unwissenheit gekreuziget, und daher ihn nicht gekannt, unterliegt keinem Zweifel. Daß dieß aber um so mehr von Pilatus, von seinen Soldaten und Henkersknechten angenommen werden müsse, versteht sich von selbst. Es ergibt sich nun aber die Frage, was für eine Unkenntniß und Unwissenheit es gewesen sei.

Vor Allem konnten die Hohenpriester, Schriftgelehrten und Pharisäer darüber nicht in Unkenntniß und Unwissenheit sein, daß Christus, der Herr, ein ganz unschuldiger Mensch und ein Gerechter war. Denn sein Leben war so rein und heilig, daß er sie öffentlich auffordern konnte: „Wer aus euch kann mich einer Sünde beschuldigen?"³) und daß Niemand auch nur das Geringste ihm vorzuwerfen vermochte. Der Herr beobachtete das Gesetz der Juden und das Gesetz der Römer mit solcher Genauigkeit, daß der Hoherath selbst mit gedungenen und bestochenen Zeugen nicht das Mindeste ausfindig machen konnte, um gegen ihn eine begründete Anklage zu erheben; und daß Pilatus, auch nachdem er alle Anschuldigungen der Feinde vernommen, wiederholt ihn selbst verhört, und auch das Urtheil des Herodes besessen, immer und immer wieder und am Ende noch feierlich und öffentlich erklärte, er finde keine Schuld an ihm, und er sei ein Gerechter. Christus, der Herr, hatte weder etwas Unrechtes gethan, noch etwas Unwahres gelehrt, und das ganze Land unter Wundern und Zeichen mit Wohlthaten angefüllt, wie geschrieben steht: „Er ist herum-

---

¹) Vide Act. Apost. c. III. v. 13. 14. 15. ²) Ibid. v. 17.
³) Joann. c. VIII. v. 46.

gezogen, hat Gutes gethan, und Alle, die vom Teufel überwältiget waren, geheilt; denn Gott war mit ihm." [1]) Sie konnten also darüber nicht in Unkenntniß oder Unwissenheit sein, daß sie an Christus einen unschuldigen Menschen und einen Gerechten mordeten.

Die Hohenpriester, Schriftgelehrten und Pharisäer konnten auch darüber nicht in Unkenntniß und Unwissenheit sein, daß Christus, der Herr, der den Juden verheißene Messias war. Denn die Weissagungen der Propheten haben die Zeit der Ankunft des Messias, seinen Geburtsort, sein Leben, seine Thaten, seine Wunder so klar, so allseitig, so bezeichnend und unterscheidend und bis in's Einzelne eingehend vorausgesagt, und beschrieben; daß sie nicht so fast Weissagungen, als vielmehr eine Lebensbeschreibung zu sein scheinen; und daß, wer sie kannte, zugleich Christum, den Herrn, sein Leben und Wirken vor Augen hatte, und gesunde Sinne und einen gesunden Verstand besaß, an ihm den Messias nicht verkennen konnte. Christus, der Herr, selbst hat auf diese Weissagungen und auf deren Erfüllung in seinen Thaten als auf untrügliche Merkmale und Kennzeichen sich berufen. Denn auf die Frage der Jünger des heiligen Johannes, des Täufers: „Bist du es, der da kommen soll, oder sollen wir auf einen Andern warten?" [2]) antwortete er: „Gehet hin, und verkündet dem Johannes, was ihr gehört, und gesehen habet: Blinde sehen, Lahme gehen, Aussätzige werden gereiniget, Taube hören, Todte stehen auf, Armen wird das Evangelium geprediget." [3]) Denn dieß waren die Wunderzeichen, von welchen der Prophet Isaias gesagt hat, daß man an denselben den Messias erkennen würde. [4]) Die Hohenpriester, Schriftgelehrten und Pharisäer mußten als Lehrer des Volkes diese Weissagungen kennen; sie kannten dieselben auch, und rühmten sich ihrer Schriftkenntniß; sie sahen die Wunder des Herrn, und konnten sie gar nicht leugnen; sie hörten seine Lehre, und waren selbst Zeugen, wie er sich der Armen, der Kranken, der Betrübten, der Zöllner, der Sünder annahm. Sie konnten darum an ihm den Messias nicht verkennen. Wenn sie aber der irrigen Ansicht waren, der Messias müsse in Macht und

---

[1]) Act. Apost. c. X. v. 38.   [2]) Matth. c. XI. v. 3.   [3]) Ibid. v. 5.
[4]) Isai. c. XXXV. v. 5. c. LXI. v. 1.

Herrlichkeit herrschen, und das irdische Reich Israel wieder herstellen, den Herrn aber in Niedrigkeit und Armuth sahen; so hätten sie aus der heiligen Schrift, aus den messianischen Weissagungen selbst, aus deren offenbaren Erfüllung im Leben und Wirken Christi, aus den Wundern, aus den Thaten und aus den Reden des Herrn den Irrthum ihrer Meinung ohne viele Mühe einsehen, und zur Erkenntniß der Wahrheit gelangen können, wie sie ja auch Andere aus den Vornehmen und Gebildeten und aus dem Volke selbst erkannt haben. Jedenfalls aber konnte ihnen ihr Irrthum keinen Grund und keinen Anlaß bieten, den Heiland zu hassen, zu verfolgen, und zu tödten; sondern er mußte ihnen vielmehr gebieten, wenigstens zu warten, was es mit einem so außerordentlichen Manne für ein Ende nehmen werde. Da sie aber von allem dem nichts gethan, sondern den Herrn in der Blüthe des Alters getödtet haben; so können sie durch nichts vom Morde des Messias entschuldigt werden.

Diese Vorsteher und Obersten des Judenvolkes konnten endlich auch über die Gottheit Christi nicht in Unkenntniß und Unwissenheit sein. Denn die Weissagungen bezeichnen den Messias klar und bestimmt und oft als den wahren, lebendigen Gott; Christus, der Herr, hat seine Wunder nicht, wie die Heiligen, im Namen Gottes, sondern im eigenen Namen und aus eigener Macht gewirkt, und er hat sie ausdrücklich zu dem Zwecke gewirkt, damit sie an ihn als den Sohn Gottes glauben sollten; er hat ihnen bewiesen, daß er ihre geheimsten Gedanken und ihren ganzen Seelenzustand kenne; und das Alles haben sie sich selbst einander eingestanden, indem sie über ihn zu Rathe saßen, und sprachen: „Was thun wir? Dieser Mensch wirkt viele Wunder. Wenn wir ihn so lassen, werden Alle an ihn glauben." Was war aber die Folge dieser Erkenntniß und dieses Selbstgeständnisses? Der Beschluß, ihn zu tödten; denn das heilige Evangelium sagt: „Sie beschlossen also von diesem Tage an, ihn zu tödten."[2]) Dieser Beschluß war also nicht die Folge der Unkenntniß der göttlichen Zeugnisse in seinen Wundern; und Christus, der Herr, selbst er-

---

[1]) Joann. c. XI. v. 47. [2]) Ibid. v. 53.

klärte, daß sie aus seinen Wundern seine Gottheit hätten erkennen können, und erkennen sollen, indem er zu ihnen sprach: „Wie saget ihr zu dem, den der Vater geheiliget, und in die Welt gesendet hat: Du lästerst Gott! weil ich gesagt habe: Ich bin der Sohn Gottes? Thue ich die Werke meines Vaters nicht, so möget ihr mir nicht glauben; thue ich sie aber, so glaubet den Werken, wenn ihr mir nicht glauben wollet, daß der Vater in mir ist, und ich in ihm (bin)."¹) Der Herr sagte von ihnen ausdrücklich, daß sie sich mit keiner Unkenntniß und Unwissenheit entschuldigen konnten; denn als er einst gesagt hatte: „Ich bin zum Gerichte in diese Welt gekommen, daß die Blinden sehend, und die Sehenden blind werden;"²) sprachen die Pharisäer, welche diese Worte gehört hatten, zu ihm: „Sind etwa auch wir blind?"³) Da antwortete ihnen der Herr: „Wenn ihr blind wäret, so hättet ihr keine Sünde; nun aber sprechet ihr: Wir sehen. Darum bleibt eure Sünde."⁴) Ja, er sprach von ihnen ganz klar und bestimmt: „Wenn ich nicht gekommen wäre, und zu ihnen nicht geredet hätte; so hätten sie keine Sünde; nun aber haben sie keine Entschuldigung für ihre Sünde. Wer mich haßt, der haßt auch meinen Vater. Wenn ich nicht die Werke unter ihnen gethan hätte, die kein Anderer gethan hat, so hätten sie keine Sünde; nun aber haben sie dieselben gesehen, und hassen doch mich und meinen Vater. Aber es mußte das Wort erfüllt werden, das in ihrem Gesetze geschrieben steht: Sie hassen mich ohne Ursache."⁵) Sie konnten also die Sünde ihres Unglaubens und ihres Hasses auch nicht in Bezug auf seine Gottheit mit ihrer Unkenntniß oder Unwissenheit entschuldigen. Noch mehr; der göttliche Heiland sagte ihnen, daß sie den heiligen Geist lästerten, indem sie sagten, er treibe die Teufel durch den Obersten der Teufel aus, und dadurch die Werke des heiligen Geistes, die Wunder Gottes dem Beelzebub zuschrieben.⁶) Auch der heilige Stephanus sprach zu ihnen: „Ihr Halsstarrigen und Unbeschnittenen an Herz und Ohren! Ihr widerstrebet allzeit dem heiligen Geiste, wie eure Väter, so auch

---

¹) Joann. c. X. v. 36. 37. 38.   ²) Ibid. c. IX. v. 39.   ³) Ibid. v. 40.
⁴) Ibid. v. 41.   ⁵) Ibid. c. XV. v. 22.—26. Psalm. LXVIII. v. 5.
⁶) Matth. c. XII. v. 24.—33.

ihr." ¹) Sie waren also in ihrem Widerstande gegen Christus und gegen seine Lehren und Thaten Sünder gegen den heiligen Geist. Von solchen Sünden aber sagt Maldonat nach der Lehre der heiligen Väter: „In den meisten andern Sünden bietet entweder die Unwissenheit, oder die Schwachheit, wenn nicht ganz, so doch wenigstens theilweise eine Entschuldigung. Aber in einer Sünde wider den heiligen Geist findet man nichts dergleichen, was die Schuld vermindern könnte." ²) Christus, der Herr, erklärte ihnen daher, daß sie, wenn sie in diesem Widerstande verharrten, und an ihn, den Messias und den Sohn Gottes, nicht glaubten, als Sünder wider den heiligen Geist sterben würden: „Wenn ihr nicht glaubet, daß ich es bin; so werdet ihr in eurer Sünde sterben." ³) Da kann also von einer Unkenntniß und Unwissenheit keine Rede sein. Endlich sagte ihnen der Herr, daß sie der Wahrheit widerstünden, und ihm nach dem Leben strebten, wie der Teufel ein Lügner und Menschenmörder ist: „Ihr thuet die Werke eures Vaters. — Warum erkennet ihr meine Sprache nicht? Weil ihr mein Wort nicht hören könnet. Ihr habet den Teufel zum Vater, und wollet nach den Gelüsten eures Vaters thun. Dieser war ein Menschenmörder vom Anbeginne, und ist in der Wahrheit nicht bestanden; denn die Wahrheit ist nicht in ihm. Wenn er Lüge redet, so redet er aus seinem Eigenthume; denn er ist ein Lügner, und der Vater der Lüge. Wenn ich aber die Wahrheit rede, so glaubet ihr mir nicht." ⁴) Sie widerstanden also der Wahrheit nicht aus Unwissenheit, sondern aus Bosheit, wie der Teufel, und diese Sünder wider den heiligen Geist sind an Christus auch zu Gottesmördern geworden.

Selbst den Irrthum, in dem sie wähnten, der Messias werde das irdische Reich Israels herstellen, und darum in Macht und Herrlichkeit kommen, benahm er ihnen noch in dem letzten Augenblicke auf die nachdrücklichste und feierlichste Weise. Denn als er vor dem Richterstuhle des Caiphas stand, und dieser ihn beschwor: „Ich beschwöre dich bei dem lebendigen Gott, daß du uns sagest, ob du Christus, der Sohn Gottes, bist;" ⁵) antwortete der Herr,

---

¹) Act. Apost. c. VII. v. 51. ²) Comment. in Matth. c. XII. v. 31.
³) Joann. c. VIII. v. 24. ⁴) Ibid. v. 41. 43. 44. ⁵) Matth. c. XXVI. v. 63.

obwohl er wußte, daß sie ihn darauf zum Tode verurtheilen werden, bestimmt und entschieden: „Du hast es gesagt!" (das heißt: Ich bin es, wie du sagst). „Ich sage euch aber: Von nun an werdet ihr den Menschensohn zur Rechten der Kraft Gottes sitzen, und auf den Wolken des Himmels kommen sehen." [1]) Er wies sie hier auf seine zweite Ankunft hin, die in Kraft und Herrlichkeit geschehen wird, während die erste Ankunft in Schwachheit und Schmach stattfand. Sie konnten also auch darüber nicht mehr in Unkenntniß bleiben, oder in der Unwissenheit eine Entschuldigung finden.

Wenn dem nun also ist, wie konnte Christus, der Herr, selbst, und wie konnten seine Apostel sie mit ihrer Unwissenheit entschuldigen? Es war mit aller dieser Erkenntniß doch auch eine vielfache Unwissenheit und Unkenntniß verbunden. Denn ihre Schriftkenntniß war nicht so groß, daß sie nicht ein noch besseres Verständniß sich hätten verschaffen können; sie erkannten auch Christum, den Herrn, nicht so, daß sie ihn nicht besser hätten erkennen können; überdieß ließen sie sich von den Leidenschaften des Hasses und des Neides gegen den göttlichen Heiland vom Anfange an so einnehmen, daß von denselben auch die Kenntniß, die sie hatten, verwirrt, und verdunkelt, und jede weitere und klarere Erkenntniß verhindert wurde. Diesen vielfachen Mangel an Erkenntniß konnten also Christus und seine Apostel mit aller Wahrheit zu dem Zwecke in Anspruch nehmen, um noch für ihre Rettung und für ihr Heil zu sorgen.

War aber nicht selbst diese Unkenntniß und Unwissenheit eine frei gewollte, eine selbstverschuldete, eine gesuchte, und darum eine solche, die ihre Schuld nur noch vergrößerte, und erschwerte? Allerdings; denn der heilige Augustinus sagt: „Man muß wissen, daß ihre Unwissenheit sie von dem Verbrechen nicht entschuldigte, weil sie eine gewisser Maßen gesuchte Unwissenheit war;" [2]) und der heilige Thomas setzt bei: „Denn sie sahen die augenscheinlichen Werke seiner Gottheit; aber aus Haß und Neid gegen Christus verkehrten sie dieselben, und wollten seinen Worten, mit

---

[1]) Matth. c. XXVI. v. 64.
[2]) Quaest. nov. et vet. Testament. quaest. 66. Inter Oper. S. Aug.

welchen er sich als den Sohn Gottes bekannte, nicht glauben."[1]) Der heilige Hieronymus schreibt: "Der Herr beweist aus den Worten der Juden klar, daß die Vornehmen nicht aus Unwissenheit, sondern aus Neid den Sohn Gottes gekreuziget haben; denn sie erkannten, daß er derjenige sei, zu welchem der Vater durch den Propheten gesprochen hat: Verlange von mir, und ich werde dir die Heiden zum Erbe geben."[2]) Der Cardinal Tolet aber erklärt: "Die Vornehmen der Juden haben nicht vollkommen erkannt, daß er der Christus und der Sohn Gottes war. Die Ursache dessen aber lag darin, daß sie vom Anfange an, wo sie hätten aufmerksam sein sollen, Christum mit dem größten Hasse verfolgten. Dadurch waren ihre Geister unfähig geworden, die Wahrheit zu erfassen, nach dem Worte der Weisheit: Ihre Bosheit hat sie verblendet.[3]) Zu diesem Hasse kam noch hinzu, daß sie auch die Schrift nicht vollkommen verstanden. Denn sie vermischten die zweifache Ankunft Christi, die demüthige und die glorreiche, und hielten das Reich Christi für ein irdisches; da sie aber von diesem an Christus nichts sahen, überredete sie ihr Haß leicht, daß er nicht der Christus sei. Daher wollte ihnen der Herr noch während seines Leidens diesen Irrthum benehmen, da er dem Hohenpriester antwortete, er sei der Christus, und sprach: Von nun an werdet ihr den Menschensohn zur Rechten der Kraft Gottes sitzen, und auf den Wolken des Himmels kommen sehen;[4]) das heißt: Täuschet euch nicht, weil meine glorreiche Ankunft nicht jetzt, sondern später erfolgt. Sie aber glaubten aus Haß nicht, nach seinem Worte: Ich sage es euch, und ihr glaubet nicht.[5]) Haß und Neid und Mangel am Verständnisse der Schrift waren also die Ursachen, warum die Hohenpriester, Schriftgelehrten und Pharisäer nicht zur vollen Erkenntniß des Messias und des Sohnes Gottes gelangten; das heißt, wie der heilige Thomas bemerkt, sie haben diese Erkenntniß gehabt, und hätten sie aus der Schrift noch vollständiger haben können, aber derselben wegen ihres Hasses und Neides nicht beistimmen wollen."[6]) Sie haben sich auch keine Mühe gegeben, aus der Schrift eine klarere Überzeugung zu

---

[1]) Loc. cit. O. [2]) In Matth. c. XXI. v. *Hic est haeres*. [3]) Sap. c. II. v. 21.
[4]) Matth. c. XXVI. v. 64. [5]) Joann. c. X. v. 25. [6]) Loc. cit. ad 1.

schöpfen; sie haben sich vom Herrn selbst nicht belehren lassen; sie haben auch seine Worte verdreht, und seine Thaten mißdeutet; sie haben sich mit ausgesuchter Bosheit der Wahrheit verschlossen. Es war eine freigewollte, gesuchte und boshafte Unwissenheit, von welcher der heilige Thomas sagt: „Sie spricht von der Schuld nicht frei, sondern scheint die Schuld noch mehr zu erschweren; denn sie zeugt von einer so heftigen Begierde des Menschen, zu sündigen, daß er in die Unwissenheit sich hineinstürzen will, um die Sünde nicht zu meiden." [1] Wenn nun die Apostelfürsten diese Unwissenheit der Feinde Christi dennoch zum Vorwande nahmen, um deren Verbrechen zu entschuldigen; und wenn der göttliche Heiland selbst dieselbe als Beweggrund anführt, um ihnen vom himmlischen Vater Verzeihung zu erflehen: so sagen damit weder die Apostel noch Christus, daß es eine unsträfliche Unwissenheit gewesen sei; sondern die Bitte Christi selbst zeigt klar, daß es eine schuldbare, und darum eine sträfliche Unwissenheit gewesen sei. Denn er bittet: „Vater! vergib ihnen;" wo aber keine Schuld und keine Strafbarkeit vorhanden, da wäre auch nichts vorhanden, was vergeben werden könnte. Die Liebe und Barmherzigkeit des Herrn findet aber doch in eben dieser Unwissenheit Milderungsgründe für diese entsetzlichen Verbrechen.

Der ehrwürdige Beda sagt zwar, Christus habe auf dem Kreuze nicht für jene, die ihn als Messias und als Gott erkannt, sondern nur für diejenigen, welche ihn als solchen nicht erkannt haben, gebetet;[2] und so könnte auch die Entschuldigung von Seite der Apostelfürsten verstanden werden, da ihn wahrscheinlich auch nicht alle Vornehmen als solchen erkannt haben. Allein nehmen wir auch an, daß Christus für alle seine Feinde ohne Unterschied gebetet, und auch die Apostel sie alle in ihrer Entschuldigung einbegriffen haben; so konnte doch auch dieß noch mit voller Wahrheit und aus sehr gewichtigen Gründen geschehen. Denn war diese Unwissenheit auch eine verschuldete und strafbare, so ist es doch immerhin wahr, daß es eine Unwissenheit war; und wenn diese Unwissenheit die Schuld erschwerte, und darum an sich um

---

[1] Loc. cit. ad 3.   [2] In Luc. c. XXIII. v. 34.

so weniger einen Grund der Entschuldigung finden konnte, so wurden diese Menschen dadurch nur um so unglücklicher, und daher um so bedauernswerther. Die durch diese Unwissenheit erhöhte Schuld und Strafbarkeit, und das daraus hervorgehende größere Unglück war aber für die übergroßen Erbarmungen des göttlichen Herzens Jesu und für den Seeleneifer der Apostel ein um so mächtigerer Grund, rettend einzuschreiten; weil der barmherzige Gott und die von seinem Geiste beseelten Diener und Stellvertreter Gottes ihr Wirken nicht nach der Bosheit, sondern nach dem Unglücke und nach dem Bedürfnisse der Sünder bemessen. Dann wird, wenn auch die boshafte Selbstverschuldung die Sünde, welche aus einer solchen Unwissenheit hervorgeht, im Prinzipe erschwert, doch in der Ausführung derselben das Freiwillige durch die Verblendung des Geistes und durch die Wuth der Leidenschaften gemindert, und diese verminderte Freiwilligkeit bietet einen wahren Entschuldigungsgrund. Überdieß haben die Verfolger und Feinde des Herrn ganz gewiß nicht die ganze Größe und Schwere ihres Verbrechens, ganz gewiß nicht alle Folgen desselben in der Zeit und Ewigkeit, wenn sie ihre gottlose Absicht erreicht hätten, eingesehen; und daher konnte der Herr auch in dieser Beziehung der Wahrheit gemäß sagen, daß sie nicht gewußt, was sie gethan, und konnten auch die Apostel der Wahrheit gemäß behaupten, daß sie, was sie gethan, aus Unwissenheit gethan haben. Endlich ist auch durchaus wahr, was der heilige Paulus sagt, daß nämlich nicht nur Pilatus und Herodes, sondern auch die Hohenpriester, Schriftgelehrten und Pharisäer die Geheimnisse des Kreuzes, das ist, die Rathschlüsse Gottes über das Leiden und Sterben des Erlösers, die Ursachen, Wirkungen und Folgen des Kreuzopfers nicht eingesehen haben.[1]) Es findet sich also weder in den Worten des Herrn, noch in den Worten der Apostel Etwas, was gegen die Wahrheit wäre; sondern es erweisen sich da nur nach allen Seiten hin die gränzenlosen Erbarmungen Gottes in der Erlösung des Menschengeschlechtes, und selbst gegen jene, welche ihrerseits aus übergroßer Bosheit und selbstverschuldeter Unwissenheit an dem göttlichen Erlöser selbst sich so schwer versündiget haben.

---

[1]) I. Cor. c. II. v. 6.—9. Act. Apost. c. IV. v. 24.—29.

Was aber das jüdische Volk anbelangt, welches vor Pilatus geschrieen hat: „Er soll gekreuziget werden!" ¹) und: „Sein Blut komme über uns und unsere Kinder!"²) hat es sich, im Großen und Ganzen genommen, an dem Leiden und Sterben des Herrn in weit entschuldbarerer und unsträflicherer Unwissenheit betheiliget, als dessen Vorsteher. Es hat weder ein genügendes Erkennen und Verstehen der heiligen Schriften besessen, noch vollkommen erkannt, daß Christus der Messias und der Sohn Gottes war. Denn haben auch Viele an ihn geglaubt, so hat doch die große Menge an ihn nicht geglaubt. Einerseits hörte dieses Volk die wunderbaren Lehren des Herrn, sah die Wunder, die Niemand leugnen konnte, und beobachtete seinen heiligen Lebenswandel, und das Alles machte es geneigt, ihn für den Messias zu halten, und an ihn als den Sohn Gottes zu glauben; andererseits aber nahm es den Widerspruch, die Lästerung seiner Vorgesetzten gegen Christus, den Herrn, wahr, sah es deren Haß und Feindschaft, deren Nachstellungen und Verfolgungen gegen ihn, und fürchtete es sich vor deren Drohungen, Jeden aus der Synagoge auszuschließen, der sich für ihn erklären würde. Es konnte sich auch seine Herkunft, sein Leben und seine Reden selbst mit den wenigen, verworrenen Begriffen, die es von dem Messias und von seinem Reiche aus der Schrift besaß, nicht zurechtlegen; und die Besten erwarteten von ihm die Wiederherstellung des irdischen Reiches Israel.

Von der Verworrenheit der Ansichten und Meinungen, welche in diesem Volke über Christus am Ende seiner Lehrjahre herrschten, gibt uns der heilige Johannes ein Bild, indem er von der Gegenwart des Herrn am letzten Laubhüttenfeste zu Jerusalem berichtet: „Es war viel Redens von ihm unter dem Volke. Denn Einige sagten: Er ist gut. Andere aber sagten: Nein, sondern er verführt das Volk. Doch redete Niemand öffentlich von ihm aus Furcht vor den Juden. Als aber das Fest schon bald vorüber war, ging Jesus hinauf in den Tempel, und lehrte. Und die Juden verwunderten sich, und sprachen: Wie versteht dieser

---

¹) Matth. c. XXVII. v. 23.   ²) Ibid. v. 25.

die Schrift, da er sie doch nicht gelernt hat?"[1] Als sie ihn lehren hörten, „sprachen Einige von Jerusalem: Ist das nicht der, den sie tödten wollen? Sieh, er redet öffentlich, und sie sagen ihm nichts. Haben denn die Vorsteher wahrhaft erkannt, daß dieser Christus ist? Doch wir wissen ja, woher dieser ist; wenn aber Christus kommen wird, weiß Niemand, woher er ist."[2] Als ihnen der Herr sagte, woher er gekommen sei, „da suchten sie ihn zu ergreifen; aber Niemand legte Hand an ihn, denn seine Stunde war noch nicht gekommen. Es glaubten aber Viele von dem Volke an ihn, und sprachen: Soll denn Christus, wenn er kommt, mehr Wunder thun, als dieser thut?"[3] Als der Herr fortfuhr, zu lehren, und von dem lebendigen Wasser sprach, das er gebe, nämlich von dem Geiste, den jene empfangen, die an ihn glauben; „sprachen Einige von demselben Volke, welche diese Worte von ihm hörten: Dieser ist wahrhaftig der Prophet! Andere sagten: Dieser ist Christus! Einige aber sprachen: Soll denn Christus aus Galiläa kommen? Sagt nicht die Schrift: Christus kommt von dem Geschlechte Davids, und aus dem Flecken Bethlehem, wo David war? Es entstand also unter dem Volke eine Spaltung um seinetwillen."[4] Die Diener, welche von den Hohenpriestern und Pharisäern hingeschickt worden waren, um den Herrn gefangen zu nehmen, und zu ihnen zu führen, kamen unverrichteter Dinge zurück, und antworteten auf die Frage, warum sie ihn nicht hergebracht hätten: „Niemals hat ein Mensch so geredet, wie dieser Mensch."[5] Die Hohenpriester und Pharisäer aber sprachen voll Unwillen zu ihnen: „Seid etwa auch ihr verführt? Glaubt wohl Jemand von den Obersten oder Pharisäern an ihn? Aber dieses Volk, das vom Gesetze nichts weiß, es ist verflucht! Da sprach Nicodemus zu ihnen, derselbe, der des Nachts zu ihm gekommen, und Einer von ihnen war: Richtet denn unser Gesetz einen Menschen, wenn man ihn nicht zuvor gehört, und erkannt hat, was er thue? Sie antworteten, und sprachen zu ihm: Bist etwa auch du ein Galiläer? Durchforsche die Schrift, und sieh,

---

[1] Joann. c. VII. v. 12.—16. [2] Ibid. v. 25.—28. [3] Ibid. v. 30. 31. [4] Ibid. v. 40.—44. [5] Ibid. v. 46.

daß aus Galiläa kein Prophet aufsteht. Und sie kehrten zurück, Jeder in sein Haus."¹) Das ist das Bild der Verwirrung, die im Volke herrschte, und des Hasses, welcher die Vorgesetzten desselben beherrschte./

·\Dasselbe Volk, welches bald darauf bei dem feierlichen Einzuge des Herrn in Jerusalem ihm entgegengezogen ist, und zugejubelt hat: „Hosanna dem Sohne Davids; hochgelobt, der da kommt im Namen des Herrn!"²) schrie wenige Tage nachher vor dem römischen Landpfleger gegen ihn: „Hinweg mit diesem, und gib uns den Barabbas los!"³) Es hatte gesehen, daß Christus gefangen genommen, eingekerkert, von dem Hohenrathe zum Tode verurtheilt worden sei; darum vergaß es auf die Blinden, Tauben, Lahmen, Stummen, Aussätzigen, Gichtbrüchigen, die er geheilt, auf die Besessenen, die er befreit, auf die Todten, die er auferweckt hat; der Glaube an ihn war erschüttert; und so geschah leicht, was das heilige Evangelium sagt: „Die Hohenpriester und Ältesten beredeten das Volk, daß sie den Barabbas begehren, Jesum aber tödten lassen sollten."⁴) Daher sagt der heilige Thomas: „Sie sind nachher von ihren Obersten betrogen worden, daß sie ihn weder für den Sohn Gottes, noch für den Christus hielten."⁵)\

Aber auch diese Unwissenheit konnte nicht ohne Schuld sein. Denn auch das Volk hatte den Herrn gesehen, seine Lehre gehört, seine Wunder gekannt, und gesunde Sinne und einen gesunden Verstand besessen. Christus, der Herr, hatte auch die Schriftgelehrten und Pharisäer ihm so gezeichnet, daß es sich deren verführerischen Schlingen leicht hätte entziehen können. Er hat zwar gesagt: „Auf dem Stuhle des Moses sitzen die Schriftgelehrten und Pharisäer. Darum haltet, und thuet Alles, was sie euch sagen;"⁶) das heißt, was sie als Lehrer des Gesetzes und als rechtmäßige Vorgesetzte euch vorschreiben, wenn es nicht gegen das göttliche Gesetz ist. Allein er hat auch hinzugefügt: „Nach ihren Werken aber sollet ihr nicht thun, denn sie sagen es wohl, thun

---

¹) Joann. c. VII. v. 47.—53. ²) Matth. c. XXI. v. 9.
³) Luc. c. XXIII. v. 18. ⁴) Matth. c. XXVII v. 20.
⁵) Loc. cit. 0. ⁶) Matth. c. XXIII. v. 2. 3.

es aber nicht."¹) Er entlarvte diese Heuchler vor dem Volke, und rief denselben das achtmalige furchtbare Wehe zu, weil sie das Volk beharrlich vom Glauben abhielten: „Wehe euch, ihr Schriftgelehrten und Pharisäer, ihr Heuchler, die ihr das Himmelreich den Menschen verschließet! Denn ihr selbst gehet nicht hinein, und, die hinein wollen, lasset ihr auch nicht hinein."²) Er überwies sie vor dem Volke ihrer Irrthümer,³) und hielt ihnen ihre Sünden vor: „Wehe euch, ihr Schriftgelehrten und Pharisäer, ihr Heuchler, die ihr übertünchten Gräbern gleichet, welche von außen vor den Menschen zwar schön in die Augen fallen, inwendig aber mit Todtengebeinen und allem Unrathe angefüllt sind! Gerade so erscheinet auch ihr von außen zwar gerecht vor den Menschen, inwendig aber seid ihr voll Heuchelei und Ungerechtigkeit."⁴) — „Ihr Schlangen, ihr Natterngezücht! wie werdet ihr dem Gerichte der Hölle entrinnen?"⁵) Das Volk war also kräftig und nachdrücklich genug gewarnt, um sich auch von diesen Scheinheiligen nicht betrügen zu lassen. Überdieß hat es vor dem Pilatus die Anklagen der Hohenpriester, Schriftgelehrten und Pharisäer wider den Herrn gehört, um welcher willen sie dessen Kreuzigung forderten, und mußten von der Unwahrheit und Falschheit derselben überzeugt sein; da es ja selbst zu Jerusalem und im ganzen Lande Augen- und Ohrenzeuge von dem war, was Jesus gelehrt, und gethan hat, und was das gerade Gegentheil von Allem war, was diese Feinde da vorbrachten. Endlich hat dieses Volk auch das stets wiederholte und zuletzt noch feierlich ausgesprochene Urtheil des Pilatus selbst über die Unschuld des Herrn vernommen, und zwar in Bezug auf alle Anschuldigungen, mit welchen sie seinen Tod am Kreuze begehrten. Dieses Volk hätte also die Wahrheit erkennen können, wenn es aufrichtig und ernstlich dieselbe hätte erkennen wollen, wie sie auch Viele aus seiner Mitte wirklich erkannt haben. Dieses deutet auch Christus, der Herr, selbst an, und es hat sich an diesem Volke im Ganzen und Großen sein Wort bewahrheitet: „Es wird an ihnen die Weissagung des Isaias⁶) erfüllt, der sagt: Hören werdet ihr,

---

¹) Matth. c. XXIII. v. 3.   ²) Ibid. v. 13.   ³) Ibid. v. 14.—25.
⁴) Ibid. v. 27. 28.   ⁵) Ibid. v. 33.   ⁶) Isai. c. VI. v. 9.

und nicht verstehen; sehen werdet ihr, und doch nicht sehen. Denn das Herz dieses Volkes ist verstockt, und sie hören schwer mit den Ohren, und verschließen ihre Augen; damit sie nicht etwa sehen mit den Augen, und nicht hören mit den Ohren, und mit dem Herzen nicht verstehen, und sich nicht bekehren, noch ich sie heile." [1] Wer gesunde Augen und Ohren hat, und dennoch nicht sieht, was man ihm vorhält, und nicht hört, was man ihm sagt; ja die Augen und die Ohren verschließt, damit er nicht sehe, und nicht höre: der will eben weder sehen, noch hören. Wer ein Herz hat, zu verstehen, und doch nicht versteht, was verständlich genug ist; der will eben nicht verstehen. Wen endlich der göttliche Heiland heilen will, und wer doch nicht geheilt wird; der will eben nicht geheilt werden. Es fehlt da nicht an der Erkenntniß, sondern an dem Willen, der so boshaft ist, sich der Erkenntniß und der Heilung zu widersetzen. Wer könnte nun behaupten, daß dieses Volk in schuldloser Unwissenheit seinen Heiland verworfen, von sich gestoßen, und gekreuziget habe? Es ist von Gott nicht ohne Schuld so schrecklich gestraft worden; es hat aus eigener Schuld „die Zeit seiner Heimsuchung nicht erkannt," [2] und ist darum zu Grunde gegangen. Die Juden, die Hohen und die Niedern aus ihnen, haben sich selbst verblendet, in dieser Selbstverblendung den Gottesmord begangen, und durch diesen Gottesmord sich selbst in's Verderben gestürzt.

Diese Thatsache ist eine große Lehre für Jedermann.

Schuldbar ist eine Unwissenheit, wenn man Etwas zu wissen verpflichtet ist, und wissen kann, aber aus Nachlässigkeit oder Bosheit es zu wissen sich nicht bemüht, und somit nicht wissen will. Über diese Unwissenheit, die aus der Nachlässigkeit entsteht, schreibt der heilige Augustinus: „Dasjenige weiß der Mensch aus Nachlässigkeit nicht, was er mit Anwendung seines Fleißes hätte wissen sollen;" [3] und der heilige Bernardus sagt: „Vieles, was man wissen soll, weiß man nicht; entweder weil man sich darum nicht kümmert, es zu wissen; oder weil man zu träg ist, es zu lernen;

---

[1] Matth. c. XIII. v. 14. 15.   [2] Luc. c. XIX. v. 41.—45.
[3] De natur. et grat. c. 17.

ober weil man sich schämt, darum zu fragen." [1]) Diese Unwissenheit ist selbst eine sündhafte, weil man verpflichtet ist, sie zu beseitigen, und diese Pflicht nicht erfüllt; und Sünde ist jede Pflichtverletzung, welche aus dieser Unwissenheit hervorgeht; weil man diese Unwissenheit verschuldet, und sie somit schuldbarer Weise als Ursache gesetzt hat, aus welcher die Pflichtverletzung als Wirkung sich ergibt. Noch schuldbarer und sträflicher ist die Unwissenheit, wenn man darum Etwas nicht wissen will, um ungestört sündigen zu können. Über eine solche Unwissenheit schreibt der heilige Isidorus: „Den Willen seines Herrn nicht wissen wollen, was ist es Anderes, als den Herrn aus Stolz verachten wollen? Niemand entschuldige sich daher mit einer solchen Unwissenheit, weil Gott nicht bloß jene, die gegen ihre Erkenntniß fehlen, sondern auch diejenigen richtet, welche aus solcher Unkenntniß sündigen." [2])

Die Unwissenheit in geistigen und religiösen Dingen stiftet großes Unheil. Der heilige Laurentius Justinianus sagt: „O wie groß sind die Übel der Unwissenheit! Unter derselben liegt die Vernunft darnieder, kommt die Klugheit in Gefahr, erschlafft der Geist, verflüchtiget sich die Demuth, verliert sich die Kraft, wird der Friede gestört, wird die Ordnung verwirrt, geht die Gnade verloren, erkalten die heiligen Begierden, die man gefaßt hat." [3]) Wenn man Gott nicht kennt, wie kann man ihn lieben? Wenn man die göttliche Lehre Christi und sein heiliges Gesetz nicht kennt, wie kann man darnach urtheilen, wollen, reden, handeln, leben? Wenn man die Heilsmittel und deren rechten Gebrauch nicht kennt, wie kann man sie zum Heile verwenden? Wenn man die Kirche Christi nicht kennt, wie kann man ein würdiges Kind derselben sein? Wenn man seine Standespflichten nicht kennt, wie kann man sie erfüllen? Wenn man nicht weiß, was Tugend und Sünde sei; wie kann man jene üben, und diese meiden? Wenn man sich selbst nicht kennt, und nicht weiß, woher der Mensch komme, wohin er gehe, was seine Lebensaufgabe sei; wenn man nicht weiß,

---

[1]) Epist. 77. ad Hug. de S. Vict.   [2]) De summo bono. c. 17. sent. 6.
[3]) De interiore conflictu c. 8.

was ein Christ und dessen Bestimmung sei: wie kann man als Christ, oder auch nur als Mensch leben? Wer sich daher um solche Kenntnisse nicht kümmert, um keinen Unterricht darüber sich bewirbt, die Christenlehre, die Predigt, die Lesung religiöser Bücher, die Betrachtung und das Gebet vernachlässiget, und deßhalb in den zum Heile nothwendigen Dingen unwissend bleibt, oder darin aus Nachlässigkeit nicht eine solche Kenntniß sich verschafft, daß er den Versuchungen und der Verführung widerstehen kann; der schwebt in größter Gefahr, seine Pflichten zu verletzen, in Sünden zu fallen, selbst den Glauben zu verlieren, und zu Grunde zu gehen.

Was nützt alle andere Wissenschaft, wenn die Wissenschaft des Heiles fehlt? Kann eine andere Wissenschaft den Menschen selig machen? Wie verkehrt ist also eine Erziehung und Bildung, die Alles lehrt, und einübt, aber die Religionswissenschaft und Religionsübung vernachlässiget! An Wissen wird der Mensch niemals den verworfenen Geistern gleich kommen, die aber ungeachtet ihres Wissens in Ewigkeit unglücklich bleiben. Es geschieht solchen Weltweisen, was der heilige Paulus sagt: „Sie wurden eitel an ihren Gedanken, und ihr unverständiges Herz ward verfinstert; sie gaben sich für Weise aus, sind aber zu Thoren geworden." [1]

Wer aber auch den innern Erleuchtungen und Mahnungen der Gnade widersteht, und die äußern Gnadenmittel nicht in Anwendung bringt, damit er seinen bösen Neigungen ungehindert nachhängen kann; der widersetzt sich dem heiligen Geiste, dessen Gnadengaben er verschmäht, und dessen Einwirkungen er sich entzieht, und verschließt. Das Unglück und Verderben der verblendeten und verstockten Juden sollte für Jedermann eine heilsame Warnung sein, sich vor den Sünden wider den heiligen Geist zu hüten.

Aus dieser Erwägung ergibt sich, daß die Juden durch ihre gesuchte und frei gewollte Unwissenheit und durch ihre schuldbare

---

[1] Rom. c. I. v. 21. 22.

Verblendung zu Gottesmördern geworden seien. Es liegt darin auch die Wahrheit offen am Tage, daß, je öfter und länger Jemand der Gnade widersteht, die Verblendung und Verstocktheit sich vermehre, und endlich die Unbußfertigkeit bis an's Ende erfolge. Denn ein solcher gewöhnt sich an den Widerstand gegen die Gnade, häuft Sünden auf Sünden, Bosheit auf Bosheit, mehrt dadurch die Verfinsterung im Verstande, die Schwäche des Willens, die Gleichgiltigkeit des Herzens, die Macht der Leidenschaften, und kommt endlich dahin, daß an ihm das Wort der Schrift sich erfüllt: „Wenn der Gottlose in den Abgrund der Sünden kommt, verachtet er es; aber es folgt ihm Schmach und Schande." [1]) Von den Juden ist das Wort des Herrn im Übermaße wahr geworden: „Was hätte ich meinem Weinberge noch thun sollen, das ich nicht gethan? Ich wartete, daß er Trauben brächte; warum hat er Heerlinge gebracht? Und nun will ich euch anzeigen, was ich meinem Weinberge thun will; wegnehmen will ich seinen Zaun, daß er geplündert, niederreißen seine Mauer, daß er zertreten werde. Ich will ihn in eine Wüste verwandeln; er soll nicht beschnitten, nicht behackt werden, Disteln und Dornen sollen darin aufwachsen; und den Wolken will ich gebieten, daß sie keinen Regen darauf herabgießen.' Der Weinberg des Herrn der Heerschaaren ist aber das Haus Israel." [2]) Man erwäge den Zustand des Volkes und seines Landes seit dem Gottesmorde, mit dem es das Maß seiner Sünden voll gemacht hat, bis auf den heutigen Tag; und man wird die schreckliche Erfüllung dessen an ihm sehen, was ihm der Herr unter diesem Bilde eines Weinberges angedroht, und zur Warnung vorausgesagt hat. Ähnliches geschieht auch mit andern Völkern, Gemeinden, Familien und einzelnen Menschen. Daher mahnt, und warnt auch der heilige Paulus: „Täuschet euch nicht! Gott läßt seiner nicht spotten. Denn was der Mensch säet, das wird er auch erndten. Wer in seinem Fleische säet, der wird vom Fleische auch Verderben erndten; wer aber im Geiste säet, der wird vom Geiste ewiges Leben erndten. Lasset uns also Gutes thun, und nicht ermüden; denn

---

[1]) Prov. c. XVIII. v. 3.   [2]) Isai. c. V. v. 4.—7.

zu seiner Zeit werden wir ernbten, wenn wir nicht ermüden. Darum lasset uns, da wir Zeit haben, Gutes thun."¹)

Nachdem wir nun gesehen, wie die Juden gesündiget haben; wollen wir untersuchen, wie schwer ihre Sünde gewesen sei, und welche Schuld die Heiden, welche sich an dem Verbrechen der Juden betheiliget, auf sich geladen haben.

6.
Die Schwere der Sünde, welche von jenen begangen worden ist, die Christum gekreuziget haben.²)

Das Leiden und Sterben des Herrn haben zunächst Judas, der Hoherath, das Volk der Juden und auch Viele von den Heiden herbeigeführt. Diese Alle haben schwer, und sehr schwer gesündiget; denn sie Alle haben sich an dem Gottesmorde betheiliget, mittelbar oder unmittelbar, entfernter oder näher, mehr oder minder wirksam betheiliget; und der Gottesmord ist das schwerste und größte Verbrechen, das begangen, oder gedacht werden kann.

Am schwersten versündiget haben sich unter den Juden die Ältesten, Hohenpriester, Schriftgelehrten und Pharisäer sowohl wegen der Gattung der Sünde, da sie die wirksamsten Urheber des Todes Christi waren, und einen eigentlichen Gottesmord verübt haben, als auch wegen der Bosheit ihres Willens, da sie an Christus den Messias und den Sohn Gottes erkannt, diese Erkenntniß aus Haß und Neid zurückgedrängt, alle Mittel der Lüge, falscher Zeugen, falscher Anklagen, gewaltsamer Einschüchterung des Richters, der Aufhetzung des Volkes, der grausamsten Mißhandlungen, des Vorwandes, als hätte er das göttliche Gesetz verletzt, den Tempel entehrt, Gott gelästert, als wäre er ein Aufwiegler des Volkes und ein Majestätsverbrecher, in Anwendung gebracht, um dessen Kreuzigung zu erzwingen, und ihn noch am Kreuze verspottet, und gelästert haben.

Sie haben den Verrath des Judas bezahlt, und diesen unglücklichen Apostel zur Auslieferung mißbraucht; sie haben falsche

---

¹) Galat. c. VI. v. 7.—10. ²) P. III. q. 47. a. 6.

Zeugen bestellt, und bestochen; sie haben das Volk betrogen, und zur Forderung seines Blutes aufgestachelt; sie haben im Gerichte jede Rechtsform verletzt, und sich zu Klägern und Richtern zugleich gemacht; sie haben Christum, den Herrn, selbst zum Tode verurtheilt; sie haben ihn den Heiden überliefert, und Pilatus durch moralische Gewaltmittel dazu gebracht, daß er ihn kreuzigen ließ. Sie waren die Ursache der Sünden auch aller Übrigen.

Als ihnen daher der göttliche Erlöser einst ihre Heuchelei und ihre Schlechtigkeit vorhielt, das achtmalige Wehe in's Gesicht schleuderte, und sie als Söhne der Prophetenmörder brandmarkte, da sie deren Gräber schmückten, und behaupteten, sie würden dieselben niemals getödtet haben, wie es ihre Väter gethan; wies er auch darauf hin, daß sie durch seinen Mord und auch durch den Mord der neuen Propheten, die er senden würde, das Sündenmaß voll machen werden, und sprach zu ihnen: „So gebet ihr euch selbst das Zeugniß, daß ihr Söhne der Prophetenmörder seiet; machet es nur voll das Maß eurer Väter! Ihr Schlangen, ihr Natterngezücht! wie werdet ihr dem Gerichte der Hölle entrinnen? Darum sehet! ich sende zu euch Propheten und Weise und Schriftgelehrte; Einige aus ihnen werdet ihr tödten,[1]) und kreuzigen,[2]) Einige von ihnen werdet ihr geißeln in euren Synagogen,[3]) und von Stadt zur Stadt verfolgen;[4]) damit alles gerechte Blut, das auf Erden vergossen worden, über euch komme, vom Blute des gerechten Abel bis zum Blute des Zacharias, den ihr zwischen dem Tempel und dem Altare umgebracht habet."[5]) Der Herr wollte sagen, wie der heilige Augustinus bemerkt: Sie ahmen alle Bösen nach, daß sie nicht bloß ihre eigenen Sündenschulden, sondern auch die derjenigen, welche sie nachahmen, auf sich laden;"[6]) sie bilden ein Mördergeschlecht, welches im Gottesmorde das Maß der Sünden voll macht, und durch die Verfolgung und durch den Mord der Apostel und der Gläubigen über-

---

[1]) Wie den heiligen Stephanus und den heiligen Jacobus, den Größeren.
[2]) Wie den heiligen Simeon, den Nachfolger des heiligen Jacobus, wie Eusebius bezeugt. Libr. II. c. 23.   [3]) Wie den Petrus und die Apostel. Act. Ap. c. IV. V.   [4]) Wie die heiligen Apostel Paulus und Barnabas. Act. Ap. c. XIII. XIV.   [5]) Matth. XXIII. v. 31.—36.   [6]) Tract. 1. in Psalm. CXVIII.

füllt. Der heilige Chrysostomus aber bemerkt: „Christus erwähnt hier des Abels, um anzudeuten, daß sie ihn und seine Gesandten aus Neid tödten werden, wie Kain den Abel aus Neid umgebracht hat; des Zacharias aber, weil dieser Heilige am heiligen Orte getödtet worden ist,"[1] wie sie ihn zu Jerusalem, der heiligen Stadt, tödten, und seine Apostel in ihren Synagogen geißeln werden. Ihre Sünde wird also vom Herrn selbst als das Vollmaß aller Bluttaten bezeichnet, und war somit das allerschwerste Verbrechen.

Nach den Ältesten, Hohenpriestern, Schriftgelehrten und Pharisäern hat das jüdische Volk am schwersten gesündiget, weil es sich ebenfalls wirksam am Gottesmorde betheiligte, und weil seine Unwissenheit auch nicht ohne Verschuldung war; aber es hatte einen minder bösen Willen, da es, von seinen Vorstehern betrogen, und verführt, seinen Messias und seinen Gott nicht mehr erkannte, und daher, wie der ehrwürdige Beda sagt, „nicht wußte, was es that, indem es für Gott eiferte, aber nicht nach der richtigen Erkenntniß."[2] Für das Volk, sagt derselbe heilige Lehrer, hat Christus darum am Kreuze auch zum Vater gebetet, nicht aber für dessen Vorsteher, „welche denjenigen, den sie als den Sohn Gottes erkannt hatten, lieber kreuzigen, als als solchen bekennen wollten."[3]

Weniger noch, als das Volk der Juden, scheint sich an Christus, dem Herrn, der Apostel Judas Iscariot versündiget zu haben. Cajetanus meint zwar, die Sünde des Judas sei größer und schwerer gewesen, als die Sünde aller Übrigen; weil er ein Apostel des Herrn war, Wunder gewirkt, mit Petrus sein Glaubensbekenntniß an Christus abgelegt, und den größten Undank begangen habe. Dagegen aber bemerkt der Cardinal Toletus: Judas hat Christum nicht aus der Absicht verrathen, um ihn dem Tode zu überliefern; denn er wußte, daß die Juden keine Gewalt hatten, Jemanden zu tödten, und er glaubte nicht, daß es bis zum Tode kommen werde. Denn da er sah, daß er zum Tode verurtheilt sei, reute es ihn,[4] weil dieß gegen seinen Willen ge-

---

[1] In h. l.   [2] In Luc. c. 94.   [3] Ibid.   [4] Matth. c. XXVII. v. 3.

schehen ist. Obwohl ihn dieß nun von der Schuld an dessen Tode nicht freisprechen kann; so sind doch die Juden weniger zu entschuldigen, welche ihn mit der Absicht, ihn zu tödten, überliefert, und das ganze Volk aufgehetzt haben, seinen Tod zu fordern. Überdieß war die Bewegursache der Juden Haß und Neid, und diese Leidenschaften sind ärger, als jene, von welcher Judas getrieben wurde. Es war also die Sünde des Judas vielleicht nicht größer." [1]) Gilt dieß nun auch zunächst nur von den Vorstehern, so muß man gleichwohl sagen, daß auch das Volk, und zwar wirksam den Tod des Herrn gefordert habe, da es bei der Bevorzugung und Wahl des Barabbas den Ausschlag gab, und, ungeachtet der oftmaligen Erklärung des Richters, daß er an ihm keine Schuld finde, wie wahnsinnig und rasend vor Wuth seine Kreuzigung verlangt, ja noch, als der Richter selbst bei der Fällung des Todesurtheiles feierlich erklärt hatte, er habe keine Schuld an dem Tode dieses Gerechten, sein Blut über sich und seine Kinder herabgerufen hat. Das hat Judas nicht gethan. Zudem scheint aus den Äußerungen des Judas, die er in der letzten Zeit, wie z. B. bei der Salbung des Herrn von Maria Magdalena zu Bethanien vor sechs Tagen, gethan hat, hervorzugehen, daß er im Glauben an die Gottheit Christi und an dessen Messiasberuf schon schwankend und irre geworden war, und den Herrn darum verrathen habe, weil er schon entschlossen war, ihn zu verlassen, und sich bei den Juden einschmeicheln wollte, um für seinen künftigen Unterhalt Vorsorge zu treffen. Die Bosheit des Judas scheint also nicht so groß gewesen zu sein, als die Bosheit des Judenvolkes; und somit war auch seine Sünde nicht so schwer, als die Sünde dieses Volkes.

Die Sünde des Pilatus ist in Bezug auf ihre Gattung der Sünde der Juden gleichzustellen, da er den Herrn gegen sein Wissen und Gewissen, gegen seine Amtspflicht, und mit großer Angst und Furcht, er könnte denn doch ein überirdisches Wesen, und vielleicht ein Gott sein, da ihm ja auch dessen Wunderthaten nicht unbekannt geblieben sein konnten, zur Kreuzigung verurtheilt

---

[1]) Loc. cit. in h. a.

hat; aber er hat dieß aus bloßer Menschenfurcht gethan, welche eine weit geringere Bosheit des Willens voraussetzt, als die Leidenschaften, von welchen sich die Andern beherrschen ließen, und daher auch die Schwere der Sünde vermindert. Überdieß hat sich Pilatus lange und kräftig geweigert, den Juden zu Willen zu sein; er hat alle Mittel, die seiner Schwachheit möglich schienen, angewendet, um den Tod des Herrn zu verhindern; und er hat erst dann in ihre Forderung gewilliget, als ihm moralische Gewalt angethan worden war, was man von Keinem der Mitschuldigen sagen kann.

Noch geringer war die Sünde derjenigen, welche den Herrn in der That gekreuziget haben; denn sie haben dieß auf den Befehl ihrer Vorgesetzten gethan, und, wenn für Jemanden, galt für sie das Gebet des Herrn: „Vater! vergib ihnen; denn sie wissen nicht, was sie thun."[1]) Denn wird ihre That einfach als solche angesehen, so setzt sie gar keine Bosheit voraus. Haben sie aber ihre That mit bösem Willen verrichtet, oder Ärgeres gethan, als ihnen von ihren Vorgesetzten befohlen war, oder die Unschuld des Herrn erkannt, oder an ihm sogar den Messias und den wahren Gott vermuthet; so war ihre Sünde auch so groß und so schwer, als ihre Erkenntniß und als ihr böser Wille.

Aber war es denn nicht der Wille des himmlischen Vaters, daß der Gottmensch leide, und sterbe, und wollte nicht Christus, der Herr, selbst diesem Leiden und Sterben sich unterziehen? Haben also jene, die ihm dieses Leiden angethan, nicht eben den Willen Gottes gethan, dem Willen Christi gemäß gehandelt? Müssen oder können demnach nicht Alle entschuldigt werden? Hätte Abraham nach dem Willen Gottes seinen Sohn Isaak geschlachtet, so würde ihn darum Niemand des Kindesmordes beschuldigen können, sondern Jedermann müßte, wie jetzt schon dessen Entschluß zur That, so dann noch vielmehr die wirkliche Ausführung derselben loben, und bewundern. Kann man das nicht auch auf die Feinde des Herrn anwenden? Man muß hier den Willen des himmlischen Vaters und den Willen Christi von dem Willen der Feinde des Herrn wohl unterscheiden, wie er auch in der

---

[1]) Luc. c. XXIII. v. 34.

That ganz verschieden war. Denn dieser Wille des himmlischen Vaters, dieser Wille Christi war den Feinden des Herrn völlig unbekannt, und sie wollten mit ihrer That durchaus nicht den Willen des himmlischen Vaters oder den Willen Christi vollziehen, sondern ihren eigenen Willen thun, und ihren Leidenschaften: dem Hasse, dem Neide, dem Geize, dem Eigennutze, Befriedigung verschaffen. Ferner hat der himmlische Vater, und hat Christus nach dem Willen seines göttlichen Vaters dieses Leiden und diesen Tod, nicht aber die Bosheit und die Verbrechen der Feinde, und dieses Leiden und diesen Tod erst, nachdem die Bosheit und die Verbrechen der Feinde, ganz unabhängig von dem nachfolgenden göttlichen Willen des Vaters und des Sohnes, vorausgesehen waren, gewollt; und somit hat weder der Wille des himmlischen Vaters, noch der Wille Christi, des Herrn, auf den Willen der Feinde auch nur den geringsten Einfluß geübt. Daher kann von diesem Willen des himmlischen Vaters, von diesem Willen Christi, des Herrn, keine Entschuldigung für den bösen Willen der Gottesmörder abgeleitet werden. Diese Menschen haben nicht darum den Herrn gekreuziget, und getödtet, weil dieß Christus, weil dieß Gott der Vater gewollt hat; sondern es hat im Gegentheile der himmlische Vater, es hat Christus dieses Leiden und diesen Tod gewollt, nachdem die Bosheit und das Verbrechen dieser Menschen vorausgesehen war, und weil Gott der Vater, weil Gott der Sohn die That, die Handlung dieser Bosheit und dieses Verbrechens zur Erlösung der Menschheit benutzen wollte. Es wurde von Gott auf Seite dieser Feinde das Verbrechen zugelassen, nicht um ihre Bosheit zu billigen, oder hervorzurufen, sondern um aus ihrem Verbrechen ohne und gegen ihr Wissen und Wollen und gegen ihre Absicht die Erlösung der Menschheit hervorgehen zu lassen. Wenn ich den Willen und den Wunsch habe, aus Liebe zu Gott und, um die Krone des Himmels zu erlangen, den Märtyrertod zu erleiden, und ein Tyrann thut mir, weil ich meinen Glauben und meine Tugend nicht verläugnen will, diesen Tod wirklich an; kann dieser Tyrann für seine Bosheit und für sein Verbrechen, das er an mir begeht, darin eine Entschuldigung finden, daß ich diesen Tod gewollt, und gewünscht habe? Wie ich keinen Antheil an seiner Bosheit und an seinem Verbrechen, sondern nur mein Verdienst in meinem Leiden und in meinem Tode habe; so hat auch er keinen Antheil an meinem Willen, an meinem Wunsche und an meinem Verdienste, und ihm bleibt sein Verbrechen, mir meine Krone. Auf solche Weise diese Gottesmörder entschuldigen, hieße somit dasselbe thun, was der heilige Augustinus von den Ketzern sagt, die sich Kainiten nannten; er erzählt von ihnen: „Die Kainiten sind darum so genannt worden, weil sie den Kain ehren, indem sie sagen, er habe die tapferste That vollbracht. Sie glauben auch, daß der Verräther Judas etwas Göttliches gewesen sei, und sie halten sein Verbrechen für eine Wohlthat; indem sie behaupten, er habe es vorausgewußt, welchen Nutzen das Leiden Christi dem ganzen Menschengeschlechte bringen würde. Man sagt, daß sie sogar Core, Datan und Abiron, welche im ursprünglichen Volke Gottes die Trennung hervorgerufen haben, und von der Erde verschlungen worden sind, und auch die Sodomiter ehren."[1] Demnach gäbe es auf Erden nichts Böses mehr, aus dem Gott etwas Gutes macht, das nicht für den, der es verübt, darum eine Entschuldigung böte, wohl auch selbst noch als etwas Gutes und als eine Wohlthat gepriesen, und zuletzt sogar Gott selbst als Urheber zugeschrieben werden müßte. Gott sagt aber auch durch den Mund seines Propheten solchen Wahnwitzigen: „Wehe euch, die ihr das Gute Böses, und das Böse Gutes nennet, die ihr die Finsterniß zum Lichte, und das Licht zur Finsterniß machet, das Bittere in Süßes, das Süße in Bitteres verwandelt! Wehe euch, die ihr weise seid in euren Augen, und klug vor euch selbst!"[2] Es kann auch die That Abrahams nicht als Beispiel angeführt werden; denn er hat im Opfer seines Sohnes nicht seinen Willen, und noch viel weniger eine Bosheit desselben, oder irgend eine Leidenschaft zur Ursache seines Handelns gemacht, sondern dazu den ausdrücklichen Befehl Gottes erhalten, und erst diesem Befehle seinen Willen untergeordnet. Es war somit seine That nur Gehorsam und Unterwürfigkeit gegen den Willen Gottes, während die That der Juden die boshafteste Empörung gegen Gott und Gottes Gesetze war; und wenn die

---

[1] Libr. de haeresibus c. 18. [2] Isai. c. XX. v. 20. 21.

Juden sich in ihrem Gottesmorde auf Gott und Gottes Gesetz beriefen, so war dieß die gräulichste Gotteslästerung, die gedacht werden kann.

Darüber mögen wir nun selbst ernstlich nachdenken. Denn ähnliche Lästerungen und eine Ketzerei, wie die der Kainiten, gibt es auch in unsern Tagen, wo man als Christ das Christenthum verfolgt, als Katholik die katholische Kirche unterdrückt, unter dem Vorwande der Gottesfurcht und der frommen Sitte alle Gottesfurcht und Sittlichkeit zerstört; wo man das Laster zur Tugend, und die Tugend zum Laster stempelt, indem man jenem den Namen der Tugend, und dieser den Namen des Lasters gibt. Den Glauben nennt man Thorheit und Knechtschaft, den Unglauben Aufklärung und Freiheit; den Gehorsam nennt man Feigheit, die Empörung Muth; die Demuth nennt man Schwachsinn, den Stolz Charakterfestigkeit; die Geduld und Sanftmuth nennt man Stumpfsinnigkeit, Zorn, Haß und Feindschaft aber Selbst- und Ehrgefühl; die Wahrhaftigkeit, Geradheit und Ehrlichkeit nennt man Rohheit, die Lüge, Heuchelei und Schmeichelei aber Erziehung, Bildung, Artigkeit; die Züchtigkeit, Ehrbarkeit und Keuschheit nennt man Vorurtheil, Ängstlichkeit, Unnatur, die entgegengesetzten Laster aber natürliche und gesunde Sinnlichkeit und gute Lebensart; die ganze Religion schmäht man als das größte Unglück der Menschheit, die gänzliche Religionslosigkeit aber preist man als das größte Glück derselben; man geht noch viel weiter, und es sträubt sich die Feder, niederzuschreiben, was unzählige Zungen auszusprechen sich nicht scheuen. Aber auch für diese Menschen hat sich Christus in das Leiden und in den Tod hingegeben; er ist für Alle gestorben!

Die Juden haben den Propheten, Christo, dem Herrn, selbst und seinen Aposteln mit Gewalt widerstanden, und widersetzen sich seiner Kirche heute noch; darum sind sie auch bis auf den heutigen Tag unerlöst geblieben, und schmachten bis jetzt unter dem Fluche, den sie durch den Gottesmord auf sich geladen haben, nach der Weissagung ihres Propheten: „Viele Tage werden die Söhne Israels bleiben ohne König, ohne Fürsten, ohne Opfer, ohne Altar, ohne Ephod, ohne Teraphim."¹) Darüber macht Origenes folgende Bemerkung: „Wenn ich heute die Worte des Propheten nicht höre, wenn ich seine Ermahnungen verachte; so steinige ich den Propheten, und tödte ihn, so viel an mir ist, da ich die Worte desselben nicht höre, als wenn er todt wäre."²) Die Propheten sind im neuen Bunde die von Christus gesendeten Prediger, die er, wie ihn selbst, zu hören befohlen hat. Es dauert, wie dieses Prophetenthum Christi, so auch die Widersetzlichkeit gegen dasselbe und dessen Verfolgung immer fort; daher kann Gott auch seine Strafruthen von den Völkern, Gemeinden, Familien und einzelnen Menschen nicht zurückziehen, und empfinden wir dieselben auch in unsern Tagen so schwer und so bitter; pflegen aber, wie die Juden, dieselben nicht als solche zu erkennen, und suchen die ersten und letzten Ursachen derselben nicht dort, wo allein sie zu finden sind, nämlich in unsern Versündigungen gegen Gott und seine Gesandten, sondern in natürlichen Ereignissen und in der Thorheit, oder Bosheit der Menschen. Daher aber bleibt auch jedes Heilmittel unwirksam und erfolglos.

Haben sich diese Juden und Heiden an dem Herrn so schwer versündiget, so versündigen sich die Christen an dem göttlichen Erlöser, den sie durch ihre Sünden neuerdings kreuzigen, und verspotten, noch schwerer, wie wir gesehen haben; und der heilige Laurentius Justinianus trägt kein Bedenken, zu behaupten: „Wir sind, sei es, wie es sei, noch schlechter, als der Teufel, wenn wir sündigen; weil der Teufel dadurch, daß noch keine Strafe über eine vorausgegangene Sünde eingetreten war, zum Falle gekommen ist, und gesündiget hat. Er war im Stande der Unschuld, wir aber sind in denselben zurückversetzt. Er verharrt in der Bosheit, weil ihn Gott zurückstößt, wir aber, obwohl uns Gott zurückruft. Er ist verhärtet gegen den, der ihn straft, wir aber gegen den, der uns liebkost; er gegen den, der ihn nicht sucht, wir aber gegen den, der für uns stirbt."³) Die Juden und Heiden haben den Herrn das erste Mal und einmal gekreuziget, und der Teufel

---

¹) Ose. c. III. v. 4.   ²) Homil. 23. in Num.
³) De ligno vitæ Tract. XII. de humilit. c. 4.

hat das erste Mal und einmal gesündiget; wir aber glauben an den für uns gekreuzigten Gott, und hören nicht auf, die Ursachen seines Leidens und Sterbens wieder und immer wieder zu setzen, ihn mit Judas für Alles, um dessentwillen wir sündigen, immer neuerdings zu verkaufen, ihn durch die Judasküsse der Lüge, der Heuchelei, der Falschheit und im unwürdigen Empfange der heiligen Sakramente seinen Feinden, die in unsern Herzen hausen, viel grausamer zu überliefern, und durch andere Sünden und Laster weit ärger zu mißhandeln, als die Juden im Kerker und am Kreuze es gethan haben; denn der Cardinal Hugo sagt: „Jeder Sünder ist eine Hölle, wo die dichteste Finsterniß wohnt; weil da das Licht der Gerechtigkeit nicht leuchtet; weil da so viele Teufel sind, als Laster; weil da die Kälte des Unglaubens und die Hitze der Gottlosigkeit herrschen." [1]) Wenn daher über die Juden ein solches Gericht erging, wie schrecklich müssen die Gerichte Gottes sein, welche unbußfertigen Christen bevorstehen, wenn auch nicht in dieser Welt, so doch unausbleiblich in der Ewigkeit! Denn der heilige Laurentius Justinianus sagt: „Je freier, weil ungestraft, sie sündigen, desto ärger werden sie in der ewigen Verdammniß gezüchtiget werden." [2])

Als wir nicht waren, hat uns Gott erschaffen, daß wir waren; wir aber haben das, was Gott gemacht hat, und was wir waren, zu Grunde gerichtet! Als wir verloren waren, hat uns der Sohn Gottes durch sein Leiden und Sterben erlöst, und zu dem erneuert, was wir Anfangs waren, und noch viel herrlicher hergestellt; wir aber zerstören auch das Werk seiner Erlösung, vergeuden sein Blut, und tödten das Leben, das er mit seinem Tode erkauft hat! Welche Liebe hat uns Gott erwiesen, daß er uns erschaffen, und welche Barmherzigkeit, daß er uns erlöst hat! Wir aber lieben Alles, nur nicht Gott, unsern Schöpfer und Erlöser! Daher ruft der heilige Augustinus aus: „Herr! wer dir nicht dient, weil du ihn erschaffen hast, der verdient die Hölle; aber wer dir nicht dient, weil du ihn erlöst hast, der verdienet, daß für ihn eine neue Hölle gebaut werde!" [3]) Wann werden wir endlich sagen,

---

[1]) Super Prov. c. XV.   [2]) De ligno vitae Tract. X. de paup. c. 3.
[3]) Cit. a Lohner Bibl. Conc. Tit. Pass. Christi. n. 4.

und thun, was der heilige Augustinus vor Gott bekennt: „Ich weiß es, mein Herr! daß ich deßhalb, weil du mich gemacht hast, mich selbst dir schulde; weil du mich aber erlöst hast, und für mich Mensch geworden bist, wäre ich dir um so viel mehr schuldig, als mich selbst, wenn ich es hätte, als du größer bist, als ich, für den du dich hingegeben hast!"[1]) Möchten wir doch zu unserm eigenen Heile, wie wir durch unsere Sünden die Ursache des Leidens und des Todes des Herrn waren, so auch durch eine wahre Bekehrung und Buße und durch eine dankbare Liebe die Freude und der Ruhm seines Herzens werden!

Nachdem der heilige Thomas die Ursachen des Leidens und Sterbens Jesu Christi erwogen hat, geht er zur Erörterung der Wirkungen dieses göttlichen Erlösungswerkes über, und untersucht zuerst die Art und Weise, wie das Leiden und Sterben des Herrn unsere Erlösung bewirkt habe, und legt dann die Wirkungen desselben selbst dar. Wir wollen nun hören, was er über die Art und Weise der Erlösung sagt.

---

[1]) Medit.

Drittes Kapitel.
Die Art und Weise, wie das Leiden Christi unsere Erlösung bewirkt hat.[1]

In Bezug auf die Art und Weise, wie der göttliche Heiland durch sein Leiden und Sterben unsere Erlösung bewirkt hat, stellt und beantwortet der englische Lehrer sechs Fragen: Ob das Leiden Christi unser Heil nach der Art und Weise des Verdienstes, oder der Genugthuung, oder des Opfers, oder der Erlösung gewirkt habe, ob es Christo eigenthümlich zukomme, Erlöser zu sein, und ob er die Wiederherstellung unseres Heiles nach der Art und Weise einer hervorbringenden Ursache bewerkstelliget habe? Sind diese Fragen beantwortet, so wird uns auch die ganze Art und Weise seines Erlösungswerkes und unserer Erlösung klar sein. Wir wollen also diese Fragen und die Antworten auf dieselben nacheinander erwägen.

1.
Das Verdienst des Leidens Christi.[2]

Verdienen heißt, Etwas leisten, wofür dem, der es leistet, ein Lohn gebührt, und zwar ein Lohn, welcher dem, was geleistet wird, nach der ausgleichenden Gerechtigkeit gebührt. Ein Verdienst ist daher der durch etwas Geleistetes erworbene Rechtsanspruch auf den für dasselbe gebührenden Lohn.

Der Werth des Verdienstes besteht im rechten Verhältnisse zum Lohne, welcher verdient, oder zur Unbild, für welche von dem Beleidiger Genugthuung geleistet, oder zur Strafe, welche von dem Verbrecher erduldet werden soll.

---
[1] P. III. q. 48.   [2] P. III. q. 48. a. 1.

Dieser Werth des Verdienstes hängt zuerst von der Würde der Person ab, welche verdient, da die Handlung des Verdienens von ihr ausgeht, und darum auch von ihrem Werthe den eigenen Werth erhält; dann von dem freien Willen und von der Liebe des Verdienenden, da darnach der moralische Werth der Handlung bestimmt wird; endlich von der Vortrefflichkeit dessen, was geleistet wird, da nach derselben der dem Geleisteten innewohnende Werth bemessen, und geschätzt wird.

Dieser innere Werth bleibt dem Verdienste, wenn es auch keine andere Wirkung hätte; den äußern Werth aber erhält das Verdienst, wenn es als solches von dem, für welchen Etwas geleistet worden ist, anerkannt, und angenommen worden ist.

Wird ein solches Verdienst angenommen, so kann es dem Lohne, der Genugthuung, der Strafe, wofür es angenommen wird, entweder nachstehen,[1]) oder gleichkommen,[2]) oder darüber hinausgehen.[3])

Damit vor Gott, und zwar in den Dingen des Heiles und in Bezug auf das ewige Leben, Etwas als Verdienst gelte, wird erfordert, daß Gott dasselbe als Verdienst, als Genugthuung, als Sühne in dieser Beziehung annehme, und dieser Wille Gottes ist in Bezug auf Christus schon in seiner Sendung zum Zwecke der Menschenerlösung thatsächlich ausgesprochen; daß ein solches Werk im Stande der Gnade verrichtet werde, da es sonst zum Lohne in keinem Verhältnisse stünde, und in dieser Beziehung ist Christus „voll der Gnade";[4]) und daß ein solches Werk wirklich vollbracht werde, wie dieß Christus auch wirklich vollbracht hat.[5])

Dieß zur Erläuterung der Begriffe vorausgeschickt, können wir nun untersuchen, in wie fern der göttliche Heiland durch sein Leiden und Sterben die Erlösung des Menschengeschlechtes verdient habe.

Christus ist von Gott zum Haupte seiner Kirche gesetzt, die aus allen Menschen gesammelt werden soll; denn der heilige Paulus schreibt an die Ephesier: „Er hat ihn zum Haupte über die ganze

---

[1]) Congruum.   [2]) Condignum.   [3]) Superabundans.
[4]) Joann. c. I. v. 14.   [5]) Vide uberiora Card. Franzelin. l. c. Thes. 47.

Kirche gesetzt, welche sein Leib ist."¹) Es ist aber dem Haupte eigen, und kommt ihm eigenthümlich als seine Aufgabe zu, in Bezug auf die Ordnung die oberste Stelle einzunehmen, in Bezug auf die Vollkommenheit das größte Maß zu besitzen, in Bezug auf die Kraft und Bewegung alle übrigen Glieder des Leibes zu beherrschen. Somit muß dieß Alles in der moralischen Ordnung und in Bezug auf seinen mystischen Leib auch von Christus gelten, wenn er mit Recht und in Wahrheit das Haupt seiner Kirche sein soll; und so ist es auch.

Denn in Bezug auf die übernatürliche Gnadenordnung nimmt Christus den obersten und ersten Platz ein, weil in ihm die Menschheit mit der Gottheit in der Einen zweiten göttlichen Person hypostatisch vereiniget ist, was keinem Gliede dieses Leibes zukommt, oder zukommen kann; und darum sagt der heilige Paulus im Briefe an die Römer: „Die (Gott) vorhergesehen, hat er auch vorherbestimmt, dem Bilde seines Sohnes gleichförmig zu werden, auf daß er der Erstgeborne unter vielen Brüdern sei."²) Der Erstgeborne nimmt den ersten Platz unter den Brüdern und Schwestern ein, und ist der Ordnung nach der Erste; so ist nach der Lehre des Apostels auch Christus unter allen Auserwählten in seiner Kirche der Erstgeborne, weil er der natürliche Sohn des himmlischen Vaters ist, die Auserwählten aber an Kindes statt angenommene Kinder Gottes, und selbst dieß nur durch ihn sind. In Bezug auf die Vollkommenheit besitzt Christus die ganze Fülle aller Gnaden, weßhalb der heilige Johannes sagt: „Wir haben seine Herrlichkeit gesehen, die Herrlichkeit als des Eingebornen vom Vater, voll der Gnade und Wahrheit."³) In Bezug auf die Kraft und Bewegung aller Glieder seines Leibes ist es Christus, welcher allen Menschen die Gnaden zum übernatürlichen Leben und zur übernatürlichen Lebensthätigkeit einflößt, wie der heilige Paulus die Gläubigen mahnt, sich nicht von Solchen verführen zu lassen, die sich nicht an Christus halten, und sagt: „An das Haupt, von welchem der ganze Leib, durch Gelenke und Bän-

---

¹) Ephes. c. I. v. 22. 23. ²) Rom. c. VIII. v. 29.
³) Joann. c. I. v. 14.

der verbunden, Wachsthum hat zur Zunahme in Gott." ¹) Daher sagt auch der heilige Johannes: „Von seiner Fülle haben wir Alle empfangen, Gnade über Gnade. Denn das Gesetz wurde durch Moses gegeben; Gnade und Wahrheit aber ist durch Jesus Christus geworden." ²) Dieselbe Wahrheit hat Christus selbst im folgenden Bilde ausgesprochen: „Ich bin der Weinstock, ihr seid die Reben; wer in mir bleibt, und ich in ihm, der bringt viele Frucht; denn ohne mich könnet ihr nichts thun." ³) Über diese Worte des Herrn schreibt der heilige Augustinus: „An dieser Stelle des Evangeliums, Brüder! wo der Herr sich den Weinstock und seine Jünger die Reben nennt, spricht er so, in wie fern er das Haupt der Kirche ist, und wir deren Glieder sind, er, der Mittler zwischen Gott und den Menschen, der Mensch Jesus Christus. Denn von Einer Natur sind der Weinstock und die Reben. Da er also Gott war, von dessen Natur wir nicht sind, ist er deßhalb Mensch geworden, damit in ihm die menschliche Natur der Weinstock sei, von dem wir Menschen die Reben sein können." ⁴) — „Damit aber Niemand meinte, es könne die Rebe von sich selbst wenigstens einige Frucht bringen, da er gesagt hat: Dieser bringt viele Frucht; hat er nicht gesagt: Ohne mich könnet ihr etwas Weniges thun; sondern: Ohne mich könnet ihr nichts thun. Sei es also wenig, oder viel; ohne ihn kann es nicht geschehen, ohne welchen nichts geschehen kann." ⁵) Klarer und anschaulicher kann es nicht ausgedrückt, und dargestellt werden, daß das ganze Leben und die ganze Lebensthätigkeit der Gläubigen im Reiche der Gnade von Christus ausgehe; aus ihm haben wir, wie die Rebe aus dem Weinstocke, alles Sein und Leben, alles Wachsthum und Gedeihen, alle Fruchtbarkeit und Frucht; und dieses Alles haben wir von ihm, in wie fern er das Haupt, die Kirche sein Leib ist, und wir die Glieder dieses Leibes, dieses Hauptes sind.

So aber ist Christus das Haupt seiner Kirche, wie sie mit Adam begonnen hat, und mit dem letzten der Menschen abgeschlossen wird; wie sie alle Menschen in sich zu begreifen bestimmt

---

¹) Coloss. c. II. v. 18.   ²) Joann. c. I. v. 16. 17. Vide S. Thom. P. III. q. 8. a. 1.   ³) Joann. c. XV. v. 5.   ⁴) Tract. 80. in Joann.
⁵) Tract. 81. in Joann.

ist, und alle Menschen zu ihr berufen sind. Christus ist also auf solche Weise das Haupt aller Menschen ohne Ausnahme, da alle Menschen zu allen Zeiten und an allen Orten seiner Kirche entweder wirklich angehören, oder zu derselben berufen, und ihr sich anzuschließen verpflichtet sind. Er ist das Haupt aller Menschen, welche mit ihm im Himmel durch die Glorie schon in Wirklichkeit und auf ewig unzertrennbar vereiniget sind, so wie derjenigen, welche zu dieser Vereinigung mit ihm noch gelangen werden; er ist das Haupt aller Menschen, welche mit ihm auf Erden durch die heiligmachende Gnade im Glauben und in der Liebe wirklich vereiniget sind, und vereiniget werden, wie auch aller jener Menschen, welche dieß in Wirklichkeit nicht sind, aber sein können, und sein sollen, wenn sie auch aus eigener Schuld niemals dazu gelangen; und selbst diese werden erst dann nicht mehr berufen, und bleiben für immer getrennt, wenn sie so aus diesem Leben scheiden, wo sie dann, wie vom Weinstocke getrennte Reben, aufgesammelt, und in's ewige Feuer geworfen werden. Denn der heilige Johannes sagt vom Herrn: „In ihm war das Leben, und das Leben war das Licht der Menschen. — Dieses war das wahre Licht, das jeden Menschen erleuchtet, der in diese Welt kommt." [1]) Es bleibt kein Mensch ohne den Einfluß seiner Gnade, weil „er will, daß alle Menschen selig werden, und zur Erkenntniß der Wahrheit gelangen," [2]) was ohne seine Gnade nicht möglich ist.

In Rücksicht auf diese verschiedenen Grade der Vereinigung und der Beeinflußung ist Christus das Haupt aller Menschen nicht bloß in Bezug auf ihre Seelen, sondern auch in Hinsicht auf ihre Leiber. Zwischen der Seele und dem Leibe besteht die innigste Wechselwirkung, da die Seele und der Leib zu Einem Wesen verbunden sind, die Seele dem Leibe Sein, Leben und Bewegung gibt, der Leib aber der Seele als Werkzeug für verschiedene Thätigkeiten, besonders nach außen, dient, und die Eindrücke und Einflüsse der Außenwelt ihr zuführt. Nun aber dienen die Glieder des Leibes auch der Gerechtigkeit, welche durch Christus in der

---

[1]) Joann. c. I. v. 4. 9.
[2]) I. Tim. c. II. v. 4. Vide S. Thom. P. III. q. 8. a. 3.

Seele ist, wie der heilige Paulus an die Römer schreibt: „Gebet eure Glieder Gott als Werkzeuge der Gerechtigkeit;"[1] und das Leben der Glorie, welche ebenfalls von Christus ausströmt, geht von der Seele auf den Leib über, wie derselbe Apostel sagt: „Wenn der Geist desjenigen, der Jesum von den Todten auferweckt hat, in euch wohnt; so wird der, welcher Jesum Christum von den Todten auferweckt hat, auch eure sterblichen Leiber lebendig machen um seines Geistes willen, der in euch wohnt;[2] und: „Unser Wandel ist im Himmel, woher wir auch den Heiland erwarten, unsern Herrn Jesum Christum, welcher den Leib unserer Niedrigkeit umgestalten wird, daß er gleichgestellt sei dem Leibe seiner Herrlichkeit durch die Kraft, durch welche er sich auch Alles unterwerfen kann."[3] Ist der Mensch ein Glied am mystischen Leibe Christi, so ist er es eben auch dem Leibe nach, und darum sagt der heilige Paulus ausdrücklich auch vom Leibe: „Wisset ihr nicht, daß eure Leiber Glieder Christi sind?"[4] und: „Wir sind Glieder seines Leibes, von seinem Fleische und von seinem Gebeine."[5] Ja, er sagt sogar: „Verherrlichet, und traget Gott in eurem Leibe;"[6] und: „Wisset ihr nicht, daß ihr ein Tempel Gottes seid, und der Geist Gottes in euch wohnt? Wenn aber Jemand den Tempel Gottes entheiliget, so wird ihn Gott zu Grunde richten; denn der Tempel Gottes ist heilig, und der seid ihr."[7] Das Alles aber sind unsere Leiber durch die Gnade Christi. Überdieß empfängt die Seele die kostbarsten, wichtigsten und größten Gnaden nicht anders, als vermittelst des Leibes, wobei der Leib selbst geheiliget wird, wie die Gnaden aller Sakramente, welche, selbst sichtbare Zeichen der innern Gnaden, diese der Seele durch den Leib mittheilen, und ihr so das Leben der Kindschaft Gottes, dessen Wachsthum und Stärkung, dessen Nahrung und Heilung, dessen volle Genesung und Vollendung, so wie auch dessen Ordnung und Fortpflanzung im privaten und gesellschaftlichen Dasein verleihen.[8] Die Heiligung des ganzen

---

[1] Rom. c. VI. v. 13.   [2] Ibid. c. VIII. v. 11.
[3] Philipp. c. III. v. 20. 21.   [4] I. Cor. c. V. v. 15.
[5] Ephes. c. V. v. 30.   [6] I. Cor. c. VI. v. 20.
[7] I. Cor. c. III. v. 16. 17.   [8] Vide S. Thom. P. III. q. 65. a. 1. 0.

Menschen an Leib und Seele geschieht also durch die Gnade Christi; und zu diesem Zwecke ist ihm die Fülle der Gnaden nicht nur für ihn selbst, in wie fern er dieser Mensch war, sondern auch für alle übrigen Menschen, in wie fern er ihr Haupt, das Haupt der Kirche ist, gegeben worden, damit sich dieselben von ihm auf alle Menschen ergießen.

Aus diesem Grunde verhalten sich die Werke Christi zu ihm selbst und zu seinem mystischen Leibe und zu dessen Gliedern, zu allen Menschen, wie sich die Werke eines andern Menschen, der sich im Stande der Gnade befindet, zu diesem selbst verhalten. Nun aber verdient jeder Mensch, der sich im Stande der Gnade befindet, und um der Gerechtigkeit willen leidet, dadurch sein Heil wie dieß Christus selbst mit den Worten gelehrt hat: „Selig sind, die um der Gerechtigkeit willen Verfolgung leiden; denn ihrer ist das Himmelreich." [1]) Somit hat Christus durch sein Leiden nicht bloß für sich seine Herrlichkeit verdient, wie er zu den Jüngern auf dem Wege nach Emmaus es betheuert: „Mußte nicht Christus dieß leiden, und so in seine Herrlichkeit eingehen?" [2]) sondern er hat durch dasselbe auch allen Menschen, als Haupt seinem Leibe und seinen Gliedern, das Heil verdient, wie der heilige Paulus sagt: „Er ist uns von Gott zur Weisheit geworden, zur Gerechtigkeit, Heiligung und Erlösung." [3]) Somit hat Christus durch sein Leiden und Sterben die Menschheit nach der Art und Weise des Verdienstes erlöst, oder dessen Erlösung verdient.

Es ist zwar das Leiden an sich, und in wie fern es von außen kommt, noch kein Verdienst; weil es in so fern nur eine äußere Ursache, ein äußeres Prinzip hat, nicht vom Innern des Menschen kommt, und daher ihm auch nicht als Verdienst zugeschrieben werden kann. Wenn es aber der göttlichen Anordnung gemäß willig und aus Liebe übernommen wird; dann erhält es ein neues Prinzip im Innern des Menschen, in der freien Wahl seines Willens, geht von ihm aus, und muß daher auch ihm, und zwar als Verdienst zugeschrieben werden. Nun aber hat Christus

---

[1]) Matth. c. V. 10.   [2]) Luc. c. XXIV. v. 26.   [3]) I. Cor. c. L. v. 30.

sein Leiden und seinen Tod dem Willen seines himmlischen Vaters gemäß willig und aus Liebe auf sich genommen, und „er ist geopfert worden, weil er es selbst gewollt hat."[1]) Daher war sein Leiden und Sterben auch sein wahres Verdienst, und das Heil des Menschengeschlechtes und seine eigene Verherrlichung der verdiente Lohn.

Aber hat Christus nicht schon von seiner Menschwerdung an das Heil der Welt verdient, da jeder Akt von seiner Seite dazu hinreichte? War also sein Leiden und Sterben für diesen Zweck nicht ganz überflüssig? Kann man denn, was schon verdient ist, wieder verdienen? Darauf gibt Suarez die gründliche und klare Antwort, indem er die Gründe, warum zu den vorausgegangenen Verdiensten des Herrn auch noch das Verdienst seines Leidens und Sterbens hinzukommen sollte, in folgenden Worten darlegt: „Erstens, weil es das vorzüglichste Werk unserer Erlösung und besonders geeignet war, für uns genugzuthun. Zweitens, weil in demselben unsere Erlösung vollendet worden ist; denn nach der göttlichen Anordnung waren alle Verdienste Christi gleichsam im Werden; und es wurden durch die einzelnen der Fall und die Schuld der menschlichen Natur auch noch nicht gesühnt, bis sie durch das Leiden ihre Vollendung erreichten. — Das aber ist nicht darum geschehen, als wenn die einzelnen Werke dazu nicht genügt hätten, sondern weil es von Gott so angeordnet war; zuerst um uns seine Liebe zu beweisen; dann damit man besser erkennete, wie groß die Schwere der Sünde sei; ferner damit die Gnade und die Nachlassung der Sünden von den Menschen mehr geschätzt würden; endlich wegen des Tugendbeispieles,"[2]) das in seinem Leiden und Sterben am glänzendsten hervorleuchtet.

So hat Christus nun unser Heil nicht bloß als Etwas, was zwischen ihm und dem himmlischen Vater abgemacht worden, uns aber nur die Nachlassung der Schuld, die Genugthuung für unsere Beleidigung und die Versöhnung mit Gott verschafft hat, sondern auch als unsere wirkliche Rechtfertigung und Heiligung durch seine Gnade, als unsern Antheil an seinen Verdiensten vermittelst un-

---

[1]) Isai. c. LIII. v. 7.   [2]) Disput. IV. sect. 4. n. 44.

serer eigenen Werke, die wir mit seiner Gnade verrichten, und als den Rechtsanspruch auf die ewige Seligkeit, wenn wir ihm durch seine Gnade einverleibt sind, verdient, wie der heilige Paulus von Gott an die Corinther schreibt: „Durch ihn seid ihr in Christo Jesu, der uns von Gott zur Weisheit geworden ist, zur Gerechtigkeit, Heiligung und Erlösung." [1]) Er hat uns alle Gnaden verdient, mittelst welcher auch wir, Jeder für sich, das ewige Heil verdienen können. „Der Mensch ist wegen der Sünde unter Anderm zwei Übeln verfallen; erstens der Feindschaft Gottes, indem er der Gnade, die er empfangen, sich beraubt hat; zweitens dem Verluste der Güter, mit welchen er die Herrlichkeit Gottes gewonnen, und verdient haben würde. Denn der Mensch verdient mit seinen guten Werken in der Verbindung mit der Gnade Gottes die Herrlichkeit, und zwar nach der Größe oder Menge solcher Werke eine um so größere. Christus, der Herr, hat durch die Genugthuung für Alle die erste Gnade verdient, durch welche wir in die Freundschaft Gottes zurückversetzt, und durch welche wir lebendige Glieder Christi selbst werden. Dadurch aber, daß er uns die erste Gnade verdient, hat er uns in einen solchen Zustand versetzt, daß unsere Werke, welche sonst diesen Werth nicht gehabt hätten, verdienstlich seien für eine größere Gnade uud für das ewige Leben. Daher gründen sich unsere Verdienste auf das Verdienst Christi. — Indem Christus uns die erste Gnade und die Verdienstlichkeit unserer eigenen guten Werke verdient, hat er uns auch alle geistigen Hilfsmittel verdient, durch welche wir zur Gewinnung der ersten Gnade einiger Maßen vorbereitet werden, und mit welchen wir gut und verdienstlich wirken können. Indem er uns die Verdienstlichkeit unserer eigenen guten Werke verdient, hat er uns auch die Herrlichkeit und die Vermehrung der Gnade verdient. Indem er uns die erste Gnade verdient, hat er uns auch die Befreiung von der Sünde, von der Knechtschaft des Teufels, und von der ewigen Strafe, die Wiederversetzung in den Zustand der Kinder Gottes, das Anrecht auf die Herrlichkeit, die Tugenden und eingegossenen Gaben und andere übernatürliche Güter ver-

---

[1]) 1. Cor. c. I. v. 30.

dient, welche im Gefolge der Gnade sind; wir haben endlich alles übernatürliche Gute durch sein Verdienst. Daher sind wir seine größten Schuldner." [1])

Damit aber unsere Werke das Heil verdienen, wird erfordert, daß wir durch die heiligmachende Gnade Christo, wie die Reben dem Weinstocke, einverleibt seien; daß wir mit Hilfe der wirkenden Gnaden das Gute erkennen, wollen, und vollbringen; daß wir das Werk, oder das Leiden, wenn es auch von außen aufgenöthiget werden sollte, doch unsererseits freiwillig, das heißt, mit Ergebung in den Willen Gottes, der es will, oder zuläßt, aus Liebe zu Gott auf uns nehmen, und nach Gottes Wohlgefallen ausführen, wie Christus; daß wir endlich unser Leiden mit dem Leiden des Herrn vereinigen, damit wir von dessen Verdiensten unsern Antheil erhalten. So müssen auch wir im Leiden uns verhalten, wie der heilige Augustinus sagt: „So viel liegt daran, nicht wie das ist, was Jemand leidet, sondern wie der beschaffen ist, welcher leidet." [2])

Aus dem Verdienste des Leidens und Sterbens Christi müssen wir auch die Nothwendigkeit und die Verdienstlichkeit unserer Leiden erkennen, und schätzen lernen. Denn wir müssen als Glieder seines Leibes ihm, dem Haupte, gleichförmig werden, und mit ihm leiden, auf daß wir zu unserer Erlösung das Unsrige beitragen. So ist es Gottes Wille, wie der heilige Paulus sagt: „Der Geist gibt Zeugniß unserem Geiste, daß wir Kinder Gottes sind. Wenn aber Kinder, (sind wir) auch Erben, nämlich Erben Gottes und und Miterben Christi; wenn wir anders mit ihm leiden, damit wir auch mit verherrlichet werden." [3]) So leiden, heißt also, an unserem eigenen Heile arbeiten.

Zu diesem Zwecke hat Christus durch sein Erlösungswerk die Leiden auch nicht von uns genommen, und will sie Gott, oder läßt sie Gott zu; und ohne dessen Willen oder Zulassung haben wir auch nichts zu leiden. Gott will uns durch das Leiden besser, reiner, tugendhafter, heilig und selig machen; indem wir dadurch für unsere Sünden genugthun, unsere Leidenschaften zurückdrängen,

---

[1]) Card. Tolet. Loc. cit. in quæst. 1. quint. conclus.
[2]) De civ. Dei. Libr. I. c. 8. [3]) Ibid. v. 16. 17.

und im Zaume halten, die verschiedensten Tugenden üben, Verdienste sammeln, und die ewigen Belohnungen verdienen. Man muß daher im Leiden nicht auf die nächsten und untersten Ursachen derselben, sondern auf die letzte und höchste Ursache, auf Gott schauen, und sie von seiner weisen und gütigen Vaterhand annehmen; wie der heilige Augustinus mahnt: „Es soll Jeder darauf Acht haben, nicht was, sondern warum er leidet."[1]) Hat uns Gott geliebt bis in den Tod am Kreuze, wie könnten wir anders, als auch ihn hinwieder lieben bis in den Tod? Gäbe es keine Leiden; so müßten wir sie wünschen, um gleichförmig lieben zu können.

Da zum Verdienste auch die Liebe nothwendig ist; so müssen wir jedes Leiden aus Liebe zu Gott geduldig und standhaft ertragen; denn die Liebe gibt dem Leiden seinen Werth, weßhalb der heilige Chrysostomus in dieser Hinsicht behauptet: „Für Christus leiden, ist ein Gnadengeschenk, und bewunderungswürdiger, als Todte erwecken, und Wunderzeichen verrichten."[2]) Wäre in unserem Herzen eine wahre und kräftige Liebe vorhanden; so würde sich auch bald das Verlangen nach Leiden ihr beigesellen, und wir würden es als eine große Gnade Gottes ansehen, leiden zu dürfen.

Dieß vorausgesetzt, wird das Leiden um so verdienstlicher, je schwerer es ist, wie derselbe heilige Chrysostomus sagt: „Je Bittereres Jemand leidet, desto mehr wächst dadurch die Verherrlichung."[3]) Wollen wir eine schönere und kostbarere Krone im Himmel gewinnen, und an der Herrlichkeit Christi einen größeren Antheil erhalten; so müssen wir desto begieriger jene Leiden umfangen, die uns ihm in seinem Leiden ähnlicher machen.

Wenn endlich der Herr so viel für uns gelitten hat, sollen wir für uns selbst nicht eben so nach dem Leiden dürsten; da es sich hierin nicht um fremdes Wohl, sondern um das eigene Heil handelt? Daher schreibt der heilige Augustinus: „Bestrebe dich, mit Gleichmuth zu deinem Verdienste die Leiden zu ertragen; da

---

[1]) Contr. Crescon. Libr. IV. c. 16.   [2]) Homil. 5. super Epist. ad Hebr.
[3]) Ibid. Homil. 23.

Christus leiden wollte, dich von dem ewigen Tode zu befreien."[1]) Darum sendet auch Gott dem, den er lieb hat, Leiden, und dem, den er mehr liebt, mehrere und größere Leiden; um ihn im Himmel desto mehr belohnen zu können. Es ist daher eine große Täuschung, wenn Jemand meint, weil er viel zu leiden habe, werde er von Gott weniger geliebt; oder, weil er die Leiden nicht verschuldet zu haben glaubt, solle Gott ihn mit denselben verschonen. Die Heiligen haben die Sache viel besser verstanden, und ohne Leiden nicht leben wollen; oder zu leben gewünscht, um leiden zu können.

Aber in dem Leiden und Sterben des Herrn liegt noch mehr; es war auch die wahrste und vollste Genugthuung für die Sünden des ganzen Menschengeschlechtes, wovon wir uns sogleich überzeugen werden.

2.
Die Genugthuung des Leidens Christi.[2])

Für eine zugefügte Beleidigung Genugthuung leisten, heißt eigentlich so viel, als dem Beleidigten Etwas bieten, was er eben so oder noch mehr liebt, als er die Beleidigung haßt. Die Sünde der Menschen war nun eine Beleidigung Gottes, für welche, da sie wegen der beleidigten unendlichen Majestät Gottes eine unendliche Schuld in sich begriff, weder der Mensch, noch ein anderes Geschöpf, noch alle Geschöpfe die gebührende Genugthuung bieten konnten, weil endliche Geschöpfe nichts Unendliches zu leisten vermögen; noch auch Gott selbst sich eigentlich genugthun konnte, weil Gott nichts schuldete, und weil Niemand sich selbst eine Schuld zahlt. Was that nun Gott? Der Sohn Gottes ist gleichsam aus sich selbst hinausgetreten, und, ohne sich selbst zu verlassen, etwas Anderes geworden, als was er war; er ist Mensch, und als Mensch der geworden, welcher ihm und dem Vater und dem heiligen Geiste Schuldner war. In Christus vertritt nun die Eine göttliche Person, in welcher seine göttliche Natur und seine menschliche Natur vereiniget sind, gleichsam die Stelle oder vielmehr das

---
[1]) Tract. 3. in Joann.   [2]) P. III. q. 48. a. 2.

Walten von zweien Personen, indem sie mit ihrer göttlichen Natur und mit ihrer menschlichen Natur handelt, denn die Handlungen sind der Person eigen. Diese Eine göttliche Person konnte nun mit den Handlungen ihrer menschlichen Natur Genugthuung leisten, und Schulden bezahlen, und zwar die gebührende, die vollste, die überfließendste Genugthuung leisten, und die ganze Schuld der Menschheit im Vollmaße, im Übermaße abtragen; weil die Handlungen ihren Werth von der Person empfangen, und weil somit in Christus die Handlungen seiner menschlichen Natur von seiner göttlichen Person einen unendlichen Werth erhielten.[1]

Christus konnte auf solche Weise allen drei göttlichen Personen diese Genugthuung leisten, dem Vater und dem heiligen Geiste als den von sich verschiedenen göttlichen Personen, und sich selbst als der zweiten göttlichen Person, als dem Sohne Gottes mit den Handlungen seiner menschlichen Natur als Menschensohn.

Christus konnte diese Genugthuung auch aus seinem Eigenen leisten; denn er allein, nicht aber der Vater, oder der heilige Geist, hat die menschliche Natur angenommen, und nichts ist Jemanden so eigen, wie einer Person ihre Natur. Wenn er also diese Genugthuung sich und dem Vater und dem heiligen Geiste mit den Handlungen seiner menschlichen Natur leistete, so leistete er dieselbe aus seinem Eigenen.

Der Sohn Gottes hat überdieß mit seiner menschlichen Natur jene Natur angenommen, die schuldete; und so hat er nicht bloß für den Schuldner bezahlt, sondern er ist vielmehr selbst der Schuldner geworden, der nun seine Schuld selbst bezahlen konnte. Christus hat daher Gott für die Sünden der Menschheit die vollste und überfließendste Genugthuung geleistet, und zwar nach der ganzen Strenge der ausgleichenden Gerechtigkeit.

Denn der Mensch hatte durch die Sünde Gott die Ehre geraubt, und dafür den ewigen Tod in den Peinen der Hölle verdient. Christus hat Gott die geraubte Ehre unendlichfach wieder ersetzt, schon dadurch die Ursache der ewigen Verdammniß, und damit die ewige Verdammniß selbst beseitiget. Aber er hat über-

---

[1] Vide Suarez, Disput. IV. sect. 4.

dieß auch für diese Peinen sein Leiden, und für diesen Tod seinen Tod auf sich genommen. Daher sagt der heilige Cyrillus von Jerusalem: „Gott hat beschlossen, daß der Mensch, wenn er sündiget, sterben müsse. Von den zwei Dingen mußte nun das eine oder das andere geschehen, daß nämlich Gott entweder bei seinem Beschlusse blieb, und Alle tödtete; oder daß er seine Güte walten ließ, und seinen Beschluß aufhob. Bewundere nun die Weisheit Gottes: Er hat seinen Beschluß festgehalten, und seine Güte wirken lassen. Christus hat die Sünden an seinem Leibe auf das Holz getragen, damit wir durch seinen Tod, den Sünden abgestorben, der Gerechtigkeit lebten."¹) Er hat daher auch eine Zahlung geleistet, welche der Schuld und Strafe angemessen war, und entsprach.²)

Gott liebte das von Christus aus Liebe und Gehorsam ihm durch dessen Leiden und Sterben dargebrachte Leben unendlich mehr, als er die Sünden aller Menschen haßt; denn dieses Leben war das Leben des Gottmenschen, alle Sünden aber sind nur Beleidigungen von Menschen. Ferner war die Liebe und der Gehorsam, womit Christus sein Leben geopfert hat, die Liebe und der Gehorsam des Gottmenschen, der Haß und der Ungehorsam aber, der in der Sünde liegt, ist nur der Haß und der Ungehorsam von Menschen. Endlich war das Leiden Christi in seiner Allgemeinheit und in seinem Schmerze das größte an sich, und, weil das Leiden des Gottmenschen, unendlich größer, als alle Leiden, welche Gottes Gerechtigkeit von Menschen als Genugthuung fordern, oder die gesammte Menschheit leisten könnte. Somit hat Christus durch sein Leiden und Sterben dem beleidigten Gott für alle Unbilden, welche ihm durch die Sünden der ganzen Menschheit zugefügt werden, oder zugefügt werden können, nicht nur nach aller Strenge der Gerechtigkeit die allervollste, sondern auch die überfließendste Genugthuung geleistet; und dieß will der heilige Apostel Johannes lehren, wenn er von Christus sagt: „Dieser ist die Versöhnung für unsere Sünden; doch nicht allein für die unsrigen, sondern auch für die Sünden der ganzen Welt."³)

---

¹) Catech. 13. n. 33. ²) Vide Card. Tolet. loc. cit. q. 1. a. 2.
³) I. Joann. c. II. v. 2.

Aber wie kann denn der Unschuldige für den Schuldigen genugthun, und der Beleidigte dem Beleidiger wegen der Genugthuung eines Andern, der ihn nicht beleidiget hat, verzeihen? Wenn der Beleidigte die Genugthuung von dem Beleidiger fordert, muß auch dieser sie leisten; wenn der Beleidigte aber eine stellvertretende Genugthuung von einem Andern annimmt, dann kann auch dieser sie leisten. So hat nun Gott mit uns armen Menschenkindern gehandelt. Der himmlische Vater hat seinen eingebornen Sohn in die Welt gesendet, damit er ihm für unsere Beleidigungen Genugthuung leistete, und schon dadurch seinen Willen thatsächlich ausgesprochen, diese Genugthuung für uns anzunehmen. Es kann ja auch ein Mensch die Schulden eines andern Menschen zahlen; bei Gott aber vermag die Liebe mehr, als bei uns Menschen; es kann daher auch vor Gott ein Mensch für den andern Menschen genugthun, so viel er es eben vermag. Allein kein Mensch kann für die Sünden der Welt, ja nicht einmal für die eigenen Sünden genugthun; Christus aber, der Gottmensch, kann es. Um so mehr kann also Gott diese Genugthuung für die Menschheit von ihm annehmen. Überdieß steht Christus zur übrigen Menschheit im Verhältnisse, wie das Haupt zu seinem Leibe und zu seinen Gliedern, und macht mit ihr Eine mystische Person aus, wie der heilige Paulus an die Galater schreibt: „Ihr Alle seid Eins in Christo Jesu." [1]) Daher ist die Genugthuung Christi auch ihre Genugthuung, da, was dem Haupt eigen ist, auch dem Leibe und den Gliedern gehört. Endlich ist die Genugthuung etwas Äußerliches, was seiner Natur nach durch verschiedene Werkzeuge und Stellvertreter geleistet werden kann; und dazu sind auch Verwandte und Freunde zu rechnen, wie der heilige Thomas sagt: „Was wir durch Freunde thun, oder leiden, das scheinen wir gewisser Maßen selbst zu thun, und zu leiden; weil die Liebe eine wechselseitige Tugend ist, und aus zwei Liebenden gewisser Maßen Einen macht; und deßhalb ist es nicht wider die Ordnung der Gerechtigkeit, wenn Jemand dadurch begnadiget wird, daß ein Freund für ihn Genugthuung leistet." [2]) So hat Christus als

---

[1]) Galat. c. III. v. 28.   [2]) Compend. c. 226.

Haupt für seinen Leib und für seine Glieder, als Verwandter, weil Mensch, wie wir, für seine Verwandten, und als Freund für seine Freunde genuggethan.

Wenn dieß so ist, kann denn nicht auch ein Mensch für den andern dessen Sünden bereuen, beichten, die Lossprechung erhalten, und die Genugthuung leisten, wie Christus für Andere genuggethan, und Gott versöhnt hat? In Bezug auf die Reue, Beichte, und persönliche Genugthuung eines Sünders verhält sich die Sache ganz anders. Denn die Reue bezieht sich auf die Sünde und Sündenschuld, ist etwas Innerliches, und gehört zum innern Zustande des Sünders, zu seiner innern Umwandlung; daher kann auch Niemand durch seine Reue diese Umwandlung im Innern eines Anderen, diesen innern Zustand in ihm herstellen, oder vertreten, für ihn dessen Sünden bereuen, ihn von seiner Sündenschuld befreien. Durch die Beichte empfängt der Sünder ein Sakrament, und unterwirft sich dem Richterstuhle und der Schlüsselgewalt der Kirche, wodurch er von der Sünde und Sündenschuld befreit wird; Niemand aber kann für einen Andern ein Sakrament empfangen, oder dem Richterspruche der Kirche sich unterwerfen, oder von der Sünde und Sündenschuld losgesprochen werden; weil alle Wirkungen, die daraus hervorgehen, auf das Innere des Sünders gerichtet sind, und die Gnade nur dem gegeben wird, der das heilige Sakrament empfängt. Ebenso gehört die sakramentalische Genugthuung gleichsam als Materie zum Sakramente, und daher muß sie von dem verrichtet werden, welcher das Sakrament empfängt.

Wie konnte aber Christus eine solche Genugthuung wählen, bei welcher ein größeres Verbrechen begangen wurde, als es die Sünden der ganzen Welt waren; und wie konnte durch dieses allergrößte Verbrechen für die minderen Verbrechen genuggethan werden? Hierauf muß erwidert werden: Es sind da nicht die Sünden der Welt von den Gottesmördern und durch die Sünden der Gottesmörder gesühnt worden, sondern es ist die Genugthuung von Christus durch das Leiden und Sterben, welches er von diesen Gottesmördern und durch ihre Verbrechen erduldet hat, für die

Sünden der Welt und auch für die Sünden dieser Menschen geleistet worden. Es war aber die Liebe Christi unendlich größer, als die Bosheit seiner Kreuziger und der Gottesmörder; und der Werth seines Leidens und seines Todes überstieg unendlich die Schuld seiner Feinde: daher konnte er auch für die Sünde und für das Verbrechen derer, die ihn tödteten, eine überfließende und unendliche Genugthuung leisten. Die Gründe aber, warum er dieses Verbrechen zugelassen, haben wir früher erwogen, und brauchen sie hier nicht mehr zu wiederholen./

Wollte man ferner sagen, Christus habe nicht seiner Gottheit, sondern nur seiner Menschheit nach, und vorzüglich dem Leibe nach gelitten, wie der heilige Apostelfürst Petrus schreibt: „Christus hat im Fleische gelitten;"[1] die Sünde aber habe ihren Sitz vorzüglich in der Seele; auch stehe die ganze Menschheit Christi nicht im Verhältnisse zur Beleidigung Gottes; folglich habe Christus keine eigentliche und wahre Genugthuung geleistet: so wird man dieses Bedenken leicht beseitigen, wenn man erwägt, daß man die Seele und den Leib Christi sich nicht als von seiner Gottheit getrennt vorstellen dürfe, sondern den Einen und den ganzen Christus vor Augen haben müsse. Der Leib Christi ist untrennbar der Leib der zweiten göttlichen Person, die Seele Christi ist untrennbar die Seele eben dieser zweiten göttlichen Person, und von dieser zweiten göttlichen Person erhält das Leiden dieses Leibes und dieser Seele und das Verdienst dieses Leidens einen unendlichen Werth, da diese Person eine unendliche Würde besitzt, und alle Handlungen immer der Person zugeschrieben werden. Da also die zweite göttliche Person mit ihrem Leibe und mit ihrer Seele, mit ihrer menschlichen Natur, mit ihrer Menschheit das Leiden vollbracht hat; so erhält dieses Leiden von ihr und von ihrer unendlichen Würde einen unendlichen Werth, und bietet mit diesem unendlichen Werthe auch eine eben so unendliche Genugthuung. Ist dem nun so, muß man dann nicht sagen, daß Christus eigentlich sich selbst diese Genugthuung geleistet habe; da in ihm nur die göttliche und keine menschliche Person war, und eben diese

---

[1] I. Petr. c. IV. v. 1.

göttliche Person mit ihrer menschlichen Natur diese Genugthuung geleistet hat? Hat da nicht Gott Gott genuggethan? Nun aber muß doch Jedermann die Genugthuung nicht sich selbst, sondern einem Andern leisten, da, wie Niemand sich selbst beleidigen, auch eben so wenig sich selbst genugthun kann. Scheint es nicht ganz widersinnig zu sein, daß ich, wenn ich von Jemanden beleidiget worden bin, diese Beleidigung an mir selbst strafe? Was kann man darauf erwidern? Von der Genugthuung, die Christus, der Herr, geleistet hat, darf man nicht so denken, wie von der Genugthuung eines gewöhnlichen Menschen. Denn in Christus hat die Eine göttliche Person zwei verschiedene Naturen, daher auch zweierlei Willen, zweierlei Handlungen, zweierlei Freiheit, und ein zweifaches Eigenthumsrecht über seine Handlungen nach den zwei Naturen. Diese Eine Person konnte also mit den Handlungen und Leiden ihrer menschlichen Natur sowohl Gott, und daher auch sich selbst als Person ihrer göttlichen Natur nach, als auch für die Menschen als Person ihrer menschlichen Natur nach Genugthuung leisten. Die zweite göttliche Person hat die Natur der sündigen Menschheit an sich genommen, an dieser die Beleidigung der Menschheit gestraft, und mit dieser Strafe sich selbst, dem Vater und dem heiligen Geiste die Genugthuung geleistet. Es war zwar diese Person es, welche genuggethan, aber das, womit sie genuggethan hat, war weder sie, noch ihre göttliche Natur, sondern die menschliche Natur, deren Person sie war. Sie hat aber auf diese Genugthuung von sich und von ihrer göttlichen Natur die Würde und den Werth übertragen, wie dieß auch nicht anders sein konnte, da es ihre Handlung war. So konnte sie auch sich selbst genugthun, und darin kann kein Widerspruch gefunden werden. Denn was liegt darin Widersprechendes oder Widersinniges, wenn Jemand von seinem Beleidiger das nimmt, womit er sich für dessen Beleidigung entschädiget? Auf gleiche Weise hat die zweite göttliche Person die menschliche Natur an sich genommen, und mit derselben sich, dem Vater und dem heiligen Geiste für die Beleidigungen der Menschen genuggethan.

Es war ferner Gott kein Schaden zu ersetzen, da er durch die Sünden der Menschen keinen Schaden erleiden kann, sondern die Unbild, die ihm an seiner Ehre nach außen zugefügt worden war. Diese Unbild aber wird durch freie Akte gesühnt, welche, was an der Ehre in Abgang gebracht worden ist, wieder herstellten. Diese Akte aber hat in Christus die göttliche Person mit ihrer menschlichen Natur gesetzt, und denselben aus sich eine göttliche Würde und einen göttlichen Werth verliehen.

Man kann auch nicht sagen, daß Christus nicht aus Eigenem, sondern aus dem, was ihm nur aus Gnade zukam, genuggethan habe; denn die Gnade der Erhebung dieser menschlichen Natur zur Natur dieser Person, ist eben nicht dieser Person, sondern dieser Natur zu Theil geworden, über welche diese Person das vollste Eigenthumsrecht besaß.

Wenn endlich Gott alle Ehre und Verherrlichung von Seite der menschlichen Natur Christi, des Herrn, auch ohnehin schon gebührte, und dieselbe auch zur Genugthuung für die Beleidigung der Menschheit von Gott nur angenommen wurde; so ändert diese Annahme nichts an der Genugthuung nach der Strenge der Gerechtigkeit, da diese Annahme in der Natur der Genugthuung liegt, und die Gnade, die in dieser Annahme liegt, nicht Christo, dem Herrn, sondern uns Menschen erwiesen worden ist.

Hat nun aber Christus für uns so vollkommen und überfließend genuggethan, wozu dann noch eine Genugthuung von unserer Seite? Warum dann noch alles Elend in dieser Welt als Folge und Strafe unserer Sünden? Wäre dann unsere Rechtfertigung noch eine Gnade, wäre sie nicht eine Forderung der Gerechtigkeit? Hierauf dient folgendes zur Antwort und Erklärung. Christus hat für uns zwar die überschwänglichste Genugthuung geleistet; aber die Früchte derselben will er uns nur unter Bedingungen zuwenden, die von uns erfüllt werden müssen. Denn es ist eine Forderung der Billigkeit, daß, wie er in unserer Natur und mit unserer Natur die Genugthuung geleistet hat, so auch wir, so viel an uns ist, in derselben und mit derselben uns an seiner Genugthuung betheiligen, und dadurch der Verdienste derselben uns theilhaftig machen. Es erwächst daraus auch für uns der größte Nutzen, wie wir dieß bereits gesehen haben. Was uns schadet, hat er weggenommen, nämlich die Sünde, deren Schuld, die ewige Strafe, den Ausschluß vom Himmel, die Feindschaft Gottes; was uns aber nützen kann, wenn wir es recht verwenden, hat er uns gelassen, nämlich die Leiden der Armuth, der Schmach und Verachtung, der Krankheiten, des Todes, die Leiden, welche in der Seele entstehen, oder von der Außennatur, oder von feindseligen Wesen uns zugefügt werden können, weil sie uns den Köder und den Reiz der Sünde entziehen, und zu allen Tugendübungen als Mittel dienen. Er hat durch seine Genugthuung es uns verdient, daß diese Leiden für uns nicht bloß zur Genugthuung, sondern auch zum Verdienste für das ewige Leben werden können, und überdieß alle Gnaden erworben, durch welche wir alle diese Leiden zu unsrem Vortheile zu ertragen vermögen. Ist ferner Christus unser Haupt, und sind wir sein Leib, seine Glieder; so muß die Genugthuung nicht bloß vom Haupte, sondern auch vom Leibe, von den Gliedern nach Möglichkeit geleistet werden, damit sie vollständig sein kann. Daher schreibt der heilige Paulus in diesem Sinne an die Colosser: „Ich freue mich in den Leiden für euch, und ersetze das an meinem Fleische, was an den Leiden Christi für seinen Leib, welcher die Kirche ist, mangelt." [1]) Für Christus, für das Haupt, mangelt am Leiden, an der Genugthuung nichts; dem Leibe aber, der Kirche, den Gliedern, den Gläubigen mangelt eben ihr Leiden, ihre Genugthuung, bis auch von dieser Seite so viel geleistet ist, daß sich das Wort desselben Apostels erfüllt: „Die er vorhergesehen, hat er auch vorherbestimmt, dem Bilde seines Sohnes gleichförmig zu werden, damit er der Erstgeborne unter vielen Brüdern sei." [2]) Der Leib, die Glieder müssen dem Haupte gleichförmig sein. Zudem sollte uns der Himmel nicht zum Geschenke, sondern zum Lohne gegeben werden; der Lohn aber wird nur dem Verdienste gegeben; und darum muß auch Jeder aus uns von sich sagen können, was Christus von sich selbst gesagt hat: „Mußte nicht Christus dieß leiden, und so in seine Herrlichkeit eingehen?" [3]) Darum hat Christus durch seine Genugthuung uns das Gnadenleben in aller Fülle verdient, das

---

[1]) Coloss. c. I. v. 24. [2]) Rom. c. VIII. v. 29.
[3]) Luc. c. XXVI. v. 26.

Gnadenreich wieder hergestellt, die übernatürliche Ordnung in der Menschheit neuerdings eingeführt; aber die außernatürlichen Gaben, welche wir in Adam verloren haben, der Menschheit im Allgemeinen nicht mehr zurückgegeben, wie z. B. die Freiheit von der Begierlichkeit des Fleisches, von den Mühsalen und Trübsalen des Lebens, von den Krankheiten und von dem Tode des Leibes, weil sie für den Zustand der Buße und des Verdienstes zuträglich sind. Endlich mußte Christus auch gewisse Wege und Mittel bestimmen, uns die Wirkungen seiner Genugthuung, die Erlösungsgnaden zugänglich zu machen, und zuzuführen, welche unsere Mitwirkung nothwendig machen, wie z. B. die Anhörung des Wortes Gottes, die Beobachtung des göttlichen Gesetzes, den Empfang der heiligen Sakramente, die Theilnahme an dem göttlichen Opfer, das Gebet, die Buße, genugthuende Werke und Anderes, wodurch wir uns seine Erlösungsgnaden persönlich aneignen. Unsere Rechtfertigung ist ein Akt der Gnade und der Gerechtigkeit zugleich; ein Akt der Gerechtigkeit in Bezug auf Christus, der uns dieselbe verdient hat, und in dieser Beziehung verleiht sie der himmlische Vater jetzt nicht aus Barmherzigkeit, sondern aus Gerechtigkeit, im Hinblicke nämlich auf das Verdienst seines göttlichen Sohnes, Allen, welche die vorgeschriebenen Bedingnisse erfüllen; ein Akt der Gnade aber in Bezug auf uns, die wir aus uns nichts gethan haben, und auch nichts thun konnten, um einen solchen Erlöser und eine solche Erlösung zu erlangen, oder zu verdienen.

Daraus ergibt sich nun die Folgerung, welche der heilige Chrysostomus mit den Worten bezeichnet: "Die Gnade Gottes ergießt sich in Alle; sie flieht, oder verschmäht nicht den Juden, nicht den Griechen, nicht den Scythen, nicht den Freien, nicht den Sklaven, nicht den Mann, nicht das Weib, nicht den Greis, nicht den Jüngling";[1] aber "es wirkt weder die Gnade ohne unsern Willen Etwas, noch auch unser Wille ohne die Gnade; denn die Erde läßt nichts hervorsprossen, wenn sie keinen Regen empfängt, und der Regen bringt ohne die Erde keine Frucht hervor."[2] Allen ohne Ausnahme werden die Erlösungsgnaden gegeben, aber ohne

---

[1] Homil. 7. in Joann. [2] Homil. 32. in Matth. Op. imperf. inter op. S. Chrysost.

die eigene Mitwirkung mit denselben kann Niemand sein Heil wirken. Die Mitwirkung aber liegt in der Gewalt eines Jeden; und somit findet kein Mensch eine Entschuldigung, wenn er neben einem solchen Erlöser und bei einer solchen Fülle der Erlösung dennoch zu Grunde geht.

Es ergibt sich aus dem Gesagten auch die Folgerung, daß nun jeder Sünder, so groß er auch sein mag, wenn er nur will, würdige Früchte der Buße bringen, und die für seine Sünden verdienten Strafen durch die Vereinigung seiner Genugthuung mit der Genugthuung des Herrn in diesem Leben abtragen kann. Diese Wahrheit hat das Concil von Trient als Glaubenslehre mit folgenden Worten entschieden: „Wenn Jemand sagt, für die Sünden werde, was die zeitlichen Strafen betrifft, Gott keineswegs durch die Verdienste Christi mit den von ihm auferlegten, und geduldig ertragenen Strafen, oder mit jenen, die der Priester auferlegt, und auch nicht mit jenen, die man freiwillig auf sich nimmt, wie mit Fasten, Gebet, Almosen, oder andern Werken der Frömmigkeit, genuggethan; — der sei im Banne."[1] — „Wenn Jemand sagt, die Genugthuungen, mit welchen die Büßenden durch Jesum Christum sich von den Sünden erlösen, seien nicht Gegenstände der Gottesverehrung, sondern Menschensatzungen, welche die Lehre von der Gnade und die wahre Gottesverehrung und selbst die Wohlthat des Todes Christi verdunkeln; der sei im Banne."[2]

Diese persönliche Genugthuung fordert aber auch die Gerechtigkeit und die Liebe Gottes, wie derselbe heilige Kirchenrath lehrt, indem er sagt: „Die göttliche Gerechtigkeit scheint es zu fordern, daß anders diejenigen in Gnaden wieder aufgenommen werden, welche vor der Taufe aus Unwissenheit gesündiget haben; anders aber jene, welche, einmal von der Knechtschaft der Sünde und des Teufels befreit, und nachdem sie die Gabe des heiligen Geistes empfangen, sich nicht gescheut haben, wissentlich den Tempel Gottes zu verletzen, und den heiligen Geist zu betrüben. Es ist auch der göttlichen Güte gemäß, daß uns die Sünden nicht ohne alle Genugthuung nachgelassen werden, da wir daraus Anlaß nehmen

---

[1] Sess. XIV. can. 13. [2] Ibid. can. 14.

könnten, indem wir die Sünden für gering achteten, wie dem heiligen Geiste zum Trotze und zur Schmach in noch schwerere Sünden zu fallen, und uns Zorn zu sammeln auf den Tag des Zornes; denn diese peinlichen Werke der Genugthuung halten ohne Zweifel sehr kräftig von der Sünde zurück, machen die Büßer für die Zukunft vorsichtiger und wachsamer, heilen auch die Überbleibsel der Sünden, und heben die bösen Gewohnheiten, die man durch ein schlechtes Leben sich angeeignet hat, durch die entgegengesetzten Tugendübungen auf. Es wurde auch in der Kirche Gottes niemals ein Weg für sicherer gehalten, um die von Seite des Herrn drohende Strafe abzuhalten, als daß die Menschen mit wahrem Schmerze der Seele die Werke der Buße verrichten. Dazu kommt noch, daß wir, indem wir durch die Genugthuung für die Sünden leiden, Christo Jesu, der für unsere Sünden genuggethan hat, und von dem all unser Vermögen ist, gleichförmig werden, und darin auch das sicherste Unterpfand erlangen, daß wir, wenn wir mit ihm leiden, auch mit ihm werden verherrlichet werden. Es ist aber auch diese Genugthuung, die wir für unsere Sünden leisten, nicht so die unsrige, daß sie nicht durch Jesum Christum wäre; denn wir, die wir von uns als aus uns selbst nichts vermögen, vermögen durch die Mitwirkung dessen, der uns stärkt, Alles; und so hat der Mensch nichts, wessen er sich rühmen könnte, sondern unser ganzer Ruhm ist in Christus, in dem wir leben, in dem wir verdienen, in dem wir genugthun, und so würdige Früchte der Buße bringen, welche von ihm die Kraft haben, von ihm dem Vater dargebracht, und durch ihn vom Vater angenommen werden." [1]) Das ist die Lehre des Concils nach der heiligen Schrift und nach der Überlieferung, und daraus ergibt sich die Pflicht und Nothwendigkeit für uns, mit Christus und durch Christus auch persönliche Genugthuung zu leisten.

Könnte uns ferner eine Genugthuung zu schwer oder zu langwierig erscheinen, wenn wir einerseits auf die Genugthuung des Herrn hinblicken, und die Beleidigung der unendlichen Majestät Gottes in's Auge fassen, und andererseits auf den ewigen Himmel,

---

[1]) Sess. XIV, cap. 8.

den wir gewinnen, und auf die ewige Hölle sehen, der wir entgehen sollen? Daran erinnert der heilige Cäsarius, wenn er sagt: „Es ist keine geringe oder vorübergehende Genugthuung für solche Übel erforderlich, wegen welcher das ewige Feuer bereit steht."¹)

Es soll auch der große Nutzen, der aus der Genugthuung hervorgeht, uns zu derselben antreiben; wie ihn der heilige Thomas mit den Worten bezeichnet: „Die Genugthuung ist die Arznei, welche die vergangenen Sünden heilt, und vor den zukünftigen bewahrt;"²) und: „Aus der Genugthuung gehen drei gute Dinge hervor: die Erlangung der Gnade, die Nachlassung der Strafe, die Reinigung von den Überbleibseln der Schuld."³) Ohne die Genugthuung kann der Sünder in diesem Leben weder ganz gereiniget, noch vor dem Rückfalle in die Sünde wirksam bewahrt werden; darum schreibt der Cardinal Hugo: „Der Teufel schlägt es nicht hoch an, wenn der Mensch Reue hat, oder beichtet; es schmerzt ihn zwar, aber er verhehlt es: wenn er aber werkthätige Genugthuung leistet, so kann er das nicht ertragen, und er wird dadurch am meisten gequält;"⁴) denn so wird ihm alle Hoffnung benommen, ihn je wieder in seine Schlinge zu bekommen, und er muß ihn als eine ganz und für immer verlorene Beute aufgeben. Wie kräftig und wie weise hat der Herr durch sein Leiden und Sterben auch in dieser Beziehung unser Heil gewirkt, und durch sein erhabenes Vorbild uns gelehrt, wie wir selbst daran arbeiten können, und arbeiten sollen!

Aber sein Leiden und Sterben hat eine noch höhere Bedeutung; es ist auch das große Versöhnungsopfer der Welt.

3.
Das Opfer des Leidens Christi.⁵)

Der englische Lehrer schreibt von dem Opfer: „Opfer wird eigentlich genannt, was zur Ehre, die Gott eigenthümlich gebührt, ge-

---

¹) Caesar. Arelat. homil. 29. ²) Supplem. P. III. q. 12. a. 3.
³) Compend. theolog. verit. Libr. VI. c. 30. ⁴) Super Gen. c. XXXI.
⁵) P. III. q. 48. a. 3.

than wird, um ihn zu versöhnen."¹) Daher sagt der heilige Augustinus: „Ein wahres Opfer ist jedes Werk, das geschieht, damit wir in heiliger Gemeinschaft Gott anhangen; das nämlich jenes Gut zum Zwecke hat, durch welches wir wahrhaft glücklich sein können. Christus aber hat im Leiden sich selbst für uns dargebracht";²) und eben dieß, setzt der heilige Thomas hinzu, „daß er freiwillig das Leiden erduldet hat, war Gott höchst angenehm, da es aus der größten Liebe hervorging. Daher ist das Leiden Christi offenbar ein wahres Opfer gewesen."³) Um diese Worte des heiligen Thomas und des heiligen Augustinus zu verstehen, müssen wir die Begriffe derselben erläutern, und klarstellen.

„Die Ehre, welche Gott eigenthümlich gebührt," das heißt, Gott ausschließlich gebührt, besteht darin, daß Gottes höchste Majestät und Herrschaft über alle Geschöpfe und die vollkommenste Abhängigkeit aller Geschöpfe von Gott anerkannt werde, und daß diese Anerkennung thatsächlich und werkthätig auch zur äußeren Darstellung komme. Dadurch wird auch ausgedrückt, daß Gott, wie der Ursprung, so auch das Endziel aller Wesen, und somit „jenes Gut sei, durch welches allein wir wahrhaft glücklich sein können." Um dieses Glück und dieses Gut zu erreichen, müssen wir mit Gott vereiniget werden, und „in heiliger Gemeinschaft Gott anhangen"; zur Erreichung dieses Zweckes aber ist es erforderlich, „ihn zu versöhnen". Das Alles soll durch das hergestellt werden, was man Opfer nennt. Die Handlung aber, durch welche dieses Alles ausgedrückt wird, und die Versöhnung Gottes, die Vereinigung mit Gott, diese heilige Gemeinschaft mit Gott, das höchste Gut und das wahre Glück erreicht werden soll, kann von Seite des Menschen auf die vollkommenste Weise nur dadurch gesetzt werden, daß er eine Sache, die ihm gehört, sich entziehe, Gott darbringe, und zu dem Zwecke zerstöre; denn nur durch die Zerstörung kann Gottes oberste Herrschaft über alles Leben und Sein dargestellt werden. Diese Zerstörung aus der Absicht und zu dem Zwecke wird Opferung, das, was zerstört wird, Opfer, und der es zerstört, Opferpriester genannt. Das Opfer wird um so ausdrucksvoller und würdiger, je werthvoller

---

¹) Loc. cit. 0.   ²) De civ. Dei Libr. X. c. 6.   ³) Loc. cit. 0.

und vortrefflicher die Sache, die geopfert wird, und die Person ist, welche sie opfert. Ein Opfer überhaupt ist daher die äußerliche Darbringung einer sinnenfälligen Sache durch die wirkliche Zerstörung derselben zur Ehre Gottes, um dadurch die Anerkennung seiner obersten Majestät und Herrschaft und unserer vollkommensten Abhängigkeit von ihm zum Ausdrucke zu bringen, mit Gott versöhnt, mit Gott vereiniget, und so wahrhaft glücklich zu werden.

Um eine Sache zerstören zu können, muß sie das Eigenthum dessen sein, der sie zerstört, und zwar dergestalt, daß ihm die Gewalt über das Leben und Sein derselben zustehet; sonst würde er dadurch keine Gott wohlgefällige, sondern eine fluchwürdige Handlung verrichten, wie dieß von selbst einleuchtet. Daher kann es dem Menschen, ohne von Gott dazu das Recht oder den Befehl erhalten zu haben, nie und nimmer erlaubt sein, eine fremde Sache, einen Menschen, oder sich selbst zu opfern, da er dazu kein Recht und keine Gewalt besitzt.

Auch kann und darf ein Opfer in dem eigentlichen Sinne keinem Geschöpfe, sondern nur Gott dargebracht werden, eben weil durch dasselbe die Anerkennung der obersten Majestät und Herrschaft über alle Geschöpfe, die Gott allein zusteht, ausgedrückt wird; es würde damit die Sünde des Götzendienstes oder der Abgötterei begangen. Daher sagt der heilige Augustinus: „Es gibt gewiß keinen Menschen, der zu behaupten wagte, ein Opfer gebühre nicht Gott allein;"[1] und: „Wir errichten Altäre, nicht um den Märthyrern zu opfern, sondern wir bringen Gott allein das Opfer der Märtyrer und das unsrige dar."[2]

Wird Gott ein Opfer vorzüglich zu dem Zwecke dargebracht, um dessen unendliche Majestät zu ehren, so ist es ein „Anbetungsopfer"; wird es Gott vorzüglich zu dem Zwecke dargebracht, um ihm für seine Gnaden und Wohlthaten zu danken, so ist es ein „Dankopfer"; wird es Gott vorzüglich zu dem Zwecke dargebracht, um ihn wegen der begangenen Sünden zu versöhnen, so ist es ein „Versöhnungsopfer"; wird es Gott endlich vorzüglich zu dem

---

[1] De civ. Dei Libr. X. c. 4.   [2] Ibid. Libr. XXII. c. 10.

Zwecke dargebracht, um von ihm neue Gnaden und Wohlthaten zu erlangen, so ist es ein „Bittopfer". Es kann aber auch dargebracht werden, um diesen ganzen vierfachen Zweck zu erreichen; da derselbe eigentlich schon im Wesen und in der Natur des Opfers liegt.

Die Zweckmäßigkeit, ja die Nothwendigkeit des Opfers ergibt sich schon aus dem natürlichen Verhältnisse des Menschen zu Gott, und deßhalb fühlt sich auch der Mensch zu demselben schon von seiner vernünftigen Natur gedrängt. Das Opfer ist darum auch so alt, als die Menschheit, und Kain hat von seinen Feldfrüchten, Abel von seinen Heerden geopfert. Gott selbst hat diese Opferhandlung gebilliget, die verschiedenen Opfer des alten Bundes angeordnet, als Gegenstände der Opfer jene Dinge bestimmt, welche dem Menschen zur Erhaltung seines Lebens nothwendig sind, und folglich an Werth seinem Leben zunächst stehen, und aus diesen Gegenständen selbst die ersten und vorzüglichsten zu wählen geboten.

Das Opferwesen ist so tief in der menschlichen Natur begründet, daß der Mensch sogar Menschen und sich selbst opfern würde, wenn Gott ihm es nicht verboten hätte; und wir finden deßhalb fast bei allen Völkern, welche die wahre Gotteserkenntniß und die göttliche Offenbarung verloren haben, und dem Götzendienste verfallen sind, Menschenopfer, eben wegen des Naturdranges, der Gottheit das Allerkostbarste zu opfern. Selbst das Volk Israel opferte nach seinem Abfalle von Gott dem Götzen Moloch und den goldenen Kälbern seine Söhne und Töchter durch den grausamsten Feuertod; denn von dem Könige Achab steht geschrieben: „Er wandelte auf dem Wege der Könige von Israel; überdieß opferte er seinen Sohn, und ließ ihn durch das Feuer gehen, nach den Götzen der Völker."[1] Von dem Volke sagt die Schrift ebenfalls: „Sie verließen alle Gebote des Herrn, ihres Gottes, und machten sich zwei gegossene Kälber, und Haine, und beteten das ganze Heer des Himmels an, und dienten dem Baal, und weihten ihre Söhne und Töchter durch das Feuer."[2] Auch der Psalmist klagt: „Sie mischten sich unter die Völker, und lernten ihre Werke,

---

[1] IV. Reg. c. XVI. v. 3. [2] Ibid. c. XVII. v. 16. 17.

und dienten ihren Bildern; und es ward ihnen zum Anstoße. Sie opferten ihre Söhne und Töchter den Teufeln, und vergossen unschuldiges Blut, das Blut ihrer Söhne und Töchter, die sie den Götzen Chanaans geopfert.[1]) Der Irrthum selbst bestätiget die Wahrheit, und die Verirrungen zeugen vom rechten Wege.

Es ist, als wenn die Menschheit auch noch in ihrer tiefsten Verkommenheit und Versunkenheit ihre Erlösung durch das große Versöhnungsopfer geahnt hätte, und überall ahnt; und Gott selbst hat die Opfer des alten Bundes auch wirklich als Vorbilder dieses Opfers und als Vorbereitung auf dasselbe angeordnet, wie der heilige Paulus dieß ausdrücklich lehrt, indem er von diesen Opfern sagt, daß sie der Schatten des Opfers des neuen Bundes gewesen seien, selbst aber nicht die Kraft gehabt haben, die Versöhnung und Rechtfertigung zu wirken: „Denn da das Gesetz den Schatten der zukünftigen Güter hat, nicht das Bild der Dinge selbst; so kann das alljährlich durch dieselben Opfer, welche man unaufhörlich darbringt, nimmermehr die Opfernden zur Vollkommenheit bringen."[2]) Er sagt dann auch; daß diese Opfer, nachdem das Opfer des neuen Bundes geschlachtet worden ist, Gott nicht mehr angenehm waren, und aufhören mußten, weil die Vorbedeutung keinen Zweck mehr hat, wenn das Vorbedeutete eingetreten ist. „Er hebt also das Erste auf, um das Andere festzusetzen."[3]) So hat es Gott gewollt, und angeordnet; darum fügt der Apostel hinzu: „In diesem Willen sind wir geheiliget durch das Opfer des Leidens Jesu Christi ein für allemal."[4])/

Waren also die Opfer des alten Bundes wahre Opfer, und die Vorbilder des Opfers Christi, so war das Leiden und Sterben Christi um so wahrer und voller ein wirkliches Opfer, die Verwirklichung, die Vollendung und der Abschluß aller von Gott gewollten Opfer, wie es denn der Apostel auch ausdrücklich „das Opfer des Leidens Jesu Christi" nennt, durch welches „wir geheiliget sind ein für allemal", was die Versöhnung Gottes voraussetzt. Daher schreibt auch der heilige Augustinus: „Von diesem

---

[1]) Psalm. CV. v. 35.—39. [2]) Hebr. c. X. v. 1. [3]) Ibid. v. 9.
[4]) Hebr. c. X. v. 10.

wahren Opfer waren die vielfachen und verschiedenen Vorzeichen die alten Opfer der Heiligen, da dieses Eine durch die vielen vorbebeutet wurde, wie wenn mit vielen Worten. Eine Sache bezeichnet würde, um sie ohne Überdruß nachdrücklich zu empfehlen."[1]) Der heilige Ambrosius schreibt noch klarer: „Christus ist es, der unter dem Vorbilde bald des Bockes, bald des Lammes, bald des Kalbes[2]) geopfert wurde; des Bockes, weil er das Opfer für die Sünder, des Lammes, weil er ein freiwilliges Opfer, des Kalbes, weil er ein unbeflecktes Opfer sein sollte."[3])

Ebenso spricht die heilige Schrift von dem Leiden und Sterben Christi in Ausdrücken, welche von den Opfern des alten Bundes genommen sind, und ein wahres Opfer bedeuten. Sie sagt von Christus: „Er wird geopfert", und, „wie ein Schaf zur Schlachtbank geführt:"[4]) „Sehet das Lamm Gottes, welches die Sünden der Welt hinwegnimmt!"[5]) „Christus hat uns geliebt, und sich für uns als Gabe und Opfer hingegeben, Gott zum lieblichen Geruche:"[6]) „Unser Osterlamm Christus ist geopfert worden":[7]) „Welchen Gott dargestellt hat als Sühnopfer durch den Glauben in seinem Blute, um seine Gerechtigkeit zu erweisen zur Vergebung der Sünden":[8]) „Ihr wisset, daß ihr nicht mit vergänglichem Golde oder Silber erlöst seid von dem eitlen Wandel, der sich von den Vätern auf uns vererbt hat, sondern mit dem kostbaren Blute Christi, als eines unbefleckten und tadellosen Lammes:"[9]) „Dieser ist die Versöhnung für unsere Sünden; doch nicht nur für die unsrigen, sondern für die Sünden der ganzen Welt;"[10]) und in der geheimen Offenbarung wird dem Lamme Gottes zugerufen: „Du bist getödtet worden, und hast uns Gott erkauft mit deinem Blute aus allen Stämmen, und Sprachen, und Völkern, und Nationen."[11])

Überdieß wird Christus in der Schrift der ewige Hohepriester genannt, der von Gott, wie kein anderer Priester, durch einen

---

[1]) De civ. Dei Libr. X. c. 20. [2]) Diese Thiere wurden im alten Bunde geopfert. [3]) Proleg. de Spirit. S. [4]) Isai. c. LIII. v. 6. 7. [5]) Joann. c. I. v. 29. [6]) Ephes. c. V. v. 2. [7]) I. Cor. c. V. v. 7. [8]) Rom. c. III. v. 25. [9]) I. Petr. c. I. v. 18. 19. [10]) I. Joann. c. II. v. 2. [11]) Apoc. c. V. v. 9.

Eidschwur dazu bestimmt worden ist, wie Paulus sagt, indem er Christus mit den Priestern des alten Bundes vergleicht: „Jene sind ohne Eidschwur Priester geworden, dieser aber mit einem Eidschwure durch den, welcher zu ihm gesprochen hat: Du bist Priester in Ewigkeit."[1] In dem Briefe an die Hebräer ist es das hauptsächlichste Bemühen des Apostels, zu zeigen, wie das Priesterthum Christi, sowohl was den Priester selbst, als auch was das Opfer und die Wirksamkeit des Opfers anbelangt, unendlich vortrefflicher sei, als das Priesterthum des alten Bundes.

Das Alles aber kann von Christus nur gesagt werden, weil sein Leiden und Sterben ein wahres Opfer war, das er selbst als Opferpriester seinem himmlischen Vater dargebracht hat. Der heilige Thomas aber untersucht die Sache noch tiefer, und zeigt aus dem Wesen und aus der Natur des Opfers, daß das Leiden und Sterben Christi ein wahres Opfer war.

Der englische Lehrer sagt, an jedem wahren Opfer seien vier Dinge zu beachten, wer opfere, wem geopfert, was geopfert, und für wen geopfert werde, zeigt dieß an dem Opfer Christi, und führt die Worte des heiligen Augustinus an: „Da bei jedem Opfer vier Dinge in Betracht kommen, nämlich wem geopfert, von wem geopfert, was geopfert, und für wen geopfert werde; so (hat sich Christus so geopfert), daß er derselbe Eine und wahre Mittler, indem er durch das Opfer des Friedens uns mit Gott versöhnte, Eins mit dem blieb, dem er opferte, Eins in sich machte, für die er opferte, Einer er selbst war, der opferte, und was er opferte."[2] Im Opfer Christi war er es, der opferte, der Vater, mit welchem er als Gott Eins ist, dem er opferte, er selbst auch das, was er opferte, die Menschheit, für die er opferte, die er aber durch seine menschliche Natur mit sich Eins machte, die also in ihm und mit ihm opferte, und geopfert wurde, wie der heilige Cyrillus von Alexandria sagt: „Wir sind also mit ihm gekreuziget worden zu der Zeit, wo sein Fleisch gekreuziget worden ist; da dieses gleichsam die ganze (menschliche) Natur in sich schloß, wie auch in Adam, als er den Fluch auf sich geladen hat, die

---

[1] Hebr. c. VII. v. 20. 21.   [2] De Trinit. Libr. IV. c. 14.

ganze (menschliche) Natur dem Siechthume des Fluches verfallen ist."¹) Wie wunderbar ist dieß!

Um das Opfer zu einem Gott wohlgefälligen, öffentlichen und feierlichen Akte der göttlichen Religion zu machen, muß, wie wir dieß bei den Opfern des alten Bundes sehen, der Priester, das Opfer, die Art und Weise des Opfers, die Zeit und der Ort, wo es dargebracht werden soll, von Gott bestimmt, und festgesetzt werden; weil es einzig von Gott abhängt, zu bestimmen, was von dem Allen, und wie es ihm annehmbar, und wohlgefällig sein könne.

Das war nun auch bei dem Leiden und Sterben Christi der Fall. Denn von Christus sagt der heilige Paulus: „Niemand nimmt sich selbst die Würde (des Priesterthums), sondern der von Gott berufen wird, wie Aaron. So hat auch Christus nicht sich selbst verherrlichet, Hoherpriester zu werden, sondern der zu ihm geredet hat: Mein Sohn bist du, heute habe ich dich gezeugt. Wie er auch an einer andern Stelle spricht: Du bist Priester auf ewig nach der Ordnung Melchisedech's."²) Wir haben auch gesehen, daß Christus dem Leiden und Sterben sich unterzogen habe, um dadurch den Willen seines himmlischen Vaters zu erfüllen, der dieses Opfer von ihm verlangt hat. Christus war also von seinem himmlischen Vater zum Priester, zum ewigen Hohenpriester gesetzt.

Auch das Opfer, welches Christus darbringen sollte, war von Gott bestimmt; denn es war in den Weissagungen vorherverkündet, daß Christus sein Leben, sich selbst als Opfer hingeben sollte, und der Herr hat selbst erklärt: „Diesen Auftrag habe ich von meinem Vater empfangen."³)

Ebenso war vom himmlischen Vater auch die Art und Weise festgesetzt, wie Christus sein Leben hingeben sollte; denn sein Leiden und Sterben ist von den Propheten bis in die einzelnen Umstände geweissagt worden, und der Herr selbst hat erklärt, daß dieß der Kelch sei, den ihm der Vater darreiche.⁴)/

Von der Zeit, wo Christus opfern sollte, steht, als sie noch nicht da war, geschrieben: „Da suchten sie ihn zu ergreifen, aber

---

¹) In Rom. c. VI. v. 6.   ²) Hebr. c. V. v. 4.—7.
³) Joann. c. X. v. 18.   ⁴) Ibid. c. XVIII. v. 11.

Niemand legte Hand an ihn; denn seine Stunde war noch nicht gekommen."¹) Als sie aber gekommen war, sagte der Herr selbst: „Die Stunde ist gekommen, daß der Menschensohn verherrlichet werde;"²) und unmittelbar vor seiner Gefangennehmung sprach er zu seinen Jüngern: „Sehet! die Stunde ist herbeigekommen, da der Menschensohn in die Hände der Sünder überliefert wird. Stehet auf, lasset uns gehen. Sehet! der mich verrathen wird, naht."³) Diese Stunde aber war, wie alles Übrige und Einzelne in seinem Erlösungswerke, wie der Herr selbst es betheuert hat,⁴) von seinem himmlischen Vater festgesetzt.

Auch der Ort,⁵) wo der Herr sein Opfer darbringen sollte, war in der Weissagung, und somit vom Vater bestimmt,⁶) und Christus bezog sich darauf, als er zu den Jüngern sprach: „Sehet! wir gehen nach Jerusalem hinauf, und es wird Alles in Erfüllung gehen, was durch die Propheten über den Menschensohn geschrieben worden ist. Denn er wird den Heiden überliefert, mißhandelt, gegeißelt, und angespieen werden; und nachdem sie ihn werden gegeißelt haben, werden sie ihn tödten, und am dritten Tage wird er wieder auferstehen."⁷)

Endlich ist durch den Kreuzestod Christi das kostbarste Leben zerstört worden, das gedacht werden kann, nämlich das Leben des Gottmenschen; und es ist aus Liebe zum himmlischen Vater und zu seiner Ehre geopfert worden, wie der Herr selbst es bezeugte, indem er von seinem Gange in das Leiden am letzten Abendmahle zu den Jüngern sprach: „Ich werde nun nicht mehr viel mit euch reden; denn es kommt der Fürst dieser Welt; aber er hat nichts an mir; sondern damit die Welt erkenne, daß ich den Vater liebe, und thue, wie mir es der Vater befohlen hat. Stehet auf, lasset uns von hier weggehen."⁸)

---

¹) Joann. c. VII. v. 30. ²) Ibid. c. XII. v. 23. Vide ibid. c. XIII. v. 1., c. XVI. v. 32., c. XVII. v. 1. ³) Matth. c. XXVI. v. 45. 46. ⁴) Joann. c. IV. v. 34., c. V. v. 30., c. VI. v. 38. ⁵) Psalm. IL v. 1. 2. Act. Ap. c. IV. v. 25.—29. ⁶) Psalm. XVII. v. 5. 6., XXI. v. 12. 17. 18. 19., LVIII. v. 21., CXVIII. v. 3. Isai. c. I. v. 6., c. LIII., Jerem. c. XXVII. v. 7., Thren. c. II. v. 13., c. III. v. 30. ⁷) Luc. c. XVIII. v. 31.—34. ⁸) Joann. c. XIV. v. 30. 31.

Nach allem dem kann nun kein Zweifel mehr obwalten, daß das Leiden und Sterben Christi, des Herrn, ein wahres Opfer, und zwar das kostbarste und Gott wohlgefälligste Opfer war; es hat aber auch als solches unser Heil bewirkt.

Der heilige Thomas sagt, wie wir gehört haben, vom Opfer, daß es den Zweck habe, Gott „die ihm eigenthümlich gebührende Ehre zu erweisen, um ihn zu versöhnen." Höher aber kann Gott nicht geehrt werden, als durch das Opfer des Gottmenschen, seines eingebornen Sohnes selbst; und da Christus dieses Opfer in der Menschennatur und für die Menschen dargebracht, und freiwillig und mit größter Liebe dargebracht hat: so mußte es dem Vater höchst wohlgefällig sein, und ihn mit den Menschen versöhnen; besonders da er dasselbe selbst zu diesem Zwecke von seinem Sohne verlangt, und der Sohn sich zu demselben Zwecke geopfert hat. In der Versöhnung mit Gott aber liegt unser Heil. Also hat das Leiden und Sterben Christi nach der Art und Weise eines Opfers unser Heil bewirkt.

Diese Wahrheit lehrt auch die heilige Schrift des alten und des neuen Testamentes. Denn um unser Heil zu wirken, mußte vor Allem die Sünde hinweggenommen werden. Nun aber sagt die heilige Schrift: „Er ist verwundet worden um unserer Missethaten willen, zerschlagen um unserer Sünden willen; unseres Friedens wegen liegt die Züchtigung auf ihm, und durch seine Wunden werden wir geheilt. — Unsrer Aller Missethaten hat der Herr auf ihn gelegt."[1]) Gott hat ihn durch sein Opfer für uns zur Sünde, das heißt, wie der heilige Augustinus sagt, „zum Opfer für die Sünde",[2]) und zum Fluche, das heißt, zum Opfer für den Fluch, gemacht, um so die Sünde und deren Fluch von uns zu nehmen; denn der heilige Paulus sagt: „Er hat den, der von keiner Sünde wußte, für uns zur Sünde gemacht, damit wir Gerechtigkeit würden vor Gott in ihm;"[3]) und: „Christus hat uns erlöst vom Fluche des Gesetzes, da er zum Fluche für uns geworden ist."[4])

---

[1]) Isai. c. LIII. v. 5. 6. [2]) Serm. 134. [3]) II. Cor. c. V. v. 21.
[4]) Galat. c. III. v. 13.

Um unser Heil zu wirken, mußte uns die Gnade der Rechtfertigung und der Heiligung erworben werden; nun aber steht geschrieben: „Wenn er für die Sünde sein Leben gegeben, schaut er ewigen Samen;"[1]) das heißt, eine ewige Nachkommenschaft, Kinder, die aus Gnade sind, was er der Natur nach ist, Kinder Gottes; und: „Er selbst, mein Knecht, der Gerechte, wird Viele gerecht machen;"[2]) und: „Er ist uns von Gott zur Weisheit geworden, zur Gerechtigkeit, Heiligung und Erlösung."[3])

Um unser Heil zu vollenden, mußte uns auch der Himmel eröffnet, und die Erbschaft Gottes wieder erworben werden. Daß Christus auch dieß gethan habe, lehrt der heilige Paulus, indem er, Alles zusammenfassend, an die Ephesier schreibt: „Gelobt sei Gott und der Vater unsers Herrn Jesu Christi, der uns gesegnet hat mit allem geistlichen Segen, mit himmlischen Gaben in Christo, der uns vorherbestimmt hat zur Kindschaft durch Jesum Christum für ihn nach dem Vorsatze seines Willens zum Preise der Herrlichkeit seiner Gnade, mit welcher er uns begnadiget hat durch seinen geliebten Sohn, in welchem wir die Erlösung haben durch sein Blut, die Vergebung der Sünden nach dem Reichthume seiner Gnade, welche uns überschwänglich zu Theil geworden ist in aller Weisheit und Erkenntniß; indem er uns das Geheimniß seines Willens nach seinem Wohlgefallen kund that, nach welchem er bei sich beschlossen hat, die Fülle der Zeiten eintreten zu lassen, und Alles, was im Himmel, und was auf Erden ist, zu erneuern in ihm, in welchem auch wir zur Erbschaft gerufen wurden."[4])

Durch das Opfer des Blutes Christi am Kreuze haben wir also die Vergebung der Sünden, die Rechtfertigung, die Heiligung, die Kindschaft und Erbschaft Gottes erlangt; so sind wir mit Gott vollkommen versöhnt, und ist unser Heil gesichert. Unser Heil ist also das Verdienst und die Wirkung seines Erlösungsopfers.

Aber wenn zum Opfer wesentlich ein Opferpriester gehört, welcher das Opfer schlachtet, und von Gott bestellt ist, wie wir dieß bei den Opfern des alten Bundes sehen; wie konnte das

---

[1]) Isai. c. LIII. v. 10.   [2]) Ibid. v. 11.   [3]) I. Cor. c. I. v. 30.
[4]) Ephes. c. I. v. 1.—11.

Leiden und Sterben Christi am Kreuze ein Opfer sein, da Christus nicht sich selbst gekreuziget, und getödtet hat, sondern von den Juden und Heiden gekreuziget, und getödtet worden ist? Allerdings gehört zum Opfer nothwendig auch ein Opferpriester, und zwar ein von Gott bestellter Opferpriester, und weder die Juden noch die Heiden waren von Gott bestellt, Christum, den Herrn, zu opfern, sondern von ihren Leidenschaften, von ihrem Hasse und Neide dazu angetrieben worden. Auch haben die Juden den Herrn nicht Gott, sondern ihren Leidenschaften und ihrer Wuth zum Opfer gebracht. Sie waren darum aber auch eben keine Opferpriester, sondern Henker und Gottesmörder. Der Opferpriester war, wie wir gesehen haben, Christus, der Herr, selbst, und als solcher vom himmlischen Vater bestimmt; seine Opferhandlung aber vollbrachte er dadurch, daß er sich freiwillig aus Liebe zum Vater und zu uns Menschen in das Leiden und den Tod hingab, zu diesem Zwecke den Juden freie Hand ließ, ihre Bosheit auszuüben, und derselben sich bediente, um sein Opfer zu vollbringen.

Aber kann es denn Gott wohlgefällig sein, daß Jemand sich selbst opfert, oder durch Verbrecherhände opfert? Dem Menschen ist es an und für sich nicht erlaubt, sich selbst, oder einen andern Menschen zu opfern, weil ihm Gott dazu kein Recht und keine Gewalt eingeräumt hat. Hätte ihm Gott aber ein solches Recht gegeben, oder sogar den Befehl dazu ertheilt, wie er dem Patriarchen Abraham befohlen hat, seinen Sohn Isaac zu opfern; so könnte, oder müßte er es thun, ohne daß er dadurch irgend ein Recht oder eine Pflicht verletzte, da Gott der unumschränkte Herr über Leben und Tod ist. Christus hatte aber dieses Recht und diese Gewalt, sein Leben zu opfern, wie er selbst gesagt: „Ich habe Macht, es hinzugeben, und ich habe Macht, es wieder zu nehmen." [1] Überdieß hatte der Herr von seinem himmlischen Vater den Auftrag dazu, wie er beigefügt: „Diesen Auftrag habe ich von meinem Vater empfangen." [2] Er konnte also sich selbst opfern, und Opferpriester bei diesem Opfer sein, wie wir gehört haben, daß ihn der himmlische Vater selbst eben dazu als solchen bestellt hat,

---

[1] Joann. c. X. v. 18.   [2] Ibid.

ohne nach irgend einer Seite hin ein Unrecht zu thun; ja er hat eben dadurch dem Vater die höchste Liebe und Ehre erwiesen, wie er ebenfalls gesagt: „Darum liebt mich der Vater, weil ich mein Leben hingebe, um es wieder zu nehmen;"[1]) und er hat damit der Menschheit das Heil, und sich selbst die höchste Verherrlichung erworben. Wenn er sich aber nicht durch eigene Handanlegung, sondern durch die verbrecherischen Hände der Juden geopfert hat; so war dieß, wie wir gesehen haben, in keiner Beziehung eine Theilnahme an ihrem Verbrechen, sondern eine Benützung ihrer physischen Handlung zur Erreichung seines erhabenen Zweckes, ohne daß dadurch die moralische Schlechtigkeit in der Handlung der Juden eine Veränderung erfuhr.

Bei den Opfern des alten Bundes wurde niemals Menschenblut vergossen; ja, Menschenblut zu vergießen, war im Gesetze für die Juden als eine Verunreinigung erklärt, und als ein Verbrechen ausdrücklich verboten. Wie können sie also Vorbilder des Kreuzopfers sein, da sie der Wahrheit nicht entsprechen? Überdieß wird Christus in der Schrift nicht ein Priester nach der Ordnung Aarons, sondern nach der Ordnung Melchisedech's genannt, der nicht sich selbst, oder andere Menschen, oder auch nur Thiere, sondern Brod und Wein geopfert hat. Wie kann man also das Kreuzopfer als ein wahres Opfer anerkennen? Darauf antwortet der heilige Thomas: „Die Wahrheit muß dem Vorbilde wohl in Etwas, aber nicht in Allem entsprechen, weil die Wahrheit über das Vorbild hinausgehen muß; und deßhalb war das Vorbild dieses Opfers, durch welches das Fleisch Christi für uns dargebracht wird, ganz angemessen nicht Fleisch von Menschen, sondern das Fleisch von Thieren, die das Fleisch Christi bedeuteten, welches das vollkommenste Opfer ist: erstens, weil es, da es Fleisch der menschlichen Natur ist, eben darum auch passend für die Menschen geopfert wird; zweitens, weil es, da es des Leidens und Sterbens fähig ist, darum auch geopfert werden konnte; drittens, weil es, da es ohne Sünde war, auch wirksam zur Reinigung von der Sünde diente; viertens, weil es, da es das Fleisch des Opfernden

---

[1]) Joann. c. X. v. 17.

selbst war, Gott wegen der Liebe dessen, der sein Fleisch opferte, auch zum Wohlgefallen gereichte."[1] Der englische Lehrer führt dann die Worte des heiligen Augustinus an, welche lauten: "Was konnte so angemessen von den Menschen genommen werden, um es für die Menschen zu opfern, als das menschliche Fleisch? Und was war so geeignet für dieses Opfer, wie dieses sterbliche Fleisch? Was war auch so rein, um die Sünden der Sterblichen zu reinigen, wie dieses Fleisch, das ohne Befleckung von fleischlicher Begierlichkeit in dem Schooße und aus dem Schooße der Jungfrau geboren worden ist? Und was konnte so wohlgefällig geopfert, und aufgenommen werden, wie das Fleisch unsers Opfers, welches der Leib unsers Hohenpriesters ist?"[2] Es war endlich das ganze Priesterthum des alten Bundes ein Vorbild des Priesterthums des neuen Bundes, und Christus ist der Hohepriester nach der Ordnung Aarons für die blutigen Opfer durch sein blutiges Kreuzopfer, und der Hohepriester nach der Ordnung Melchisedech's durch sein unblutiges Opfer unter den Gestalten des Brodes und Weines, das er bei dem letzten Abendmahle dargebracht, und eingesetzt hat, und bis an das Ende der Welt fortsetzt, nach der Weissagung: "Vom Aufgange der Sonne bis zum Untergange wird mein Name groß werden unter den Völkern, und an allen Orten wird meinem Namen geopfert, und ein reines Opfer dargebracht werden."[3] Christus hat also alles Priesterthum in seinem Priesterthume, und alle Opfer in seinem Opfer vereiniget, erfüllt, und vollendet. Welche Geheimnisse liegen in diesem ganzen wunderbaren Opferwesen!

Aber sagt nicht der heilige Augustinus: "Das sichtbare Opfer ist das Sakrament, das heißt, das heilige Zeichen des unsichtbaren Opfers";[4] und was bezeichnet das Leiden und Sterben Christi? Ist es nicht vielmehr selbst von den Opfern des alten Bundes bezeichnet, und vorbedeutet worden? Wie kann es also ein wahres Opfer sein? Der heilige Lehrer spricht da von den vorbildlichen Opfern des alten Bundes, nicht von dem Opfer Christi, welches

---

[1] Loc. cit. ad 1.   [2] De Trinit. Libr. IV. c. 14.
[3] Malach. c. I. v. 11.   [4] De civ. Dei Libr. X. c. 5.

durch dieselben vorgebildet worden ist. Die Vorbildlichkeit jener Opfer selbst beweist im Gegentheile, daß nicht sie das eigentlichste und wahrste Opfer waren, sondern daß dieses Opfer dasjenige war, welches sie vorbildeten; wie nicht der Schatten der Sache, sondern die Sache selbst die volle Wahrheit ist. Übrigens bleibt es in Bezug auf jedes Opfer, und ganz vorzüglich auch in Bezug auf das Opfer Christi wahr, daß es durch das, was an demselben äußerlich geschieht, etwas Innerliches und Geistiges andeute, nämlich das Opfer der Seele, welches den Kern des äußern Opfers bildet, und demselben den eigentlichen Werth verleiht, die Bedeutung, die es vor Gott hat, und die Wirkungen, die es für die Menschen hervorbringt; und in diesem Sinne ist nicht nur das Kreuzopfer, sondern der ganze Christus selbst das größte Sakrament, das wunderbarste Geheimniß voll geistiger, übernatürlicher, göttlicher Dinge.[1] Der heilige Apostelfürst Petrus aber findet im Leiden des Herrn noch die besondere Bedeutung, welche er mit den Worten uns an's Herz legt: „Da Christus im Fleische gelitten hat, so waffnet auch ihr euch mit demselben Sinne; denn wer im Fleische leidet, der hört auf, zu sündigen; so daß er nicht mehr nach den Lüsten der Menschen, sondern nach dem Willen Gottes lebt die übrige Zeit im Fleische."[2] Hat Christus geopfert, so müssen auch wir opfern, und ihm nachfolgen bis zum Tode am Kreuze. Besonders aber gilt dieß von der Theilnahme an seinem unblutigen Opfer in der heiligen Messe, in welcher wir uns mit ihm und mit seinem Opfer vereinigen sollen, damit wir der Früchte dieses Opfers theilhaftig werden. Der heilige Thomas sagt: „In jeder Messe ist die ganze Frucht und der ganze Nutzen, den Christus am Charfreitage am Kreuze durch seinen Tod bewirkt hat, zu finden;"[3] und der heilige Papst Gregorius schreibt: „Dieses Opfer rettet die Seele auf eine besondere Weise von dem ewigen Untergange; denn es erneuert uns mystischer Weise jenen Tod des Eingebornen, der, wiewohl er, von den Todten auferstanden, nicht mehr stirbt, und der Tod über ihn keine Gewalt mehr hat, doch für uns, wenn er auch für sich unsterblich und

---

[1] I. Tim. c. III. v. 16. [2] I. Petr. c. IV. v. 1. 2. [3] Discipl. Serm. 48.

unverweslich lebt, in diesem Geheimnisse der heiligen Opferung sich darbringt. Denn es wird da sein Leib zum Heile des Volkes vertheilt, und sein Blut, zwar nicht mehr in die Hände der Ungläubigen, wohl aber in den Mund der Gläubigen gegossen. Da müssen wir daher erwägen, was für ein Opfer dieses für uns sei, das zu unserer Erlösung das Leiden des eingebornen Sohnes Gottes immerfort darstellt." [1]

Hat Christus sich selbst und all das Seinige für uns geopfert, so müssen auch wir uns und all das Unsrige für ihn opfern. Uns selbst opfern wir für ihn hauptsächlich dadurch, daß wir für ihn und wie er gehorsam seien bis zum Tode, ja, wenn es nothwendig wäre, bis zum Tode am Kreuze; denn durch den Gehorsam wird der Verstand, wird der Wille, und wird damit der ganze Mensch dem Willen Gottes unterworfen, und geopfert. Der Gehorsam ist also das Opfer seiner selbst, und darum besser, als jedes andere Opfer, wie geschrieben steht: „Der Gehorsam ist besser, als Schlachtopfer." [2] Der heilige Augustinus gibt die Ursache dessen an, indem er sagt: „Was ist die Ursache dessen, als weil in den Schlachtopfern fremdes Fleisch, in dem Gehorsame aber der eigene Wille und das Fleisch geschlachtet werden." [3]

Das Seinige kann der Mensch auf verschiedene Weise opfern. Man opfert Gott seine Seele, wenn man sie der Unschuld, der Tugend, der Gerechtigkeit und Frömmigkeit hingibt, und ganz für deren Pflege verwendet; denn der heilige Basilius, der Große, sagt: „Gott will fortwährend das Opfer, nach meiner Meinung, nicht weil er dessen bedarf, sondern er läßt sich vielmehr ein großartiges und kostbares Opfer gefallen, nämlich einen Geist, der sich dem Streben nach der Frömmigkeit und Gerechtigkeit hingibt." [4]

Man opfert Gott sein Herz, wenn man es mit der Liebe Gottes entzündet, und, in Demuth und Reue zerknirscht, Gott wie ein Brandopfer darbringt; wie der Psalmist sagt: „Ein Opfer vor Gott ist ein betrübter Geist; ein zerknirschtes und gedemü-

---

[1] Dialog. Libr. IV. c. 58. [2] I. Reg. c. XV. v. 22; Ose. c. VI. v. 6., Matth. c. IX. v. 13., c. XII. v. 7. [3] Serm. 7. ad fratres in eremo.
[4] Epist. 87. ad Simplicium haereticum.

thigtes Herz wirst du, o Gott! nicht verachten." ¹) So sagt auch der heilige Papst Gregorius: „Dieses Opfer allein nimmt Gott an, welches vor seinem Auge auf dem Altare guter Werke die Flamme der Liebe entzündet;" ²) und: „Ein Gott angenehmes Opfer ist der Schmerz über die Sünde." ³) Der heilige Chrysostomus schreibt ebenfalls: „Das größte Opfer ist die Demuth; dieses Opfer der Demuth ist viel besser, als das Opfer der Juden." ⁴)

Man opfert Gott seinen Leib durch Arbeiten, Leiden und Bußwerke, die man aus Liebe zu Gott auf sich nimmt, wie der heilige Augustinus sagt: „Auch unser Leib ist ein Opfer, wenn wir ihn um Gottes willen durch Abtödtung züchtigen;" ⁵) und: „Ein wahres Opfer ist jedes Werk, das gethan wird, um in heiliger Gemeinschaft Gott anzuhangen." ⁶)

Man opfert Gott seine Zunge, wenn man mit derselben den Glauben an ihn ausspricht, für sich und für Andere betet, Gott für alle Wohlthaten dankt, vor ihm die Missethaten bekennt, und sein Lob verkündet, wie geschrieben steht: „Opfere Gott ein Opfer des Lobes;" ⁷) und wie Gott selbst sagt: „Ein Lobopfer wird mich ehren." ⁸) Daher spricht auch der heilige Augustinus zu Gott: „Nimm auf das Opfer meiner Bekenntnisse aus der Hand meiner Zunge;" ⁹) und: „Es gibt kein heiligeres Opfer, als in der Danksagung." ¹⁰)

Man opfert seine Augen, wenn man mit den Thränen derselben die Sünden und die Beleidigungen Gottes beweint, wie derselbe heilige Augustinus so schön sagt: „Opfere die Thränen gleichsam als das Blut eines verwundeten Herzens." ¹¹)

Man opfert Gott sein Hab und Gut durch die Werke der Barmherzigkeit, die man an dem Nächsten übt. Denn derselbe heilige Lehrer sagt: „Das Opfer des Christen ist das Almosen, welches er den Armen gibt;" ¹²) und der heilige Papst Gregorius schreibt:

---

¹) Psalm. L. v. 19.   ²) Homil. 35. super Evang.   ³) Homil. 10. ibid.
⁴) Homil. 2. super Psalm. L. v. 19.   ⁵) De civ. Dei Libr. X. c. 6.
⁶) Ibid.   ⁷) Psalm. XLIX. v. 14.   ⁸) Ibid. v. 23.
⁹) Confess. Libr. V. c. 1.   ¹⁰) Contr. adversar. legis c.18.   ¹¹) Epist. 199.
¹²) Homil. LIII. homil. 6.

„Die von den Gütern, welche sie besitzen, den Dürftigen Hilfe spenden, und die Unterdrückten zu vertheidigen sich bemühen, bringen ein Opfer dar."[1]) Von diesem Almosen, welches die Gläubigen bei dem Gottesdienste in der Kirche zu opfern pflegten, sagt der heilige Chrysostomus: „Opfern wir, Geliebteste! opfern wir in den Heiligthümern; das ist ein größeres Opfer, als Gebet und Fasten und andere dergleichen Übungen, wenn es nur durch Arbeit oder Gewinn rechtmäßig erworben, und von allem Geize und Raube, und von aller Gewaltthätigkeit frei ist. Diese Opfer sind Gott angenehm."[2])

Es kann der Mensch sich selbst und all das Seinige Gott auch zu einem vollständigen Brandopfer dadurch darbringen, daß er sich und das Seinige ganz und für immer Gott und seinem heiligen Dienste weiht, wie es die Ordensleute thun, nach den Worten des heiligen Papstes Gregorius: „Diejenigen, welche nichts für sich zurückbehalten, sondern ihr Denken, Reden, Leben, Vermögen, das sie empfangen haben, dem allmächtigen Herrn opfern, bringen ein Brandopfer dar."[3])

Im blutigen Opfer endlich gleichen dem Herrn die heiligen Märtyrer, und das Opfer des Marterthums ist das vollkommenste und vollständigste, das der Mensch Gott darbringen kann, wie der heilige Anselmus schreibt: „Auf keine Weise kann der Mensch sich vollständiger Gott hingeben, als wenn er sich zu seiner Ehre in den Tod hingibt."[4])

Was immer für Opfer wir aber dem Herrn darbringen mögen, sie werden doch niemals mit seinem Opfer in Vergleich kommen können; und wie sehr wir ihn auch lieben mögen, seine Liebe werden wir ihm niemals würdig vergelten können. Wir wollen aber wenigstens nicht undankbar sein, und jene Opfer bringen, welche sein Dienst und unser Beruf von uns fordern; besonders da wir seinem Leiden und Sterben unsere Erlösung aus der Knechtschaft der Sünde, des Teufels und des Todes verdanken, was wir sofort erwägen wollen.

---

[1]) Super Ezech. homil. 20.   [2]) Homil. 12. in Joann.
[3]) Super Psalm. poenit. IV. homil. 20.   [4]) Libr. II. Cur Deus, c. 11.

4.
Das Leiden Christi unsere Erlösung.¹)

Durch die Sünde ist der Mensch in eine zweifache Knechtschaft gerathen, aus welcher er weder selbst sich befreien, noch durch irgend ein Geschöpf befreit werden konnte, nämlich in die Knechtschaft der Sünde und in die Knechtschaft der Strafe; in die Knechtschaft der Sünde, wie der Herr selbst sagt: "Jeder, welcher Sünde thut, ist ein Knecht der Sünde."²) Der heilige Petrus gibt die Ursache dessen an, indem er von den Verführern zur Sünde schreibt: "Sie verheißen ihnen Freiheit, da sie doch selbst Knechte des Verderbens sind; denn von wem Jemand überwunden wird, dessen Knecht ist er."³) Der heilige Augustinus schreibt daher: "Der Gute ist frei, wenn er auch dient; der Böse aber ist Knecht, wenn er auch herrscht, und zwar der Knecht nicht eines Menschen, sondern, was noch schlimmer ist, so vieler Herren, als Laster."⁴) Eben so sagt der heilige Ambrosius: "Welche elende Knechtschaft ist es, der Sünde zu dienen! Immer in Schlingen, in Banden, niemals frei von Fesseln ist, wer immer den Lastern dient."⁵)

Als Knecht der Sünde ist der Mensch auch Knecht des Urhebers der Sünde, des Teufels geworden; weil er sich ursprünglich in seinem Stammvater, und vielleicht auch persönlich von demselben zur Sünde verleiten, und so auch von ihm überwinden ließ. Denn der heilige Paulus lehrt, daß die Sünder in die Schlingen des Teufels fallen, und von ihm festgehalten werden.⁶) Daher schreibt auch der heilige Chrysostomus: "Jeder, welcher dem Willen des Teufels folgt, ist ein Knecht des Teufels, wenn er auch ein Freier wäre."⁷)

Der Mensch ist ferner durch die Sünde in die Knechtschaft der Strafe gerathen, welche er vor der göttlichen Gerechtigkeit

---
¹) P. III. q. 48. a. 4. ²) Joann. c. VIII. v. 34. ³) II. Petr. c. II. v. 19.
⁴) De civ. Dei Libr. IV. c. 3. ⁵) De Nabuthe c. 6.
⁶) I. Tim. c. III. v. 7., c. VI. v. 9., II. Tim. c. II. v. 26.
⁷) Homil. 41. in Matth. Op. imp.

verdient hat; denn auch dieß ist eine Knechtschaft, da der Strafbare leiden muß, was er nicht will, und somit in dieser Beziehung nicht mehr über sich verfügen kann, wie Einer, der frei ist, sondern gebunden, und unterworfen bleibt. So sagt Papst Innocenz III. von diesem Verhältnisse: „Der Knecht ist gezwungen, zu leiden, und Niemand darf Mitleid haben; er ist genöthiget, Schmerzen zu tragen, und Niemand darf sie mit ihm tragen: und er ist so wenig sein eigener Herr, daß auch Niemand für ihn ist." [1]

Von der Erlösung aus dieser Knechtschaft hat nun Christus, der Herr, gesagt: „Wenn euch der Sohn frei macht, werdet ihr wahrhaft frei sein;" [2] da diese Befreiung nur er allein bewerkstelligen konnte, weil nur er allein im Stande war, das Lösegeld, den Erlösungspreis zu zahlen. Christus hat aber dieses Lösegeld, diesen Erlösungspreis durch sein Leiden und durch seinen Tod bezahlt.

Der heilige Augustinus sagt: „Wo von einer Erlösung die Rede ist, da wird auch der Preis darunter verstanden." [3] Denn erlösen heißt eigentlich auslösen, einlösen, loskaufen, zurückkaufen, und dasjenige, was man zu diesem Zwecke hingibt, ist der Erlösungspreis, das Lösegeld. Da nun Christus, wie wir gesehen haben, nicht mit seiner Gewalt, sondern mit seiner Gerechtigkeit, das heißt, damit, daß er der göttlichen Gerechtigkeit Genugthuung leistete, und unsere Schuld bezahlte, uns befreien wollte; so war eben diese Genugthuung, diese Schuldzahlung der Erlösungspreis, das Lösegeld. Denn der heilige Thomas sagt: „Die Genugthuung, welche Jemand für sich oder für einen Andern leistet, wird der Preis genannt, mit welchem er sich oder einen Andern von der Sünde und von der Strafe loskauft, nach dem Worte Daniel's: Kaufe dich von deinen Sünden los durch Almosen. [4] Christus hat aber genuggethan nicht dadurch, daß er Geld, oder etwas dergleichen gegeben, sondern dadurch, daß er das, was das Größte ist, sich selbst für uns hingegeben. Und deßhalb wird gesagt,

---

[1] De contempt. mund. Libr. I. c. 15. [2] Joann. c. VIII. v. 36.
[3] Contr. Julianum Libr. III. c. 3. [4] Dan. c. IV. v. 24.

daß das Leiden Christi unsere Erlösung sei." ¹) So spricht auch Papst Innocenz III. im gleichen Sinne: „Erlösung wird eigentlich die Befreiung genannt, welche durch einen dargereichten Preis bewerkstelliget wird. Denn der Mensch konnte sich selbst in die Sklaverei des Teufels verkaufen; aber aus der Sklaverei des Teufels sich zurückkaufen konnte er nicht; deßhalb war zu seiner Erlösung (Zurückkaufung, Loskaufung) die reiche Erbarmung des Herrn nothwendig." ²)

Weil nun der Herr diesen Erlösungspreis für uns gezahlt hat, darum wird er auch in der Schrift „der Erlöser" genannt. Schon Job hat gesagt: „Ich weiß, daß mein Erlöser lebt." ³) Ebenso spricht der Psalmist, wenn er um die Befreiung von der Sünde fleht, zu Gott: „Herr, du bist mein Helfer und Erlöser." ⁴) Der Prophet Isaias ruft zu Gott: „Du, Herr! bist unser Vater, unser Erlöser ist dein Name von Alters her." ⁵) Auch sein Leiden und Sterben wird in der Schrift „Erlösung" genannt. So schreibt der heilige Paulus an die Ephesier von Christus: „In welchem wir die Erlösung haben durch sein Blut;" ⁶) und an die Colosser: „Euch, die ihr todt waret in den Sünden, — hat er mitbelebt mit ihm, indem er euch alle Sünden vergeben, da er die Handschrift des Urtheils, die uns entgegen war, auslöschte, und an's Kreuz heftete; und er entwaffnete die Oberherrschaften und die Gewalten, führte sie muthvoll einher, und triumphirte über sie öffentlich durch sich selbst." ⁷) In diesen Worten ist auch die Erlösung aus der Knechtschaft der höllischen Mächte ausgedrückt. Er schreibt an Timotheus: „Ein Gott ist und Ein Mittler zwischen Gott und den Menschen, der Mensch Christus Jesus, der sich selbst zum Lösegelde für Alle hingegeben hat;" ⁸) und an die Hebräer: „Christus ist nicht durch das Blut von Böcken und Stieren, sondern mit seinem eigenen Blute ein für allemal in das Heiligthum eingegangen, und hat eine ewige Erlösung erfunden." ⁹) Auf gleiche Weise schreibt der Apostelfürst Petrus: „Ihr

---

¹) Loc. cit. o. ²) Super Psalm. CXXIX. v. 7. ³) Job. c. XIX. v. 25.
⁴) Psalm. XVIII. v. 15. ⁵) Isai. c. LXIII. v. 16. ⁶) Ephes. c. I. v. 7.
⁷) Coloss. c. II. v. 13. 14. 15. ⁸) II. Tim. c. II. v. 5. 6.
⁹) Hebr. c. IX. v. 11. 12. et seqq.

wisset, daß ihr nicht mit vergänglichem Golde oder Silber erlöst seiet, — sondern mit dem kostbaren Blute Christi, als eines unbefleckten und tadellosen Lammes."¹) Endlich hat Christus, der Herr, selbst erklärt: „Der Menschensohn ist nicht gekommen, sich bedienen zu lassen, sondern zu dienen, und sein Leben zur Erlösung für Viele hinzugeben."²)

Es gibt daher auch unter den heiligen Vätern und Lehrern der Kirche keinen, der diese Wahrheit nicht mit Jubel begrüßt, und mit allem Nachdrucke verkündet. Der heilige Ambrosius schreibt: „Mit dem Preise des Blutes Christi ist die Kirche erlöst worden."³) Der heilige Anselmus sagt: „Nicht gekauft hat uns Christus, weil wir der Natur nach immer sein waren, sondern zurückgekauft, weil wir von der Sünde gefangen gehalten wurden."⁴) Der heilige Augustinus spricht voll Dankbarkeit von Christus: „Ich war verloren gegangen, weil ich in meinen Sünden verkauft worden bin; er ist mir nachgekommen, um mich zurückzukaufen, und hat mich so geliebt, daß er den Preis seines Blutes für mich zahlte; und auf solche Weise hat er mich aus der Verbannung zurückgeführt, und aus der Knechtschaft erlöst."⁵) Von Gegenliebe flammend ruft der heilige Bernardus aus: „Das ist es, was mich mehr bewegt, mehr drängt, mehr entzündet, was dich mir über Alles liebenswürdig macht, o guter Jesus! der Kelch, den du getrunken hast, das Werk unserer Erlösung. Das ist es, was unsere Andacht lieblicher macht, und gerechter fordert, und enger anzieht, und heftiger entflammt."⁶) — „O guter Jesus! was ist dir denn? Wir mußten sterben, und du zahlst! Wir haben gesündigt, und du büßest! Ein Werk ohne Beispiel, eine Gnade ohne Verdienst, eine Liebe ohne Maß!"⁷) — Wenn ich mich ganz dir schulde, weil du mich gemacht hast; was kann ich noch hinzugeben dafür, daß du mich wiederhergestellt, und auf solche Weise wiederhergestellt hast? Denn ich bin nicht so leicht

---

¹) I. Petr. c. I. v. 18. 19.   ²) Matth. c. XX. v. 28. Daß das Wort „für Viele" so viel bedeutet, als „für Alle", hat der heilige Apostel Johannes erklärt. I. Epist. c. II. v. 2.   ³) De Abraham. Libr. II. c. 11.
⁴) Super Epist. ad Rom. c. III. v. 24.   ⁵) De spirit. et anim. c. 17.
⁶) Serm. 20. super Cant.   ⁷) Serm. in quodlibet.

wiederhergestellt, wie gemacht worden; denn der mich einmal und bloß mit einem Worte gemacht, hat zu meiner Wiederherstellung wahrlich Vieles gesprochen, Wunderbares vollführt, Hartes ertragen, und zwar nicht bloß Hartes, sondern auch Unwürdiges. Im ersten Werke hat er mir mich gegeben, im zweiten sich; und indem er sich gegeben, hat er mich mir zurückgegeben. Gegeben, und wieder gegeben, schulde ich mich daher für mich, und schulde ich mich doppelt; was soll ich aber Gott für ihn geben! Wenn ich mich auch vertausendfältigen könnte, was bin ich im Vergleiche zu Gott?"[1])

Endlich sagt uns der Name, der Christo vom Himmel gegeben worden, und den er trägt, der anbetungswürdige Name „Jesus" das, was er ist, nämlich „Erlöser". Denn wenn Gott einem Menschen den Namen gibt, so bedeutet dieser Name das, was dieser Mensch ist, und sein soll, wie wir dieß an Adam,[2]) an Abraham,[3]) an Petrus[4]) sehen. So hat Gott auch seinem menschgewordenen Sohne den Namen „Jesus" gegeben, und durch den Mund seines Engels dessen Bedeutung dem heiligen Joseph angekündiget: „Dem sollst du den Namen Jesus geben; denn er wird sein Volk von dessen Sünden erlösen;"[5]) und seither nennt die ganze gläubige Welt Christum den „Erlöser", eben weil er durch sein Leiden und Sterben unser Heil nach der Art und Weise der Erlösung bewirkt hat.

Aber könnte man nicht sagen: „Niemand kauft zurück, löst aus, erlöst, was niemals aufgehört hat, sein eigen zu sein; der Mensch aber hat niemals aufgehört, Gottes zu sein; somit konnte er auch von Christus nicht im eigentlichen Sinne erlöst werden? Der Mensch hört zwar niemals auf, seiner Natur nach Gottes zu sein, denn er ist, und bleibt ewig Gottes Geschöpf; aber in Bezug auf seine Vereinigung mit Gott in der Liebe und in der Gnade hört er auf, Gottes zu sein, sobald er eine Todsünde begeht, welche diese Verbindung mit Gott zerstört, wie der heilige Apostel Paulus sagt: „Wenn Jemand den Geist Christi nicht hat, so ist er nicht

---

[1]) De diligend. Deo.   [2]) Gen. c. V. v. 2.   [3]) II. Esdr. c. IX. v. 7.
[4]) Matth. c. XVI. v. 18.   [5]) Matth. c. I. v. 21.

Batiß, Leiden Jesu.

sein."[1] Wie also der Mensch durch die Sünde aufhört, Gottes zu sein; so wird er durch die Befreiung von der Sünde wieder Gottes, und somit erlöst.

Das Lösegeld muß aber doch dem gezahlt werden, in dessen Knechtschaft Jemand schmachtet; müßte man daher nicht sagen, daß, wenn das Werk Christi eine wahre und eigentliche Erlösung wäre, Christus diesen Erlösungspreis der Sünde und den Mächten der Finsterniß, in deren Knechtschaft der Mensch sich befand, habe zahlen müssen? Das war aber unmöglich; wie kann daher sein Werk eine Erlösung genannt werden? Durch die Sünde hat sich der Mensch dem Dienste Gottes entzogen, ist in den Dienst der Sünde übergetreten, und deren Knecht geworden, wie der heilige Paulus sagt: „Als ihr Knechte der Sünde waret, seid ihr frei von der Gerechtigkeit gewesen. Welche Frucht hattet ihr aber damals von den Dingen, derer ihr euch nun schämet? Denn das Ende davon ist der Tod. Nun aber seid ihr, befreit von der Sünde, Knechte Gottes geworden, und habet zu eurer Frucht die Heiligung, und als Ende das ewige Leben."[2] Als Sünder blieb der Mensch Gott als dem von ihm Beleidigten zur Genugthuung, und als seinem Richter und Vergelter zur Strafe verpflichtet, und ein Knecht der Strafe, dem Teufel aber nur in so fern unterworfen, als Gott ihn demselben zur gerechten Strafe übergeben hat. Der Teufel hatte also auf den Menschen kein anderes Recht, als der Kerkermeister auf seinen Gefangenen, als der Henkersknecht auf sein Opfer; dem Kerkermeister oder dem Henkersknechte gebührt eben kein Lösegeld, und es wird ihnen auch keines gezahlt. Auch kein Betrüger und kein Räuber hat ein Recht auf ein Lösegeld, und Cardinal Tolet sagt: „Der Teufel besaß (von sich aus) den Menschen unrechtmäßiger Weise, weil er ihn in einem unrechtmäßigen Kriege besiegt hatte; aber Gott hat den Menschen wegen dessen Schuld rechtmäßiger Weise dem Teufel übergeben. Daher war bei dessen Befreiung der Erlösungspreis nicht dem Teufel, sondern Gott zu zahlen. Gleicher Weise war der Mensch in Bezug auf die Strafe Gott als Richter

---

[1] Rom. c. VIII. v. 9.   [2] Ibid. c. VI. v. 20.—23.

verpflichtet; Gott aber hat ihn dem Teufel als Rächer übergeben. Es war also auch dafür der Befreiungspreis Gott zu geben. Deßhalb hat Christus sein Leiden dem Vater dargebracht."[1]) In Bezug auf die Knechtschaft der Sünde endlich war mit der Zahlung der Sündenschuld, auch die Knechtschaft der Sünde aufgehoben. Die Sündenschuld aber war nicht der Sünde, sondern dem durch die Sünde beleidigten Gott zu zahlen. Folglich hat Christus dadurch, daß er sein Leiden und seinen Tod dem Vater dargebracht, den Menschen aus jeder Knechtschaft erlöst; und so ist sein Leiden und Sterben eine wahre Erlösung.

Aus dieser großen und tröstlichen Wahrheit ergeben sich für uns wieder viele wichtige Folgerungen für unser Leben, die wir wieder den Worten der heiligen Väter und Lehrer entnehmen wollen.

Aus dem Lösegelde, welches Christus für uns gezahlt hat, können wir zuerst schließen, was eine Menschenseele werth, und welch ein Übel die Sünde sei; daher sagt der heilige Bernardus: „Eine große Sache ist die Seele, die mit dem Blute Christi erlöst worden; und schwer ist der Fall der Seele, die nicht anders, als mit dem Kreuze Christi wieder aufgerichtet werden konnte."[2])

Wir lernen daraus, was wir Christo, dem Herrn, für sein Erlösungswerk schulden, wie der heilige Ambrosius zu ihm spricht: „Ich bin, o Herr Jesus! deinen Unbilden, durch welche ich erlöst worden, mehr schuldig, als deinen Werken, durch welche ich erschaffen worden; denn ich würde von der Geburt keinen Nutzen haben, wenn ich nicht den Nutzen der Erlösung hätte."[3])

Wir müssen daraus die große und schwere Verpflichtung erkennen, uns dieser so nothwendigen und so kostbaren Erlösung theilhaftig zu machen, und derselben würdig zu leben, wie der heilige Augustinus sagt: „Es beeile sich Jeder, so lange er lebt, das Leben zu gewinnen; er laufe, um in diesem kostbaren Blute die Erlösung zu finden; damit er nicht, wenn er unter der Zahl der Erlösten nicht gefunden wird, unter der Zahl der Verworfenen

---

[1]) In h. l. [2]) Epist. 54. ad Haymericum rom. Sedis Cancellarium
[3]) Libr. II. super Luc. c. II. v. 6.

bleibe."¹) — „Es erkenne der Mensch, wie viel Gott von ihm erwarte, und welchen kostbaren Wandel er von ihm fordere, nachdem er ihn einer solchen Liebe gewürdiget hat. Es erkenne der Mensch, wie viel er werth sei; und, indem er an seinen Preis denkt, höre er auf, sich selbst verächtlich zu sein. Bewahren wir daher sorgfältig, was Christus mit seinem kostbaren Blute erworben hat. Keines geringen Preises, sondern des Blutes Christi macht sich derjenige schuldig, welcher seine Seele verletzt, und bemakelt, die durch das Blut und Leiden Christi gereiniget worden ist. Des ewigen Todes ist derjenige schuldig, welcher das Blut des Erlösers an sich der Verachtung preisgibt."²)

Es wäre endlich der schwärzeste und strafbarste Undank, wenn wir uns wieder der Sünde, dem Satan und der Strafe zur Knechtung überlieferten, nachdem uns der Sohn Gottes mit einem solchen Aufwande daraus befreit hat; daher sagt der heilige Vincentius Ferrerius: „Unterwirf dich nicht mehr der Knechtschaft des Teufels, da dein Preis das Blut Christi ist, der dich aus Barmherzigkeit erlöst hat. Denn da der Preis unserer Erlösung so groß, und von so hohem Werthe ist; so müssen wir uns hüten, uns um einen so geringen Preis wieder dem Teufel zu verkaufen."³)

Aus der Größe des Erlösungspreises, den Christus für uns gezahlt hat, können wir endlich auch auf die Verantwortlichkeit schließen, welche derjenige vor seinem Richterstuhle zu bestehen haben wird, der denselben an sich, oder auch an Andern fruchtlos macht, was durch die Sünde, die man selbst begeht, oder zu welcher man auch Andere verleitet, geschieht. Daher ruft der heilige Irenäus Jedem zu: „Sei eingedenk, Geliebtester! daß du mit dem Fleische und Blute Christi erlöst worden bist;"⁴) und in Bezug auf den Nebenmenschen warnt der heilige Augustinus: „Einer ist euer Preis, Beide seid ihr durch das Blut Christi erlöst."⁵) Möge dieser so kostbare Preis an keiner Seele verloren gehen!

Aber verdanken wir denn diese Erlösung dem Sohne Gottes allein, und ist sie nicht auch das Werk des Vaters und des hei-

---

¹) De Symbol. Libr. II. c. 8. ²) Serm. 1. Fer. III. post. Dom. Palm.
⁵) Serm. de Circumcis. ⁴) Libr. IV. adv. hæreses c. Traductis.
³) Tract. 5. super Epist. Joann.

ligen Geistes, oder muß sie Christo, dem Herrn, auf eine eigenthümliche, besondere Weise zugeschrieben werden? Aus der Beantwortung dieser Frage werden wir noch besser erkennen, was wir Christo, dem Herrn, schulden.

5.
Christus der Erlöser.[1]

Wie alle andern Werke nach außen, muß auch die Erlösung der ganzen heiligen Dreifaltigkeit, dem Vater, dem Sohne und dem heiligen Geiste als der ersten und obersten Ursache zugeschrieben werden; denn der dreieinige Gott ist der erste Urheber der menschlichen Natur des Erlösers, und ihr Eigenthum ist das Leben Christi selbst. Auch hat der dreieinige Gott Christo als Menschen es eingegeben, für uns zu leiden, und ihn dazu mit aller Gnadenfülle ausgerüstet. Es fragt sich hier aber nicht um die erste und oberste, um die entfernte, sondern um die nächste und unmittelbare Ursache unserer Erlösung; denn eine Wirkung gehört jener Ursache auf eine eigenthümliche Weise an, aus welcher sie zunächst und unmittelbar hervorgeht. Ist daher Christus die nächste und unmittelbare Ursache der Erlösung, so kommt es ihm eigenthümlich zu, Erlöser zu sein.

Nun aber ist Christus die nächste und unmittelbare Ursache unserer Erlösung. Denn jener ist die unmittelbare Ursache, der unmittelbare Urheber der Erlösung, der Loskaufung, der Zurückkaufung, welcher den Erlösungspreis, das Lösegeld als Eigenthum besitzt, und dasselbe wirklich hingibt. Wer das Lösegeld nicht aus Eigenem, sondern aus Fremdem nähme, von dem könnte man nicht sagen, daß er der eigentliche Erlöser sei, sondern als solcher wäre derjenige anzusehen, von welchem das Lösegeld genommen worden ist. Daß aber nebst dem Eigenthume des Lösegeldes die wirkliche Hingabe desselben, die Handlung der Erlösung erfordert werde, versteht sich von selbst; da ohne diese Handlung, ohne diese Hingabe des Lösegeldes die Erlösung in Wirk-

---
[1] P. III. q. 48. a. 5.

lichkeit nicht stattfinden könnte. Der eigentliche und unmittelbare Erlöser muß also das Lösegeld aus Eigenem nehmen, und es auch wirklich hingeben; dann ist er die wahre und wirkliche, die nächste unmittelbare und ausschließliche Ursache der Erlösung, und kommt es ihm eigenthümlich zu, Erlöser zu sein. So ist nun Christus, der Herr, unser Erlöser.|

Denn Christus hat das Lösegeld nicht aus fremdem Gute, sondern aus seinem Eigenthume genommen, und er hat es auch wirklich gezahlt. Denn das Lösegeld ist sein Blut und Leben, und dieses hat er hingegeben; sein Blut und Leben aber war sein Eigenthum, und dieses Eigenthum hat er, er selbst, zunächst und unmittelbar, nur er allein hingegeben, und zu diesem Zwecke hingegeben, um uns zu erlösen; somit ist er, und er allein die nächste und unmittelbare Ursache unserer Erlösung; und kommt es ihm eigenthümlich zu, unser Erlöser zu sein. Erlöser zu sein, kommt ihm aber auf solche Weise eigenthümlich zu, in wie fern er dieser Mensch ist, welcher die wahre und ganze menschliche Natur besitzt, aber eine göttliche Person ist. Denn das Lösegeld war das Leiden und Sterben seiner menschlichen Natur, und dieses Lösegeld hat seine göttliche Person bezahlt, in wie fern sie die Person dieser menschlichen Natur war, und alle Handlungen dieser menschlichen Natur ihr als solcher zukommen. Cardinal Tolet sagt: „Das göttliche Wort ist auf zweifache Weise die hervorbringende Ursache der Handlungen Christi; auf eine Weise als Ursache, die auf besondere Weise durch die ihr eigene angenommene (menschliche) Natur wirkt, wie alle Handlungen dessen sind, der handelt; auf eine andere Weise aber als Ursache, welche im Allgemeinen durch ihre göttliche Wesenheit mit dem Vater und mit dem heiligen Geiste wirkt; und solche menschliche Handlungen würden nicht persönlich dem Worte gehören, wenn es nicht auf eine besondere Weise deren hervorbringende Ursache wäre."[1] Die Handlungen der menschlichen Natur sind also dem göttlichen Worte auf eine besondere, ihm eigenthümliche Weise eigen, weil und in wie fern es die Person dieser Natur ist, wie es der Vater und

---

[1] In h. l.

der heilige Geist nicht sind; da nur das Wort, nicht aber der Vater, oder der heilige Geist diese Natur angenommen hat, und Mensch geworden ist, und deßhalb auch die Handlungen dieser menschlichen Natur nur dem Worte, nicht aber dem Vater und dem heiligen Geiste auf diese besondere Weise eigenthümlich sein können. Daher muß auch das Leiden und Sterben Christi seiner göttlichen Person auf eine besondere und eigenthümliche Weise zugeschrieben werden. Es ist also nur Christo, dem Herrn, in Bezug auf seine göttliche Person eigenthümlich, unser Erlöser zu sein.

In wie fern aber das göttliche Wort als Person im Allgemeinen betrachtet wird, das ist, ohne Rücksicht auf seine Vereinigung mit der menschlichen Natur, und in wie fern es als göttliche Person mit dem Vater und mit dem heiligen Geiste Alles wirkt, sind alle drei göttlichen Personen, ist die ganze allerheiligste Dreifaltigkeit die erste, oberste, entfernte Ursache des Leidens und Sterbens Christi; weil derselben als solcher Ursache die ganze Menschheit Christi, also auch ihr Blut und Leben angehört; weil sie Christo als diesem Menschen das Verlangen eingeflößt, für uns zu leiden, und zu sterben; und weil sie ihm zur Ausführung dieses Werkes die ganze Fülle der Gnaden mitgetheilt hat./

Wenn nun auch die Leiden der Kirche und der Gläubigen ebenfalls genugthuende Leiden sind, und nebst dem Leiden Christi zur vollen Erlösung beitragen müssen, wie der heilige Apostel Paulus lehrt;[1]) so thut dieß dem Erlösungswerke Christi keinen Eintrag, und benimmt ihm nichts von dem ausschließlichen Rechte und Verdienste, Erlöser zu sein. Die Leiden der Kirche und ihrer Kinder haben aus sich und abgesehen von dem Erlösungspreise Christi, des Herrn, für den Zweck der Erlösung gar keinen Werth, und erhalten den Werth, den sie haben, erst nachträglich von dem Verdienste des Erlösers. Wenn der Apostel aber sagt: „Ich freue mich in den Leiden für euch, und ersetze an meinem Fleische, was an dem Leiden Christi für seinen Leib, welcher die Kirche ist, mangelt;"[2]) so will er damit nicht sagen, daß das Leiden des

---

[1]) Coloss. c. I. v. 24. [2]) Loc. cit.

Herrn zur Erlösung der Menschheit nicht hinreichend, nicht überfließend, nicht unendlich überschwänglich gewesen sei, sondern er lehrt, daß die Kirche, die der Leib Christi ist, daß die Gläubigen, welche seine Glieder sind, mit ihm leiden, und denselben Weg mit ihm zur Seligkeit wandeln müssen, um ihm gleichförmig, und der Verdienste seines Leidens theilhaftig zu werden. Überdieß sind auch ihre Leiden seine Leiden, da er in ihnen lebt, und sie in ihm leben, wie er selbst zu Paulus, der die Kirche und die Gläubigen verfolgte, gesagt hat: „Saul, Saul! warum verfolgst du mich?"[1]) Diese Leiden der Kirche und ihrer Kinder mangeln dem Leiden Christi nur, in wie fern es auch an seinem mystischen Leibe vollendet werden muß, und erst am Ende der Welt vollendet sein wird. Der Apostel lehrt mit diesen Worten ferner, daß ein Glied der Kirche für das andere, und für die ganze Kirche leiden, und somit verdienen, und genugthun könne, was im Wesen der Gemeinschaft der Heiligen liegt, die wir als einen Glaubensartikel bekennen. Dieses Verdienst, diese Genugthuung kann sich zwar nicht auf die Sünden und auf die Schuld der Sünden erstrecken, zu welcher sie in keinem Verhältnisse stehen, und zu deren Tilgung das Verdienst und die Genugthuung Christi erforderlich ist, wohl aber auf die zeitlichen Strafen, die Jeder für sich zu büßen hat; wie dieß aus der Lehre über die Ablässe erhellt, bei deren Ertheilung die Kirche die Gnadenschätze auch aus den Verdiensten der Heiligen nimmt, und den Gläubigen zuwendet, um damit ihre zeitlichen Strafen auszutilgen. Überdieß nützen die Leiden der Heiligen der Kirche und andern Gläubigen auch dadurch, daß sie den Sündern die Gnade der Bekehrung erwirken, und den Gerechten zum Vorbilde und zur Ermunterung dienen, ihrem Beispiele zu folgen, wie derselbe Apostel an die Corinther schreibt: „Gepriesen sei Gott und der Vater unsers Herrn Jesus Christi, der Vater der Barmherzigkeit und der Gott alles Trostes, der uns tröstet in aller unserer Trübsal, auf daß auch wir diejenigen trösten können, welche in allerlei Bedrängniß sind, durch die Ermahnung, durch welche auch wir von Gott ermahnt werden. Denn

---

[1]) Act. Ap. c. IX. v. 4.

gleichwie die Leiden Christi uns reichlich zu Theil werden,[1]) so wird uns durch Christus auch reichlicher Trost zu Theil. Mögen wir aber Trübsal haben, so ist es zu eurer Ermahnung und zu eurem Heile; mögen wir getröstet werden, so ist es zu eurem Troste; mögen wir ermahnt werden, so ist es zu eurem Heile und zu eurer Ermahnung, und das wirkt Geduld zu denselben Leiden, die auch wir leiden; so daß unsere Hoffnung in Betreff euer fest ist, da wir wissen, daß, wie ihr Mitgenossen der Leiden seid, ihr es auch im Troste sein werdet."[2]) In so fern können daher auch die Leiden der Heiligen Erlösungsleiden genannt werden, als sie eine Theilnahme an dem Leiden Christi, eine Vermittlung der Gnaden zur Versöhnung mit Gott, eine Genugthuung für die zeitlichen Strafen, ein Vorbild, eine Ermunterung und Tröstung für Andere sind; aber eine Erlösung im eigentlichen Sinne können sie nicht sein, auch schon darum nicht, weil sie ihre ganze Verdienstlichkeit und ihren ganzen Werth einzig nur von dem Leiden und von der Gnade Christi erhalten. Christo, dem Herrn, ausschließlich kommt es zu, ursächlich und eigentlich unser Erlöser zu sein.

Ist nun die Sünde im Hinblicke auf die beleidigte göttliche Majestät ein gewissermaßen unendliches Übel; ist die Strafe in der Hölle, welche die Sünde nach sich zieht, wenigstens wegen ihrer ewigen Dauer in einem gewissen Sinne ebenfalls ein unendliches Übel; ist nicht minder der Verlust des übernatürlichen Gnadenlebens und des ewigen Lebens ähnlicherweise auch ein unendliches Übel; konnten ferner weder wir selbst, noch ein anderes Geschöpf, noch alle Geschöpfe zusammen uns von diesen unendlichen Übeln befreien; ist endlich der Erlösungspreis selbst, den Christus für uns eingesetzt hat, gleichfalls ein unendlicher: so müssen wir gestehen, daß auch die Wohlthat, die uns Christus, der Herr, durch die Erlösung erwiesen hat, ein unendliches Gut sei, das wir ihm als unserm Erlöser verdanken; daß wir ihm daher auch eine gränzenlose, ewige Dankbarkeit schuldig seien, die wir ihm vor Allem dadurch erweisen müssen, daß wir seine Erlösung uns zu Nutzen

---

[1]) Daraus erhellt, daß die Leiden der Gläubigen auch Leiden Christi seien.
[2]) II. Cor. c. I. v. 3.—8.

machen, seine Erlösungsgnaden gebrauchen, und dadurch in Wirklichkeit von allen diesen Übeln erlöst, seiner Erlösung theilhaftig, seine Erlösten werden; damit er uns nicht im Gerichte, wie der heilige Augustinus sagt, zurufen müsse: „Die ihr mit dem Erlösungspreise meines Blutes nicht erlöst seid, seid nicht die Meinigen; weichet von mir in das ewige Feuer! Es beeile sich also Jeder, so lange er lebt, daß er lebe; er sorge dafür, daß er mit seinem kostbaren Blute (wirklich) erlöst werde; damit er nicht, wenn er in der Zahl der Erlösten nicht gefunden wird, in der Zahl der Verlornen bleiben müsse."¹)

Es muß auch Jedermann mit demselben heiligen Augustinus bekennen: „Ich Armer! wie sehr wäre ich verpflichtet, meinen Gott zu lieben, der mich erlöst hat, da ich zu Grunde gegangen war?"²) und mit dem heiligen Bernardus: „Was immer du bist, was immer du vermagst, schuldest du dem, der dich erschaffen, der dich erlöst hat."³) Wir sind sein Eigenthum, weil er uns erschaffen, und wir sind noch einmal sein Eigenthum, weil er uns mit seinem Blute und Leben erkauft hat; deßhalb müssen wir auch ganz für ihn leben, arbeiten, kämpfen, leiden, und opfern, wie der heilige Cyrillus von Alexandria sagt: „Weil wir um ein Lösegeld erkauft worden, und nicht unser sind; so müssen wir dem Käufer nach Kräften dienen."⁴)

Aber auch damit können wir dem Herrn seinen Erlösungspreis nicht ersetzen, sondern nur unsere Dankbarkeit nach unserm schwachen Vermögen erweisen. Dazu aber werden wir uns noch kräftiger aufgefordert fühlen, wenn wir erkennen, wie wirksam das Leiden und Sterben Christi unsere Erlösung bewerkstelliget habe.

6.
Das Leiden Christi die hervorbringende Ursache unseres Heiles.⁵)

Eine Kraft kann auf zweierlei Weise wirken, entweder unmittelbar durch sich selbst, oder mittelbar durch etwas Anderes. Wirkt sie

---

¹) De symbol. Libr. II. c. 8.   ²) De spirit. et anim. c. 17.
³) Serm. 2. de verbis Apost.   ⁴) Super Psalm. CXXXV. v. 24.
⁵) P. III. q. 48. a. 6.

315

unmittelbar durch sich selbst, dann ist sie auch die unmittelbare, nächste und alleinige Ursache der Wirkung; wirkt sie durch etwas Anderes, dann ist sie die erste und hauptsächlichste Ursache der Wirkung, und dasjenige, wodurch sie wirkt, ihr Werkzeug, oder die werkzeugliche Ursache derselben Wirkung. In Christus war die Menschheit das Werkzeug der Gottheit für jene Wirkungen, welche die Kräfte der menschlichen Natur übersteigen. So wirkte Christus alle Wunder durch seine Menschheit als Gott, indem er sich derselben als eines Werkzeuges dazu bediente; denn Wunder wirken kann nur Gott, da Gott allein die Ordnung der Natur zu ändern vermag.

Dasselbe gilt in noch höherem Grade von der Rechtfertigung des Menschen, welche alle Wunder in der Natur übersteigt, da sie die Erhebung des Menschen in die übernatürliche Ordnung in sich schließt, und ihn bis zur Theilnahme an der göttlichen Natur erhebt.

Es sind in Christus zwei Naturen, wie der heilige Papst Leo sagt: „eine, welche in Wundern glänzt, und eine andere, welche den Unbilden erliegt."[1] „Doch aber wirkt die eine derselben", wie der heilige Thomas sagt, „in Gemeinschaft mit der der andern, in wie fern nämlich die menschliche Natur das Werkzeug einer göttlichen Handlung ist, und die menschliche Handlung die Kraft von der göttlichen Natur empfängt";[2] — und folgerichtig wirken daher alle Handlungen und Leiden Christi in der Kraft der Gottheit als Werkzeuge zum menschlichen Heile. Und so ist das Leiden Christi die hervorbringende Ursache des menschlichen Heiles."[3]

Zur Erläuterung dieser Wahrheit kann uns die doppelte Handlung dienen, welche Christus an dem Gichtbrüchigen zu Kapharnaum vollzogen, den er dem Leibe nach durch ein Wunder geheilt, und der Seele nach gerechtfertigt hat. Denn da sich die Schriftgelehrten darüber geärgert hatten, daß er ihm zuerst die Sünden vergeben, und gesprochen: „Sei getrost, mein Sohn!

---

[1] Epist. 10. ad Flavianum c. 4. [2] P. III. q. 43. a. 2. o.
[3] Ibid. q. 48. a. 6. o.

deine Sünden sind dir vergeben";¹) sprach der Herr, der ihre Gedanken sah, zu ihnen: „Was ist leichter, zu sagen: Deine Sünden sind dir vergeben; oder zu sagen: Stehe auf, und wandle herum? Damit ihr aber wisset, daß des Menschen Sohn Macht habe, die Sünden zu vergeben auf Erden, — da sprach er zu dem Gichtbrüchigen: „Stehe auf, nimm dein Bett, und gehe in dein Haus. Und er stand auf, und ging in sein Haus."²) Da haben wir eine zweifache That des Herrn und eine zweifache Wirkung derselben: Die Heilung und die Rechtfertigung des Gichtbrüchigen. Die menschliche Natur an sich besitzt die Kraft weder für die eine noch für die andere dieser Wirkungen; gleichwohl sagt Christus, „daß des Menschen Sohn die Macht habe", die eine wie die andere hervorzubringen; und er hat beide Wirkungen „als des Menschen Sohn", das ist, durch seine Menschheit in der Kraft seiner Gottheit hervorgebracht. So ist also die Menschheit Christi, und sind deren Handlungen die hervorbringende Ursache der Wunder Christi und der Rechtfertigung, nicht aus sich, sondern durch die ihnen mitgetheilte göttliche Kraft, nicht als die erste, sondern als die werkzeugliche Ursache.

Da ferner in Christus die menschliche Natur kein todtes Werkzeug, sondern mit Verstand und Willen begabt ist, und selbstständig handelt, aber keine andere Person hat, als die göttliche, somit die Natur dieser göttlichen Person ist, und die Handlungen so wie die Leiden der Person zugeschrieben werden müssen; so sind die Handlungen und Leiden Christi in seiner menschlichen Natur nicht bloß todte, oder vernunft- und willenlose Werkzeuge des göttlichen Wortes, sondern eben Handlungen und Leiden dieser göttlichen Person, die sie mit ihrer menschlichen Natur vollbringt, erhalten auch von ihr die Kraft und Wirksamkeit, den Werth und das Verdienst, und bewirken so, zwar als werkzeugliche, aber doch als hervorbringende Ursache das Heil der Menschen. In diesem Sinne nennt der heilige Cyrillus in seinem Briefe, der vom Concile von Ephesus gutgeheißen worden ist, die Menschheit Christi „die Lebensspenderin",³) und zwar eben in Bezug auf das Leben,

---

¹) Matth. c. IX. v. 2. ²) Ibid. v. 5.—8. ³) Vivificatrix.

das durch die Gnade der Rechtfertigung gegeben wird; und er erklärt sich in folgender Weise: „Wenn der Honig, da er seiner Natur nach süß ist, das süß macht, womit er vermischt wird; ist es nicht thöricht, zu behaupten, daß die lebenspendende Natur des Wortes dem Menschen, in dem es ist, die Kraft, dieses Leben zu spenden, nicht gegeben habe?" [1]

Endlich hat Christus selbst diese Wahrheit mit den klarsten Worten ausgesprochen; er sagt von seinen Schafen, von seinen Gläubigen: „Ich bin gekommen, damit sie das Leben haben, und überflüssig haben." [2] Er spricht hier nicht von dem natürlichen Leben, das sie ohnehin besitzen, sondern zunächst von dem übernatürlichen Leben der Gnade, und in Folge dessen von dem ewigen Leben, in welches das Leben der Gnade übergeht. Als Ursache dieses Gnadenlebens gibt er sein Kommen an, ohne das sie dieses Leben nicht erhalten haben würden; gekommen aber ist er durch seine Menschwerdung; sie verdanken also dieses Leben seiner Menschwerdung. Und wie hat ihnen das göttliche Wort durch seine Menschwerdung das Leben gegeben? Dadurch, daß es für sie das Blut und Leben seiner Menschheit hingegeben, wie der Herr wieder ausdrücklich sagt: „Ich gebe mein Leben für meine Schafe"; [3] denn er hat es zu diesem Zwecke hingegeben, damit sie das Leben durch ihn erhielten. Es ist also das Leiden und Sterben, welches das göttliche Wort mit seiner Menschheit erduldet, die hervorbringende Ursache dieses Lebens, und in Folge dessen die hervorbringende Ursache des ewigen Heiles der Menschen.

Hätte Christus dieses Leben, die Rechtfertigung, das Heil nicht durch seine Menschheit wirken wollen, sondern nur durch seine Gottheit; so wäre die Menschwerdung zu diesem Zwecke nicht nothwendig gewesen. Und hätte Christus nicht durch das Leiden und durch den Tod in seiner Menschheit dieses Leben und das Heil der Menschen bewirken wollen; so wäre auch sein Leiden und Sterben zu diesem Zwecke nicht nothwendig gewesen. Wollte er also in seiner Menschheit und durch dieses Leiden und Sterben unser Heil wirken; so war das Leiden und Sterben in seiner

---

[1] Super Joann. Libr. IV. c. 23. [2] Joann. c. X. v. 10. [3] Ibid. v. 15.

Menschheit eben das Mittel, durch welches er diesen Zweck erreichen wollte. Ein Mittel aber ist nur in so fern Mittel, als es den Zweck herstellt. Somit ist es das Leiden und Sterben in seiner Menschheit, durch welches unser Heil hergestellt wurde.

Die Ursachen, warum der Herr sein Leiden und Sterben zur hervorbringenden Ursache unseres Heiles machen wollte, haben wir früher erwogen; wir wollen hier noch einige Schriftstellen anführen, in welchen unser Heil ebenfalls dem Leiden und Sterben Christi als der hervorbringenden Ursache zugeschrieben wird. In der geheimen Offenbarung lesen wir: „Er hat uns von unsern Sünden in seinem Blute gewaschen." [1] Der heilige Paulus schreibt an die Hebräer: „Das Blut Christi, der im heiligen Geiste sich selbst als ein unbeflecktes Lamm Gott dargebracht hat, reiniget unser Gewissen von den todten Werken, damit wir Gott, dem lebendigen, dienen. Darum ist er der Mittler des neuen Bundes, damit durch den Tod, welcher zur Erlösung von den Übertretungen unter dem ersten Bunde erfolgte, diejenigen, welche berufen sind, das verheißene ewige Erbe erhielten." [2] — „Wir sind geheiliget durch das Opfer des Leibes Jesu Christi ein für allemal." [3] — „Mit Einem Opfer hat er auf ewig die Geheiligten zur Vollendung gebracht." [4] — „Ohne Blutvergießung gibt es keine Vergebung." [5] Da wird dem blutigen Opfer Christi die Reinigung des Gewissens von den Sünden, die Heiligung, die Vollendung, die Erlangung der ewigen Erbschaft zugeschrieben, und ausdrücklich gesagt, daß es ohne Blutvergießung keine Vergebung, und folglich auch kein Heil gebe. Klarer und bestimmter kann es also nicht gesagt werden, daß das Leiden und Sterben des Herrn die hervorbringende Ursache unsers Heiles sei.

Aber wie kann denn das Leiden und Sterben Christi unsere Rechtfertigung und Heiligung, unser Heil wirken, da es mit uns in keine Berührung kommt? Überdieß ist dasselbe vorübergegangen, und nicht mehr vorhanden; wie kann es also auch nachher noch Etwas wirken? Das Leiden und Sterben ist zwar als Thatsache

---

[1] Apoc. c. I. v. 5. [2] Hebr. c. IX. v. 14. 15. [3] Ibid. c. X. v. 10.
[4] Ibid. v. 14. [5] Ibid. c. IX. v. 22.

vorübergegangen, und nicht mehr vorhanden; aber die Wirkungen dieser Thatsache sind geblieben, und bleiben ewig. Das Leiden und Sterben des Herrn am Kreuze war, wie wir gesehen haben, ein wahres Opfer; die Wirkungen des Opfers aber sind nicht vorübergehende, sondern bleibende Wirkungen. Überdieß ist, und lebt derjenige, der gelitten hat, und gestorben ist, der Gottmensch immer und ewig; es ist, und lebt an ihm Alles, was gelitten hat, und gestorben ist, der Mensch mit seiner Seele und mit seinem Leibe; und das ist eben das Verdienst und der Preis seines Leidens, daß er die, für welche er gelitten hat, und gestorben ist, aus sich und durch sich und mit dem, womit er gelitten hat, und gestorben ist, rechtfertigen, heiligen und selig machen kann. Wie aber bewirkt er dieß thatsächlich und an Jedem persönlich? Dadurch, daß er die Menschen durch den Glauben, durch die Hoffnung, durch die Liebe vermittelst der Gnade mit sich vereiniget, nach seinen Worten, wie die Reben mit dem Weinstocke,[1] nach den Worten des heiligen Paulus, wie die Glieder mit dem Haupte[2] vereiniget sind, ihnen so das Gnadenleben, das Wachsthum in demselben, die Fruchtbarkeit für die Werke des ewigen Lebens mittheilt, und sie dadurch in das ewige Leben selbst einführt.

Daß dieß aber durch seine Menschheit geschehe, durch welche er unserer Natur theilhaftig ist, wie wir derselben theilhaftig sind; lehrt der heilige Paulus mit den Worten: „Es geziemte sich, daß der, um dessentwillen alle Dinge sind, und durch welchen alle Dinge sind, da er viele Kinder zur Seligkeit führen wollte, den Urheber ihres Heiles durch Leiden zur Vollendung brachte. Denn der heiliget, und die geheiliget werden, sind alle von Einem. Aus diesem Grunde schämt er sich auch nicht, sie Brüder zu nennen, indem er spricht: Ich will deinen Namen meinen Brüdern verkündigen.[3] — Da nun die Kinder des Fleisches und Blutes theilhaftig geworden sind, (das heißt, eine menschliche Natur haben); so hat auch er sich derselben theilhaftig gemacht, damit er durch den Tod dem die Macht nähme, der des Todes Gewalt hatte, das ist, dem Teufel, und diejenigen erlösete, welche in der Furcht des Todes durch das ganze Leben

---

[1] Joann. c. XV, v. 1.—7. [2] I. Cor. c. XII, v, 27., Ephes. c. V. v. 30.
[3] Psalm. XXI. v. 23.

der Knechtschaft unterworfen waren."¹) Der Sohn Gottes hat sich unserer Natur theilhaftig gemacht, damit wir seiner Natur theilhaftig werden könnten, damit er mit uns und wir mit ihm von derselben Natur wären, und damit durch diese Gemeinschaft der Natur auch jene geistige und übernatürliche Verwandtschaft und Lebensgemeinschaft hergestellt würde, durch welche wir, wie er der Natur nach der Sohn Gottes ist, aus Gnade Kinder Gottes und seine Brüder würden, wie der heilige Augustinus sagt: „Da er Gott war, von dessen Natur wir nicht sind, ist er Mensch geworden, damit in ihm die menschliche Natur der Weinstock wäre, dessen Reben wir nun sein könnten."²) Aber auch so kann er das übernatürliche Leben uns, wiewohl durch seine Menschheit, doch nur als Gott einflößen, wie derselbe heilige Lehrer sagt: „Wiewohl Christus der Weinstock nicht sein würde, wenn er nicht Mensch wäre; so würde er doch diese Gnade den Reben nicht einflößen, wenn er nicht auch Gott wäre."³)

Aber bei allem dem bleibt es doch wahr, daß die Sündenvergebung, die Heiligung, das Heil durch die Mittheilung der heiligmachenden Gnade geschieht; muß also nicht dieser Gnade diese Wirkung zugeschrieben werden, und ist darum nicht sie die eigentliche und hervorbringende Ursache unsers Heiles? Allein die Gnade ist eben unsere Rechtfertigung, unsere Heiligung, unser Heil, und man kann doch nicht sagen, das Heil sei die Ursache des Heiles; diese Gnade aber hat uns Christus eben durch das Leiden und Sterben in seiner menschlichen Natur verdient. Ferner ist die Gnade das, was uns Christus durch seinen heiligen Geist, durch welchen er selbst in seiner Menschheit geheiliget ist, und sein Gnadenleben lebt, einflößt, und welchen er uns selbst mittheilt, daß wir mit ihm aus demselben Geiste leben; weßhalb auch der heilige Apostel Paulus sagt: „Wenn Jemand den Geist Christi nicht hat, der ist nicht sein";⁴) und: „Ihr seid abgewaschen, ihr seid geheiliget, ihr seid gerechtfertiget im Namen unsers Herrn Jesu Christi und im Geiste unseres Gottes";⁵) und: „Alle, welche

---

¹) Hebr. c. II. v. 10.—16.   ²) Tract. 80. in Joann.
³) Tract. 81. in Joann.   ⁴) Rom. c. VIII. v. 9.   ⁵) I. Cor. c. VI. v. 11.

vom Geiste Gottes getrieben worden, sind Kinder Gottes."[1]) Diesen heiligen Geist sendet uns Christus, und empfangen wir durch seine heiligen Sakramente; durch ihn leben wir mit Christus aus demselben Geiste, und Unmittelbareres und Innigeres für zwei Leben kann nichts gedacht werden. Wie die Reben ihr Leben aus dem Weinstocke schöpfen, so leben wir das übernatürliche Gnadenleben aus dem Gnadenleben Christi, des Herrn. Darüber schreibt der heilige Augustinus: „Du bist ein Mensch, und hast einen Geist, und hast einen Leib. Sage mir: — Lebt dein Geist aus deinem Leibe, oder dein Leib aus deinem Geiste? — Was antwortet Jeder, der lebt? Sicherlich lebt mein Leib aus meinem Geiste. Willst also auch du vom Geiste Christi leben? So sei also in seinem Leibe.[2]) — Wir bleiben aber in ihm, wenn wir seine Glieder sind. — Daß wir aber seine Glieder seien, dazu fügt uns die Einheit zusammen; und daß uns die Einheit zusammenfüget, was bewirkt dieß, als die Liebe? Und woher ist die Liebe? Frage den Apostel. Die Liebe, sagt er, ist ausgegossen in unsern Herzen durch den heiligen Geist, der uns gegeben worden ist. Also ist es der Geist, der belebt; denn der Geist macht die Glieder lebendig, und der Geist macht nur jene Glieder lebendig, die er am Leibe findet, welchen der Geist selbst belebt."[3]) So leben wir aus Christo, dem Herrn, das Leben der Kinder Gottes. Wie wunderbar wirkt Christus, der Gottmensch, in uns Menschen das Heil! Wahrlich unendlich wunderbarer, als es der erste Mensch vor dem Sündenfalle besessen hat!

Endlich könnte man noch folgende Einwendung gegen die erörterte Wahrheit erheben. Nach einer früheren Erörterung hat Christus durch sein Leiden und Sterben unser Heil verdient; und dasselbe war somit dessen verdienende Ursache. Dieselbe Handlung aber kann doch nicht zugleich die verdienende und hervorbringende oder wirkende Ursache sein; da, wer verdient, die Wirkung von einem Andern erwartet, wer aber selbst hervorbringt, oder bewirkt, die Wirkung nicht von einem Andern, sondern von sich selbst erwartet. Also scheint auch das Leiden des Herrn nicht zugleich

---

[1]) Rom. c. VIII. v. 14. [2]) Tract. 26. in Joann. [3]) Tract. 27. in Joann.

die verdienende und hervorbringende Ursache unsers Heiles sein zu können. Hierauf antwortet der heilige Thomas: „Das Leiden Christi wirkt, auf dessen Gottheit bezogen, nach der Art und Weise einer hervorbringenden Kraft; auf den Willen der Seele Christi bezogen, nach der Art und Weise des Verdienstes; auf das Fleisch Christi bezogen, nach der Art und Weise der Genugthuung, in wie fern wir durch dasselbe von der Schuld der Strafe befreit werden; nach der Art und Weise der Erlösung aber, in wie fern wir durch dasselbe von der Knechtschaft der Sündenschuld befreit werden; und nach der Art und Weise des Opfers, in wie fern wir durch dasselbe mit Gott versöhnt werden"; [1]) und das ist der Inhalt dieses Kapitels und aller Erörterungen, die in demselben enthalten sind. Dieser Eine Satz des englischen Lehrers beweist, wie tief und allseitig er die Sache auffaßt, und behandelt.

Aus dem Allem geht nun hervor, daß Christus für uns nicht nur als Gott in der natürlichen Ordnung, das ist, was der heilige Paulus sagt: „In ihm leben wir, bewegen wir uns, und sind wir"; [2]) sondern überdieß als Gottmensch durch sein Leiden auch in der übernatürlichen Ordnung das ist, was der heilige Apostel Johannes sagt: „Allen aber, die ihn aufnahmen, gab er Macht, Kinder Gottes zu werden, denen nämlich, die an seinen Namen glauben"; [3]) und auch das, was er selbst von der ewigen Erbschaft der Kinder Gottes sagt: „Ich gebe ihnen das ewige Leben." [4]) Christus ist unser natürliches, übernatürliches und ewiges Leben; er ist für uns alles Leben, und Alles, was zum Leben gehört; „Christus ist für uns Alles", [5]) wie der heilige Ambrosius sagt; und: „Es kennt das Höchste nicht, wer Christum nicht kennt." [6]) Wer also zu leben, und wahrhaft glücklich zu leben verlangt, der suche Christum, der schließe sich Christo an, der bleibe mit Christo vereiniget durch den Glauben, durch die Liebe, durch den Gebrauch seiner Heilsmittel, durch die Gnade, als lebendiges Glied seines Leibes, der heiligen Kirche, in der Zeit, bis er mit ihm vereiniget sein wird in der Herrlichkeit durch

---

[1]) Loc. cit. ad 3.   [2]) Act. Ap. c. XVIII. v. 28.   [3]) Joann. c. I. v. 13.
[4]) Ibid. c. X. v. 28.   [5]) Libr. III. de virginibus.   [6]) De Tobia c. 19.

die endlose Ewigkeit, nach dem Beispiele des heiligen Paulus, der von sich selbst bekennt: „Was mir Gewinn war, habe ich um Christi willen für Schaden gehalten. Ja, ich halte Alles für Schaden wegen der Alles übertreffenden Erkenntniß Jesu Christi, meines Herrn, um dessentwillen ich auf Alles verzichtet habe, und es für Koth erachte, damit ich Christum gewinne, und in ihm erfunden werde, nicht mit meiner Gerechtigkeit, die aus dem Gesetze ist, sondern mit jener, die aus dem Glauben Jesu Christi ist, mit der Gerechtigkeit aus Gott durch den Glauben; so daß ich erkenne die Kraft seiner Auferstehung und die Gemeinschaft seiner Leiden, indem ich ihm ähnlich werde im Tode, um auf irgend eine Weise zur Auferstehung von den Todten zu gelangen."[1])

Halten wir an Christus fest, daß wir durch seine Gnade mit demselben Apostel betheuern können: „Wer wird uns scheiden von der Liebe Christi? Trübsal? oder Angst? oder Hunger? oder Blöße? oder Gefahr? oder Verfolgung? oder das Schwert? (wie geschrieben steht: Um deinetwillen werden wir getödtet den ganzen Tag, werden wir geachtet wie Schlachtopfer.[2]) Aber in diesem Allem überwinden wir um desjenigen willen, der uns geliebt hat. Denn ich bin versichert, daß weder Tod, noch Leben, weder Engel, noch Mächte, noch Gewalten, weder Gegenwärtiges, noch Zukünftiges, weder Stärke, weder Höhe, noch Tiefe, noch ein anderes Geschöpf es vermag, uns zu trennen von der Liebe Gottes, die da ist in Christo Jesu, unserm Herrn."[3]) Wir wollen für ihn Alles daran setzen, um in ihm Alles zu gewinnen.

Was wir aber in Christus und durch Christus gewinnen, werden wir erkennen, wenn wir die Früchte seines Leidens und Sterbens betrachten.

---

[1]) Philipp. c. III. v. 7.—12. [2]) Psalm. XLIII. v. 22.
[3]) Rom. c. VIII. v. 35.—39.

Viertes Kapitel.

Die Wirkungen des Leidens Christi.[1]

Über die Wirkungen des Leidens Christi, des Herrn, stellt, und beantwortet der heilige Thomas sechs Fragen: ob wir durch dasselbe von der Sünde, ob wir von der Gewalt des Teufels, ob wir von der Schuld der Strafe befreit, ob wir mit Gott versöhnt, ob uns durch dasselbe der Himmel eröffnet worden sei, und ob Christus durch dasselbe seine Erhöhung erlangt habe. Seine Antworten auf diese Fragen bilden den Inhalt der folgenden Erörterungen.

1.
Die Befreiung von der Sünde durch das Leiden Christi.[2]

Daß wir durch das Leiden des Herrn von der Sünde befreit worden seien, bezeugt die heilige Schrift an vielen Stellen. So steht bei dem Propheten Isaias von Christus geschrieben: „Unseres Friedens wegen liegt die Züchtigung auf ihm, und durch seine Wunden werden wir geheilt."[3] Unser Friede aber und unsere Heilung wird nur durch unsere Befreiung von der Sünde bewirkt. Der heilige Paulus schreibt von Gott dem Vater an die Ephesier: „Er hat uns begnadiget durch seinen geliebten Sohn, in welchem wir die Erlösung haben durch sein Blut, die Vergebung der Sünden nach dem Reichthume seiner Gnade."[4] Ebenso schreibt Paulus an die Colosser von Christus: „In welchem wir die Erlösung haben durch sein Blut, die Vergebung der Sünden";[5] und von Gott dem Vater: „Euch, die ihr todt waret in den Sünden, — hat er mitbelebt mit ihm, indem er euch alle Sünden vergeben,

---

[1] P. III. q. 49.   [2] P. III. q. 49. a. 1.   [3] Isai. c. LIII. v. 5.
[4] Ephes. c. I. v. 6. 7.   [5] Coloss. c. I. v. 14.

da er die Handschrift des Urtheils, die uns entgegen war, auslöschte, sie wegnahm, und an's Kreuz heftete."¹) Deutlicher konnte der Apostel diese Wahrheit wohl nicht aussprechen. Auf gleiche Weise wird Christus in der geheimen Offenbarung als „der getreue Zeuge", als „der Erstgeborne von den Todten", als „der Fürst der Könige der Erde" gepriesen, „welcher uns geliebt, und uns gewaschen hat von unsern Sünden in seinem Blute."²) Das hat endlich Christus, der Herr, selbst ausgesprochen, als er nach dem letzten Abendmahle unter den Gestalten des Weines sein Blut den Jüngern reichte mit den Worten: „Das ist mein Blut des neuen Testamentes, das für Viele vergossen werden wird zur Vergebung der Sünden."³)

Dasselbe lehren die heiligen Väter der Kirche. Der heilige Ambrosius schreibt: „Allen ist die Nachlassung der Sünden gegeben worden, weil für Alle Christus gelitten hat."⁴) Der heilige Augustinus sagt: „Christus hat sich deßhalb kreuzigen lassen, um zur Vergebung der Sünden sein Blut zu vergießen."⁵) Der heilige Chrysostomus spricht dieselbe Wahrheit in folgenden Worten aus: „Was Christus gelitten, hat er nicht seinetwegen, auch nicht des Vaters wegen gelitten, sondern um das Menschengeschlecht zu retten";⁶) und: „Das Leiden des Herrn ist der Anfang und der Ursprung unserer Seligkeit, aus der wir leben, und durch die wir sind."⁷) Die Sünde ist unser Tod und unser Unglück; die Befreiung von derselben unsere Auferweckung zum Leben, unser Sein als Kinder Gottes, und die Begründung unserer Hoffnung auf die ewige Seligkeit.

Der heilige Thomas aber lehrt uns, wie das Leiden Christi uns von den Sünden befreit und sagt, gestützt auf die bisherigen Erörterungen, also: „Das Leiden Christi ist die eigentliche Ursache der Nachlassung der Sünden auf dreierlei Weise. Erstens dadurch, daß es uns zur Liebe auffordert, wie der Apostel sagt: Es erweist aber Gott seine Liebe zu uns dadurch, daß Christus, als wir noch Sünder waren, zur (bestimmten) Zeit für uns ge-

---

¹) Coloss. c. II. v. 13. 14. ²) Apoc. c. I. v. 5. ³) Matth. c. XXVI. v. 28.
⁴) Serm. 8. super Psalm. CXVIII. v. 8. ⁵) Tract. 98. super Joann.
⁶) Homil. de Cruc. Dom. ⁷) Homil. 55. super Matth. Op. Imp.

storben ist;¹) durch die Liebe aber erlangen wir die Verzeihung der Sünden nach dem Worte: Es sind ihr viele Sünden vergeben worden, weil sie viel geliebt hat.²) Zweitens bewirkt das Leiden Christi die Nachlassung der Sünden nach der Art und Weise der Erlösung. Denn weil er unser Haupt ist, hat er durch sein Leiden, das er aus Liebe und Gehorsam erduldet, uns als seine Glieder von den Sünden befreit, gleichsam zum Preise für sein Leiden; wie wenn ein Mensch durch ein verdienstliches Werk, das er mit der Gnade verrichtete, sich von der Sünde erlösete, die er mit den Füßen begangen hätte. Denn wie der natürliche Leib Einer ist, der aus verschiedenen Gliedern besteht; so wird auch die ganze Kirche, welche der mystische Leib Christi ist, mit ihrem Haupte, das Christus ist, als Eine Person angesehen. Drittens nach der Art und Weise einer hervorbringenden Kraft, in wie fern das Fleisch, an welchem Christus sein Leiden erduldet hat, das Werkzeug der Gottheit ist, durch welches seine Leiden und Handlungen mit göttlicher Kraft an der Austreibung der Sünde arbeiten."³) Das sind die Worte des englischen Lehrers.

Wenn er nach dem Zeugnisse der Schrift sagt, daß die Liebe die Nachlassung der Sünden bewirke, und daß die Liebe durch das Leiden Christi hervorgerufen werde; so ist dieß so zu verstehen, als wenn er sagte: Die vollkommene Liebe bringt eine vollkommene Reue hervor, und eine vollkommene Liebesreue tilgt die Sünden aus, wie dieß bei der heiligen Maria Magdalena und bei unzähligen Andern geschehen ist, und die Schrift es bezeugt, indem sie sagt: „Alle Vergehungen bedeckt die Liebe";⁴) und: „Die Liebe bedeckt die Menge der Sünden";⁵) diese Liebesreue aber wird in der Seele des Menschen durch das Leiden Christi bewirkt, indem dessen Betrachtung das Menschenherz zur Liebe entflammt, und zu dieser Reue zerknirscht, zu dieser und zu jener aber das Leiden Christi selbst die erforderlichen Gnaden verdient hat. So sagt der Cardinal Hugo: „Niemand hat eine so steinerne Brust, daß dessen Herz durch das Andenken an das Leiden des Herrn nicht erweicht würde";⁶) und der ehrwürdige Tho-

---

¹) Rom. c. V. v. 8. ²) Luc. c. VII. v. 47. ³) Loc. cit.
⁴) Prov. c. X. v. 12. ⁵) I. Petr. c. IV. v. 8. ⁶) Super Luc. c. IX.

mas von Kempen schreibt vom Kreuze Christi: „Durch dich werden die Teufel in die Flucht getrieben, durch dich die Kranken geheilt, durch dich die Zaghaften ermuthiget, durch dich die Lasterhaften gereiniget, durch dich die Trägen angespornet, durch dich die Stolzen gedemüthiget, durch dich die Hartherzigen zerknirscht." [1]) Daher trägt auch der heilige Bonaventura kein Bedenken, zu behaupten: „Das Leiden Christi ist die Quelle der Gnade und der Glorie." [2])

Wie das Leiden Christi die Erlösung des Menschengeschlechtes, und somit die Erlösung von den Sünden ist, haben wir früher gehört; und in diesem Sinne sagt der heilige Paulus von Christus und von seiner Kirche: „Er hat sie mit seinem Blute erworben." [3]) Christus konnte seine Kirche aber nicht anders erwerben, als durch die Befreiung von der Sünde, in deren Knechtschaft sie geschmachtet hat. Daher schreibt auch der heilige Augustinus: „Mit dem Preise des Blutes Christi ist die Kirche erlöst worden"; [4]) und: „Ein gutes Gold ist das Blut Christi, kostbar als Preis, flüssig, um jede Sünde abzuwaschen." [5]) Der heilige Chrysostomus aber erklärt: „Wie ein Mensch Sklaven kauft, und Gold ausgibt; und wenn er sie schmücken will, dieß ebenfalls mit dem Golde thut: ebenso hat uns Christus mit seinem Blute gekauft, und mit seinem Blute geschmückt." [6]) Durch seine Menschwerdung hat Christus die menschliche Natur zur seinigen gemacht, und durch sein Leiden in derselben ihre Sündenschuld gebüßt, und sie von der Sünde und von der Strafe der Sünde befreit.

Um für die Sünden Genugthuung zu leisten, und sie zu tilgen, hat Christus seinem Leiden in der Menschennatur seine göttliche Kraft und Wirksamkeit mitgetheilt, daß es die Austilgung der Sünde als hervorbringende Ursache bewirkte, und zwar dadurch, daß er durch dasselbe dem Sünder seine reinigende, rechtfertigende und heiligende Gnade mit seinem Geiste einflößt, und seiner Gerechtigkeit und Heiligkeit theilhaftig macht. So schreibt der heilige Augustinus: „Es ist das Blut des Arztes vergossen

---

[1]) P. II. Serm. 20. ad Novit. divis. 2.   [2]) Stimul. amoris P. I. c. 12.
[3]) Act. Ap. c. XX. v. 28.   [4]) Libr. II. de Abrah. c. 11.
[5]) Super Psalm. XXXV.   [6]) Homil. ad Neophit.

worden, und die Arznei des Wahnsinnigen geworden";¹) und der heilige Bonaventura: „Christus hat unsere Seelen mit seinem eigenen Geiste besiegelt, und die Glieder unsers Leibes mit seinem kostbaren Blute";²) und der heilige Chrysostomus: „Dieses Blut ist vergossen worden, und hat den Erdkreis gewaschen. Es ist das Heil unserer Seelen; durch dasselbe wird die Seele abgewaschen, durch dasselbe geschmückt, durch dasselbe entflammt. Es macht unsern Geist leuchtender, als das Feuer, es macht unsere Seelen glänzender, als Gold."³) Wie das Feuer das Eisen durchglüht, ihm gleichsam seine Natur und seine Eigenschaften mittheilt, es gleichsam selbst zum Feuer macht; auf ähnliche Weise reiniget, belebt, und verklärt Christus durch seine Menschheit in der Kraft seines Leidens und Sterbens alle Menschen, welche durch den Glauben, durch die Liebe und durch die Gnade seines heiligen Geistes sich ihm als Glieder anschließen.

Aber muß man dagegen nicht sagen, Sünden zu vergeben, und Sünden zu tilgen, sei denn doch eigentlich nur Gott möglich, und komme Gott ausschließlich zu, wie Gott selbst sagt: „Ich, ich selbst bin es, der deine Missethaten tilgt, um meinetwillen."⁴) — Ich bin der Herr, euer Heiliger;"⁵) somit scheint dieß von der Menschheit Christi durch ihr Leiden nicht bewirkt werden zu können, da ja nur sie gelitten, und Christus auch nur gelitten hat, in wie fern er Mensch war. Allerdings kann nur Gott Sünden vergeben, aber er kann sie unmittelbar oder mittelbar vergeben; wie Christus selbst als Menschensohn Sünden vergeben, und auch zu seinen Stellvertretern gesprochen hat: „Welchen ihr die Sünden nachlasset, denen sind sie nachgelassen."⁶) Auch kann nur Gott die Sünden tilgen, aber er kann sie nicht blos unmittelbar, sondern auch mittelbar tilgen; und in Bezug auf das Leiden Christi sagt der heilige Thomas: „Obwohl Christus nicht als Gott gelitten hat, so war doch sein Fleisch das Werkzeug der Gottheit; und daher hat dessen Leiden eine göttliche Kraft, die Sünden nachzulassen."⁷) Da die göttliche Person Christi die

---

¹) De quinque hæres. c. 7.   ²) Serm. 3. Pent.
³) Homil. 61. ad popul. antioch.   ⁴) Isai. c. XLIII. v. 25.   ⁵) Ibid. v. 5.
⁶) Joann. c. XX. v. 23.   ⁷) Loc. cit. ad 1.

Person seiner Menschheit, und diese Menschheit das ihr verbundene Werkzeug ist; so erhalten die Handlungen und Leiden dieser Menschheit von der göttlichen Person göttlichen Werth und göttliche Kraft und Wirksamkeit, auch um die Sünde zu tilgen.

Könnte man ferner nicht auch einwenden, das Leiden Christi sei an sich, wenigstens in Bezug auf den Leib, etwas Materielles gewesen, die Sünde aber befinde sich in der Seele, die ein Geist ist; etwas Materielles könne auf den Geist nicht einwirken; und somit könne auch das Leiden Christi die Seele nicht von der Sünde befreien? Dagegen muß aber bemerkt werden, daß das Leiden Christi in der Sündentilgung nicht mit materiellen, sondern, wegen der Vereinigung des Leibes und der Seele Christi mit seiner göttlichen Person, mit geistiger, mit göttlicher Kraft thätig ist, und wirkt, die keine materielle Berührung nöthig hat, um die beabsichtigte Wirkung hervorzubringen; und vermöge dieser göttlichen Kraft ist das Leiden Christi die Ursache der Sündenvergebung. So hat Christus zu Maria Magdalena[1]) und zum Gichtbrüchigen von Kapharnaum bloß äußerlich die Worte gesprochen: „Deine Sünden sind dir vergeben";[2]) gleichwohl waren die Sünden in Beiden auch innerlich durch die wirkende Kraft der Gnade ausgetilgt; Beide standen gerechtfertigt, und geheiliget vor ihm.

Aber unzählige Sünden waren zur Zeit des Leidens Christi noch gar nicht begangen, wurden erst später, und werden bis an das Ende der Welt begangen; befreien aber kann man nur von dem, was da ist, nicht aber von dem, was erst sein wird; wie konnte also das Leiden des Herrn alle Menschen von ihren Sünden befreien? Das Leiden des Herrn ist zwar vorübergegangen, aber der Werth, die Kraft und Wirkung desselben bleibt, und es bleiben auch die rechtfertigenden und heiligmachenden Gnaden, die er verdient hat. Christus hat durch sein Leiden die Ursache gesetzt, welche zu jeder Zeit und an jedem Orte die Tilgung der Sünden als Wirkung hervorbringt, wann und wo immer sie in Thätigkeit tritt, und ihr kein Hinderniß entgegengestellt wird; wie

---

[1]) Luc. c. VII. v. 48.   [2]) Matth. c. IX. v. 2.

wenn ein Arzt für eine bestimmte Krankheit eine bestimmte Arznei bereitet, durch welche diese Krankheit, wann und wo immer sie auftritt, geheilt werden kann, wenn der mit derselben Behaftete sie nach der Vorschrift des Arztes gebraucht. Diese geistige Arznei zur Sündentilgung, zur Auferweckung geistig Todter hat Christus in den Sakramenten niedergelegt, welche ihre Kraft und Wirksamkeit eben aus dem Leiden des Herrn schöpfen, und unfehlbar ihre Wirkung hervorbringen, wenn der Mensch sie nach der Vorschrift des Herrn und seiner Kirche gebraucht.

Wenn endlich die Schrift sagt, daß durch den Glauben, durch die Liebe und durch die Werke der Barmherzigkeit die Sünden getilgt werden;[1] so ist vor Allem zu bemerken, daß da nicht der Glaube, die Liebe, die Werke verstanden werden können, wie sie die Wirkung natürlicher Thätigkeit sind. Denn die Rechtfertigung ist ein übernatürliches Werk, das mit natürlichen Kräften nicht hervorgebracht werden kann.[2] Übernatürliche Akte aber können nur mit Hilfe der Gnade erweckt, und vollbracht werden, und die Gnade ist eben die Frucht des Leidens Christi. Somit kann der Mensch zu einem solchen Glauben und zu einer solchen Liebe nicht anders, als durch die Zuwendung der Früchte des Leidens Christi gelangen. Übrigens kann selbst der übernatürliche Glaube auch neben der Sünde und in dem Sünder bestehen, und auch Werke der Barmherzigkeit kann der Sünder verrichten, ohne daß er aufhört, Sünder zu sein. Es muß zu diesem Glauben auch noch die übernatürliche Liebe hinzukommen, und in diesem Glauben und in dieser Liebe muß der Sünder in übernatürlicher Reue über seine Sünden auch jene Mittel gebrauchen, und jene Bedingnisse erfüllen, welche von Christus und von seiner Kirche zur Sündenvergebung vorgeschrieben sind; oder, wenn er dieß nicht kann, wenigstens bereit sein, und den ernstlichen Willen haben, es zu thun, wenn ihm die Möglichkeit gegeben wird: „Der Glaube, der durch die Liebe wirksam ist;"[3] Alles aber durch die Gnade Christi, welche die Frucht seines Leidens ist.

---

[1] Prov. c. X. v. 12. Act. Ap. c. XV. v. 9. Dan. c. IV.
[2] Concil. Trid. Sess. VI. can. 1. 3. [3] Galat. c. V. v. 6.

Die Befreiung von der Sünde ist die erste Frucht, die erste Wirkung des Versöhnungsopfers am Kreuze.

Aus der Sündenvergebung allein schon können wir den Werth des Leidens Christi erkennen; denn diese Frucht kann keine geschöpfliche Kraft hervorbringen, auch wenn alle Menschen und Engel ihr Sein und Leben daransetzten. Auf der Nachlassung der Sünden beruht unsere Rechtfertigung, Heiligung und Seligkeit, und ohne dieselbe nützt uns alles Übrige nichts. Der heilige Augustinus sagt daher mit Recht: "Durch die Nachlassung der Sünden steht die Kirche, welche auf Erden ist; durch sie geht nicht zu Grunde, was verloren war, und gefunden worden ist." [1] Das verdanken wir dem Blute des Gottmenschen.

Wer eine Sünde begeht, und wäre sie auch die kleinste, der richtet ein Übel an, das in alle Ewigkeit nicht mehr gehoben werden kann, außer durch das Blut des Gottmenschen. Daher sagt der ehrwürdige Beda: "Eine Blutschuld reicht an die andere, wenn Sünden auf Sünden gehäuft werden" [2] Und was für Blutschulden!

Wenn wir vor Gott solche Schulden haben, die nur durch das Blut des Sohnes Gottes getilgt werden können, was sollen oder dürfen wir dem Nächsten thun, der uns gegenüber Schulden abzutragen hat? Wurde jener Knecht im Evangelium, dem sein Herr die große Schuld von zehntausend Talenten nachgelassen hat, der aber seinen Mitknecht, welcher ihm nur die Kleinigkeit von hundert Denaren zu zahlen hatte, würgte, und in den Kerker werfen ließ, nicht mit allem Rechte von seinem Herrn auch zum Zahlen seiner Schuld, und weil ihm dieß unmöglich war, zur Abbüßung derselben verurtheilt? Christus setzt aber zu dieser Parabel hinzu: "So wird auch mein himmlischer Vater mit euch verfahren, wenn ihr nicht, Jeder seinem Bruder, vom Herzen verzeihet." [3] Christus hat auch ausdrücklich erklärt: "Wenn ihr den Menschen nicht vergebet, so wird euch euer Vater eure Sünden auch nicht vergeben;" [4] und der heilige Apostel Jakobus sagt:

---

[1] De doctrin. christian. Libr. I. c. 18.   [2] In suis Prov. verbo „sanguis".
[3] Matth. c. XVIII. v. 35.   [4] Ibid. c. VI. v. 15.

„Ein Gericht ohne Barmherzigkeit wird über denjenigen ergehen, der nicht Barmherzigkeit übt."[1]) Wie könnte ein Solcher zum Vater im Himmel beten: „Vergib uns unsere Schulden, wie auch wir vergeben unsern Schuldigern?"[2]) Daher sagt der heilige Chrysostomus: „Was ist so verderblich, wie wenn man schwer verzeihen will?"[3]) und deßhalb schreibt der heilige Petrus Chrysologus: „O Mensch! da du ohne Sünde nicht sein kannst, und immer willst, daß dir vergeben werde; so vergib auch du. Wie viel du willst, daß dir vergeben werde; so viel vergib auch du. Wie oft du willst, daß dir vergeben werde; so oft vergib auch du. Ja, weil du willst, daß dir das Ganze vergeben werde; so vergib auch du das Ganze."[4]) Aus diesem Grunde mahnt auch der heilige Paulus: „Alle Bitterkeit und Grimm und Zorn und Geschrei und Lästerung werde weggeschafft aus euch sammt aller Bosheit. Seid vielmehr gütig gegen einander, barmherzig, einander vergebend, so wie auch Gott euch vergeben hat in Christo. Seid also Nachahmer Gottes als liebe Kinder, und wandelt in der Liebe, wie auch Christus uns geliebt, und sich für uns als Gabe und Opfer hingegeben hat."[5])

Diese Forderung muß uns um so billiger erscheinen, als uns Christus nicht bloß von der Sünde, sondern auch aus der Knechtschaft des Teufels befreit hat, der uns wie Gefangene unter seiner Botmäßigkeit gefesselt hielt; denn auch diese Frucht hat das Leiden des Herrn hervorgebracht.

2.
Die Befreiung aus der Gewalt des Teufels durch das Leiden Christi.

Der große Theologe Lessius schreibt über die Knechtschaft unter der Gewalt des Teufels im Götzendienste: „Es war dieß eine überaus große Strafe, den Druck einer so entsetzlichen Tyrannei ertragen zu müssen, durch welche die Menschen nach seinem Willen

---

[1]) Jacob. c. II. v. 13.   [2]) Matth. c. VI. v. 12.
[3]) Homil. 20. ex divers. in Matth.   [4]) Homil. 67. de Orat. domin.
[5]) Ephes c. IV. v 31, 32, c. V. 1. 2.

zu jeder Gattung von Lastern angetrieben, und zugleich mit ihm in dieselbe Verdammniß fortgeschleppt wurden. Es wäre eine große Züchtigung, wenn ein Fürst wegen der Schuld eines Einzigen das Reich von Räubern verwüsten, und deren Dienstbarkeit verfallen ließe; aber es wäre eine noch größere und bitterere Strafe, wenn er verordnet hätte, daß jene, welche einem Räuber gedient, zugleich mit dem Räuber durch die gleichen Qualen hingerichtet werden sollten. Ähnliches denke in Bezug auf Gott, welcher die Welt dergestalt der Tyrannei des Teufels überlassen hat, daß er jene, welche ihm folgen, zugleich mit ihm zum ewigen Feuer verurtheilen will." [1]) So wäre es nach dem Sündenfalle der Stammeltern in Bezug auf das ganze Menschengeschlecht wegen der Erbschuld gewesen,[2]) wenn keine Erlösung stattgefunden hätte, weil die Menschen mit der Erbschuld beladen, auch von persönlichen Sünden nicht freigeblieben wären; und so ist es noch in Bezug auf jene Menschen, welche sich ungeachtet der Erlösung persönlichen Sünden hingeben, in denselben, ohne die Gnaden der Erlösung zu benützen, unbußfertig verharren, und aus diesem Leben scheiden.

Daß der Mensch durch die Sünde in die Gewalt des Teufels gekommen sei, lehrt die heilige Schrift mit bestimmten und klaren Worten. Denn der heilige Paulus sagt von den Habsüchtigen: „Die reich werden wollen, fallen in die Versuchung und in den Fallstrick des Teufels;" [3]) was aber von der Habsucht gilt, das gilt auch von allen andern Süchten und Sünden, weil bei allen dieselben Gründe ihre Geltung haben. Der Apostel belehrt seinen Schüler, den heiligen Timotheus, wie er sich bemühen soll, die Sünder zu bekehren, welche der Wahrheit widerstehen, und fügt bei: „Daß sie wieder aus der Schlinge des Teufels zu sich kommen, von welchem sie gefangen gehalten werden nach seinem Willen."[4]) Der heilige Apostel Johannes sagt, daß die Gerechten Kinder Gottes, und darum in der Gewalt Gottes, die Sünder aber Kinder des Teufels, und darum in der

---

[1]) De perf. et morib. div. Libr. XIII. c. 5. n. 24.
[2]) Concil. Trident. Sess. V. Decret. de pec. orig.
[3]) Tim. c. VI. v. 9. [4]) II. Tim. c. II. v. 26.

Gewalt des Teufels seien, wie die Kinder unter der Gewalt ihres Vaters stehen, und schreibt: „Wer Sünde thut, der ist aus dem Teufel. — Jeder, der aus Gott geboren ist, thut keine Sünde, weil sein Same in ihm bleibt; und er kann nicht sündigen, weil er aus Gott geboren ist. Darin erkennt man die Kinder Gottes und die Kinder des Teufels."[1] Christus selbst nennt diejenigen, welche nach dem Willen des Teufels sündigen, Kinder des Teufels, weil sie gleichsam dessen Lebensprincip in sich aufnehmen, und ruft ihnen zu: „Ihr seid aus dem Vater dem Teufel, und wollet nach den Gelüsten eures Vaters thun."[2] Der Herr sagt, daß der Teufel den Sünder in seiner Gewalt habe, wie ein Feind oder Räuber eine eroberte Burg besetzt hält, und spricht von ihm: „Wenn der starke Bewaffnete seinen Hof bewacht, so ist Alles sicher, was er hat;"[3] und er nennt diesen „Hof" ausdrücklich „seine Beute",[4] die er sich erobert hat. Er sagt, daß so der Teufel das ganze Menschengeschlecht in seiner Gewalt hatte, und nennt ihn darum „den Fürsten dieser Welt."[5]

Christus sagt, daß die Teufel ein Reich bilden, und daß es in diesem Reiche einen Obersten, und eine Herrschaft gebe;[6] daß, wie das Reich Gottes unter den Menschen besteht, auch das Reich des Teufels unter denselben bestehe, wie das Unkraut unter dem Weizen;[7] daß jeder Mensch, der nicht zum Reiche Gottes gehört, dem Reiche des Teufels angehöre: „Wer nicht mit mir ist, der ist wider mich;"[8] und: „Niemand kann zweien Herren dienen."[9] Daher sagt der heilige Gregorius von Nyssa: „Der Teufel ist der Anführer und Beherrscher der Laster";[10] und der heilige Hilarius: „Wie Christus das Haupt aller Heiligen ist, so ist der Teufel das Haupt aller Bösen;"[11] und wie der heilige Paulus von den Kindern Gottes sagt: „Alle, welche vom Geiste Gottes getrieben werden, sind Kinder Gottes;"[12] so muß auch von den Kindern des Teufels gesagt werden: Alle, welche vom bösen

---

[1] I. Joann. c. III. v. 8. 9. 10. [2] Joann. c. VIII. v. 44.
[3] Luc. c. XI. v. 21. [4] Ibid. v. 22. [5] Joann. c. XII. v. 31. c. XIV. v. 30., c. XVI. v. 11. [6] Matth. c. XII. v. 25. 26. [7] Ibid. c. XIII. v. 24.—31.
[8] Ibid. c. XII. v. 30. [9] Ibid. c. VI. v. 24. [10] De vita Mosis.
[11] Super Psalm. CXXXIX. [12] Rom. c. VIII. v. 14.

Geiste getrieben werden, sind Kinder des Teufels. Wie die Kinder Gottes vom Geiste Gottes regiert, und beherrscht werden; so werden die Bösen vom Teufel regiert, und beherrscht.

Warum aber Gott den Menschen wegen der Sünde in die Gewalt des Teufels übergibt, hat seinen Grund darin, weil der Mensch sich ursprünglich vom Teufel zur Sünde verführen ließ; weil er durch das Sündigen sich zum Mitgenossen des Teufels in der Auflehnung und Empörung gegen Gott macht; weil er dessen Grundsätze und Lebensweise sich aneignet; weil er ihm sich unterwirft, und ihm dient, indem er dessen Werke thut; und weil es gerecht ist, daß er, weil er Gott nicht dienen will, in die Gewalt dessen kommt, dem er dient. Christus, der Herr, nennt die Sünder selbst Teufel; denn so sprach er von Judas, dem Verräther, lange vor seinem Verrathe, zu seinen Aposteln: „Habe ich nicht euch Zwölfe auserwählt, und Einer von euch ist ein Teufel?" [1]) und der heilige Augustinus gibt den Grund dessen an, indem er sagt: „Teufel ist kein besonderer, sondern ein gemeinschaftlicher Name; denn an wem immer die Werke des Teufels gefunden werden, der muß ohne Zweifel ein Teufel genannt werden." [2])

Nun war es aber der Zweck der Menschwerdung des Sohnes Gottes, und die Aufgabe des Erlösers, das Reich des Teufels auf Erden zu zerstören, und die Menschen aus seiner Knechtschaft zu befreien, wie der heilige Johannes sagt: „Der Sohn Gottes ist dazu erschienen, um die Werke des Teufels zu zerstören." [3]) Christus selbst hat erklärt, daß er als „der Stärkere" gekommen sei, um diesen „starken Bewaffneten" in seinem „Hofe", in seinem unrechtmäßigen Besitzthume, in dem er sich festgesetzt hatte, zu bekämpfen, zu überwältigen, und ihm seine Beute zu entreißen, indem er sagte: „Wenn aber ein Stärkerer, als er, über ihn kommt, und ihn überwindet; so nimmt er ihm seine ganze Waffenrüstung, auf welche er sich verließ, und vertheilt seine Beute." [4]) Er sagt aber auch, daß dieß durch sein Leiden und Sterben geschehen sei; denn vor seinem Leiden und vor seinem Tode sprach er: „Jetzt ergeht

---

[1]) Joann. c. VI. v. 71.   [2]) De quaest. vet. et nov. Testam. quaest. 90.
[3]) I. Joann. c. III. v. 8.   [4]) Luc. c. XI. v. 22.

das Gericht über die Welt, jetzt wird der Fürst dieser Welt hinausgeworfen werden. Und ich, wenn ich erhöht sein werde, werde Alles an mich ziehen."[1]) Es war also das Erlösungswerk des Herrn auch darauf hingerichtet, dem Satan seine Macht über die Menschen zu nehmen, und die Menschen aus seiner Tyrannenherrschaft zu befreien. Wie er dieß aber durch sein Leiden und Sterben bewirkt habe, zeigt der heilige Thomas auf folgende Weise.

Er sagt: „In Bezug auf die Gewalt, welche der Teufel vor dem Leiden Christi über die Menschen ausgeübt hat, kommen drei Dinge in Betracht zu ziehen; das erste von Seite des Menschen, der durch seine Sünde es verdient hat, der Gewalt des Satans übergeben zu werden, weil er sich durch dessen Versuchung hat überwinden lassen; das zweite von Seite Gottes, den der Mensch durch das Sündigen beleidiget, und der in seiner Gerechtigkeit den Menschen der Gewalt des Teufels überlassen hat; das dritte von Seite des Teufels selbst, der nach der ganzen Bosheit seines Willens den Menschen an der Erreichung seines Heiles hinderte."[2]) Das waren gleichsam die drei Bande, mit welchen der Teufel die Menschen in seiner Gewalt festhielt: Die Sünde, wegen welcher der Mensch dieß verdiente; die Gerechtigkeit Gottes, welche den Menschen für die Sünde damit bestrafte; die Bosheit des Teufels, mit der er den Menschen an der Erreichung seines Heiles hinderte. Zerriß nun Christus diese drei Bande; tilgte er die Sünde, versöhnte er Gott, besiegte er die Bosheit des Teufels durch die Wegräumung der Hindernisse des Heiles, welche dem Menschen von dieser Bosheit des Teufels gesetzt waren: so mußte der Mensch frei werden; und das hat Christus durch sein Leiden und Sterben vollbracht. Der englische Lehrer zeigt dieß in nachstehender Weise.

Das sind seine Worte: „In Bezug auf das Erste ist der Mensch aus der Gewalt des Teufels durch das Leiden Christi befreit worden, in wie fern das Leiden Christi die Ursache der Nachlassung der Sünden ist", was wir bereits erwogen haben;

---

[1]) Joann. c. XII. v. 31. 32.   [2]) Loc. cit.

„in Bezug auf das Zweite muß man sagen, daß uns das Leiden Christi von der Gewalt des Teufels befreit habe, in wie fern er uns durch dasselbe mit Gott versöhnt hat, wie wir später sehen werden; in Bezug auf das Dritte aber hat uns das Leiden Christi von der Gewalt des Teufels befreit, in wie fern (der Teufel) in dem Leiden Christi das Maß der von Gott ihm zugestandenen Gewalt dadurch überschritten hat, daß er den Tod Christi herbeiführte, welcher den Tod nicht verdiente, weil er ohne Sünde war; weßhalb der heilige Augustinus sagt:[1] Durch die Gerechtigkeit Christi ist der Teufel überwunden worden, weil er ihn, obwohl an ihm nichts gefunden worden ist, was den Tod verdiente, dennoch getödtet hat. Daher ist es gerecht, daß die Schuldner, welche er gefangen hält, frei entlassen werden; wenn sie an ihn glauben, den er, ohne daß er es verdiente, getödtet hat."[2] Denn der Satan hatte „die Herrschaft des Todes", wie der heilige Paulus sagt,[3] nur über jene von Gott erhalten, welche den Tod verdient hatten, das heißt, über die Sünder. Da er nun aber die Juden aufhetzte, den Heiland zu tödten, der von keiner Sünde wußte, sondern gerecht und heilig war; so war es gerecht, daß ihm auch die Herrschaft über jene genommen wurde, welche als Sünder den Tod verdient hatten. So ist seine Bosheit durch die Gerechtigkeit Christi besiegt worden, und darum hat er auch die Macht verloren, nach seiner Bosheit Hindernisse des Heiles zu bereiten. Diesen Sieg und Triumph des Herrn über die Mächte der Finsterniß durch sein Leiden und Sterben bezeichnet der heilige Paulus mit den Worten: „Er entwaffnete die Oberherrschaften und die Gewalten, führte sie muthvoll einher, und triumphirte über sie öffentlich durch sich selbst."[4]

Aber hat denn der Teufel jemals wirklich eine Macht über den Menschen gehabt? Der heilige Augustinus sagt von dieser Macht: „Sie ist eine Gewalt unter der Gewalt;"[5] das heißt, eine Macht, die unter der Macht Gottes stand, und nur so viel vermochte, als Gott gestattete. Es erhellt auch aus der Geschichte

---

[1] De Trinit. Libr. XIII. c. 14. [2] Loc. cit. [3] Hebr. c. II. v. 14.
[4] Coloss. c. II. v. 15. [5] Super Psalm. LXI. v. 12.

Job's, daß der Teufel weder seinen Gütern, noch seinen Kindern, noch ihm selbst Etwas anhaben konnte, bevor er dazu von Gott die Erlaubniß erhalten hatte.¹) Ebenso durfte er nicht einmal in die Schweine der Gerasener fahren, bis es Christus ihm gestattet hatte.²) Er scheint also gar keine Macht über die Menschen gehabt zu haben, und darum konnte ja auch das Leiden Christi uns von derselben nicht befreien. Was läßt sich darauf erwiedern?

Aus sich hatte der Teufel allerdings nicht die geringste Gewalt über den Menschen, und er konnte ihm daher auch nicht schaden, ohne daß Gott es zuließ; aber Gott hat dieß eben zugelassen, wie es auch die angeführten Beispiele beweisen; und darin bestand seine Gewalt, daß er nach Gottes Zulassung den Menschen schaden konnte. Zudem stand Job, und standen die Gerasener, und stehen alle Menschen nach der Verheißung des Erlösers schon unter dem Einflusse der Erlösung. Wäre aber dem Menschen die Erlösung nicht verheißen, und nicht gewährt worden; dann würde derselbe ganz die Beute dieses Feindes der menschlichen Natur geworden, und geblieben sein, und der Teufel hätte mit ihm nach seiner vollen Bosheit und Kraft schalten können. Daß er dieß nicht konnte, und noch nicht kann, ist eben die Frucht des Leidens Christi.

Wenn der Teufel aber den Menschen nach Gottes Zulassung auch jetzt noch versuchen, und ihm in natürlichen Dingen sogar schaden kann; so vermag er doch dem Heile des Menschen wider dessen Willen nichts anzuhaben. Was immer er gegen den Menschen unternehmen mag, wird dem Angefochtenen, Beschädigten, Geprüften, oder Bestraften zum Besten gereichen, wenn dieser es zu benützen weiß. Der Mensch findet in der Erlösung des Herrn die Kraft und die wirksamsten Mittel, alle Anschläge dieses Widersachers zu Schanden zu stellen, und sogar dessen Macht und Bosheit selbst seinem Heile dienstbar zu machen. Daher sagt der heilige Cyrillus von Jerusalem: „Der Teufel kann zwar eine Seele anreizen, aber zwingen kann er sie wider ihren Willen nicht;"³)

---

¹) Job. c. I. II. ²) Matth. c. VIII. v. 31. 32.
³) Catechee. 4. de statu homin.

und der heilige Hieronymus schreibt: „Er ist ein schwacher Feind, der Niemanden besiegen kann, außer den, der selbst will; denn er schadet nicht durch Zwang, sondern durch Überredung"; [1]) und: „Die Gewalt des Teufels liegt nicht in seiner Vermessenheit, sondern in deinem Willen." [2]) Widersteht ihm der Mensch, und erträgt er dessen Plagen mit Geduld; so muß er ihm als Werkzeug zur Übung aller Tugenden, zur Erwerbung großer Verdienste und zur Verschönerung der Krone seiner Herrlichkeit dienen; weßhalb Origenes schreibt: „Würde den bösen Geistern ihre Freiheit genommen, so könnte auch Keiner mehr die Krieger Christi bekämpfen; würde man aber von Niemanden bekämpft, so gäbe es auch keinen Lohn, keinen Sieg." [3])

Wenn aber Christus, der Herr, selbst gesagt, daß der Teufel und dessen Knechte, diese Feinde des Heiles, große Macht bekommen werden, und besonders von den letzten Zeiten vorausgesagt hat: „Es werden falsche Christus und falsche Propheten aufstehen, und sie werden große Zeichen und Wunder thun, so daß auch die Auserwählten, wenn es möglich wäre, in Irrthum geführt würden"; [4]) so hat der Herr ja eben dadurch davor gewarnt, und darum gewarnt, weil er den Seinigen Macht und Mittel gegeben, sich zu schützen, und zu verwahren; und der heilige Paulus gibt die Erklärung, namentlich in Bezug auf den eigentlichen Antichrist, indem er an die Thessalonicher schreibt: „Dann wird jener Bösewicht offenbar werden, welchen der Herr Jesus mit dem Schwerte seines Mundes tödten, und durch den Glanz seiner Ankunft zu nichte machen wird, ihn, dessen Ankunft geschieht gemäß der Wirkung des Satans mit allerlei Kraft, Zeichen und falschen Wundern, und mit allerlei Verführung zur Bosheit für die, welche verloren gehen, darum, weil sie die Liebe der Wahrheit nicht angenommen haben, um selig zu werden. Darum wird Gott den Irrthum auf sie wirksam sein lassen, so daß sie der Lüge glauben; damit Alle gerichtet werden, welche der Wahrheit nicht geglaubt, sondern der Ungerechtigkeit beigestimmt haben." [5]) Daraus

---

[1]) Epist. 1. ad Demetriadem. [2]) In Epist. ad Ephes. c. IV. v. 27.
[3]) Homil. 13. in Num. c. XXII. [4]) Matth. c. XXIV. v. 24.
[5]) II. Thessal. c. II. v. 8.—12.

ist ersichtlich, daß auch diese größte Entfaltung der dämonischen Macht nur jenen schaden könne, welche der Wahrheit des Glaubens widerstehen, und lieber den lügenhaften Blendwerken des Teufels sich hingeben wollen. Daher schreibt der heilige Thomas darüber: „Gott gestattet es nach seinen geheimnißvollen Urtheilen dem Teufel, daß er die Menschen in gewissen Personen zu gewissen Zeiten und an gewissen Orten betrügen könne; aber es steht den Menschen durch das Leiden Christi doch immer auch das Mittel bereit, sich gegen die Bosheiten der bösen Geister zu schützen, auch zur Zeit des Antichristes. Wenn aber auch Einige aus Nachlässigkeit von diesem Mittel keinen Gebrauch machen, so geht von der Wirksamkeit des Leidens Christi dadurch nichts verloren;" [1] sondern dessen Unwirksamkeit liegt nur in der Schuld derer, welche von demselben keinen Gebrauch machen.

Den Einfluß des Teufels auf die Sünder auch nach dem Leiden Christi und ungeachtet desselben erklärt der heilige Papst Gregorius mit folgenden Worten: „Es wird von Seite der Gerechtigkeit (Gottes) den bösen Geistern im Geheimen die Erlaubniß gegeben, diejenigen, welche sie, weil sie es selbst so wollen, in der Schlinge der Sünde umstricken, auch gegen ihren Willen zur Strafe der Sünde fortzuschleppen." [2] — „Der Wille des Teufels ist ungerecht, und doch ist alle seine Macht, weil es Gott zuläßt, gerecht." [3] — „Man muß ihn also nicht fürchten, da er nichts vermag, als was ihm erlaubt wird; es ist nur jene Macht allein zu fürchten, welche, wenn sie dem Feinde zu wüthen erlaubt, sich seines ungerechten Willens bedient, um ihr gerechtes Urtheil zu vollstrecken." [4] Wenn ein Mensch durch die Sünde selbst freiwillig sich der Gewalt des Teufels übergibt, und durch Fortsündigen überläßt; dann geschieht, was der heilige Cyprianus sagt: „Der Teufel regiert in jenen, welche er befleckt; und er herrscht in jenen, die er verunreiniget;" [5] und dieß ist eine gerechte Strafe Gottes für die Sünden. Nur die Sünde, und durch die Sünde der Abfall von Gott überliefert den Menschen der Gewalt

---

[1] Loc. cit. ad 3.   [2] Moral. Libr. II. c. 16.   [3] Ibid. Libr. XVIII. c. 1.
[4] Ibid. c. 6.   [5] De jejun. et tentat. Christi c. 6.

des Teufels; vor der Sünde sich aber zu bewahren, oder von derselben sich zu befreien, hat der Mensch von dem Leiden Christi die Gnade, und somit auch die Macht, sich gegen die Macht des Teufels zu schützen, und sich derselben zu entziehen.

Aber warum gestattet Gott dem Teufel auch einen Einfluß auf die Unschuldigen und Gerechten? Die göttliche Vorsehung läßt dieß zu, damit, wie der Mensch vom Teufel überwunden worden ist, der Teufel vom Menschen überwunden, und zu Schanden gemacht werde, und damit der Mensch auch hierin Christo gleichförmig werde, der ebenfalls vom Teufel versucht worden ist, und ihn überwunden hat; „der in allen Stücken versucht worden ist, ähnlich wie wir, doch ohne Sünde war." [1] Sie läßt dieß zu, damit wir uns selbst kennen lernen, Tugenden üben, im Kampfe Kronen gewinnen können, wie der heilige Augustinus sagt: „Unser Fortgang vollzieht sich durch die Versuchung, Keiner gelangt zur Selbstkenntniß, außer er wird versucht, Niemand kann gekrönt werden, wenn er nicht gesiegt hat, siegen aber kann er nicht ohne Kampf, und kämpfen kann er nicht, wenn er keinen Feind und keine Versuchungen hat." [2] Es gilt also das Wort des heiligen Bernardus: „Lästig ist der Kampf, aber nützlich; weil, wenn er auch seine Beschwerde hat, doch auch seine Krone haben wird." [3]

Wollen wir daher gegen die Angriffe dieses Feindes der menschlichen Natur uns sicherstellen, und seine Bosheit, Gewalt und Wuth unschädlich machen; so müssen wir die Gnadenmittel, welche Christus uns durch sein Leiden und Sterben erworben hat, benützen, und dieselben gebrauchen, um von der Sünde los zu werden, um uns vor der Sünde zu bewahren, um für die Sünden, die wir begangen haben, genugzuthun. Die Waffen aber, mit welchen wir gegen die Mächte der Finsterniß kämpfen müssen, bezeichnet uns der heilige Paulus mit den Worten an die Ephesier: „Brüder! seid stark im Herrn und in der Macht seiner Kraft. Ziehet an die Rüstung Gottes, damit ihr bestehen könnet

---

[1] Hebr. c. IV. v. 15.   [2] Super Psalm. LX.
[3] De dom. intern. c. 19.

gegen die Nachstellungen des Teufels; denn wir haben nicht (bloß) zu kämpfen wider Fleisch und Blut, sondern wider die Oberherrschaften und Mächte, wider die Beherrscher der Welt in dieser Finsterniß, wider die Geister der Bosheit in der Luft. Darum ergreifet die Rüstung Gottes, damit ihr am bösen Tage widerstehen, und in Allem vollkommen aushalten könnet. Stehet denn, die Lenden umgürtet mit der Wahrheit, und angethan mit dem Panzer der Gerechtigkeit, und beschuhet an den Füßen mit der Bereitschaft für das Evangelium des Friedens; vor Allem ergreifet den Schild des Glaubens, mit welchem ihr alle feurigen Pfeile des Bösewichtes auslöschen könnet, und nehmet den Helm des Heiles und das Schwert des Geistes, welches das Wort Gottes ist. Mit allem Gebete und Flehen betet zu aller Zeit im Geiste, und wachet darin in aller Beharrlichkeit und in der Fürbitte für alle Heiligen." [1]) Diese Waffen hat uns Christus durch sein Leiden erworben, und sie haben von demselben ihre siegreiche Kraft. Es liegt nur an uns, dieselben zu gebrauchen; und wir werden aus der Gewalt des Teufels befreit sein, und befreit bleiben in alle Ewigkeit.

Nach allem dem schreibt der heilige Augustinus mit Recht: „Es mag nun Jemand sagen: „Wenn der Teufel gebunden ist, warum hat er denn noch eine solche Macht? Es ist wahr, geliebteste Brüder! er hat noch viele Macht, aber nur gegen die Lauen und Nachlässigen, und gegen jene, die Gott nicht wahrhaft fürchten. Denn er ist gebunden, wie ein Hund, der angekettet ist, und kann Niemanden beißen, außer den, welcher in todtbringender Sorglosigkeit ihm sich nahet. Sehet daher, Brüder! wie thöricht ein solcher Mensch ist, den ein Hund an der Kette beißt. Du nahe dich ihm nicht durch die Vergnügungen und Lüste der Welt, und er wird es nicht wagen, dir nahe zu kommen; er kann bellen, er kann reizen, beißen kann er durchaus nicht, außer den, der will; denn er schadet nicht durch Zwang, sondern durch Überredung, und erpreßt sich nicht unsere Einwilligung, sondern bittet darum." [2])

---

[1]) Ephes. c. VI. v. 10.—19.   [2]) Serm. 197. de temp.

Das ist die zweite Frucht des Leidens Christi, die wir genießen, und für welche wir ihm niemals genug danken können. Aber wir bedürfen zur vollständigen Erlösung auch der Befreiung von der verdienten Strafe; und ob das Leiden und Sterben des Herrn auch dieß bewirkt habe, wollen wir nun untersuchen.

3.
Die Befreiung von der Strafe der Sünde durch das Leiden Christi.[1]

Es gibt vielleicht nichts, was uns schwerer begreiflich gemacht werden kann, als daß uns Christus, der Herr, durch sein Leiden und Sterben auch von allen Strafen der Sünde erlöst habe; denn es scheinen uns alle Beweise vom Gegentheile von außen zu umgeben, und von innen zu bedrängen.

Die größte Strafe für die Sünde ist die ewige Verdammniß. Nun aber gibt es aus der Hölle keine Erlösung, und Alle, die verdammt worden sind, oder verdammt werden, erhalten durch das Leiden Christi keine Befreiung von ihrer Strafe. Deßgleichen sind die Peinen des Fegfeuers Strafen für die Sünden; es erhalten aber auch die Seelen, welche zum Fegfeuer verurtheilt werden, durch das Leiden Christi weder die Bewahrung vor diesen Strafen, noch auch die Befreiung von denselben, außer durch die Vermittlung und Fürbitte der streitenden und triumphirenden Kirche. Die größte Strafe der Sünde in dieser Welt ist der Tod; nun aber erlangt kein Mensch durch das Leiden Christi eine Befreiung von dieser Strafe, und alle Menschen müssen sterben. Alle übrigen unzähligen und verschiedenen innern und äußern Leiden der Menschen auf dieser Erde sind Strafen der Sünde, und sie bestehen ungeachtet des Leidens des Herrn fort; wir sind also auch von diesen Strafen durch dasselbe nicht befreit worden. Endlich legt die Kirche selbst im Sakramente der Buße sogar denen, welche von ihren Sünden losgesprochen werden, noch eine Strafe auf. Es ist also gar nicht ersichtlich, von wel-

---
[1] P. III. q. 49. a. 3.

cher Strafe der Mensch durch das Leiden Christi befreit worden sein sollte.

Allein wenn man die Sache genauer untersucht, so wird man sich überzeugen, daß neben diesem Stande der Dinge das Leiden Christi dennoch den Menschen von allen Strafen der Sünde befreit habe, wie der Prophet Isaias es mit den Worten geweissagt hat: „Wahrhaftig, er hat unsere Krankheiten auf sich genommen, und unsere Schmerzen selbst getragen."[1] Sehen wir aber zuerst, wie uns das Leiden Christi von den Strafen der Sünde befreit habe.

Christus hat uns durch sein Leiden von den Strafen der Sünde auf zweierlei Weise befreit, und zwar direkt dadurch, daß sein Leiden und Sterben die hinreichende und überschwängliche Genugthuung für alle Sünden des ganzen Menschengeschlechtes ist; denn wird eine hinreichende Genugthuung geleistet, so hört auch die Verpflichtung auf, die für die Sünde verdiente Strafe zu erdulden; indirekt aber dadurch, daß sein Leiden die Ursache der Nachlassung der Sünden ist, in welchen die Verpflichtung zur Erduldung der Strafe ihren Grund hat. Was also das Leiden des Herrn anbelangt, ist es die vollkommenste Genugthuung nicht nur für die Sünden der ganzen Welt, sondern auch für die durch die Sünden verschuldeten Strafen; wenn daher dessenungeachtet noch Strafen auf der Menschheit lasten, so liegen die Ursachen davon nicht in einem Mangel an dem Leiden des Herrn, sondern anderwärts, nämlich in der Zuwendung dieses Leidens und in der Theilnahme an demselben, oder in der thatsächlichen Wirkung. Denn da kommt es darauf an, ob und wie viel jeder einzelne Mensch von der Genugthuung dieses Leidens sich aneignet; und darnach erklären sich alle Zustände, in welchen sich die verschiedenen Menschen diesem Leiden gegenüber befinden.

Die Verdammten der Hölle hätten diesen Strafen entgehen können, wenn sie sich das Leiden Christi zu Nutzen gemacht, und die Gnadenmittel, welche ihnen durch dieses Leiden verdient, und bereitet worden sind, gebraucht haben würden. Das Verdienst

---

[1] Isai. c. LIII. v. 4.

dieses Leidens wird den Menschen durch den Glauben, durch die Liebe, durch die heiligen Sakramente zugewendet. Da also die Verdammten diese Gnadenmittel im Leben nicht gebraucht haben, und jetzt nicht mehr gebrauchen können; so konnten, und können sie auch die Wirkung des Leidens Christi an sich nicht erfahren, und darum auch von ihrer Strafe nicht befreit werden. Es liegt also die Ursache dessen in der Bosheit ihres Willens, nicht im Mangel an der Wirksamkeit des Leidens Christi; wie wenn ein Gefangener das angebotene Lösegeld nicht annimmt, und verschmäht, seine Gefangenschaft nicht wegen des Mangels an einem Lösegelde, sondern wegen seiner Zurückweisung desselben fortbesteht.

Um des Leidens Christi theilhaftig zu werden, muß der Mensch, wie der heilige Apostel Paulus lehrt,[1] Christo gleichförmig werden. Durch die Taufe wird der Mensch auf sakramentalische Weise Christo vollkommen gleichförmig, wie derselbe heilige Apostel lehrt, indem er sagt: „Wir sind mit ihm durch die Taufe zum Tode begraben, damit, gleichwie Christus auferstanden ist, also auch wir in einem neuen Leben wandeln."[2] Deßhalb wird den Getauften die Genugthuung Christi auch auf vollkommene Weise zugewendet, mit der Sündenschuld auch die Strafschuld nachgelassen, und darum auch keine Strafe, keine Buße auferlegt. Die Getauften sind dem alten Leben der Sünde mit Christus gestorben, und durch diesen Tod, wie für das alte Leben, so auch für die durch dasselbe verdienten Strafen nicht mehr vorhanden; sie sind mit Christus zu einem neuen Leben auferstanden, und dieses neue Leben hat noch keine Strafe verdient. Weil aber, wie der heilige Apostelfürst Petrus sagt: „Christus nur einmal für unsere Sünden gestorben ist",[3] so kann auch der Mensch nicht ein zweites Mal Christo im Tode gleichförmig werden; und weil Christus nur einmal auferstanden ist, so kann der Mensch auch nicht ein zweites Mal Christo im neuen Leben gleichförmig werden. Wenn er daher nach der Taufe sündiget, so kann er nicht noch einmal durch die Taufe Christo im Tode, und im neuen Leben, sondern nur mehr im Leiden gleichförmig werden, indem er auch selbst

---

[1] Rom. c. VIII. v. 29. [2] Ibid. c. VI. v. 4. [3] I. Petr. c. III. v. 18.

Pein und Qual erduldet. Daher sind uns die Leiden der Armuth, die Leiden der Verachtung, die Leiden an der Seele und am Leibe, die Leiden von Seite anderer Menschen, die Leiden von Seite der äußern Güter und der ganzen Außenwelt, die Versuchungen, die Sorgen des Lebens und alle Übel auf Erden geblieben, weil sie Mittel sind, an der Genugthuung Christi, des Herrn, theilzunehmen, ihm gleichförmig zu werden, und uns zu heiligen. Daher haben die Bußen, welche die Kirche dem Sünder auferlegt, und alle Leiden dieser Zeit nebst andern Zwecken auch diesen, den Menschen Christo nicht bloß in der Genugthuung, sondern auch im Leiden überhaupt gleichförmig zu machen, wozu, wenn seine Leiden mit dem Leiden Christi vereiniget werden, auch ein weit geringeres Maß derselben erfordert wird, als es die Sünden verdieneten./

Wenn der zeitliche Tod von dem Menschen durch das Leiden Christi nicht hinweggenommen worden ist; so hat auch dieß seinen Grund darin, daß wir Christo gleichförmig werden müssen. Denn das Leiden Christi hat seine Wirkung in uns nur dann, wenn wir Christo einverleibt werden, wie die Glieder dem Haupte; die Glieder aber müssen dem Haupte gleichförmig sein, und diese Gleichförmigkeit fordert, daß, wie Christus gestorben ist, auch wir sterben. Denn Christus hat zuerst die Gnade in seiner Seele empfangen, blieb aber nebenbei dem Leibe nach dem Leiden und dem Tode unterworfen, und ist durch das Leiden und durch den Tod zur Glorie der Unsterblichkeit gelangt. Sind also die Menschen auch durch die Gnade gerechtfertiget, geheiliget, und Kinder Gottes geworden; so bleibt ihr Leib ebenfalls noch dem Leiden und dem Tode unterworfen, müssen auch sie durch das Leiden und durch den Tod Christo gleichförmig werden, und so mit ihm zur Glorie der Unsterblichkeit gelangen; wie der heilige Apostel Paulus sagt: „Sind wir aber Kinder, so (sind wir) auch Erben, nämlich Erben Gottes, und Miterben Christi; wenn wir anders mit ihm leiden, damit wir auch mitverherrlichet werden."[1]/

---

[1] Rom. c. VIII. v. 17.

Die Leiden des Fegfeuers ergänzen, was dem Leiden dieses Lebens gemangelt hat, um zur völligen Gleichförmigkeit und Vereinigung mit Christus zu gelangen; und wenn das Maß der Liebe noch nicht jede Schuld getilgt hat, muß diese Schuld durch jenes Feuer beseitiget werden, um mit Christus zur Herrlichkeit des Himmels zu gelangen, in welchen „nichts Unreines eingehen kann." [1]) Daher schreibt der heilige Eusebius: „Die Flamme des Fegfeuers verfolgt nicht so fast den Schuldigen, als vielmehr die Schuld; und wenn die Vergehen ihr Maß hatten, so haben auch die Peinen ihr Maß." [2]) Gleichwohl aber geschieht dort, was der heilige Gregorius von Nyssa sagt: „Während in dem Fegfeuer die Fehlerhaftigkeit vom Feuer verzehrt wird, muß auch die Seele, mit welcher die Fehlerhaftigkeit vereiniget ist, im Feuer sein." [3]) Überdieß lehrt der heilige Thomas: „Es ist gewiß, daß es nach diesem Leben reinigende Strafen gebe, durch welche die Bußen, die nicht erfüllt worden sind, erfüllt werden." [4]) Das Fegfeuer muß die Genugthuung, welche wir unsererseits zur Genugthuung Christi für unsere Sünden beizutragen, aber in diesem Leben nicht beigetragen haben, ersetzen, und nachtragen. Daher denn also auch die Strafen des Fegfeuers ungeachtet des Leidens und Sterbens des Herrn.

Auf solche Weise sind aber alle diese Leiden nicht mehr so fast Strafen, als vielmehr Mittel, dem leidenden und sterbenden Erlöser gleichförmig, der Verdienste seines Leidens und Todes, und dadurch auch seiner himmlischen Herrlichkeit theilhaftig zu werden; bis endlich alle Leiden ein Ende haben und keine Strafen mehr sein werden für Alle, die seiner Erlösung theilhaftig geworden sind, wie geschrieben steht: „Gott wird abwischen alle Thränen von ihren Augen; der Tod wird nicht mehr sein, noch Trauer, noch Klage, noch Schmerz wird mehr sein; denn das Erste ist vergangen. Und es sprach, der auf dem Throne saß: Sieh, ich mache Alles neu." [5]) Dann werden die Erlösten vollends und für immer von aller Strafe frei sein; dann wird

---

[1]) Apoc. c. XXI. v. 27.   [2]) S. Euseb. Emissen. Homil. 1. ad Monach.
[3]) De anim. et resurrect.   [4]) Compend. theolog. c. 181.
[5]) Apoc. c. XXI. v. 4. 5.

das Leiden und Sterben Christi seine thatsächliche und vollendete Wirkung auch an seinem mystischen Leibe erreicht haben. Das Alles aber verdanken wir dem Leiden und Sterben unsers göttlichen Erlösers; und so ist es wahr, daß er uns durch sein allerheiligstes Leiden und Sterben auch von allen Strafen der Sünde befreit habe.

Das ist nun aber die dritte Frucht und die dritte Wirkung des Leidens und Sterbens des Herrn, unsers Erlösers, die wieder nur er uns verschaffen konnte, und für welche wir ihm neuen und unsterblichen Dank schuldig sind.

Wie ganz anders erscheinen uns das Leiden und der Tod im Lichte dieser Wahrheit, als wenn man dieselben bloß mit den Augen der natürlichen Vernunft betrachtet! Bringt man dieß allein in Anschlag, daß man durch Leiden, wenn sie mit dem Leiden des Herrn vereiniget werden, alle Strafen, welche man für seine Sünden verdient hat, beseitigen kann; so müssen sie schon darum willkommen sein, da sie mit den verdienten Strafen in keinen Vergleich kommen können, und dieselben durch die Verdienste des Leidens Christi dennoch aufheben. Daher sagt der heilige Papst Gregorius: „Gerecht ist Alles, was wir leiden; und sehr ungerecht ist es, über ein gerechtes Leiden zu murren." [1]

Wer ferner Christo ähnlich werden, dadurch sich heiligen, und mit ihm zur Seligkeit gelangen will; der muß das Leiden lieben, mit ganzer Seele umfangen, und mit dem leidenden Heilande geduldig und standhaft ertragen. Daher schreibt der heilige Cyprianus: „Es kann die Krone der Schmerzen und Leiden nicht erlangt werden, wenn nicht die Geduld im Schmerze und Leiden vorangeht;" [2] und das Büchlein von der Nachfolge Christi sagt: „Ohne Kampf kannst du nicht zur Krone der Geduld gelangen; wenn du nicht leiden willst, weigerst du dich, gekrönt zu werden." [3]

Hätte aber Jemand auch für seine verdienten Strafen in der Theilnahme an dem Leiden Christi bereits die hinreichende Genugthuung geleistet, so würde Liebe, Dankbarkeit gegen den

---

[1] Libr. II. Moral. c. 13. n. 18.   [2] De bono patient. c. 4.
[3] De imit. Christ. Libr. III. c. 19. §. 4.

göttlichen Erlöser und die Vermehrung des eigenen Verdienstes doch niemals sagen, es sei genug, und forderte es die Gemeinschaft der Heiligen, daß er nach dem Beispiele des heiligen Apostels Paulus auch für die Kirche und deren Glieder leide; denn der heilige Bernardus sagt: „Was immer wir leiden können, kann, mit der Bitterkeit des Leidens des Herrn verglichen, entweder für wenig, oder für nichts gehalten werden;" [1]) und der heilige Hieronymus schreibt: „Es gibt nichts, was derjenige zu leiden nicht bereit wäre, welcher eine vollkommene Liebe besitzt." [2]) Eben so betheuert der heilige Chrysostomus: „Je Bittereres Jemand leidet, einen desto größeren Zuwachs erhält seine Herrlichkeit;" [3]) und der heilige Augustinus behauptet: „Je größer in den Heiligen die Liebe Gottes ist, desto mehr wird für das, was geliebt wird, auch Alles erduldet." [4]) Die Liebe kann nicht ohne Leiden sein; und je größer die Liebe ist, desto mehr will sie leiden.

Die Liebe zum göttlichen Erlöser und zum eigenen Seelenheile muß uns das Leiden und den Tod sogar erwünscht und als die größte Gnade und Wohlthat erscheinen lassen; ja das Leiden ist eigentlich unsere größte Ehre und unser wahrer Ruhm; besonders da Christus, der Herr, in uns und mit uns leidet, wie der heilige Apostel Paulus von sich selbst bekennt: „Gern will ich mich meiner Schwachheiten rühmen, damit die Kraft Christi in mir wohne. Darum habe ich Wohlgefallen an meinen Schwachheiten, an Schmähungen, an Nöthen, an Verfolgungen, an Bedrängnissen um Christi willen." [5]) Ja, er schreibt an die Galater: „Fern sei es von mir, daß ich mich rühme, außer im Kreuze unsers Herrn Jesu Christi, durch welchen mir die Welt gekreuziget ist, und ich der Welt;" [6]) und an die Philipper: „Christus ist mein Leben, und Sterben mein Gewinn." [7]) Der Apostel kannte eben den Werth des Leidens, und wußte, welche Schätze in demselben verborgen liegen. Dasselbe finden wir an allen Heiligen, und aus ihrem Munde hören wir die den Weltkindern

---

[1]) Libr. de Pass. Dom. c. 23.   [2]) Reg. monach. c. 28.
[3]) Homil. 22. super Epist. ad Hebr.   [4]) De patient. c. 17.
[5]) II. Cor. c. XII. v. 9. 10.   [6]) Galat. c. VI. v. 14.
[7]) Philipp. c. I. v. 21.

unverständlichen Worte: „Entweder leiden oder sterben!" und: „Nicht sterben, sondern leiden!" Es zeigt auch die Erfahrung, daß Gott allen Seelen, die er besonders liebt, auch besonders Leiden zusendet; um sie seinem eingebornen Sohne im Leben auf Erden, und dann in der Glorie des Himmels um so ähnlicher zu machen. Alle diese Schätze aber verdanken wir nur dem Leiden des Herrn, von welchem unser Leiden seinen Werth und sein Verdienst erhält. Wie wunderbar hat uns der göttliche Erlöser alles Bittere dieses Lebens, und selbst den Tod durch sein Leiden und Sterben versüßt, und das, was uns Verlust und Schaden zu bringen scheint, zur Quelle unschätzbarer Güter gemacht!

Aber sein Leiden hat uns einen noch unendlich kostbareren Vortheil gebracht; es hat den Zorn Gottes von uns abgewendet, und seine Vaterliebe uns zugewendet, wovon wir uns sofort überzeugen werden.

4.
Unsere Versöhnung mit Gott durch das Leiden Christi.[1]

Hat Jemand seinen Vater, oder seinen König schwer beleidigt, und ist ihm nachher auch durch einen Vermittler die verdiente Strafe nachgelassen worden; so wird er doch keinen wahren Frieden, keine Ruhe finden, bis eine offene, aufrichtige Versöhnung mit dem beleidigten Vater, mit dem beleidigten Könige stattgefunden hat, und das frühere Verhältniß in Liebe oder Zuneigung wieder hergestellt ist. Schon von der Erbsünde sagt der heilige Apostel Paulus: „Wir waren von Natur aus Kinder des Zornes, wie auch die Übrigen."[2] Dieser Zorn Gottes mußte der Liebe Gottes Platz machen, wenn wir mit Gott wahrhaft ausgesöhnt werden sollten; und das hat Christus, der Herr, durch sein Leiden und Sterben erwirkt, wie es uns der Glaube lehrt.

Denn es steht geschrieben: „Als wir noch Feinde waren, sind wir mit Gott versöhnt worden durch den Tod seines Sohnes."[3] Diese Worte enthalten drei große Wahrheiten; denn sie sagen, daß

---

[1] P. III. q. 49. a. 4.   [2] Ephes. c. II. v. 3.   [3] Rom. c. V. v. 10.

wir Feinde Gottes waren, und folglich auch Gott zum Feinde hatten, daß also zwischen Gott und uns eine wahre Feindschaft bestand; sie sagen, daß wir mit Gott versöhnt worden seien, daß also diese Feindschaft zwischen Gott und uns aufgehört, und eine wahre Versöhnung stattgefunden habe; und sie sagen, daß durch den Tod Christi jene Feindschaft aufgehoben, und diese Versöhnung herbeigeführt, und zu Stande gebracht worden sei. Es unterliegt also keinem Zweifel, daß wir durch das Leiden und Sterben Christi mit Gott versöhnt worden seien.

Wie ist aber diese Versöhnung zwischen Gott und dem Menschengeschlechte durch das Leiden und Sterben Christi bewerkstelliget worden? Einmal dadurch, daß das Leiden Christi die Ursache der Feindschaft zwischen Gott und den Menschen beseitiget hat. Denn Gott liebt Alles, was er gemacht hat, wie geschrieben steht: „Du liebst Alles, was ist, und hassest nichts von dem, was du gemacht hast; denn du hast nichts im Hasse gemacht, oder erschaffen;"[1] und so liebt Gott selbst den Sünder in seiner Natur, die er gemacht, und erschaffen hat. Was er aber an dem Sünder haßt, ist die Sünde, welche der Natur und allen Vollkommenheiten Gottes widerspricht. Weil nun der Sünder die Sünde begangen, in sich aufgenommen, mit sich gleichsam Eins gemacht hat, weil der Sünder sündhaft geworden ist, darum haßt Gott um der Sünde willen auch den Sünder in seiner Sünde, und so lange er Sünder ist, wie geschrieben steht: „Der Gottlose und seine Gottlosigkeit sind Gott auf gleiche Weise verhaßt";[2] und: „Du hassest Alle, die Böses thun."[3] Die Ursache der Feindschaft zwischen Gott und dem Menschen ist also die Sünde, und einzig nur die Sünde. Wird nun die Sünde vom Menschen weggenommen, und hört er auf, Sünder zu sein; so findet Gott an ihm nichts mehr, was er hassen könnte, sondern nur mehr, was er liebt; und somit muß auch sein Haß, seine Feindschaft gegen ihn aufhören, und der Liebe, der Freundschaft Platz machen. Auf solche Weise wird die Versöhnung zwischen Gott und dem Menschen zu Stande gebracht. Nun aber haben wir gesehen, daß das Leiden und Sterben Christi

---

[1] Sap. c. XI. v. 25.   [2] Ibid. c. XIV. v. 9.   [3] Psalm. V. v. 7.

den Menschen von der Sünde befreit habe; und somit wird der Mensch durch das Leiden Christi mit Gott versöhnt.

Ebenso haben wir gesehen, daß das Leiden und Sterben Christi ein wahres Opfer ist; die Wirkung des Opfers aber, welches Gott wohlgefällig ist, besteht eben darin, daß Gott durch dasselbe versöhnt werde; besonders wenn er es als Bedingniß dieser Versöhnung selbst verlangt, und festgesetzt hat, wie dieß in Bezug auf das Opfer Christi wirklich der Fall ist. Es geschieht dieß auf eine ähnliche Weise, wie wenn ein Mensch die Beleidigung, welche ihm zugefügt worden ist, wegen einer Huldigung, die ihm dargebracht wird, verzeiht, und sich versöhnen läßt. Daher steht geschrieben: „Wenn der Herr dich gegen mich reizt, so steige der Geruch meines Opfers zu ihm empor"; [1] das heißt: Wenn der Herr mir zürnt, und mich durch dich strafen will, so werde ich ihm ein Opfer bringen, durch welches er versöhnt, und die Strafe von mir abgewendet wird. Es war aber das Opfer Christi, das er Gott freiwillig in seiner Menschheit dargebracht hat, eine solche Huldigung und ein so großes Gut, daß Gott dasselbe unendlich mehr liebte, als er die Beleidigungen der ganzen Menschheit haßte, und daß er um dieser Huldigung, um dieses Gutes willen, das er in der menschlichen Natur seines vielgeliebten Sohnes fand, über alle Beleidigungen des Menschengeschlechtes versöhnt wurde, und allen Menschen verzeiht, welche sich dieses Opfers Christi theilhaftig machen. Daher ist Gott durch das Leiden Christi nicht in der Weise mit den Menschen ausgesöhnt worden, daß er den Menschen gleichsam zu lieben anfing, als wenn er ihn früher nicht geliebt hätte, da Gott selbst sagt: „Mit ewiger Liebe liebe ich dich"; [2] sondern so, daß das Hassenswerthe an dem Menschen durch das Liebenswürdige am Opfer der Menschheit Christi aufgehoben, und beseitiget, und Gott für die zugefügte Beleidigung der Ersatz einer weit größeren Huldigung dargebracht wurde.

Wenn endlich Gott durch die gottesmörderische That der Juden im Leiden und im Tode Christi auch auf das Schwerste beleidiget wurde; so war doch die Liebe des leidenden und sterbenden Hei-

---

[1] 1. Reg. c. XXVI. v. 19.   [2] Jerem. c. XXXI. v. 3.

landes unendlich größer, als die Bosheit der Gottesmörder; und es wog das Opfer des Gottmenschen unendlich mehr, um Gott zu versöhnen, als deren Verbrechen, um Gott zu beleidigen. Und so war das Leiden und Sterben Christi selbst auch für diese Gottesmörder ein Versöhnungsopfer.

So sind wir durch das Leiden Christi mit Gott versöhnt worden, und das ist dessen vierte Frucht, die ebenfalls nirgends, als am Kreuze des Gottmenschen für die Menschheit gewonnen werden konnte.

Um diese Frucht des Leidens des Herrn nach ihrem Werthe schätzen zu können; müßte man verstehen, was die Sünde, und was Gott ist, welche Beleidigung Gottes in der Sünde liegt, was es heißt, Gott zum Feinde haben, wie es unter den Geschöpfen und in geschöpflichen Dingen nichts gab, was Gott hätte versöhnen können, welche Folgen in der Zeit und Ewigkeit aus dieser Feindschaft für die ganze Menschheit unabwendbar entstanden wären, und was diese Versöhnung mit Gott, und Gottes wieder gewonnene Liebe in sich schließt. Wie unbegreiflich dieses Alles ist, eben so unbegreiflich ist die Wohlthat dieser Versöhnung. Der heilige Augustinus faßt die ganze Größe dieser Gnade in die Worte zusammen: „Es gibt kein anderes Heil für die Seele, als die Aussöhnung mit ihrem Urheber."[1]

Wenn Gott sich mit uns versöhnt hat, und sich immer wieder versöhnen läßt; wenn der Sohn Gottes ein solches Opfer gebracht hat, um unsere Versöhnung mit dem Vater herzustellen: wie strafbar vor dem himmlischen Vater und vor seinem göttlichen Sohne wären wir, wenn wir gegen die Kinder des himmlischen Vaters und gegen die Brüder und Schwestern Jesu Christi, gegen die Mitmenschen unversöhnlich wären; wenn wir selbst entweder von unsern Mitmenschen uns nicht versöhnen lassen wollten, oder nicht Alles aufbieten würden, um Andere, die wir beleidiget haben, zu versöhnen! Wir müssen uns mit dem Nächsten versöhnen, weil sich Gott sonst auch nicht mit uns versöhnen läßt, wie Christus, der Herr, selbst erklärt hat: „Wenn ihr aber den Menschen nicht

---

[1] De quant. anim. c. 3.

vergebet, so wird euch euer Vater euere Sünden auch nicht vergeben"; [1]) und daher schreibt auch der heilige Isidorus: „Umsonst sucht sich derjenige Gott zu versöhnen, welcher es unterläßt, sich unverzüglich mit dem Nächsten zu versöhnen."[2]) Wir müssen uns mit dem Nächsten auch so versöhnen, wie wir wünschen, daß Gott sich mit uns versöhnt; denn Christus, der Herr, hat uns zum himmlischen Vater beten gelehrt: „Vergib uns unsere Schulden, wie auch wir vergeben unsern Schuldigern."[3]) Daher sagt der heilige Chrysostomus: „Gott straft nicht bloß jene, welche Zorn tragen, und der Beleidigung nicht vergessen können; sondern auch jene, welche es vernachlässigen, oder verschmähen, die zürnenden und beleidigten Brüder zu versöhnen;"[4]) und er fügt bei: „Gott duldet es auch nicht, daß die Aussöhnung verheimlichet, oder aufgeschoben werde. Wenn der Nächste aber auch noch vor dem Abende versöhnt ist, so lösche das noch neue Übel ganz aus. Denn wenn die Nacht dasselbe noch vorfindet; so wird auch der folgende Tag das Übel, welches in der Nacht hinzugekommen ist, nicht auslöschen können. Und wenn du auch vielleicht den größern Theil desselben weggeschnitten, aber nicht das ganze beseitiget hast; so wird es geschehen, daß die folgende Nacht, indem sie wieder aufnimmt, was übrig geblieben ist, einen noch heftigeren Brand entzündet."[5]) Wir müssen uns schnell und vollständig, nicht nur äußerlich, sondern auch innerlich und von ganzem Herzen versöhnen, damit nicht Groll, Haß, oder Abneigung im Innern bleibe, und dadurch in Gedanken, in Gefühlen, in Begierden neue Flammen der Zwietracht und Feindschaft auflodern, und, je länger sie genährt werden, einen desto heftigeren und verheerenderen Brand verursachen. Wir müssen uns schnell und vollständig und für immer mit dem Nächsten versöhnen, wie sich Gott mit uns versöhnt.

Um uns mit dem Nächsten vollständig zu versöhnen, müssen wir zuerst innerlich alle feindlichen Gesinnungen aufgeben, und die Gesinnungen der Nächstenliebe wieder aufnehmen; damit uns nicht der Vorwurf des heiligen Hieronymus treffe: „Mit den

---

[1]) Matth. c. VI. v. 15.   [2]) De summo bono Libr. III. c. 27. sent. 7.
[3]) Matth. c. VI. v. 12.   [4]) Libr. I. de compunct. cordis.   [5]) Ibid.

Lippen versprichst du den Frieden, und im Herzen behältst du das Gift." [1]) Dann müssen wir auch äußerlich wenigstens die gewöhnlichen Zeichen der Nächstenliebe im Benehmen, in Wort und That wieder an den Tag legen, wenn wir selbst beleidiget worden sind; wenn wir aber einen Andern beleidiget haben, thun, was der heilige Isidorus sagt: "Wenn du Jemanden beleidiget hast, so versöhne ihn durch Bitten; eile schnell zu deiner Wiederversöhnung und flehe sogleich um die Verzeihung deiner Beleidigung." [2]) Können wir aber mit demselben nicht zusammen kommen; so müssen wir thun, was der heilige Papst Gregorius lehrt: "Wir müssen zum Nächsten, wenn er auch weit entfernt, und weit von uns getrennt ist, im Geiste hingehen, ihm unser Herz unterwerfen, und ihn durch Verdemüthigung, Wohlwollen und Versöhnlichkeit besänftigen;" [3]) damit kein Groll, keine Bitterkeit, keine Abneigung, kein liebloses Gefühl im Herzen bleibe, und die äußerliche Aussöhnung bei der nächsten Zusammenkunft leichter von Statten gehe.

Man muß auch die Genugthuung Christi, des Herrn, nachahmen, und die Aussöhnung nach seinem Vorbilde zu bewerkstelligen suchen. Hat man Jemanden thatsächlich beleidiget, so muß auch die Wiederversöhnung thatsächlich geschehen; denn in diesem Falle "nützt", wie der heilige Bonaventura sagt, "die Aussöhnung im Herzen wenig ohne die Genugthuung im Werke;" [4]) und man muß hierin überhaupt beobachten, was der heilige Chrysostomus lehrt: "Was für eine Beleidigung vorangegangen ist, eine solche Versöhnung muß nachfolgen. Hast du im Gedanken beleidiget, so versöhne dich im Gedanken; hast du mit Worten beleidiget, so versöhne dich mit Worten; hast du mit Thaten beleidiget, so versöhne dich mit Thaten; denn, wenn du den, welchen du mit Thaten beleidiget hast, nicht auch mit Thaten versöhnest, betest du umsonst zu Gott." [4])

Diese Aussöhnung ist ein Erforderniß unsers eigenen Herzens, und sie ist eigentlich eine Versöhnung mit uns selbst; weil das Herz

---

[1]) Super Psalm. CXLIX. vers. ult.   [2]) Isid. Pelus. De Synonym. c. 7.
[3]) Dialog. Libr. IV. c. 60.   [4]) Serm. 2. Dom. 12. post. Pent.

ohne dieselbe keine Ruhe und keinen Frieden findet; es fordert sie unser Nächster, dem wir sie aus Gerechtigkeit und Liebe schuldig sind; es fordert sie Gott, der in dem Nebenmenschen selbst beleidiget worden ist, und ohne diese Versöhnung sich selbst nicht versöhnen läßt. Deßhalb sagt der heilige Bernardus: „Wenn wir mit uns selbst versöhnt sind, dann können wir mit Vertrauen durch die Reinheit des Herzens mit Gott versöhnt werden."[1])

Übrigens ist auch wahr, was der heilige Chrysostomus sagt: „Wir Unsinnigen wissen es nicht, ja wir wissen es nicht, welche Wonne in der Versöhnung liegt, und wir können dieß, so lange wir in der Feindschaft leben, nicht einsehen. Nachdem man die Feindschaft abgelegt hat, kann man es am besten begreifen, um wie viel süßer es sei, die Unbilden zu lieben, als zu hassen."[2]) Und hat uns nicht Christus, der Herr, dieß eben durch sein großes Versöhnungsopfer gelehrt, und dazu uns auch die nöthige Gnadenkraft erworben?

Endlich wäre es der allersträflichste Undank, wenn wir diese Versöhnung mit Gott, welche dem Herrn Alles gekostet hat, zurückweisen, und lieber in der Feindschaft Gottes bleiben, als seiner Freundschaft genießen wollten; diesen allerschwärzesten Undank begehen aber alle jene, welche jetzt noch sündigen, und in der Sünde verharren. Würde man sich stets gegenwärtig halten, was es den Sohn Gottes gekostet habe, um uns mit Gott zu versöhnen, wie nothwendig diese Versöhnung sei, und welche Schätze in derselben liegen; so müßte man eher Alles erdulden, und hinopfern, als sündigen, das Erlösungswerk Christi seiner Wirkung berauben, und Gott sich neuerdings zum Feinde machen. Daher sagt der heilige Bernardus: „Es gibt wahrhaftig nichts, was so von der Versuchung und Befleckung aller Fehler reiniget, und in der Reinheit erhält, wie die beständige Erinnerung an das Leiden des Herrn Jesu".[3])

Wie groß und unschätzbar nun alle diese Früchte des Leidens und Sterbens Jesu Christi sind, so hätten sie doch unsere Erlö-

---

[1]) Serm. 1. in Festo omn. Sanct. [2]) Homil. 80. super Matth. Op. imp.
[3]) De Pass. Dom. c. 44.

sung nicht vollendet; wenn nicht noch eine, und für uns die aller-
süßeste hinzugekommen wäre, nämlich die Wiedereröffnung des
Himmels, welcher allen Menschen wegen der Sünde verschlossen
war. Auch diese Frucht verdanken wir dem Leiden und Sterben
des Herrn, wie wir es in der folgenden Erörterung sehen werden.

5.
Die Eröffnung des Himmels durch das Leiden Christi.[1])

Den Himmel hat uns die Sünde verschlossen; denn der Prophet
Isaias sagt von dem Wege zum Himmel: „Da ist die Bahn und
Straße, die man die heilige Straße nennt; kein Unreiner wandelt
darauf;"[2]) und von der himmlischen Stadt Jerusalem steht geschrieben: „Nichts Unreines wird in dieselbe eingehen."[3]) Was
also unrein ist, für das gibt es keinen Weg zum Himmel, und
ist der Himmel selbst verschlossen. Unreinigkeit vor Gott aber ist
die Sünde, und nur die Sünde, und die Sünde macht den Menschen vor Gott unrein. Die Sünde also, und nur die Sünde
hat dem Menschen den Himmel, und den Weg zum Himmel verschlossen, und zwar eine zweifache Sünde, die Erbsünde, und die
persönliche Sünde.

Die Erbsünde ist die der ganzen menschlichen Natur gemeinschaftliche Sünde, und diese Sünde verschließt darum den Himmel
der gesammten Menschheit, wie dieß das Wort der Schrift über
das erste Menschenpaar andeutet: „Gott, der Herr, verwies ihn aus
dem Lustgarten, daß er die Erde bauete, von der er genommen
ist. Also trieb Gott den Adam hinaus, und setzte vor den Lustgarten die Cherubim mit dem feurigen zuckenden Schwerte, zu
bewahren den Weg zum Baume des Lebens."[4]) Wie das Paradies, war von dort an dem Menschen auch der Himmel verschlossen. Der heilige Paulus aber sagt klar und bestimmt: „Wir
Alle — waren von Natur Kinder des Zornes, wie auch alle übri-

---

[1]) P. III. q. 49. a. 5. [2]) Isai. c. XXXV. v. 8. [3]) Apoc. c. XXI. v. 27.
[4]) Gen. c. III. v. 23. 24.

gen."¹) Kinder des Zornes können aber auf das Erbe des Vaters der Liebe keinen Anspruch machen. Der Apostel sagt ferner: „Verurtheilung kam aus Einer (Sünde) zur Verdammung";²) und: „Durch des Einen Sünde kam auf alle Menschen Verdammniß."³) Es war daher der Himmel allen Menschen wegen der Erbsünde verschlossen.

Die persönliche Sünde, welche durch die persönliche Handlung des einzelnen Menschen begangen wird, zieht den Ausschluß vom Himmel für den, welcher sie begeht, noch auf eine besondere Weise nach sich; denn es steht geschrieben: „Weit von den Sündern ist das Heil;"⁴) und der Herr selbst sagt: „Sie erkannten nicht meine Wege, so daß ich schwur in meinem Zorne: Sie sollen nicht eingehen in meine Ruhe."⁵) Die Ruhe des Herrn aber ist der Himmel. Auch Christus, der Herr, sagt von den Sündern, die in der Todsünde unbußfertig sterben, ohne Ausnahme: „Diese werden in die ewige Pein gehen."⁶) Also ist auch solchen Sündern der Himmel verschlossen, und er bliebe für jeden Sünder verschlossen, wenn ihm Christus nicht die Gnadenmittel verdient, und verschafft hätte, durch welche er sich von der Sünde befreien kann.

Wir sind aber durch das Leiden Christi, wie wir gesehen haben, nicht nur von der dem ganzen Menschengeschlechte anhaftenden gemeinschaftlichen Sünde in Bezug auf Schuld und Strafe befreit worden; sondern dasselbe gilt auch von den persönlichen Sünden und Strafen der einzelnen Menschen, wenn sie durch den Glauben, durch die Liebe und durch den Gebrauch der heiligen Sakramente der Verdienste seines Leidens theilhaftig werden. Ist aber die Sünde getilgt, und für die verdiente Strafe Genugthuung geleistet; so ist damit auch der Riegel von der Himmelspforte entfernt, und steht der Eingang offen. Das lehrt auch der heilige Apostel Paulus, indem er an die Hebräer schreibt: „Christus ist, nachdem er als Hoherpriester der zukünftigen Güter gekommen, mit seinem eigenen Blute ein für allemal in das Heiligthum ein=

---

¹) Ephes. c. II. v. 3. ²) Rom. c. V. v. 16. ³) Ibid. v. 18.
⁴) Psalm. CXVIII. v. 155. ⁵) Psalm. XCIV. v. 11., Hebr. c. IV. v. 1—12.
⁶) Matth. c. XXV. v. 46.

gegangen, und hat eine ewige Erlösung erfunden."[1]) Die „künftigen Güter" sind die Gnaden, die Tilgung der Sünden, die Tugenden, die Verdienste, die ewige Glorie mit Allem, was sie in sich begreift; und das ist die Erlösung, welche bis an das Ende der Zeiten fortdauert, und in der Ewigkeit ihre Vollendung findet.

Diese Wahrheit wurde im alten Bunde durch die Verordnung vorbedeutet, daß ein Todtschläger in der Zufluchtsstadt so lange „bleiben soll, bis der Hohepriester stirbt, der gesalbt ist mit dem heiligen Öle;"[2]) worauf er in sein Haus zurückkehren konnte, ohne daß ihm Jemand noch weiter Etwas anhaben durfte. Auf gleiche Weise mußte die ganze Menschheit in der Verbannung leben, bis der ewige Hohepriester Jesus Christus am Kreuze gestorben war; und durch seinen Tod sollte ihr die Rückkehr zu ihrer himmlischen Heimat wieder gestattet werden. Das Leiden und Sterben des Herrn hat uns also den Himmel geöffnet.

Waren aber die Heiligen des alten Bundes nicht von der Erbsünde und von allen persönlichen Sünden durch den Glauben an den Erlöser rein, und endlich auch von allen Sündenstrafen frei; und hatten sie daher nicht sofort Anspruch auf das Himmelreich? Warum konnten sie dennoch nicht sogleich nach dem Leiden und nach dem Tode Christi, sondern erst bei der Himmelfahrt des Herrn in denselben eingehen? Scheint ihnen deßhalb nicht ein anderer Schlüssel, als das Leiden Christi, die Himmelspforte geöffnet zu haben? Daß die Heiligen erst mit dem Herrn in den Himmel einziehen durften, und diesen Einzug selbst nur dem Leiden und dem Tode des Erlösers verdankten, gründet sich auf vielerlei Ursachen. Denn vor Allem waren diese Heiligen nur durch das Leiden Christi gerechtfertiget, und geheiliget worden; also verdankten sie ihr Anrecht auf den Himmel eben diesem Leiden. Dann hatten sie dieses Anrecht nur für sich, nicht aber für die ganze menschliche Natur, nicht für das ganze Menschengeschlecht erworben, dessen Individuen sie waren; es geziemte sich aber nicht, daß einzelne Individuen in den Himmel eingingen, bevor er für das ganze Geschlecht erschlossen war. Ferner wurde die ganze

---

[1]) Hebr. c. IX. v. 11. 12. [2]) Num. c. XXXV. v. 25.

Schuld und Strafe des ganzen Menschengeschlechtes, der ganzen menschlichen Natur erst durch das Leiden Christi getilgt, und darum sollte der Himmel auch erst nach diesem Leiden geöffnet werden. Endlich war es billig und recht, daß Christus, der durch sein Leiden und Sterben alle Hindernisse, welche der Menschheit den Eintritt in den Himmel verwehrten, beseitiget hat, der Erste die menschliche Natur an sich in den Himmel einführte. Christus hat durch sein Leiden der Menschheit nicht bloß die Eröffnung des Himmels verdient, sondern auch für sich es verdient, die Menschheit selbst in denselben einzuführen, wie ein Sieger die befreiten Gefangenen im Triumphe mit sich in das Vaterland zurückführt; denn der Prophet hat von ihm geweissagt: „Du fahrst in die Höhe, nimmst die Gefangenschaft gefangen, nimmst die Geschenke zu dir für die Menschen, auch für die Ungläubigen, daß sie wohnen bei Gott, dem Herrn." [1] Christus hat diese Gefangenen, das heißt, die Gerechten des alten Bundes mit sich in den Himmel eingeführt, und allen übrigen Menschen, auch den Ungläubigen und den Heiden, jene Gnadengeschenke bereitet, durch welche auch sie in den Himmel kommen können. Darum mußten die Heiligen des alten Bundes warten, bis sie mit ihrem Erlöser in den Himmel einziehen konnten.

Aber sind nicht Henoch und Elias schon früher in den Himmel aufgenommen worden? Denn von Henoch steht geschrieben: „Er wandelte mit Gott, und ward nicht mehr gesehen; denn Gott nahm ihn weg;" [2] und: „Henoch hat Gott gefallen, und ward in's Paradies versetzt." [3] Von Elias aber sagt die Schrift: „Es kam ein feuriger Wagen mit feurigen Pferden, und Elias fuhr im Sturme in den Himmel." [4] Da nun die Wirkung der Ursache nicht vorangehen kann, scheint es daher nicht, daß die Eröffnung des Himmels für diese Männer nicht eine Wirkung des Leidens Christi, sondern ihres Glaubens und ihrer Gerechtigkeit gewesen sei? Allein auch der Glaube und die Gerechtigkeit dieser heiligen Männer gründete sich auf die Gnade, welche die Frucht

---

[1] Psalm. LXVII. v. 19. Ephes. c. IV, v. 8.   [2] Gen. c. V. v. 24.
[3] Eccli. c. XLIV. v. 16.   [4] IV. Reg. c. II. v. 11.

des Leidens Christi war, und ihnen zum Voraus um desselben willen zugewendet wurde. Ferner sagt die Schrift nichts davon, daß sie gestorben, daß sie ihren Lebenslauf vollendet, daß sie an ihrem letzten Ziele angelangt seien; sondern sie deutet klar an, daß sie wieder auf die Erde kommen, und erst dann zur Vollendung gelangen werden. Denn von Henoch steht geschrieben: „Er ward in's Paradies versetzt, daß er die Völker zur Buße ermahne;"[1]) von Elias aber wird gesagt: „Du wardst bestimmt in der Schrift, in harten Zeiten den Zorn des Herrn zu lindern, das Herz des Vaters dem Sohne wieder zuzuwenden, und die Stämme Jakobs wieder herzustellen."[2]) Der Prophet Malachias aber sagt im Namen Gottes von ihm: „Sieh, ich werde euch den Propheten Elias senden, ehe der Tag des Herrn kommt, der große, der furchtbare. Der wird der Väter Herz zu den Söhnen wenden, und der Söhne Herz zu ihren Vätern; damit ich nicht etwa komme, und die Erde schlage mit dem Banne."[3]) Christus selbst hat diese Wiedererscheinung des Elias ausdrücklich ausgesprochen, indem er zu den Juden sagte: „Elias wird wieder kommen, und Alles herstellen."[4]) Nun aber kann, wer einmal vollendet hat, nicht wieder anfangen, und im Himmel wird nicht mehr zur Buße ermahnt, nichts mehr hergestellt; somit haben diese Männer ihren Lauf noch nicht vollendet, und befinden sich nicht im eigentlichen Himmel, in der Anschauung Gottes, sondern anderswo, und wie der heilige Thomas meint,[5]) im irdischen Paradiese. Daher folgt aus ihrer Entrückung auch nicht, daß ihnen der eigentliche Himmel geöffnet worden sei.

Wenn der Himmel auch erst mit der Himmelfahrt des Herrn eröffnet wurde; so geschah dieß thatsächlich damals aus dem angeführten Grunde, weil der Herr als der Erlöser der Menschheit es verdient hat, die Menschheit zuerst in dieses ewige Erbe einzuführen, und so seinen Gläubigen gleichsam den Weg zu zeigen, und das Unterpfand zu geben, daß auch sie, wenn sie sich an

---

[1]) Eccli. c. XLIV. v. 16.   [2]) Ibid. c. XLVIII. v. 10.
[3]) Malach. c. IV. v. 5. 6. Hiemit ist die Bekehrung der Juden vor dem jüngsten Gerichte angedeutet.   [4]) Matth. c. XVII. v. 11., Marc. c. IX. v. 11.
[5]) Loc. cit. ad 2.

ihn anschließen und ihm nachfolgen, zu diesem Ziele gelangen werden, wie der heilige Augustinus schreibt: „Indem der Herr Jesus Christus die menschliche Natur über die Gestirne emporgetragen, hat er den Gläubigen gezeigt, daß der Himmel offen stehe; und, indem er den Sieger über den Tod in den Himmel erhoben, hat er den Siegern gezeigt, wohin sie ihm folgen sollten."[1] Ebenso schreibt der heilige Papst Gregorius: „Christus hat durch sein Sterben gelehrt, den Tod nicht zu fürchten; durch seine Auferstehung gelehrt, auf das Leben zu hoffen; durch seine Himmelfahrt gelehrt, über die Erbschaft des himmlischen Vaterlandes zu jubeln."[2] Wer wollte ihm dahin nicht folgen, auch wenn er über den Ölberg, auf dem Kreuzwege, und über den Calvarienberg wandeln müßte!

Mit der Eröffnung des Himmels hat der göttliche Erlöser den Menschen zu seiner ewigen Bestimmung zurückgeführt, von welcher er durch die Sünde abgefallen war, und durch sein Erlösungswerk ihm die Mittel verschafft, zu diesem letzten und höchsten Ziele zu gelangen. Es hängt nun nur noch von dem Menschen selbst ab, diese Mittel zu gebrauchen, und dadurch dieses Ziel wirklich zu erreichen. Der heilige Cyrillus von Jerusalem sagt: „Die Natur ist des Heiles fähig, aber es wird der Wille dazu erfordert;"[3] der ernstliche Wille, der auch die nothwendigen Mittel gebraucht, und die unerläßlichen Bedingnisse erfüllt.

Wenn wir auf das Erlösungswerk des Herrn blicken, und sehen, was er es sich habe kosten lassen, um uns den Himmel wieder zu eröffnen; so müssen wir begreifen, wie billig und nothwendig es sei, daß auch wir in seiner Nachfolge uns es Alles kosten lassen, um in den von ihm uns geöffneten Himmel einzugehen. Wenn der Herr auch sagt: „Das Himmelreich leidet Gewalt, und die Gewalt brauchen, reißen es an sich;"[4] so ist der Himmel es sicher werth, und darum mahnt der heilige Papst Gregorius: „Sei also ein Räuber, damit du das Himmelreich erhaltest; gebrauche Gewalt, und thue dem Himmel selbst Gewalt an. Was gibt es

---

[1] Serm. 3. de Ascens. Dom.   [2] Moral. Libr. XXVII. c. 8.
[3] Catsches. 2.   [4] Matth. c. XI. v. 12.

Reicheres, als diese Beute? Was gibt es Glorreicheres, als diese Gewaltthätigkeit?"¹) Dennoch ist es leider nur zu wahr, was der heilige Chrysostomus sagt: „Wir, die wir nicht von einem Theile der Erde zu einem andern, wie Abraham, sondern von der Erde zum Himmel berufen werden, erweisen uns dennoch nicht so gehorsam, wie jener Gerechte, sondern schützen meistentheils frostige und nichtige Ursachen vor. Es gibt so nachlässige Menschen, daß sie augenblickliche Dinge den immerwährenden, die Erde dem Himmel vorziehen."²)

Wenn wir einerseits den unendlichen Erlösungspreis des Herrn, andererseits das unendliche Gut des Himmels betrachten, das uns der Herr erworben hat; so müssen wir auch einsehen, daß, wer in seiner Gleichgiltigkeit oder Bosheit Beides verscherzt, und vergeudet, eine Strafe verdiene, die zu einem solchen Frevel in gerechten Verhältnisse steht; weßhalb auch der heilige Chrysostomus sagt: „Wenn das Heil einer einzigen Seele von einem solchen Werthe ist, daß ihretwegen der Sohn Gottes Mensch wurde, und Solches litt; so bedenke, welche Strafe der Untergang derselben nach sich ziehen müsse."³) Und was erst dann, wenn man diese Strafwürdigkeit selbst wohl erkennt, und sicher voraussieht; dennoch aber das Sündigen und die Befriedigung seiner Leidenschaften sowohl dem Erlösungspreise Jesu Christi, als auch dem ewigen Himmel vorzieht?

Wer in dem Irdischen das Ziel und Ende seines Lebens sucht, kann den Himmel, wenn er auch offen steht, nicht gewinnen, wie der heilige Petrus Chrysologus sagt: „Niemand kann an der Erde kleben, und den Himmel berühren";⁴) denn ein Solcher denkt irdisch, fühlt irdisch, spricht irdisch, handelt irdisch, wird selbst dem Irdischen ähnlich, im Himmel aber denkt, fühlt, und lebt man himmlisch, und daher muß, wie der heilige Chrysostomus sagt, „derjenige, welcher nach dem Irdischen trachtet, nothwendig das Himmlische verlieren."⁵) Deßhalb mahnt auch der heilige Paulus, den irdischen Menschen, der nach dem sündigen Adam lebt, aus-

---

¹) In Psalm. pœnit. VI. v. 1. ²) Homil. 31. super Gen.
³) Homil. 3. super Act. Ap. ⁴) Serm. 164. ⁵) Homil. 7. super Joann.

zuziehen, und den himmlischen Menschen, der nach Christus lebt, anzuziehen: „Der erste Mensch aus Erde ist irdisch, der zweite Mensch vom Himmel ist himmlisch. Wie der Irdische, so auch die Irdischen; und wie der Himmlische, so auch die Himmlischen. Gleichwie wir also das Bild des Irdischen getragen haben, so lasset uns auch das Bild des Himmlischen tragen."[1] So schreibt er auch an die Colosser: „Wenn ihr nun mit Christus auferstanden seid; so suchet, was oben ist, wo Christus ist, der zur Rechten Gottes sitzt. Was droben ist, habet im Sinne, nicht was auf Erden"[2] (ist). Auch an die Philipper schreibt er: „Unser Wandel ist im Himmel."[3] Wir müssen himmlische Gedanken und Gesinnungen hegen, und ein himmlisches Leben führen, wenn wir Bürger des Himmelreiches werden wollen; wie aber dieß geschehe, lehrt uns der heilige Chrysostomus mit den Worten: „Werke thun, die des Himmels würdig sind, macht himmlisch;[4] und der heilige Augustinus, indem er sagt: „Zum Himmelreiche führen uns nicht die Herrlichkeit der Welt, nicht die Menge der Reichthümer, nicht der Adel des Geschlechtes, nicht die Wissenschaft, nicht die Weisheit, nicht die Beredtsamkeit, sondern nur die Gnade, die Tugenden und die guten Werke."[5] Zum Himmel hat uns Christus, der Herr, keinen andern Weg gezeigt, als den Weg der Tugend und des Kreuzes, und „das Himmelsthor ist die Ertragung der Unbilden und der Trübsale."[6]

Diesen Weg ist der Herr selbst gewandelt, und durch dieses Thor ist er selbst in den Himmel eingegangen, was uns die folgende Erörterung darthun wird.

---

[1] I. Cor. c. XV. v. 47.—50.   [2] Coloss. c. III. v. 1. 2.
[3] Philipp. c. III. v. 20.   [4] Homil. 42. super I. Cor.
[5] Serm. 23. ad fratres in eremo.
[6] Vit. Patrum Libr. III. libell. 2. n. 24.

10.
Die Erhöhung und Verherrlichung Christi durch sein Leiden.¹)

Christus hat durch sein Leiden und Sterben nicht nur uns, sondern auch sich selbst den Himmel verdient. Die ausgleichende Gerechtigkeit fordert, daß dem Werke der ihm gebührende Lohn werde, wie der heilige Paulus sagt: „Dem, der Werke verrichtet, wird der Lohn nicht aus Gnade, sondern aus Schuldigkeit zugerechnet."²). Die ausgleichende Gerechtigkeit fordert auch, daß demjenigen, welcher sich angeeignet hat, was ihm nicht gebührt, das, was er sich angeeignet hat, und zur Strafe für die Bosheit des Willens, auch noch von dem genommen werde, was ihm gebührt, und zwar so viel, als er sich aus bösem Willen und ungerechter Begierlichkeit angeeignet hat. Daher das Gesetz des alten Bundes: „Wenn Jemand einen Ochsen stiehlt, oder ein Schaf, und schlachtet es, oder verkauft es; der soll fünf Ochsen für Einen Ochsen zurückgeben, und vier Schafe für Ein Schaf."³) Das war die Wiedergutmachung des Unrechtes und die verdiente Strafe wegen seines ungerechten Willens, dessen Bosheit in ihren verschiedenen Graden in Anschlag gebracht werden muß, um gebührend gestraft zu werden. Es verdient daher im Gegensatze auch derjenige, welcher aus gerechtem Willen sich entzieht, was ihm gebührt, daß ihm mehr gegeben werde, als ihm gebührt, und zwar ebenfalls nach dem Maße der Gerechtigkeit seines Willens, um gebührend belohnt zu werden, wie geschrieben steht: „Wer sich selbst erniedriget, der wird erhöht werden."⁴) So verdient man Lohn und Strafe.

Nun aber hat sich Christus in seinem Leiden in vier Stücken unter seine Würde erniedriget; erstens in Bezug auf sein Leiden und Sterben selbst, zu dem er nicht verpflichtet war; zweitens in Bezug auf den Ort, da sein Leib in das Grab gelegt worden, und seine Seele zur Hölle hinabgestiegen ist; drittens in Bezug auf die Schmach, mit welcher er gesättiget worden; viertens in

---
¹) P. III. q. 49. a. 6. ²) Rom. c. IV. v. 4. ³) Exod. c. XXII. v. 1.
⁴) Luc. c. XIV v. 11.

Bezug auf die menschliche Richtergewalt, der er unterworfen worden ist. Es war dieß die tiefste vierfache Erniedrigung, der er sich freiwillig, und ohne daß er dazu verpflichtet war, aus Liebe zum Vater und zu uns Menschen unterzogen hat. Damit hat er also auch eine vierfache Erhöhung verdient, welche als der gebührende Lohn für diese vierfache Erniedrigung angesehen werden kann.

Für sein Leiden und Sterben hat er seine Auferstehung und Verklärung verdient, weßhalb in der Weissagung gesagt ist: „Du wirst meine Seele nicht in der Unterwelt lassen, und deinem Heiligen nicht zu sehen geben die Verwesung."[1]) Auf diese Worte beruft sich auch der heilige Paulus, wenn er von Christus sagt: „Ihn hat Gott auferweckt, von den Schmerzen der Unterwelt ihn befreiend, wie es denn unmöglich war, daß er von ihr gehalten wurde."[2]) Für sein Hinabsteigen in das Grab und in die Hölle hat er seine Himmelfahrt verdient, wie derselbe heilige Apostel an die Ephesier schreibt: „Daß er aber aufgefahren, was ist es anders, als daß er auch zuerst hinabgestiegen in die unteren Orte der Erde? Der hinabgestiegen, ist derselbe, welcher auch hinaufgestiegen über alle Himmel, damit er Alles erfüllte."[3]) Für die tiefste Schmach und Verspottung hat er die höchste Ehre und Verherrlichung auf dem Throne zur Rechten des Vaters und die Offenbarung seiner Gottheit verdient. Das hat Isaias mit den Worten geweissagt: „Sieh, mein Knecht wird weise handeln, erhöht, erhoben werden, und sehr hoch sein. — Er wird viele Völker besprengen, vor ihm werden Könige ihren Mund verschließen; denn welchen nichts von ihm verkündiget worden ist, dieselben sehen, und, die nichts gehört haben, schauen an."[4]) Das bestätiget der heilige Apostel Paulus als geschehen, wenn er sagt: „Er hat sich selbst erniedriget, und ist gehorsam geworden bis zum Tode, ja bis zum Tode am Kreuze. Darum hat ihn Gott auch erhöht, und ihm einen Namen gegeben, der über alle Namen ist, auf daß sich im Namen Jesus alle Kniee beugen derer, die im Himmel, auf der Erde, und unter der Erde sind, und alle Zungen beken-

---

[1]) Psalm. XV. v. 10. [2]) Act. Ap. c. II. v. 24. [3]) Ephes. c. IV. v. 9. 10. [4]) Isai. c. LII. v. 13. 15.

nen, daß der Herr Jesus Christus in der Herrlichkeit Gottes des Vaters ist."¹) Für seine Unterwerfung unter die menschliche Gerichtsbarkeit hat er die Richtergewalt und das Gericht über die Lebendigen und über die Todten verdient, wie es in den Psalmen vorausgesagt ist: „O Gott! gib dein Gericht dem Könige, und deine Gerechtigkeit dem Sohne des Königs, um zu richten dein Volk in der Gerechtigkeit;"²) und wie Christus, der Herr, selbst es ausgesprochen hat: „Der Vater richtet Niemanden, sondern hat das ganze Gericht dem Sohne übergeben, damit Alle den Sohn ehren, wie sie den Vater ehren."³) Daher schreibt auch der heilige Paulus an die Römer: „Wir werden Alle vor dem Richterstuhle Christi stehen;⁴) und an die Corinther: „Wir Alle müssen erscheinen vor dem Richterstuhle Christi, damit Jeder, je nachdem er in seinem Leibe Gutes oder Böses gethan hat, darnach empfange."⁵) Wie sich der Herr also in jener vierfachen Weise unter Alles erniedriget hat, so hat er es dadurch verdient, auf diese vierfache Weise über Alles erhöht zu werden. Das Ganze bestätiget Christus selbst mit den Worten: „Mußte nicht Christus dieß leiden, und so in seine Herrlichkeit eingehen?"⁶)

Aber wie konnte denn Christus diese Erhöhung und Verherrlichung durch sein Leiden verdienen, da ihm dieselbe auch als Menschen wegen der Vereinigung seiner menschlichen Natur mit der göttlichen Person ohnehin gebührte, wie der Psalmist sagt: „Hoch über alle Völker ist der Herr, und über die Himmel seine Herrlichkeit;"⁷) und wie der heilige Johannes bezeugt: „Wir haben seine Herrlichkeit gesehen, die Herrlichkeit als des Eingebornen vom Vater, voll der Gnade und Wahrheit?⁸)/

Es gebührte der Menschheit Christi diese Erhöhung allerdings schon wegen ihrer hypostatischen Vereinigung mit der Gottheit, aber noch nicht als Verdienst; denn daß sie im ersten Augenblicke ihres Werdens und Seins mit der Gottheit, mit der zweiten göttlichen Person vereiniget wurde, konnte sie nicht verdienen, weil sie früher

---

¹) Philipp. c. II. v. 8.—12.   ²) Psalm. LXXI. v. 2.   ³) Joann. c. V. v. 22. 23.   ⁴) Rom. c. XIV. v. 10.   ⁵) II. Cor. c. V. v. 10.
⁶) Luc. c. XXIV. v. 26.   ⁷) Psalm. CXII. v. 4.   ⁸) Joann. c. I. v. 14.

gar nicht gewesen ist, und folglich auch keinen verdienstlichen Akt vollbringen konnte, ohne welchen es kein Verdienst gibt. Ferner kann eine solche Vereinigung von keinem geschöpflichen Wesen verdient werden, weil nichts Geschöpfliches zu einer solchen Erhebung in irgend einem Verhältnisse steht. Endlich war es auch nicht ihr Verdienst, daß ihr nach dieser Vereinigung eine solche Erhebung gebührte; denn diese Gebühr ging eben aus der Gnade ihrer Vereinigung hervor, hatte in derselben ihren Grund, und war die nothwendige Folge derselben; also ebenfalls nicht ihr Verdienst, sondern die Wirkung der von ihr nicht verdienten Gnade.

Von einem eigentlichen Verdienste kann erst dann die Rede sein, wenn, den dießbezüglichen Rathschluß Gottes vorausgesetzt, die Möglichkeit vorhanden ist, verdienstliche Akte zu setzen, was bei Christus erst nach der Vereinigung der Menschheit mit der Gottheit in der Einen göttlichen Person der Fall war, von wo an diese Akte mit dem gottmenschlichen Leben begannen, somit verdienen konnten, und wirklich verdienten. Es liegt zudem nichts Widersinniges darin, daß Jemand dasjenige, was ihm von Natur gebührt, auch noch durch seine Thätigkeit und durch seine Werke verdiene. So kann man von einem Sohne in Wahrheit und mit Recht sagen, daß ihm die Erbschaft des Vaters zwar nach dem Naturrechte gebührt, daß er sich aber dieselbe durch seine Liebe, durch seinen Gehorsam gegen den Vater und durch das, was er für denselben gethan, gelitten, und geopfert, auch noch überdieß verdient habe.

Wenn dem so ist, muß man dann nicht sagen, daß alle Akte des gottmenschlichen Lebens Christi diese Erhöhung auf gleiche Weise verdient haben; da das Princip des Verdienstes, nämlich die Person, die Gnade und die Liebe, in Christus bei allen seinen Akten das gleiche, und gleich groß war: daß er also seine Erhöhung nicht erst durch sein Leiden, sondern schon vom ersten Augenblicke seines Lebens an verdient habe? Wenn auch das innere Prinzip des Verdienstes bei allen gottmenschlichen Handlungen Christi, des Herrn, das gleiche und gleich groß war; so waren doch diese Handlungen des Gottmenschen nicht die gleichen. Der Werth des

Verdienstes aber hängt nicht bloß von dem innern Prinzipe, sondern auch von dem Werke selbst ab. So sagt der Cardinal Tolet: „Es ist zu merken, daß nicht deßhalb gesagt werde, das Leiden Christi habe ein neues Verdienst gehabt, welches die vorausgegangenen Werke nicht gehabt haben, weil früher nichts verdient worden wäre; denn was immer Christus verdient hat, das hat er durch einen einzigen und durch jeden einzelnen Akt verdient: sondern deßhalb, weil er nach der Natur und Gattung des Werkes verdient hat; denn das Verdienst hat seinen Werth von der Liebe und von der Größe des Werkes."[1]) Das Leiden und der Tod Christi aber waren ganz andere Werke, als die vorhergegangenen, und jene vierfache Erniedrigung war in keinem früheren Werke vorhanden, sondern seinem Leiden und Sterben eigenthümlich; daher hat das Leiden und Sterben Christi, und diese vierfache Erniedriegung in demselben, auch einen eigenthümlichen Werth, und hat Christus dadurch auch einen eigenthümlichen und zwar entsprechenden Lohn, nämlich die besagte vierfache Erhöhung verdient.

Es hat ferner die göttliche Person Christi das Leiden und den Tod, so wie diese vierfache Erniedrigung, durch ihre menschliche Natur und an derselben erduldet, und den entsprechenden Lohn durch sie und auch für sie verdient; folglich gebührte dafür auch ihr dieser entsprechende Lohn und diese vierfache Erhöhung.

Ferner hat der Rathschluß Gottes gerade diese vierfache Erniedrigung im Leiden und Sterben Christi als das Werk bestimmt, für welches der göttliche Erlöser seine Erhöhung verdienen sollte; wie dieß aus der Weissagung,[2]) aus der Lehre des heiligen Apostels Paulus,[3]) und aus den Worten Christi, des Herrn, selbst erhellt.[4])

Überdieß muß das ganze Erlösungswerk Christi, des Herrn, als Ein Werk angesehen werden, wie er selbst von demselben ebenfalls als von Einem Werke spricht, das ihm der Vater aufgetragen hat;[5]) und dieses Eine Werk fand erst mit dem Leiden und Ster-

---

[1]) Loc. cit. Quæst. 48. a. 1.   [2]) Isai. c. LIII. v. 10. 11. 12.
[3]) Ephes. c. IV. v. 9. 10.   [4]) Luc. c. XXIV. v. 26.
[5]) Joann. c. IV. v. 34., c. XVII. v. 4.

ben des Herrn seinen Abschluß und seine Vollendung. Christus, der Herr, hat also auch erst mit seinem Leiden und Sterben den Lohn seiner Erhöhung und Verherrlichung vollends verdient; wie er denselben vom Vater auch erst im Hinblicke auf sein Leiden und Sterben und nach der Vollendung desselben verlangte, indem er zu ihm sprach: „Ich habe dich verherrlichet auf Erden; ich habe das Werk vollbracht, das du mir zu verrichten gegeben hast. Und nun, Vater! verherrliche mich bei dir selbst mit jener Herrlichkeit, die ich bei dir hatte, ehe die Welt war." [1]) Er verlangt da die Verherrlichung, die er als das ewige Wort des Vaters von Ewigkeit her bei dem Vater hatte, nun auch in seiner Menschheit, in der er durch das Erlösungswerk den Vater ebenfalls als dessen natürlicher Sohn verherrlichet hatte, als Lohn für diese Verherrlichung.

Wollte man endlich einwenden, daß Christus die Verherrlichung nicht blos der Seele, sondern auch des Leibes schon vor seinem Leiden und Sterben besessen habe, wie dieß aus seiner Verklärung auf dem Berge Tabor hervorgehe, und folglich dieselbe nicht erst durch sein Leiden und Sterben verdienen mußte; so kann und darf nicht geleugnet werden, daß er diese Verklärung als Gebühr wegen der Vereinigung seiner Menschheit mit seiner Gottheit wirklich besessen habe; aber es ist, und bleibt eben sowahr, daß er dieselbe noch nicht als den vollen Lohn für sein volles Verdienst erhalten hatte. Es wurde diese Verherrlichung überdieß durch ein fortwährendes Wunder zurückgehalten, damit das Werk des Leidens und Sterbens vollbracht werden, und dieselbe ihm auch als Verdienst und Lohn zukommen konnte. Wie immer man also die Sache betrachten mag, so muß man bekennen, daß Christus seine Erhöhung und Verherrlichung durch sein Leiden und Sterben sich verdient habe.

Wenn wir nun von dieser Wahrheit eine Anwendung auf unser Verdienst und auf unsern Lohn machen; so finden wir, daß es sich damit auf eine ähnliche Weise verhalte, wie mit dem Ver-

---

[1]) Joann. c. XVII. v. 4. 5.

dienste und mit dem Lohne Christi, des Herrn. Denn wie die Vorherbestimmung der Menschheit Christi zur Vereinigung mit seiner Gottheit, und diese Vereinigung selbst ein unverdientes, reines Gnadengeschenk war; so ist auch für uns die ewige Vorherbestimmung für die Seligkeit, die Bereithaltung aller dazu nöthigen Gnaden von Seite Gottes, und die wirkliche erste Mittheilung derselben ein unverdientes, reines Geschenk Gottes, zu dessen Erlangung wir weder ein Verdienst, noch irgend ein Recht aufweisen können. So schreibt der heilige Laurentius Justinianus: „Die göttliche Auserwählung geht den Verdiensten der Auserwählten voran; denn die Verdienste der Menschen sind zeitlich, die Auserwählung aber ist ewig."[1] So sagt auch der heilige Ambrosius: „Gott gibt denen, welche er ohne Verdienst auserwählt hat, auch das, wodurch sie sich mit Verdiensten schmücken können."[2] Auch der heilige Anselmus schreibt: „Niemand ist Gott mit Verdiensten zuvorgekommen, daß er ihn gleichsam als Schuldner verpflichten konnte."[3] Daher sind alle unsere Verdienste in ihrem ersten Ursprunge und in ihrem innersten Grunde nichts Anderes, als Gottes Gaben und Gottes Geschenke, wie ja auch wir selbst mit unserem Erkennen, Wollen und Thun von Gott sind; und wenn Gott sie dennoch belohnt, so belohnt er damit an uns eigentlich nur seine Gaben und Geschenke, wie der heilige Augustinus sagt: „So groß ist gegen alle Menschen Gottes Güte, daß er das, was seine Gaben sind, unsere Verdienste sein lassen, und für das, was er uns gespendet hat, uns ewige Belohnungen geben will;"[4] und: „Gott krönt seine Gaben, nicht deine Verdienste; wenn daher Gottes Gaben deine Verdienste sind, so krönt Gott nicht deine Verdienste als deine Verdienste, sondern als seine Gaben."[5] Deßhalb kann sich auch Niemand seiner Verdienste rühmen, wie der heilige Apostel Paulus sagt: „Was hast du, das du nicht empfangen hättest? Hast du es aber empfangen, warum rühmst du dich, als hättest du es nicht empfangen?"[6]

---

[1] De fascicul. amor. P. I. c. 17.
[2] De vocat. gent. Libr. I. c. 10.
[3] Super Epist. ad Rom. c. XI.
[4] De eccles. dogm. c. 32.
[5] De grat. et lib. arbitr. c. 6.
[6] I. Cor. c. IV. v. 7.

Wie aber in Christus die Werke, welche in und von der menschlichen Natur verrichtet wurden, den Werth des Verdienstes, welchem die himmlische Erhöhung als Lohn gebührte, von der göttlichen Person, von der göttlichen Natur, und von der Gnade erhielten; auf ähnliche Weise verhält sich die Gnade zu unserer Natur, zu unsern Werken und zu unsern Verdiensten. Denn wie Gott im Reiche der Natur uns ohne uns das Leben und die Kräfte zur Bethätigung des Lebens gegeben hat, und in allen Thätigkeiten mit uns thätig ist; aber ohne uns, ohne unsern Willen und ohne unsere Selbstthätigkeit keine eigentliche menschliche Handlung hervorbringt: ebenso wirkt Gott auch im Reiche der Gnade, wenn er uns auch ohne uns Gnaden verleiht, und durch dieselben uns das übernatürliche Leben und die übernatürlichen Kräfte zur Bethätigung dieses Lebens gibt, wie dieß bei den unmündigen Kindern in der Taufe geschieht, ja in den Thätigkeiten selbst mit uns thätig ist, doch nicht ohne uns, ohne unsern freien Willen und ohne unsere Selbstthätigkeit irgend ein' Werk dieses Lebens; wie der heilige Paulus lehrt, und von sich selbst bekennt: „Durch die Gnade Gottes bin ich, was ich bin, und seine Gnade ist in mir nicht unwirksam gewesen; denn ich habe mehr als sie Alle gearbeitet, doch nicht ich, sondern die Gnade Gottes mit mir." [1]

Christus, der Herr, hat seinen Willen dem Willen des himmlischen Vaters unterworfen, im Gehorsame gegen ihn im Leiden und Sterben jener vierfachen Erniedrigung sich unterzogen, und so seine vierfache Erhöhung verdient. Ähnliches geschieht auch mit uns. In wie fern wir uns nach dem Willen Gottes von der Gnade Gottes beeinflussen lassen, derselben uns unterwerfen, ihr beistimmen, mit ihr mitwirken, und den Willen Gottes ausführen, wird das daraus hervorgehende Werk unser Verdienst; und für solche Verdienste gibt uns Gott den von ihm festgesetzten und versprochenen Lohn, wie der heilige Papst Gregorius sagt: „Wenn die Gnade vorangeht, und der gute Wille nachfolgt; so wird, was ein Geschenk des allmächtigen Gottes ist, unser Verdienst;" [2] und wie der heilige Augustinus sagt: „Das ewige Gesetz hat unwan-

---

[1] I. Cor. c. XV. v. 10. [2] Homil. 9. super Ezech.

delbar und unveränderlich bestimmt, daß das Verdienst in unserem freien Willen, in der Seligkeit aber und im Elende der Lohn und die Strafe bestehen sollen." [1])

Daraus ergibt sich, was der heilige Laurentius Justinianus schreibt: „Die Verdienste leiten aus der Gnade Gottes und aus dem freien Willen der Menschen ihren Ursprung her." [2])

Es folgt daraus auch, was der heilige Augustinus in folgenden Worten ausspricht: „Die Verdienste mit der Gnade sind die Samenbehälter der Hoffnung, die Feuerherde der Liebe, die Anzeichen der verborgenen Vorherbestimmung, die Vorzeichen der künftigen Glückseligkeit, der Weg zum Himmelreiche." [3])

Wie winzig und verschwindend klein erscheint daher in unsern Verdiensten unser Antheil, wenn wir auch noch so viel leisten, der Ursache der Gnade, dem Werthe der Gnade, und dem Lohne für diese Verdienste gegenüber! Daher sagt der heilige Chrysostomus mit Recht: „Mag das Verdienst der Menschen auch ausgezeichnet sein, mag es die Rechte der Natur einhalten, mag es den Geboten der Gesetze entsprechen, mag es dem Glauben genügen, die Gerechtigkeit handhaben, die Tugend üben, die Laster verdammen, sich zum Vorbilde der Nachahmung hinstellen; es ist wenig. Was immer du vollbringen magst; es ist wenig. Was immer du thun magst; es ist zu wenig. Denn alles Verdienst ist gering im Vergleiche mit den Gaben. Zähle die Gnadengeschenke, wenn du kannst; und dann erwäge, was du verdienest. Vergleiche mit den göttlichen Gnadengaben deine Handlungen; und du wirst, wenn du einsiehst, was du verdienest, dessen dich nicht für würdig halten, was du genießest. Von den unzähligen Wohlthaten, welche Gottes Güte dir erwiesen hat, wähle nach Belieben Eine; es wird dieselbe von deinem ganzen Verdienste nicht aufgewogen werden können." [4])

Das Alles aber verdanken wir dem Leiden und Sterben Jesu Christi, unsers barmherzigen Erlösers, welches uns die Gna-

---

[1]) De lib. arbitr. Libr. I. c. 14.   [2]) Fascicul. amor. P. I. c. 14.
[3]) De grat. et lib. arbitr.   [4]) Sermo: Primus homo.

den verdient hat, durch welche wir uns diese Verdienste, und durch diese Verdienste die ewige Glückseligkeit erwerben können. Ein Mensch, der dem Ertrinken nahe war, und dadurch von dem Tode errettet worden ist, daß sein Vater in den Strom gesprungen, ihn an das Ufer gezogen, dort aber selbst, der Anstrengung erliegend, sein Leben ausgehaucht hat, wird sein ganzes übriges Leben hindurch weder seines Vaters, noch dieser Rettungsthat desselben jemals vergessen können; was müßte man nun von uns urtheilen, wenn wir unsers Heilandes und seines Leidens und Sterbens je vergäßen, oder uns seines Erlösungswerkes unwürdig machten?

Doch wir haben nun erst sein Leiden erwogen; gehen wir sofort unter der Führung des englischen Lehrers zur Betrachtung seines Todes über, und sehen wir, was es sagen wolle, daß ein Gottmensch für uns gestorben ist.

Fünftes Kapitel.
Der Tod unsers Herrn Jesu Christi.[1]

Der heilige Thomas untersucht in der Erörterung des Todes unsers Herrn und Heilandes die Ursachen, die Art und Weise und die Wirkungen desselben, und beantwortet zu diesem Zwecke sechs Fragen: Ob es angemessen war, daß Christus starb; ob durch den Tod die Gottheit Christi vom Leibe getrennt worden; ob durch den Tod seine Gottheit von der Seele getrennt worden; ob Christus während der drei Tage nach dem Tode Mensch gewesen; ob der Leib Christi lebend und todt derselbe geblieben; und ob der Tod Christi zu unserem Heile beigetragen habe? Die Antworten auf diese Fragen wollen wir nun in unserer bisherigen Weise erwägen.

1.
Die Angemessenheit des Todes Christi.[2]

Auf den ersten Blick scheint der Tod des Gottmenschen nichts weniger als angemessen zu sein. Denn er war ja das Leben, und alles Leben. Es steht geschrieben: „Bei dir ist die Quelle des Lebens."[3] Der heilige Paulus sagt: „In ihm leben wir, bewegen wir uns, und sind wir."[4] Der Herr selbst sagt: „Ich bin das Leben."[5] Er ist der Urheber, der Erhalter und das Endziel alles Lebens; wie sollte durch den Tod des Lebens der Tod aufgehoben, und das Leben wieder hergestellt werden? Wie konnte es sich daher geziemen, daß er sich dem Tode unterwarf?

---

[1] P. III. q. 50. [2] P. III. q. 50. a. 1. [3] Psalm. XXXV. v. 10.
[4] Act. Ap. c. XVII. v. 28. [5] Joann. c. XIV. v. 6.

Allein Christus hat sich nicht dem Tode unterzogen, in wie fern er das Leben, in wie fern er Gott, sondern in wie fern er Mensch, und als Mensch sterblich war, wie der heilige Augustinus sagt: „Fern sei es, (zu glauben,) daß Christus den Tod gefühlt, so daß er, in wie fern er das Leben in sich selbst ist, das Leben verloren habe; denn würde dieß so sein, dann wäre die Quelle des Lebens vertrocknet. Er hat also den Tod gefühlt, in wie fern er des menschlichen Zustandes, den er freiwillig an sich genommen hat, theilhaftig war; er hat die Macht seiner Natur, durch welche er Alles belebt, nicht verloren."[1]) Christus ist nicht als Mensch, sondern als Gott der Urheber des Lebens, und alles Leben; und er ist nicht als Gott, sondern als Mensch gestorben. Als Mensch aber war er sterblich, wie andere Menschen; und darin, daß ein Mensch stirbt, liegt nichts Ungebührliches.

Wenn es sich ferner, wie nachgewiesen worden, nicht geziemte, daß Christus sich Krankheiten, dem auflösenden Alter, und dem daraus hervorgehenden Tode unterzog; scheint es nicht noch ungeziemender zu sein, daß er sich einem gewaltsamen Tode unterwarf, da ein solcher entehrender ist, als alles Übrige?

Es war allerdings nicht geziemend, daß Christus eines natürlichen Todes starb, und zwar deßhalb, damit es nicht den Anschein gewänne, als hätte er sterben müssen. Aus demselben Grunde war es auch nicht geziemend, daß ihm der Tod durch eine äußere Ursache gegen seinen Willen angethan wurde; weil auch darin eine Nothwendigkeit, zu sterben, erkannt werden könnte. Wenn aber Christus sich freiwillig einem Tode unterzog, der ihm von fremden Ursachen angethan wurde: so konnte darin weder eine Nothwendigkeit, zu sterben, noch eine Entehrung gefunden werden, welche gegen seine Vollkommenheit verstieß; da diese Gewalt ihm nicht gegen seinen Willen angethan ward, nicht von innen, sondern von außen kam, und auf die allerungerechteste Weise gegen ihn ausgeübt wurde.

Wollte man sagen, ein Gegensatz könne nicht zum andern führen; somit könne auch der Tod nicht zum Leben führen. Nun

---

[1]) Contr. Felician. c. 14.

aber habe Christus selbst gesagt: „Ich bin gekommen, daß sie das Leben haben, und überfließender haben."[1]) Daher sei es nicht blos nicht geziemend, sondern auch nicht möglich gewesen, daß Christus in den Tod gegangen, um uns das Leben zu geben.

Hierauf muß erwiedert werden, daß der Tod des Herrn nicht nach Art materieller Ursachen als materielle Wirkung, sondern nach Art moralischer Ursachen als moralische Wirkung, als Genugthuung für unsere Sünden und deren Strafen uns zum Leben führt; wie wenn Jemand die Strafe eines Schuldigen auf sich nimmt, und dadurch den Schuldigen von seiner Schuld und Strafe befreit. Darin aber liegen keine Gegensätze, die sich ausschließen; sondern wir haben da eine moralische Ursache, die eine moralische Wirkung hervorbringt, was nicht bloß nicht unmöglich, sondern, wenn die übrigen Erfordernisse vorhanden sind, nothwendig, und darum auch höchst geziemend ist.

Schwieriger wird die Sache, wenn man auf die mit der Gottheit vereinigte menschliche Natur Christi sein Augenmerk richtet. Denn in dieser innigsten Vereinigung mußte ja die Gottheit ihre Kraft auf die menschliche Natur äußern; nun aber ist die Kraft der Gottheit unendlich mächtiger, das Leben zu erhalten, als die Kraft der Seele. Wenn daher der Leib nicht sterben kann, außer dadurch, daß er von der Seele getrennt wird; scheint es daher nicht geradezu unmöglich, daß der Leib Christi sterben konnte, da er mit der Gottheit unzertrennbar vereiniget war?

Auch diese Schwierigkeit wird vor unserm Geiste verschwinden, wenn wir bedenken, daß in Christus nicht die Gottheit, sondern die Seele das Lebensprinzip des Leibes war, wie bei jedem andern Menschen. Wurde also die Seele vom Leibe getrennt, so mußte der Leib mit seinem Lebensprinzipe auch das Leben verlieren, und sterben; ohne daß die Gottheit deßhalb von der Seele oder vom Leibe sich trennte, oder von dieser Trennung, die ausschließlich in der menschlichen Natur vor sich ging, auch nur im Mindesten berührt wurde. Wäre dem nicht also, dann müßte

---

[1]) Joann. c. X. v. 10.

man auch behaupten, daß Christus gar nicht leiden konnte, ohne daß davon auch die Gottheit berührt werden mußte, und daß Christus somit nicht blos seiner menschlichen, sondern auch seiner göttlichen Natur nach gelitten habe, und gestorben sei, was durchaus widersinnig und lästerlich ist, gegen die Vernunft und gegen den Glauben verstößt. Daher schreibt der heilige Augustinus: „Der Tod Christi ist nicht eine Zerstückelung seiner Gottheit, sondern eine Ablegung seines Leibes; nicht eine Entkräftung seiner Gottheit, sondern eine Trennung seines Fleisches von seiner Seele." [1]

Alle diese Bedenken vermögen also keinen stichhaltigen Grund zu bieten, um an der Möglichkeit oder an der Angemessenheit des Todes Christi, des Herrn, zu zweifeln. Aber es gibt auch vollgewichtige Gründe und Ursachen, welche den Tod des Herrn als ganz angemessen darstellen.

Denn die Menschheit war durch die Sünde dem Tode verfallen, nach dem Worte Gottes: „Von dem Baume der Erkenntniß des Guten und Bösen sollst du nicht essen; denn an welchem Tage du davon issest, wirst du des Todes sterben." [2] Es ist aber billig und recht, daß derjenige, welcher für einen Schuldner Genugthuung leistet, die Strafe auf sich nehme, welche der Schuldner verdient hat. Daher sagt der heilige Augustinus: „Wir haben von der Unsterblichkeit einen schlechten Gebrauch gemacht, daß wir sterben; Christus hat von der Sterblichkeit einen guten Gebrauch gemacht, damit wir leben;" [3] und: „Christus hat das Übel des Todes auf sich genommen, um uns von demselben zu befreien;" [4] und: „Christus hat über den Tod, welchen der Teufel durch seine Arglist dem Menschen beigebracht, triumphirt; aber um den Tod zu tödten, hat er den Tod auf sich genommen; denn der Tod konnte nicht getödtet werden, außer in dem Leben." [5] Daher schreibt der heilige Paulus: „Gleichwie in Adam Alle sterben, so werden auch in Christus Alle lebendig gemacht werden." [6] Wenn Jemand für den Verbrecher, welcher zum Tode berurtheilt ist,

---

[1] Contr. serm. arianor. c. 9.   [2] Gen. c. II. v. 17.
[3] De doctrin. christ. Libr. I. c. 14.   [4] De moribus eccles. c. 2.
[5] Homil. 35. ex 50.   [6] I. Cor. c. XV. v. 22.

stirbt; so erhält er ihm das Leben, vorausgesetzt, daß der Gesetzgeber diese Rettungsthat als solche annimmt. So hat Gott den Tod Christi zur Sühnung der Todesschuld der Menschheit angenommen, und uns dafür das Leben gegeben. Daher hat Christus auf solche Weise mit seinem Tode uns das Leben verdient.

Wäre ferner Christus nicht gestorben, so hätte die Schwäche, so hätte die Bosheit tausend Zweifel über seine Menschheit aufwerfen, und Bedenken tragen können, zu glauben, daß der Sohn Gottes wirklich Mensch geworden, daß er eine wahre menschliche Seele und einen wahren menschlichen Leib gehabt habe, daß er ein wahrer Mensch gewesen sei, wie Eusebius sagt: „Wenn er nach seinem Leben auf eine andere Weise vor den Menschen verschwunden wäre, und, den Tod vermeidend, plötzlich sich entfernt hätte; so würde er von Allen für eine leere Erscheinung gehalten worden sein."[1] Der Tod aber mußte jeden Zweifel zerstreuen, und jedes Bedenken heben. Daher sagt der heilige Augustinus: „Christus ist nicht für Gläubige gestorben, sondern um Gläubige zu machen;"[2] und jetzt bekennt die ganze gläubige Welt mit ihm: „Ich glaube, daß der Sohn Gottes gestorben ist, nicht zur Strafe für die Ungerechtigkeit, die durchaus nicht an ihm war, sondern nach dem Gesetze der Natur, die er zur Erlösung des Menschengeschlechtes angenommen hat."[3]

Überdieß wollte Christus durch seinen Tod uns die Gnade verdienen, daß wir den Tod nicht fürchten, und denselben uns verdienstlich machen können; wie der heilige Paulus sagt: „Da die Kinder des Fleisches und Blutes theilhaftig geworden sind;[4] so hat auch er gleichfalls sich derselben theilhaftig gemacht; damit er durch den Tod dem die Macht nähme, welcher des Todes Gewalt hatte, das ist, dem Teufel, und diejenigen erlösete, welche in der Furcht des Todes durch das ganze Leben der Knechtschaft unterworfen waren."[5] Wir sehen im Tode Christi das größte

---

[1] Orat. de laud. Constantini c. 15.   [2] Homil. 6. ex 50.
[3] Contr. Felician. c. 18.
[4] Das heißt: Da wir Menschen, die er zu Kindern Gottes machen wollte, aus Fleisch und Blut bestehen, und sterben müssen; u. s. w.
[5] Hebr. c. II. v. 14. 15.

Liebesopfer, und wir können durch unsern Tod ein ähnliches darbringen; wir sehen im Tode Christi das größte Sühnopfer, und wir können durch unsern Tod ein ähnliches darbringen; wir können unserm göttlichen Erlöser sein Erlösungswerk nicht besser vergelten, als durch unsere willige, dankbare und liebende Hingabe in den Tod; wir haben nicht mehr zu geben, als unser Leben; und je schmerzlicher und schmachvoller unser Tod, jedoch ohne unsere Schuld, wäre, desto größere Ähnlichkeit mit Christo würde er uns verschaffen. Daher bemerkt der heilige Augustinus: „Christus ist am Kreuze gestorben, damit Niemand vor irgend einer Todesart, welche die Menschen für sich schimpflich halten, zurückschaudere."[1]

Der leibliche Tod des Herrn sollte für uns auch die kräftigste und fortwährende Aufforderung sein, der Sünde abzusterben, und der Tugend zu leben; denn der Herr ist ja der Sünde wegen gestorben, durch welche wir das dreifache Leben der Natur, der Gnade und der Glorie verloren haben, und dem dreifachen Tode verfallen sind; und er ist zu dem Zwecke gestorben, um uns das dreifache Leben wieder zu geben. So schreibt auch der heilige Paulus an die Römer: „Da er der Sünde gestorben, ist er einmal gestorben; und da er lebt, lebt er für Gott. Also sollet auch ihr dafürhalten, daß ihr zwar der Sünde abgestorben seiet, für Gott aber lebet in Christo Jesu, unsrem Herrn."[2] Geschähe dieß nicht; so würde der Tod Christi an einem solchen Menschen die Wirkung nicht haben, welche Christus mit demselben beabsichtiget hat, und an ihm verloren sein, wie der heilige Bernardus sagt: „Was kann dem, der böse lebt, der Tod Christi, oder sein Leben dem nützen, der verdammenswürdig stirbt? Weil uns nun Beides nothwendig ist, nämlich fromm zu leben, und furchtlos zu sterben; so hat er uns durch sein Leben leben gelehrt, und durch seinen Tod den Tod uns furchtlos gemacht."[3]/

Endlich wollte der Herr sterben, und dann auferstehen, um uns ein Unterpfand zu geben, daß auch wir, wenn wir auch mit ihm sterben müssen, doch auch mit ihm wieder zum Leben aufer-

---

[1] De fide et symb. c. 5.   [2] Rom. c. VI. v. 10. 11.
[3] Serm. ad milit. Templ. c. 11.

stehen werden; wie der heilige Paulus an die Corinther schreibt: „Wenn Christus geprediget wird als der, welcher von den Todten auferstanden ist, wie sagen dann Einige unter euch, es sei keine Auferstehung der Todten? — Durch Einen Menschen ist der Tod, und durch Einen Menschen die Auferstehung von den Todten. Und gleichwie in Adam Alle sterben, so werden auch in Christo Alle lebendig gemacht werden."¹) Daher singt die heilige Kirche am Osterfeste mit den Worten des heiligen Augustinus: „Christus hat unsern Tod durch seinen Tod zerstört, und unser Leben durch seine Auferstehung erneuert."²)

Daraus erhellt nun zur Genüge, wie geziemend und angemessen es war, daß Christus, der Erlöser, starb, um uns auch von dem Tode, von dieser furchtbarsten Strafe der Sünde in dieser Welt, zu befreien, und uns das Leben wieder zu geben. Es sind dieß die Ursachen und Gründe, warum Christus sterben wollte; und aus seinem Tode ergeben sich höchst wichtige Folgerungen für unser Leben.

Vor Allem müssen wir die große Gnade erkennen, und dankbar anerkennen, welche uns der Herr durch seinen Tod erwiesen hat, wie der heilige Gregorius von Nazianz sagt: „Wir sollen die Kraft dieses Geheimnisses und die Größe der Gnade, vermöge welcher Christus gestorben ist, erkennen."³) Es gibt nichts Häßlicheres vor Gott und vor den Menschen, als den Undank, und dieses Laster ist um so häßlicher, je erhabener der Wohlthäter, je größer die Wohlthat, und je niedriger, verächtlicher, strafbarer und unwürdiger der Bedürftige ist. Was ließe sich aber in dieser Beziehung mit dem Tode Christi, des Gottmenschen, vergleichen, dem er sich für uns arme und elende Sünder unterworfen hat?

Wir würden dem dreifachen Tode der Schuld, der Natur und der Hölle ewig nimmer entkommen sein, wäre nicht der Sohn Gottes für uns gestorben, wie der heilige Papst Gregorius schreibt: „Wenn nicht Christus selbst den unverdienten Tod auf sich ge-

---

¹) I. Cor. c. XV. v. 12. 21. 22. 23. ²) Præf. temp. paschal. — Medit. c. 15.
³) Serm. de Pasch. et ignosc. obseq. tarditate.

nommen hätte, würde er uns niemals von dem verdienten Tode befreit haben."[1] Was wäre es nun, wenn wir die Früchte dieses Todes von uns weisen, die durch denselben uns verdienten Gnaden nicht gebrauchen, oder mißbrauchen, und uns jetzt selbst noch in den Tod der Sünde und des Verderbens hineinstürzen wollten?

Ist Christus für uns eines solchen Todes gestorben auch zu diesem Zwecke, um uns jedes Leiden und jede Todesart zu erleichtern, und für das ewige Leben verdienstlich zu machen, wie derselbe heilige Lehrer sagt: „Unser Herr hat unverschuldet für uns die Schuld des Todes auf sich genommen, damit uns der von uns verschuldete Tod nicht mehr schade;"[2] so muß es Jedermann nicht nur als Pflicht, sondern auch als Gnade ansehen, was der heilige Augustinus sagt: „Laß dich doch mit Gleichmuth herbei, zu deinem Verdienste zu leiden, was Christus zu leiden sich gewürdiget hat, um dich von dem ewigen Tode zu befreien."[3] Und wie billig und gerecht ist seine Mahnung: „Wollet doch die Kreuze und den Tod nicht fürchten; denn wenn sie dem Menschen schadeten, hätte sie jener Mensch, welchen der Sohn Gottes angenommen hat, nicht auf sich genommen!"[4]

Sterben wir endlich der Sünde, und leben wir dem Leben der Gnade, wie Christus darum gestorben, und auferstanden ist; so werden wir mit ihm zur Herrlichkeit und Seligkeit des ewigen Lebens gelangen; und das muß unser Vertrauen, unsere Stärke und unser Sieg sein, wie der heilige Apostel Paulus mahnt: „Wenn wir der Sünde abgestorben sind, wie sollten wir noch in ihr leben wollen? Wisset ihr nicht, daß wir Alle, die wir in Christo Jesu getauft sind, in seinem Tode getauft worden sind? Denn wir sind mit ihm durch die Taufe zum Tode begraben, damit, gleichwie Christus auferstanden ist von den Todten durch die Herrlichkeit des Vaters, also auch wir in einem neuen Leben wandeln. Wenn wir nämlich (mit ihm) zusammengepflanzt sind zur Ähnlichkeit des Todes, so werden wir es auch zur Ähnlichkeit

---

[1] Moral. Libr. XVII. c. 16.   [2] Ibid. Libr. III. c. 11.
[3] Tract. 3. in Joann.   [4] De agon. christian. c. 11.

der Auferstehung sein." ¹) — "Gott sei Dank, der uns den Sieg verliehen hat durch unsern Herrn Jesum Christum! Darum, meine lieben Brüder! seid standhaft und unbeweglich; seid voll des Eifers im Werke des Herrn allzeit, da ihr wisset, daß eure Arbeit nicht vergeblich ist im Herrn." ²)

Der Tod des Herrn wird uns aber noch wunderbarer erscheinen, wenn wir die Art und Weise dieses Todes in's Auge fassen, und nun zuerst erwägen, wie sich die Gottheit Christi zum Leibe verhalten habe, nachdem die Seele durch den Tod von ihm getrennt worden ist. Darüber soll uns die folgende Erörterung Aufschluß geben.

2.
Das Verhältniß der Gottheit Christi zu seinem Leibe nach dem Tode. ³)

Von Christus als dem Sohne Gottes kann das, was seiner menschlichen Natur eigen ist, nicht ausgesagt werden, außer in Rücksicht auf die Vereinigung dieser menschlichen Natur mit seiner göttlichen Natur in seiner Einen Person. Empfangen, geboren werden, leiden, sterben, begraben werden ist aber der menschlichen Natur eigen, und wird dennoch von Christus als dem Sohne Gottes ausgesagt; denn wir beten in dem apostolischen Glaubensbekenntnisse von Christus als dem Sohne Gottes: "Der empfangen vom heiligen Geiste, geboren aus Maria, der Jungfrau, gelitten unter Pontius Pilatus, gekreuziget, gestorben, und begraben." ⁴) Dieses Alles könnte aber von Christus nicht ausgesagt werden, wenn nicht seine göttliche Person und seine Gottheit mit dem menschlichen Leibe vereiniget gewesen wäre; denn sonst könnte nur gesagt werden, daß die menschliche Natur Christi empfangen, geboren, gekreuziget, getödtet, und begraben worden sei. Somit bekennen wir nach der Lehre des Glaubens, daß die menschliche Natur Christi in ihrer Empfängniß und Geburt, in ihrem Leiden

---

¹) Rom. c. VII. v. 2.—6.   ²) I. Cor. c. XV. v. 57. 58.
³) P. III. q. 50. a. 2.   ⁴) Symb. apost.

und Sterben und im Grabe mit der göttlichen Natur, mit der Gottheit vereiniget war. Der Leib Christi ist aber ein wesentlicher Bestandtheil seiner menschlichen Natur; somit war seine Gottheit mit seinem Leibe auch im Grabe vereiniget, und ist sie durch den Tod von demselben nicht getrennt worden.

Es kann ferner dasjenige, was durch die Gnade Gottes verliehen wird, ohne Schuld niemals verloren gehen, wie der heilige Paulus sagt: „Gottes Gnade und Berufung gereuen (ihn) nicht."[1]) Nun aber ist die Vereinigung des Leibes Christi mit der Gottheit in seiner Person eine unendlich größere Gnade, als die Annahme an Kindes statt durch die heiligmachende Gnade bei andern Menschen, und durch sich schon unvergleichlich fester und unzerstörbarer, weil sie die persönliche Vereinigung zum Zwecke hat, die Gnade der Annahme an Kindesstatt aber nur eine Vereinigung der Liebe bewirkt. Somit ist die Vereinigung des Leibes Christi mit der Gottheit eine unendlich innigere und festere, als die Vereinigung zwischen Gott und dem Menschen durch die heiligmachende Gnade. Diese letztere Vereinigung aber geht ohne Schuld niemals, auch nicht durch den Tod verloren. Daher konnte auch jene Vereinigung, da Christus jeder Schuld unfähig war, um so weniger jemals verloren gehen, und mußte der Leib Christi auch nach dem Tode und im Grabe noch mit der Gottheit verbunden bleiben.

Aber hat denn nicht Christus selbst bezeugt, daß sich die Gottheit von seiner Menschheit im Tode, ja schon vor dem Tode getrennt habe; da er am Kreuze zum Vater gerufen: „Mein Gott, mein Gott! warum hast du mich verlassen?"[2]) Scheint nicht auch der heilige Ambrosius dieser Ansicht zu sein, da er diese Worte des Herrn auf folgende Weise erklärt: „Es rief da der Mensch, welcher durch die Trennung von der Gottheit sterben sollte; denn da die Gottheit dem Tode nicht unterworfen ist, so konnte da der Tod nicht eintreten, außer wenn das Leben sich entfernte; das Leben aber war die Gottheit?"[3])

Allein diese Verlassenheit von Seite des Vaters bezog sich nicht auf die Aufhebung der persönlichen Vereinigung, da derselbe

---

[1]) Rom. c. XI. v. 29. [2]) Matth. c. XXVII. v. 46.
[3]) Super Luc. c. XXIII. v. 46.

Mensch auch nach diesen Worten sich als den Sohn des himmlischen Vaters erklärte, und ihn noch Vater nannte: „Vater! in deine Hände empfehle ich meinen Geist;"[1] sondern sie bezog sich auf den Willen des Vaters, der ihn seinem Leiden überlassen hatte, und dieses Verlassen bedeutet nichts Anderes, als ihn gegen seine Feinde und Verfolger nicht schützen, und ihn seiner Traurigkeit, seinen Leiden und dem Tode nicht entziehen. Nach dem heiligen Augustinus bezogen sich diese Worte des Herrn auf sein Gebet: „Vater! wenn es möglich ist, so laß diesen Kelch an mir vorübergehen;"[2] in welchem Gebete sein menschlicher Wille von dem göttlichen Willen nicht erhört, und in diesem Sinne verlassen worden ist. Der heilige Ambrosius versteht unter „der Trennung von der Gottheit" eben dieses Überlassen der menschlichen Natur von Seite der Gottheit, von Seite des göttlichen Willens an die Leiden und an den Tod, ohne welches das Leiden nicht möglich gewesen wäre, und das Leben unversehrt hätte erhalten werden müssen; denn die Gottheit war in so fern das Leben, als sie die Urheberin alles Lebens ist, gegen ihren Willen der Tod keine Gewalt über das Leben hat, und die Seele vom Leibe nicht getrennt werden kann; aber sie ist nicht das unmittelbare Lebensprinzip des Leibes, sondern die Seele belebt den Leib, und mit ihrer Trennung von ihm tritt der Tod ein. Der heilige Lehrer will also sagen, der Tod Christi habe nicht eintreten, die Seele sich vom Leibe nicht trennen können, bevor die Gottheit ihren Willen, dieses Leben zu erhalten, aufgab, diese Trennung, diesen Tod gestattete.

Man könnte aber nun weiter fragen: Wenn die Seele als das Lebensprinzip des Leibes in ihrer Vereinigung mit ihm die Kraft hatte, sein Leben zu erhalten, so daß er dasselbe nicht verlieren konnte, bis die Seele von ihm getrennt war; mußte nicht die Gottheit in ihrer Vereinigung mit ihm dessen Leben mit noch unendlich größerer Kraft erhalten; und wie konnte er daher sterben, ohne von der Gottheit getrennt zu werden?

---

[1] Luc. c. XXIII. v. 46.   [2] Matth. c. XXVI. v. 39.

|Die Gottheit war ohne Zweifel mächtig genug, das Leben des Leibes zu erhalten; sie wollte aber diese Kraft dazu nicht verwenden, sondern die menschliche Natur sich selbst überlassen, damit das Erlösungsopfer vollendet werden konnte. Der menschlichen Natur aber ist es eigen, daß die Seele den Leib belebe, und, wenn die Seele vom Leibe getrennt wird, der Leib zu leben aufhöre. Die Gottheit konnte daher diese Trennung verhindern, aber sie mußte dieselbe nicht verhindern. Auch war dieses Leben des Leibes weder der Gottheit, noch dem Leibe nothwendig, damit sie mit einander vereiniget bleiben konnten; nicht der Gottheit, weil sie auch mit dem entseelten, wie mit dem beseelten Leibe verbunden bleiben konnte, da sie nicht als dessen Lebensprinzip in der ihr und der menschlichen Natur gemeinschaftlichen Person des Sohnes Gottes mit ihm vereiniget war; nicht dem Leibe, weil er sein Leben nicht von ihr, sondern von der Seele hatte, und somit dasselbe auch durch die Trennung von der Seele verlieren konnte, ohne deßhalb auch von der Gottheit getrennt werden zu müssen. Es beruhte daher diese Vereinigung nicht auf dem Leben des Leibes, und konnte somit auch ohne dieses Leben fortbestehen.

Sagte man endlich, mit der Entfernung des Mittelgliedes müssen auch die beiden äußern Glieder getrennt werden, oder, es müssen mit der Entfernung des Bandes zwei Dinge, die durch dasselbe verbunden sind, getrennt werden; der Leib Christi aber sei mit der Gottheit durch die Seele verbunden gewesen, und die Seele habe das verbindende Mittelglied, gleichsam das Band zwischen denselben gebildet; daher habe mit der Entfernung der Seele auch die Verbindung zwischen der Gottheit und dem Leibe aufhören müssen: so ist darauf zu erwiedern, daß die Seele in dieser Vereinigung der Gottheit und des Leibes nicht das vermittelnde Bindeglied gebildet habe, sondern daß die Gottheit mit der menschlichen Natur vereiniget gewesen sei, von welcher die Seele den einen, und der Leib den andern wesentlichen Bestandtheil bildete. Diesen Bestandtheil bildete aber der Leib nach dem Tode eben so, wie vor dem Tode, stand zu ihr, namentlich im Hinblicke auf die Auferstehung, immer in Beziehung, und blieb ohne Aufhören zu ihr gehörig. Daher mußte die Gottheit nach dem Tode, wie vor dem Tode, mit dem Leibe verbunden bleiben; sonst hätte ja die Vereinigung der Gottheit mit der menschlichen Natur wenigstens dem Leibe nach aufgehört, und bei der Auferstehung eine neue Vereinigung mit dem Leibe, und somit gleichsam eine neue Menschwerdung stattfinden müssen, da die Seele ohne den Leib die menschliche Natur, den Menschen nicht darstellen kann. Daher konnte die Vereinigung der Gottheit mit dem Leibe Christi durch den Tod nicht aufgehoben werden. Daraus ergibt sich nun aber auch die Wahrheit von selbst, daß dem Leibe Christi auch nach dem Tode wegen seiner Vereinigung mit der Gottheit göttliche Verehrung und Anbetung erwiesen werden mußte.

Wenden wir nun von diesem Zustande des heiligsten Leibes des Herrn unser Augenmerk auf den Zustand des Leibes eines Gerechten nach seinem Tode; so finden wir da große und tröstliche Wahrheiten. Denn auch unsere Leiber sind durch die heiligmachende Gnade gereiniget, geheiliget, ja Glieder des mystischen Leibes Jesu Christi, und Tempel Gottes geworden; denn so schreibt der heilige Apostel Paulus: „Wisset ihr nicht, daß eure Leiber Glieder Christi sind?"[1] „Wir sind Glieder seines Leibes von seinem Fleische und von seinem Gebeine."[2] — „Wisset ihr nicht, daß eure Glieder ein Tempel des heiligen Geistes sind?[3]) „Verherrlichet, und traget Gott in eurem Leibe."[4] — „Wisset ihr nicht, daß ihr ein Tempel Gottes seid, und der Geist Gottes in euch wohnt? Wenn aber Jemand den Tempel Gottes entheiliget, so wird ihn Gott zu Grunde richten; denn der Tempel Gottes ist heilig, und der seid ihr."[5] Auch unsere Leiber sind wesentliche Bestandtheile unserer menschlichen Natur, welche durch die Gnade der göttlichen Natur theilhaftig geworden ist, wie der heilige Apostelfürst Petrus bezeugt, indem er schreibt: „Gleichwie uns alle (Güter) seiner göttlichen Kraft, welche zum Leben und zur Gottseligkeit dienen, durch die Erkenntniß dessen geschenkt worden sind, der uns durch seine eigene Herrlichkeit und Kraft berufen hat, durch welchen er uns die größten und kostbarsten Ver-

---

[1] I. Cor. c. VI. v. 15. [2] Ephes. c. V. v. 30. [3] I. Cor. c. VI. v. 19.
[4] Ibid. v. 20.   [5] Ibid. c. III. v. 16. 17.

heißungen geschenkt hat, so daß ihr dadurch der göttlichen Natur theilhaftig werdet, wenn ihr die verderblichen Lüste dieser Welt fliehet; so wendet allen Fleiß daran, und verbindet mit eurem Glauben die Tugend."¹) Durch diese Theilnahme an der göttlichen Natur aus Gnade und durch die Gnade sind wir mit Leib und Seele an Kindes statt angenommene Kinder und Erben Gottes geworden, wie der heilige Paulus sagt: „Der Geist Gottes gibt Zeugniß unsrem Geiste, daß wir Kinder Gottes sind. Wenn aber Kinder, (so sind wir) auch Erben, nämlich Erben Gottes, und Miterben Christi."²)

Auch unsere Leiber sind Werkzeuge unserer Seelen, mit welchen wir für das ewige Heil arbeiten, leiden, kämpfen, opfern können bis zum Tode, und, wenn Gott es fordert, bis zum Tode am Kreuze. Wir können mit unsern Leibern auch dem Leibe Christi ähnlich werden, wie der heilige Völkerlehrer mahnt: „Ich bitte euch, Brüder! um der Erbarmungen Gottes willen, daß ihr eure Leiber als ein lebendiges, heiliges, Gott wohlgefälliges Opfer darbringet."³) — „Immer tragen wir die Abtödtung Jesu an unsrem Leibe umher, damit auch das Leben Jesu an unsren Leibern offenbar werde."⁴)

Zu diesem Zwecke sind auch unsre Leiber geweiht, gesegnet, geheiliget, gesalbt durch die heiligen Sakramente, und werden sie in der heiligen Kommunion mit dem Fleische und Blute Jesu Christi genährt, getränkt, und mit seinem Leib und mit seiner Gottheit auf sakramentalische Weise vereiniget. Vermittelst der Leiber empfangen unsere Seelen die himmlischen Gaben und Gnaden durch das Wort Gottes und durch die heiligen Sakramente. Auch unsere Leiber sind für eine glorreiche Auferstehung und für die ewige Verklärung im Himmel bestimmt, wie der heilige Paulus lehrt: „Wenn der Geist desjenigen, der Jesum von den Todten auferweckt hat, in euch wohnt; so wird der, welcher Jesum Christum von den Todten auferweckt hat, auch eure sterblichen Leiber lebendig machen um seines Geistes willen, der in euch wohnt."⁵)

---

¹) II. Petr. c. I. v. 3.—5.   ²) Rom. c. VIII. v. 16. 17.
³) Ibid. c. XII. v. 1.   ⁴) II. Cor. c. IV. v. 10.
⁵) Rom. c. VIII. v. 11.

Der Apostel zieht daraus den Schluß: „Demnach, Brüder! sind wir nicht Schuldner des Fleisches, daß wir nach dem Fleische leben. Denn wenn ihr nach dem Fleische lebet, werdet ihr sterben; wenn ihr aber mit dem Geiste die Werke des Fleisches ertödtet, werdet ihr leben;"[1] und er sagt an einer andern Stelle: „Darum lasset die Sünde nicht herrschen in eurem sterblichen Leibe, so daß ihr seinen Gelüsten gehorchet; noch gebet eure Glieder der Sünde hin als Werkzeuge der Ungerechtigkeit, sondern gebet euch Gott als Lebendiggewordene von den Todten, und eure Glieder als Werkzeuge der Gerechtigkeit."[2] Dieses wunderbare Heiligthum muß heilig behandelt, und gebraucht werden; wie schrecklich wäre dessen Entehrung!

Diese erhabene Würde und Heiligkeit verlieren auch unsere Leiber als geheiligte Werkzeuge der Gerechtigkeit, der Tugend und des Verdienstes, in ihrer bleibenden Beziehung auf die Seele und auf die Verklärung nach der Auferstehung durch den Tod nicht, sondern sie bleiben auch nach dem Tode wahre Heiligthümer, welche darum auch die heilige Kirche als solche mit aller Feierlichkeit unter Gebeten und Segnungen bestattet, in ein geweihtes Erdreich legt, und wie kostbare Schätze auf den großen Tag der Vergeltung aufbewahrt. Dann wird sich auch für dieselben das Wort des heiligen Paulus erfüllen: „Erschallen wird die Posaune, und die Todten werden unverweslich auferstehen, und wir werden verwandelt werden. Denn dieses Verwesliche muß anziehen die Unverweslichkeit, und dieses Sterbliche anziehen die Unsterblichkeit. Wenn aber dieses Sterbliche angezogen hat die Unsterblichkeit, dann wird erfüllt werden das Wort, welches geschrieben steht: Verschlungen ist der Tod im Siege;"[3] und dieses Alles verdanken wir dem Tode und der Auferstehung des Herrn.

Wenn aber Solches mit dem Leibe geschieht, was wird mit der Seele geschehen? Denn diese Heiligung, diese Würde des Leibes ist gleichsam nur ein Wiederschein der Würde und Heiligkeit der Seele, welche in einem unvergleichlich höheren Glanze

---

[1] Rom. c. VIII v. 12. 13.   [2] Ibid. c. VI. v. 12. 13.
[3] I. Cor. c. XV. v. 54., Isai. c. XXV. v. 8.

erstrahlt, der um so weniger von dem Tode verschlungen, oder verdunkelt wird, wie sich auch die Gottheit Christi von seiner Seele nach dem Tode nicht getrennt hat. Das soll uns die folgende Erörterung nachweisen.

3.
Das Verhältniß der Gottheit Christi zu seiner Seele nach dem Tode.[1]

Was wir von der Vereinigung der Gottheit des Herrn mit seinem Leibe im Grabe gesagt haben, das gilt auch, und zwar um so mehr von der Vereinigung derselben mit seiner Seele in der Unterwelt. Denn die heilige Seele Christi war mit dem göttlichen Worte unmittelbarer vereiniget, als der Leib; da der Leib nur wegen seiner wesentlichen Beziehung zur Seele, durch welche er eben ein menschlicher Leib ist, und an der menschlichen Würde seinen Antheil hat, mit dem Worte Gottes vereiniget worden.[2] Da also die Gottheit vom Leibe Christi im Grabe nicht getrennt war, so war sie noch viel weniger von seiner Seele in der Unterwelt getrennt.

Ebenso hat auch hier die Wahrheit ihre Geltung, daß, wenn Etwas, was der menschlichen Seele Christi eigen ist, vom Sohne Gottes ausgesagt wird, es nur wegen ihrer Vereinigung mit seiner Person und mit seiner Gottheit ausgesagt werden könne. Das Hinabsteigen zur Unterwelt ist aber der menschlichen Seele eigen, und dennoch ist im apostolischen Glaubensbekenntnisse nicht von der Seele gesagt: Die hinabgestiegen ist zur Hölle; sondern dieses Hinabsteigen von dem Sohne Gottes bezeugt: „Der hinabgestiegen ist zur Hölle;"[3] somit war die Person und die Gottheit Christi auch mit seiner menschlichen Seele in der Unterwelt vereiniget.

Auf gleiche Weise ist die Vereinigung der Seele Christi mit der Person des Sohnes Gottes und mit seiner Gottheit eine unendlich innigere und untrennbarere, als die Vereinigung der Seele eines Gerechten mit Gott vermittelst der heiligmachenden Gnade.

---

[1] P. III. q. 50. a. 3.   [2] P. III. q. 6. a. 1.   [3] Symb. apost.

Die Vereinigung mit Gott durch die Gnade wird aber durch den Tod nicht gelöst, oder aufgehoben; daher konnte die Vereinigung der Seele Christi mit seiner göttlichen Person und mit seiner Gottheit durch den Tod noch viel weniger gelöst, oder aufgehoben werden.

Wäre endlich eine solche Trennung der Gottheit Christi von seiner Seele durch den Tod erfolgt; so hätte der Sohn Gottes bei der Auferstehung diese Seele, die er durch den Tod verloren, wieder, wie bei der Menschwerdung, an sich nehmen müssen, was einer zweiten Menschwerdung gleichkäme, und widersinnig ist. Daher sagt der heilige Johannes Damascenus: „Obwohl Christus als Mensch gestorben, und seine heilige Seele von dem unbefleckten Leibe getrennt worden; so ist doch seine Gottheit mit Beiden, nämlich mit der Seele und mit dem Leibe, unzertrennlich vereiniget geblieben." [1]

Steht nun diese Wahrheit fest, wie sind dann jene Worte Christi, des Herrn, zu verstehen, mit welchen er doch anzudeuten scheint, daß seine Gottheit im Tode von seiner Seele getrennt worden sei; denn er sagt: „Niemand nimmt (meine Seele) von mir, sondern ich gebe sie von mir selbst hin?" [2] Denn die Seele kann nicht vom Leibe hingegeben werden; sie kann auch nicht sich selbst hingeben; also muß sie von der Gottheit, vom göttlichen Worte hingegeben, und darum auch von der Gottheit getrennt worden sein. Allein Christus hat nicht gesagt: Die Seele gibt sich hin; auch nicht: Der Leib gibt die Seele hin; und auch nicht: Die Gottheit gibt die Seele hin; sondern er hat gesagt: „Ich gebe sie von mir selbst hin." Wird nun unter dem Ausdrucke „Seele" die wirkliche Seele als der eine Bestandtheil der menschlichen Natur verstanden, so bedeuten die Worte des Herrn so viel, als: Ich will, daß meine Seele vom Leibe getrennt werde. Wird unter diesem Ausdrucke „Seele" das Leben verstanden; dann bedeuten die Worte des Herrn so viel, als: Ich will, daß das Leben meines Leibes durch die Trennung meiner Seele von demselben zerstört werde. Beides ist jedoch in der Wirklichkeit Eins und Dasselbe. Das „Ich" aber sagt klar und deutlich, daß diese Hin-

---

[1] De orthod. fide Libr. III. c. 27. [2] Joann. c. X. v. 18.

gabe von Christus als dem Gottmenschen nach seinem göttlichen und menschlichen Willen geschehe, und daß diese Hingabe nur die Trennung der Seele und des Leibes zum Gegenstande habe, nicht aber eine Trennung der Seele oder des Leibes von seiner Gottheit oder von seiner göttlichen Person.[1]

Wie sind denn dann die Worte des heiligen Athanasius zu verstehen, welcher sagt: „Fluch dem, der nicht bekennt, daß der ganze Mensch, welchen der Sohn Gottes angenommen hat, wieder angenommen, oder befreit worden, und am dritten Tage von den Todten auferstanden sei?"[2] Wenn der ganze Mensch, das ist, Leib und Seele, vom Sohne Gottes bei der Auferstehung wieder angenommen worden; so ist auch der ganze Mensch, sind Leib und Seele von ihm und von seiner Gottheit im Tode getrennt worden. Darauf erwiedert der heilige Thomas: „Mit jenen Worten hat Athanasius nicht das verstanden, daß der ganze Mensch wieder angenommen worden sei, das ist, alle Bestandtheile desselben, als wenn das Wort Gottes diese Bestandtheile der menschlichen Natur durch den Tod abgelegt hätte; sondern daß die Gesammtheit der angenommenen Natur in der Auferstehung durch die Wiedervereinigung der Seele und des Leibes neuerdings hergestellt worden sei."[3] Der Tod hat die Gesammtheit der menschlichen Natur, welche aus Leib und Seele besteht, in diese Bestandtheile aufgelöst, indem er die Seele vom Leibe trennte; in der Auferstehung wurden diese beiden Bestandtheile wieder mit einander vereiniget, und so die Gesammtheit der menschlichen Natur, die menschliche Natur in ihrer Vollständigkeit, der Mensch in seinem vollkommenen Zustande, der ganze Mensch wieder hergestellt. Das Verhältniß der Gottheit in Bezug auf ihre Verbindung mit der menschlichen Natur, mit dem Leibe und mit der Seele, hat weder durch den Tod, noch durch die Auferstehung eine Veränderung erlitten, sondern ist vollkommen unberührt geblieben, und mußte es bleiben; sonst hätte Christus während des Todes aufgehört, zwei Naturen zu haben.

---

[1] Vide Maldonat. in h. l.
[2] De beatitud. Verbi Dei ad Theophil. Libr. VI.
[3] Loc. cit. ad 2.

Endlich könnte man sagen: War das Wort Gottes mit der Seele und mit dem Leibe vereiniget; so mußte in Christus zu dieser Zeit auch das Wort Gottes zwei Personen werden, eine in Bezug auf die Seele, und eine in Bezug auf den Leib; das aber zu behaupten, ist ganz unstatthaft, und kann nicht angenommen werden; somit kann man auch nicht behaupten, daß das Wort Gottes in dieser Zeit mit der Seele und mit dem Leibe vereiniget war. Hierauf antwortet der heilige Johannes Damascenus: „Dadurch, daß im Tode Christi die Seele vom Fleische getrennt worden, ist die Eine Person nicht in zwei getheilt worden; denn der Leib und die Seele Christi hatten vom Anfange an auf die gleiche Weise ihre Existenz in der Person des Wortes, und, obwohl sie im Tode von einander getrennt worden sind, so blieben sie doch auch einzeln, (was sie waren,) und hatten noch die Eine und dieselbe Person des Wortes. Daher ist die Eine Person des Wortes auch die Person sowohl der Seele als des Leibes geblieben. Denn weder die Seele, noch der Leib hatte jemals für sich eine eigene Person außer der Person des Wortes; denn die Person des Wortes war immer Eine, und niemals zwei."[1]) Wie die Seele und der Leib Christi, auch getrennt, mit dem Einen Worte Gottes vereiniget waren, so existirten sie auch in der Einen Person desselben, und hatten diese Eine und dieselbe Person; und wie es auch nach dieser Trennung nur Ein Wort Gottes gab, das mit der Seele und mit dem Leibe vereiniget blieb, so gab es mit ihm auch nur Eine Person des Wortes, der Seele und des Leibes.

Wie nun der Tod wohl die Seele Christi von seinem Leibe, aber weder die Seele noch den Leib von der Gottheit und von der Person des Sohnes Gottes trennen konnte; so wird der Tod auch unsere Seelen von unsern Leibern trennen, aber er kann weder unsere Seelen, noch unsere Leiber von dem trennen, was sie durch die Gnade Gottes geworden sind. Alles Irdische und Zeitliche müssen wir im Tode für immer verlassen; aber das Übernatürliche, das Ewige, das wir mit der Gnade erworben haben, bleibt uns auch nach dem Tode. Die ganze Welt kann

---

[1]) De orthod. fide Libr. III. c. 27.

uns der Tod rauben, und das leibliche Leben auf eine Zeit zerstören; aber Gott und die Kindschaft und Erbschaft Gottes, das übernatürliche Leben der Gnade kann er uns nicht nehmen. Daher mahnt der heilige Augustinus: „Es liegt bei dir, zu bewirken, daß du niemals sterbest; wenn du den Tod fürchtest, liebe das Leben; dein Leben aber ist Gott, dein Leben ist Christus, dein Leben ist der heilige Geist."[1]) Sterben wir der Welt, der Begierlichkeit, der Sünde, und leben wir Gott und der Tugend; so wird auch der Tod für uns wohl eine zeitweilige Trennung des Leibes und der Seele sein, aber nicht hindern können, daß Leib und Seele wieder zum Leben, zum Leben der Natur, der Gnade und der Glorie vereiniget werden. Daher das Wort desselben heiligen Lehrers: Stirb, damit du lebest; werde begraben, damit du auferstehest!"[2]) So wird unser Tod dem Tode Christi ähnlich sein; und, daß er es sein kann, verdanken wir seinem Tode.

Wer aber an dem Erlösungstode des Herrn seinen Antheil durch die Sünde verliert, und, des Lebens der heiligmachenden Gnade beraubt, in der Todsünde stirbt; der bleibt nach der Auferstehung im Tode der Schuld, durch die er das Gnadenleben und das ewige Leben verloren hat, und verfällt den Peinen der Hölle, von welcher geschrieben steht: „Der Tod und das Todtenreich gaben ihre Todten, die darin waren; und sie wurden gerichtet, Jeder nach seinen Werken. Und das Todtenreich und der Tod wurden in den Feuerpfuhl geworfen; das ist der zweite Tod."[3]) Daher sagt derselbe heilige Augustinus: „Der Tod des Leibes ist für die Guten gut, für die Bösen böse; der Tod der Seele aber ist, wie nicht für die Guten, für Keinen gut."[4])

Erwägen wir aber das eigentliche Wesen des Todes des Herrn; und wir werden noch besser erkennen, was es sagen wolle, daß der Gottmensch für uns gestorben ist. Denn hat Christus mit seiner Gottheit sich auch von der menschlichen Natur in ihren Bestandtheilen, von seiner menschlichen Seele und von seinem menschlichen Leibe, nicht getrennt; so hat er doch aufgehört, Mensch zu sein, und diese Wahrheit wollen wir sofort erwägen./

---

[1]) De verbis Apost. Serm. 18.   [2]) Ibid. Serm. 15.
[3]) Apoc. c. XX. v. 13. 14.   [4]) De civ. Dei Libr. XIII. c. 2.

4.
Das Verhältniß des Leibes Christi zu seiner Seele nach dem Tode.[1)]

Wenn wir das Verhältniß des Leibes Christi zu seiner Seele nach dem Tode in's rechte Licht setzen wollen, müssen wir untersuchen, ob in diesem Zustande die Seele Christi, oder der Leib Christi, oder die Seele und der Leib Christi in ihrer Trennung der Mensch waren, den das Wort Gottes in der Menschwerdung angenommen hat, oder ob Christus, während die Seele vom Leibe getrennt' gewesen, kein Mensch mehr war.

Der heilige Augustinus schreibt über die Annahme der menschlichen Natur von Seite des ewigen Wortes Gottes: „Diese Annahme war eine solche, daß sie Gott zum Menschen, und den Menschen zu Gott machte;"[2)] und daraus scheint zu folgen, daß, wie jene Annahme durch den Tod nicht aufgehört hat, so auch der Sohn Gottes nach dem Tode noch Mensch geblieben sei. Allein der Sohn Gottes hat nicht eine vom Leib getrennte Seele, und nicht einen von der Seele getrennten Leib in der Menschwerdung an sich genommen; sondern er hat eine menschliche Seele und einen menschlichen Leib in ihrer Vereinigung zu Einer Natur und Wesenheit angenommen, und dadurch ist der Sohn Gottes Mensch geworden. Diese Annahme hat nun durch den Tod nicht aufgehört, in wie fern das Wort Gottes mit der Seele und mit dem Leibe auch nach dem Tode vereiniget blieb; aber die Vereinigung der Seele und des Leibes hat durch den Tod aufgehört, und in ihrer Trennung ist weder die Seele für sich, noch auch der Leib für sich ein Mensch.[3)] Auch kann das kein Mensch sein, was zwar eine menschliche Seele und einen menschlichen Leib abgesondert besitzt, weil es zum Wesen eines Menschen gehört, daß er lebe, und ein von der Seele getrennter Leib nicht leben kann, da eben die Seele durch ihre wesentliche Vereinigung mit ihm dessen Lebensprinzip ist.[4)]

[1)] P. III. q. 50. a. 4.   [2)] De Trinit. Libr. I. c. 13.
[3)] S. Thom. S. P. I. q. 75. a. 4.
[4)] Idem ibid. et P. III. q. 2. a. 5. et P. III. q. 50. a. 4.

Wir beten zwar zu den Heiligen des Himmels, obwohl sie gegenwärtig nur der Seele nach im Himmel, dem Leibe nach aber todt sind, wie wenn sie noch in der Vereinigung des Leibes und der Seele, wie einst auf Erden, lebten, und sagen z. B. „Heiliger Petrus, bitte für uns!" und es scheint daher, daß der Mensch auch nach dem Tode noch Mensch bleibe, und daß somit dasselbe auch vom Sohne Gottes behauptet werden müsse. Allein unser Gebet richten wir an die Heiligen des Himmels nicht, in wie fern sie Menschen, sondern in wie fern sie mit Vernunft und freiem Willen begabte Wesen und Freunde Gottes sind, die durch ihre Fürbitte am Throne der göttlichen Liebe und Barmherzigkeit viel vermögen, und uns lieben; das und so sind sie aber, auch ohne Leib, der Seele nach; daher kann aus einem solchen Gebote nicht gefolgert werden, daß sie Menschen seien, und eben so wenig kann daraus weiter geschlossen werden, daß der Sohn Gottes nach dem Tode Mensch geblieben sei.

Ebenso steht zwar von Christus geschrieben: „Du bist Priester in Ewigkeit";[1] und Priester war er folglich auch nach dem Tode noch. Priester aber scheint denn doch nur ein Mensch sein zu können; und darum sollte man doch meinen, Christus müsse auch nach dem Tode noch Mensch geblieben sein. Allein man muß auch darauf erwiedern, Priester zu sein, komme dem Menschen nur der Seele nach zu, welcher der priesterliche Charakter und das Merkmal und das Siegel des Priesterthums eingeprägt wird, was darum auch durch den Tod nicht verloren geht. Dieser Charakter, dieses Merkmal und dieses Siegel hat nun Christus durch den Tod um so weniger verloren, als er der Ursprung und die Quelle alles Priesterthums ist, und seine Person, seine Gottheit von seiner menschlichen Seele nicht getrennt war. Aber daraus folgt nicht, daß er deßhalb auch Mensch geblieben sein müsse, zu dessen Wesen die Vereinigung der Seele und des Leibes zu einem lebendigen Wesen gehört. Denn von der ursprünglichen Bildung des Menschen durch Gottes Hand sagt die heilige Schrift: „Also bildete Gott, der Herr, den Menschen aus Erdenlehm,

---

[1] Psalm. CIX. v. 4.

und hauchte in sein Angesicht den Odem des Lebens, und also ward der Mensch zum lebenden Wesen."[1]) Da entsteht aus „dem Erdenlehme" der Leib, aus sich ohne Leben; da wird „der Odem des Lebens", die Seele als das Lebensprinzip des Leibes, erschaffen; da wird „der Odem des Lebens in sein Angesicht gehaucht," die Seele mit dem Leibe vereiniget; und so wird „der Mensch zum lebenden Wesen", Ein Wesen, das lebt. Der Leib, die Seele, die Verbindung Beider zu Einem Wesen und das Leben gehören also wesentlich zum Geschöpfe, das Mensch genannt wird; so daß, wenn Eins von diesen wesentlichen Dingen fehlt, der Mensch kein Mensch mehr ist. Nun aber bleiben nach dem Tode wohl noch die Seele und der Leib, aber nicht mehr deren Verbindung zu Einem Wesen, und nicht mehr das Leben dieses Einen Wesens. Also bleibt nach dem Tode auch dieses lebende Wesen, der Mensch nicht mehr. Da nun durch den Tod auch die Seele Christi von seinem Leibe getrennt wurde, und das Leben dieses Einen menschlichen Wesens aufhörte; so hat Christus durch den Tod auch aufgehört, Mensch zu sein.

Es ist überdies ein Glaubensartikel, daß Christus wirklich gestorben ist; denn in dem apostolischen Glaubensbekenntnisse wird gesagt: „Ich glaube an Jesum Christum, der gestorben ist;"[2]) und das allgemeine Concil von Ephesus sagt: „Wenn Jemand nicht bekennt, daß Gottes Wort im Fleische gelitten habe, im Fleische gekreuziget worden sei, und im Fleische den Tod gekostet habe; der sei im Banne."[3]) Alles also, was gegen die Wahrheit und Wirklichkeit des Todes Christi streitet, ist ein Irrthum wider diese Glaubenslehre. Zur Wahrheit und Wirklichkeit des Todes gehört aber wesentlich die Trennung der Seele von dem Leibe und das Aufhören des Lebens dessen, der stirbt. Da also Christus wahrhaft gestorben ist; so ist auch seine Seele von seinem Leibe getrennt worden, und hat sein menschliches Leben durch den Tod aufgehört; und somit hat auch dieses Wesentliche des Menschen, und folglich der Mensch selbst zu sein aufgehört. Deßhalb wäre

---

[1]) Gen. c. II. v. 7.   [2]) Symb. apost.
[3]) Epist. synod. S. Cyrill. in Concil. gen. Ephes. P. III. c. 26.

nun die Behauptung, Christus sei während der drei Tage seines Todes noch Mensch gewesen, ein Irrthum gegen den Glauben.

Der Sohn Gottes ist also gestorben, der Urheber und Erhalter alles Lebens, und in ihm hat durch den Tod der Mensch zeitweilig aufgehört zu sein; weil wir Menschen uns durch die Sünde gegen den Urheber und Herrn alles Lebens und Seins erhoben, und empört haben. Wir haben durch die Sünde das dreifache Leben, für welches uns Gott erschaffen, und bestimmt hat, das Leben der Natur, der Gnade und der Glorie verwirkt, und sind dafür dem dreifachen Tode der Natur, der Schuld und der Hölle verfallen; denn wie Dionysius, der Karthäuser, sagt: „Wie es ein dreifaches Leben gibt, nämlich das Leben der Natur, das Leben der Gnade, und das Leben der Glorie; so gibt es einen diesem dreifachen Leben entgegengesetzten dreifachen Tod, nämlich den Tod der Natur, den Tod der Schuld, und den Tod des höllischen Verderbens."[1] Wenn man dieses dreifache Leben in Betracht zieht, das man durch die Sünde verliert, und diesen dreifachen Tod erwägt, dem man durch die Sünde verfällt; dann kann man erkennen, was die Sünde für ein Übel ist, und warum der Gottmensch selbst sich dem Tode unterzog, um uns von diesem dreifachen Tode zu jenem dreifachen Leben zurückzuführen.

Daß der Tod wirklich die Strafe und Folge der Sünde ist, sagt die Schrift mit klaren Worten. Denn sie bezeugt, daß Gott den Menschen auch dem Leibe nach unsterblich erschaffen hat; denn es steht geschrieben: „Gott hat den Menschen unsterblich erschaffen;"[2] und: „Gott hat den Tod nicht gemacht, und freut sich nicht über das Verderben dessen, was lebt. Denn er hat Alles erschaffen, damit es sei."[3] Gott hat dem Menschen den Tod als Strafe der Sünde angedroht, wie wieder geschrieben steht: „An was immer für einem Tage du davon issest, wirst du des Todes sterben!"[4] Gott hat diese Drohung nach der Sünde ausgeführt, und sein Urtheil lautete: „Du bist Staub und wirst in den Staub zurückkehren."[5] Die Veranlassung zur Sünde

---

[1] Super hym. Adv. Dom. ad Vesp.   [2] Sap. c. II. v. 23.
[3] Ibid. v. 13. 14.   [4] Gen. c. II. v. 17.   [5] Ibid. c. III. v. 19.

hat der Teufel gegeben, und er ist somit der erste Urheber des Todes, wie abermals geschrieben steht: „Durch den Neid des Teufels ist der Tod in die Welt gekommen." ¹) Weil aber in dem ersten Menschen alle Menschen gesündiget haben, darum wurden auch alle Menschen wegen jener Sünde dem Tode unterworfen, wie der heilige Paulus lehrt: „Durch Einen Menschen ist die Sünde in die Welt gekommen, und durch die Sünde der Tod; und so ist der Tod auf alle Menschen übergegangen, weil in demselben alle gesündiget haben." ²) Seitdem besteht für alle Menschen das Gesetz des Todes: „Es ist dem Menschen bestimmt, einmal zu sterben." ³) Und es sagt auch die Erfahrung: „Es ist Niemand, der immer lebt." ⁴)

Diese Todesstrafe ist aber auch gerecht und billig; denn durch die Sünde tödtet der Mensch selber das Gnadenleben, welches das natürliche Leben zur Grundlage, und das ewige Leben der Glorie zum Ziele hat. Mit dem Leben der Gnade verliert also das natürliche Leben seinen Zweck, den Gott gewollt, und wird das Leben der Glorie unmöglich, weil der Mensch dessen unfähig geworden ist. Daher sagt der heilige Bernardus: „Es kann nichts Geziemenderes geben, als daß der Tod den Tod bewirkte; der geistige den leiblichen, der schuldbare den strafenden, der freiwillige den nothwendigen." ⁵)

Hatte der Mensch das Leben der Gnade, das übernatürliche Leben des Kindes Gottes in sich zerstört, und das ewige Leben für sich unmöglich gemacht; so sollte auch sein natürliches Leben zerstört werden: „Der Sold der Sünde ist der Tod." ⁶) „Der Tod ist die Loslösung und Trennung der Seele vom Leibe." ⁷) Ist der Mensch von seinem Urheber und Erhalter abgefallen, so soll er selbst aufhören, zu sein, so soll er auch als Mensch nicht mehr sein, so soll er aufhören, Mensch zu sein, wie der heilige Augustinus diese Zerstörung des Menschen durch den Tod mit folgenden Worten beschreibt: „Wann wird der Mensch nicht Mensch? Dann, wenn er krank wird, durch Kranksein die Krankheit wächst,

---

¹) Sap. c. II. v. 24. ²) Rom. c. V. v. 12. ³) Hebr. c. IX. v. 12.
⁴) Eccles. c. IX. v. 4. ⁵) Serm. 4. super Salve Regin.
⁶) Rom. c. VI. v. 23. ⁷) Plat. Sizygia 1. in dialog. Phæd.

der Sünder erschrickt, das Herz erzittert, das Haupt schwach wird, das Gefühl schwindet, die Kraft vertrocknet, das Angesicht blaß wird, das Aussehen sich entfärbt, das Auge sich verdunkelt, das Ohr taub wird, die Nase einschrumpft, die Zunge versagt, der Mund verstummt, der Leib in Verwesung übergeht, das Fleisch alle Kraft verliert."¹) Und tritt der Tod ein, dann hat der Mensch aufgehört, Mensch zu sein. Das Schrecklichste der schrecklichsten Dinge ist der Tod der Natur in der Zeit; was muß der ewige Tod in der Hölle sein? Und dem Allen gegenüber, was muß die Sünde sein, der Tod des übernatürlichen Gnadenlebens, der eine solche Strafe verdient? Was muß die Sünde sein, wegen welcher der Sohn Gottes sich dem Tode unterworfen hat, um uns von derselben zu befreien?

Christus ist gestorben, wie alle Menschen sterben, indem seine menschliche Seele von seinem menschlichen Leibe getrennt wurde, und das natürliche Leben aufhörte; aber sein allerheiligster Leib sollte nicht verwesen, sondern derselbe bleiben, der er im Leben gewesen ist; und diese Wahrheit erörtert der englische Lehrer in dem folgenden Abschnitte.

5.
Der Zustand des Leibes Christi nach dem Tode.²)

Der heilige Thomas stellt die Frage, ob der Leib Christi im Leben und im Tode, oder lebendig und todt, derselbe gewesen, ob mit demselben nach dem Tode keine wesentliche Veränderung vorgegangen sei? Vor Allem ist es gewiß, daß der heiligste Leib des Herrn nicht in Verwesung übergegangen ist. Dieß war schon von dem Propheten geweissagt; denn es steht geschrieben: „Mein Fleisch wird ruhen in der Hoffnung; denn du wirst meine Seele nicht in der Hölle lassen, und deinem Heiligen nicht zu sehen geben die Verwesung."³) Von diesen Worten David's, die er im Namen

---

¹) De specul. peccatoris c. 5.
²) P. III. q. 50. a. 5.   ³) Psalm. XV. v. 9. 10.

des Messias gesprochen, sagte Petrus in seiner Predigt am ersten Pfingstfeste: „Da er (nämlich David) ein Prophet war, und wußte, daß ihm Gott mit einem Eide geschworen, es werde Einer von den Nachkommen seiner Lenden auf seinem Throne sitzen; so hat er vorhersehend von der Auferstehung Christi gesprochen, daß er nämlich nicht in der Unterwelt gelassen, und sein Fleisch auch nicht Verwesung sehen werde. Diesen Jesum hat Gott auferweckt; dessen sind wir Alle Zeugen."[1]) Dieselben Worte Davids führte auch der heilige Paulus in seiner Rede an die Juden zu Antiochia in Pisidien an, indem er sprach: „Wir verkündigen euch die Verheißung, welche an unsere Väter ergangen ist. Denn diese hat Gott den Kindern, den Unsrigen erfüllt, indem er Jesum auferweckt hat, wie auch geschrieben steht im zweiten Psalme: „Du wirst deinem Heiligen nicht zu sehen geben die Verwesung. Denn David ist entschlafen, nachdem er zu seiner Zeit dem Willen Gottes gedient hatte, und ist zu seinen Vätern gelegt worden, und hat die Verwesung gesehen; den aber Gott von den Todten auferweckt hat, der hat die Verwesung nicht gesehen."[2])

Die Verwesung des Leibes des Herrn hatte auch, nachdem das Erlösungsopfer vollbracht war, keinen Zweck mehr; Zweckloses sich hinzugeben, Zweckloses zu thun, oder zuzulassen, widerspricht aber der Weisheit Gottes. Wie es ferner ungeziemend gewesen wäre, daß sich Christus Krankheiten, oder den Gebrechlichkeiten und den Folgen des Alters unterzogen; so wäre es noch unendlich ungeziemender gewesen, seinen Leib, den der heilige Geist gebildet, der mit seiner göttlichen Person und mit seiner göttlichen Natur auch nach dem Tode noch vereiniget war, der Fäulniß und dem Moder zu überlassen.

Endlich sollte dieser anbetungswürdige Leib am dritten Tage wieder mit der Seele Christi vereiniget, und zu einem neuen, verklärten, glorreichen, ewigen Leben auferweckt werden; wozu also diese Verwesung auf eine so kurze Zeit im Grabe, da sie weder für das Erlösungswerk, noch für die Auferstehung Etwas beitragen

---

[1]) Act. Ap. c. II. v. 30.—33.   [2]) Ibid. c. XIII. v. 32.—38.

konnte, um jenes zu vervollkommnen, oder diese glorreicher, oder glaubwürdiger zu machen?

Verstünde man unter Verwesung bloß die Trennung der Seele vom Leibe; so wäre es die Ketzerei des Julianus und Gajanus, wenn man behauptete, diese Verwesung sei am Leibe Christi nicht eingetreten. Versteht man aber unter Verwesung die Auflösung in die Elemente; so ist es Lehre des Glaubens, daß diese Verwesung am Leibe des Herrn nicht stattgefunden habe. Daher schreibt der heilige Johannes Damascenus: „Der Name Verwesung bedeutet Zweierlei; einmal die Trennung der Seele vom Leibe und dergleichen Anderes; dann auch die vollkommene Auflösung in die Elemente. Zu behaupten also, daß der Leib Christi nach der ersteren Weise der Unverweslichkeit vor der Auferstehung, nach Julianus und Gajanus, unverweslich gewesen sei, ist gottlos; weil so der Leib Christi nicht von gleicher Substanz mit uns gewesen, auch nicht wahrhaft gestorben, und wir nicht wahrhaft erlöst worden wären. Auf die letztere Weise aber ist der Leib Christi unverwesen geblieben."[1]

Eine wesentliche Veränderung ist jedoch mit diesem heiligen Leibe dennoch vor sich gegangen, indem er im Tode durch die Trennung von der Seele sein Leben verloren hat, und in so fern war der todte Leib nicht mehr derselbe, der er im Zustande des Lebens gewesen; denn das Leben ist etwas Wesentliches für einen lebendigen Leib, und geht dem todten Leibe ab; folglich ist der todte Leib von dem lebendigen Leibe hierin wesentlich verschieden. In dieser Beziehung war also der Leib des Herrn nach dem Tode nicht mehr derselbe, der er im Leben gewesen, und ein wesentlich anderer.

In jeder andern Hinsicht jedoch ist der Leib des Herrn nach dem Tode derselbe geblieben, der er im Leben gewesen, wie es bei keinem andern Menschen der Fall ist, wenn die Natur nicht durch ein Wunder in ihrem Werke gehemmt wird. Denn der todte Leib eines Menschen geht nach dem Laufe der Natur in Verwesung über, und hört dann auf, ein menschlicher Leib zu sein, son-

---

[1] De orthod. fide Libr. III. c. 28.

dern besteht nur noch in seinen Elementen, in die er aufgelöst worden ist. Da nun aber der Leib des Herrn nicht in Verwesung übergegangen; so ist er materiell vollkommen derselbe geblieben, der er im Leben gewesen, und es ist an ihm in dieser Beziehung keine wesentliche Veränderung vorgegangen.

Wir haben auch gesehen, daß das göttliche Wort und seine Gottheit durch den Tod weder von der Seele, noch von dem Leibe getrennt worden; daher blieb der Leib auch todt, wie lebendig, mit der göttlichen Person und mit der Gottheit verbunden, und war somit in Bezug auch auf seine Person todt, wie lebendig, derselbe, weil er todt, wie lebendig, dieselbe Person hatte. Daher sagt der heilige Athanasius: „Während der Leib beschnitten, und getragen wurde, während er aß, und arbeitete, während er am Holze angenagelt wurde, war das Wort Gottes unempfindlich und unkörperlich; dieses war in das Grab gelegt." [1] Wie das Wort Gottes mit diesem Leibe in allen Arbeiten, Thätigkeiten und Leiden des Lebens, und selbst im Tode war, so war es mit demselben auch im Grabe; und somit ist dieser Leib auch in Bezug auf die Person im Leben und nach dem Tode derselbe geblieben, was bei andern Menschen nicht der Fall ist. Denn der todte Leib eines andern Menschen hat keine Person mehr, weßhalb ein solcher Leib auch in dieser Beziehung nicht mehr derselbe ist, der er im Leben gewesen. Der Grund dessen ist, weil der Mensch Eine Person in Einer Natur hat, und wenn daher diese Natur durch die Trennung der wesentlichen Bestandtheile derselben, der Seele und des Leibes, zerstört wird, auch keine Person mehr vorhanden sein kann. In Christus aber bestand die Eine göttliche Person in zwei Naturen, in der göttlichen und menschlichen; war daher auch die menschliche Natur durch den Tod zerstört, und in ihre Bestandtheile aufgelöst; so bestand doch diese Eine Person noch in der göttlichen Natur, und, da die Seele und der Leib Christi durch den Tod von der Gottheit nicht getrennt worden, auch in dieser Seele und in diesem Leibe fort. Wiewohl daher in Christus der Leib nach dem Tode in Bezug auf die mensch=

---

[1] Epist. ad Epictet.

liche Natur nicht derselbe geblieben, (weil diese Natur zerstört worden;) so ist er doch in Bezug auf die Person des Wortes Gottes derselbe geblieben, weil er von dieser Person durch den Tod nicht getrennt worden ist. So verhielt es sich mit dem Leibe Christi nach dem Tode, und dieß war sein Zustand im Grabe.

Man kann daher auch in dieser Beziehung das Wort des Propheten in Anwendung bringen: „Sein Grab wird herrlich sein." [1]) Denn es ruhte da dieser Leib des Herrn, der makellos aus der makellosen Jungfrau vom heiligen Geiste gebildet worden, der vom ersten Augenblicke an mit der Person des Sohnes Gottes und mit seiner Gottheit vereiniget wurde, und auch hier vereiniget blieb, mit dem der Sohn Gottes das große Erlösungsopfer für die Welt dargebracht hat, der nach der Auferstehung über die Himmel der Himmel bis auf den Thron Gottes zur Rechten des himmlischen Vaters erhoben worden ist, und um dessentwillen die ganze gläubige Welt dieses Grab als das ehrwürdigste Heiligthum der Erde verehrt.

Auch unser Grab könnte herrlich genannt werden, wenn wir einen heiligen Leib hineinlegen würden; denn er würde den Ort seiner Ruhe heiligen, und ehrwürdig machen, wenn von ihm auch nur dürres Gebein, nur Staub mehr vorhanden wäre, wie wir dieß an den Gräbern der Heiligen sehen. Wir müssen an Leib und Seele geheiliget werden, mit Leib und Seele heilig leben, und der Leib muß der Seele als Werkzeug dienen, in Arbeit, Leiden, Kämpfen, und Opfern Tugenden zu üben, und Verdienste für das ewige Leben zu sammeln. Wir müssen der Seele und dem Leibe nach Christo, dem Herrn, ähnlich zu werden, und ihn nachzuahmen trachten. Dazu aber ist in Bezug auf den Leib vor Allem erforderlich, daß, da er durch die Sünde den Begierlichkeiten unterworfen ist, und in seinen Gliedern das Gesetz und den Zunder der Sünde birgt, seine Lüste gezügelt werden, und der heilige Hieronymus sagt: „Die Sinne des Leibes sind, wie Pferde, die ohne Vernunft dahinrennen; die Seele aber hält, wie ein Kutscher, die Zügel in ihrem Laufe." [2]) So soll und muß es

---

[1]) Isai. c. XI. v. 10.   [2]) Libr. II. contr. Jovinianum.

sein, wenn nicht Leib und Seele in den Abgrund stürzen sollen, wie derselbe heilige Lehrer sagt: „Wie Pferde ohne Lenker in den Abgrund stürzen, so stürzt auch der Leib, wenn er nicht von der Vernunft der Seele regiert wird, in sein eigenes Verderben." [1])

Es muß der Leib so gehalten, und, wenn es nicht anders geht, gezüchtiget, und abgetödtet werden, daß er in der ihm gebührenden Stellung der Seele als Werkzeug zur Erreichung ihrer zeitlichen und ewigen Bestimmung diene, wie der heilige Papst Leo sagt: „Den Leib muß man so gebrauchen, daß die untere Natur ihrem Führer den nothwendigen Dienst leiste;" [2]) und der heilige Apostel Paulus sagt von sich selbst: „Ich züchtige meinen Leib, und bringe ihn in Dienstbarkeit, damit ich nicht etwa, nachdem ich Andern geprediget habe, selbst verworfen werde." [3]) Geschieht dieß nicht, so wird man bald erfahren, wie wahr es ist, was der heilige Bernardus schreibt: „Man dient dem Leibe so, daß die Seele dabei getödtet wird. Was für eine Klugheit ist dieß, daß man dem Leibe Alles, und der Seele nichts gibt? Was für eine Barmherzigkeit ist dieß, daß man den Diener pflegt, und die Herrin tödtet?" [4])

Wenn der göttliche Heiland seinen unschuldigen und anbetungswürdigen Leib solchen Peinen und Schmerzen, einem solchen Tode hingegeben und geopfert hat; was sollen wir Sünder, die wir alle Strafen der Zeit und Ewigkeit verdient haben, mit unsern Leibern thun? Sollen wir nicht auch den Leib als Werkzeug der Buße gebrauchen, und ihn dadurch zu einem Opfer vor der göttlichen Gerechtigkeit und Barmherzigkeit machen? Der heilige Antoninus schreibt: „Alle leiblichen Sinne abtödten, heißt nicht Anderes, als sich Gott zum Opfer darbringen;" [5]) und: „Es geziemt sich für unsern Zustand, daß wir, so lange wir in diesem Thale des Jammers und der Gefahren auf der Wanderschaft uns befinden, uns durch die Unterdrückung der fleischlichen Gelüste selbst kreu-

---

[1]) Libr. II. contr. Jovinianum. [2]) Serm. 7. Quadrag.
[3]) I. Cor. c. IX. v. 27.
[4]) Apolog. ad Guilielm. Abat. cap. Dicitur.
[5]) P. IV. Tit. 15. c. 35. §. 3.

zigen."¹) Daher mahnt auch der heilige Apostel Paulus: „Was dem Gesetze unmöglich war, weil es durch das Fleisch geschwächt ward, das hat Gott (bewirkt), indem er seinen Sohn in der Gestalt des sündigen Fleisches und wegen der Sünde sendete, und die Sünde im Fleische verdammte; damit die Satzung des Gesetzes in uns erfüllt würde, indem wir nicht nach dem Fleische wandeln, sondern nach dem Geiste. Denn die fleischlich sind, trachten nach dem, was des Fleisches ist; die aber geistig sind, streben nach dem, was des Geistes ist. Denn die fleischliche Gesinnung ist Tod, die geistige Gesinnung aber Leben und Friede; denn die fleischliche Gesinnung ist Feindschaft wider Gott, weil sie sich dem Gesetze Gottes nicht unterwirft. — Demnach, Brüder! sind wir nicht Schuldner des Fleisches, daß wir nach dem Fleische leben. Denn wenn ihr nach dem Fleische lebet, werdet ihr sterben; wenn ihr aber mit dem Geiste die Werke des Fleisches ertödtet, werdet ihr leben."²) Das hat uns Christus durch seinen Wandel im Fleische gelehrt.

Unser Leib muß der Seele als Werkzeug in der Erwerbung von Verdiensten dienen, damit er, wie er an den Verdiensten theilgenommen hat, so auch an der Belohnung in der himmlischen Herrlichkeit und Seligkeit seinen Antheil erhalte; wie wir auch hierin an Christus, dem Herrn, unser Vorbild haben, und wie der heilige Völkerlehrer auch hierüber den Gläubigen die Vorschrift gegeben, „daß Jeder sein Gefäß in Heiligkeit und Ehren zu besitzen wisse;"³) und hinzufügt: „Denn nicht hat uns Gott berufen zur Unlauterkeit, sondern zur Heiligung. Wer daher nicht darauf achtet, der verachtet nicht einen Menschen, sondern Gott, der auch seinen heiligen Geist uns gegeben hat."⁴)

Auf solche Weise werden wir auch dem Leibe nach an dem Kreuzopfer des Herrn theilnehmen, und ihm auch hierin ähnlich werden; wie derselbe heilige Paulus uns so dringend dazu auf-

---

¹) De ligno vitae, Tract. 11. Sobrietas, c. 2.
²) Rom. c. VIII. v. 2.—7., v. 12. 13.   ³) I. Thessal. c. IV. v. 4.
⁴) Ibid. v. 7. 8.

fordert, indem er an die Römer schreibt: „Darum bitte ich euch, Brüder! um der Erbarmungen Gottes willen, daß ihr eure Leiber als ein lebendiges, heiliges, Gott wohlgefälliges Opfer darbringet."[1]

Das war nun die Art und Weise, wie Christus sich in den Tod hingegeben hat, und das der Zustand, in dem sich sein anbetungswürdiger Leib nach dem Tode im Grabe befunden hat.

Der englische Lehrer erörtert nun noch die Frage, ob denn auch der Tod Christi, nachdem das übrige Leiden vollbracht war, noch Etwas zu unserem Heile beigetragen habe; und wir wollen nun auch seine Antwort auf diese Frage noch in Erwägung ziehen.

6.
Die Wirkung des Todes Christi.[2]

Betrachten wir den Tod Christi, des Herrn, im Werden, das heißt, als den durch das Leiden herbeigeführten thatsächlichen Abschluß dieses Leidens; so fällt dessen Wirkung mit der Wirkung des Leidens zusammen, und bildet der Tod mit dem Leiden Einen verdienenden Gesammtakt; und es muß daher in Bezug auf die Wirkung des Todes dasselbe gesagt werden, was wir in Bezug auf die Wirkung des Leidens gesagt haben. In dieser Auffassung bleibt kein Zweifel, daß der Tod Christi unser Heil bewirkt habe.

Betrachtet man den Tod des Herrn aber als vollendete Thatsache, das ist, als die geschehene Trennung seiner Seele von seinem Leibe, oder als den thatsächlichen Zustand dieser Seele und dieses Leibes nach ihrer Trennung; so ist es klar, daß sein Tod in diesem Sinne zu unserem Heile nichts mehr nach Art eines Verdienstes beitragen konnte, weil Christus in diesem Zustande nicht mehr Mensch war, und darum auch nicht mehr als solcher wirken, und verdienen konnte, nach den Worten des heiligen Apostels Paulus, der von Christus als Menschen sagt: „Es ist Ein

---

[1] Rom. c. XII. v. 1.   [2] P. III. q. 50. a. 6.

Mittler zwischen Gott und den Menschen, der Mensch Christus Jesus, der sich selbst zum Lösegelde für Alle hingegeben hat;"[1]) denn dieses Lösegeld hat er als Mensch gezahlt, und die Gottheit hat ihm den Werth verliehen.

Der Tod Christi konnte aber auch in dieser letzteren Auffassung zum Heile der Menschen dadurch beitragen, daß er in Bezug auf dasselbe in so fern wirksam war, als die Gottheit vom Leibe Christi nicht getrennt worden ist, und deßhalb auch Alles, was sich mit dem Leibe Christi, nachdem er von der Seele getrennt war, ereignete, durch die Kraft der ihm vereinigten Gottheit für uns heilbringend war. Um aber zu erkennen, welche Wirksamkeit dieser Tod noch ausüben, und welche Wirkung er noch hervorbringen konnte; müssen wir die Natur dieses Todes in's Auge fassen, da die Wirkung der Ursache ähnlich ist, und entspricht.

Der Tod im bezeichneten Sinne ist die Beraubung, der Abgang, der Mangel des eigenen Lebens, das Gegentheil, das Hinderniß dieses Lebens; das aber hat Christus als der Sohn Gottes dazu verwendet, um dasjenige von uns zu nehmen, was unsrem Heile, unsrem vollen Heile, nämlich dem Leben unserer Seele und unseres Leibes entgegengesetzt war; und das war der Tod der Seele und des Leibes. Der Tod Christi hat also bewirkt, daß der Tod unserer Seele und unseres Leibes zerstört wurde; der Tod der Seele, welcher durch die Sünde herbeigeführt wurde, und der Tod des Leibes, welcher eine Strafe der Sünde ist. Beides lehrt der heilige Apostel Paulus, indem er von unserer Auferstehung an die Corinther schreibt: „Dieses Verwesliche muß anziehen die Unverweslichkeit, und dieses Sterbliche anziehen die Unsterblichkeit. Wenn aber dieses Sterbliche angezogen hat die Unsterblichkeit, dann wird erfüllt werden das Wort: Verschlungen ist der Tod im Siege.[2]) Tod! wo ist dein Sieg? Tod! wo ist dein Stachel?[3]) Der Stachel des Todes aber ist die Sünde, die Kraft der Sünde ist das Gesetz. Gott aber sei Dank, der uns

---

[1]) I. Tim. c. II. v. 5. 6.
[2]) Isai. c. XXV. v. 8.   [3]) Ose. c. XIII. v. 14.

den Sieg verliehen hat durch unsern Herrn Jesum Christum."¹) So sagt auch der heilige Augustinus von Christus, dem Herrn: „Er ist herabgestiegen, und gestorben, und hat durch den Tod selbst uns vom Tode befreit. Durch den Tod getödtet, hat er den Tod getödtet."²)

Man könnte nun dagegen sagen, der Tod im bezeichneten Sinne sei weiter Nichts, als der Abgang des Lebens, und daher gar nichts Bestehendes; wie wäre es daher möglich, daß das, was nicht ist, Etwas wirke? Das wäre wirklich der Fall bei dem todten Leibe eines gewöhnlichen Menschen, weil er nicht nur von der Seele getrennt ist, sondern auch keine Person mehr hat, welche wirken könnte; allein der heilige Leib Christi blieb im Tode mit der Person und mit der Gottheit des Sohnes Gottes verbunden, und vereiniget, und daher konnte der Sohn Gottes diese Trennung seiner Seele von seinem Leibe, diesen Tod auch zur Beseitigung aller Ursachen, welche die Seele vom Leibe trennen, und, das Leben verhindern, zur Beseitigung des Todes an Leib und Seele verwenden, und verwerthen; besonders da dieser Tod nicht ein reines Nichts, sondern der wirklich bestehende Zustand seines menschlichen Leibes und seiner menschlichen Seele war, in den er sie freiwillig versetzt hat. Überdieß war es sehr angemessen, daß er, als der Erlöser vom Tode, gerade diesen Zustand des Todes dazu benützte, um den Tod von den Erlösten hinwegzunehmen; und das war auch der eigentliche Zweck, um dessentwillen Christus seine menschliche Natur einem solchen Zustande überlassen hat, wie der heilige Apostel Paulus von ihm sagt: „Der den Tod vernichtet, Leben aber und Unverweslichkeit an's Licht gebracht hat."³)

Wenn daher unser Leib durch den Tod auch eine Speise der Würmer wird, oder in Staub zerfällt; so wird er doch durch die Kraft des Todes Christi wieder zu einem neuen Leben auferstehen: „Die Todten werden unverweslich auferstehen."⁴) Daher müssen wir mit dem heiligen Hilarius schließen: „Es ist also, was immer

---

¹) I. Cor. c. XV. v. 53.—58. ²) Tract. in c. III. Joann.
³) II. Tim. c. I. v. 10. ⁴) I. Cor. c. XV. v. 52.

unfern Leibern geschehen mag, nicht zu fürchten, und es braucht uns auch der Tod unseres Fleisches nicht zu schmerzen; da es, wenn es auch seiner Natur und seinem Ursprunge gemäß in Verwesung übergeht, zur Substanz der geistigen Seele zurückkehren wird."[1]) Der gläubige Christ hat weder irgend ein Leiden, noch den Tod zu fürchten, und keine Ursache, über irgend einen Verlust zu trauern.

Der Tod jeder Art, und der des Todes Gewalt hat, der Teufel werden am Schlusse der Zeiten ihre volle Niederlage, und das Menschengeschlecht seine volle Erlösung durch das letzte Gericht und in der ewigen Vergeltung finden; dann wird auch das Erlösungswerk Christi seine volle Wirkung erlangen, und seinen letzten Zweck erreichen; und darum schreibt der heilige Völkerlehrer an die Corinther: „Gleichwie in Adam Alle sterben, so werden auch in Christus Alle lebendig gemacht werden. Jeder aber in seiner Ordnung. Der Erstling ist Christus; darnach die, welche Christo angehören, und an seine Ankunft geglaubt haben. Dann ist das Ende, wenn er das Reich Gott und dem Vater übergeben, und jede Herrschaft, jede Macht und Gewalt vernichtet hat. Der letzte Feind aber, der vernichtet wird, ist der Tod; denn Alles hat er seinen Füßen unterworfen. Wenn es aber heißt: Alles ist ihm unterworfen;[2]) so ist offenbar der ausgenommen, welcher ihm Alles unterworfen hat. Wenn ihm aber Alles unterworfen sein wird, dann wird auch der Sohn selbst dem unterworfen sein, der ihm Alles unterworfen hat, damit Gott Alles in Allem sei."[3]) So wird dann die Menschennatur, und werden in ihr alle Auserwählten in Ein Reich gesammelt, in Einen Leib geeiniget, von welchem Christus das Haupt ist, Gott vollkommen unterworfen, mit Gott vollkommen und auf ewig vereiniget sein, und das Wort erfüllt werden: „Sieh die Hütte Gottes bei den Menschen; er wird bei ihnen wohnen, und sie werden sein Volk sein, und er, Gott selbst wird mit ihnen ihr Gott sein. Und Gott wird abwischen alle Thränen von ihren Augen; der Tod wird nicht mehr

---

[1]) Comment. in Matth. can. 10.
[2]) Psalm. VIII. v. 8.   [3]) I. Cor. c. XV. v. 22.—29.

sein, noch Trauer, noch Klage, noch Schmerz wird mehr sein; denn das Erste ist vergangen."¹) Dann wird die Erlösung vollendet, und vollkommen sein: dann wird die volle Herrlichkeit, Seligkeit und Herrschaft Christi auch mit seinem mystischen Leibe, mit seiner Kirche beginnen, ohne je wieder ein Ende zu nehmen; und dann wird auch von dem göttlichen Erlöser erfüllt sein, was der heilige Paulus von ihm an die Philipper geschrieben hat: „Da er in Gottes Gestalt war, hat er es für keinen Raub gehalten, Gott gleich zu sein; aber er hat sich selbst entäußert, Knechtesgestalt angenommen, und ist den Menschen gleich, und im Aeußern wie ein Mensch erfunden worden. Er hat sich selbst erniedriget, und ist gehorsam geworden bis zum Tode, ja bis zum Tode am Kreuze. Darum hat ihn Gott auch erhöht, und ihm einen Namen gegeben, der über alle Namen ist, daß im Namen Jesus sich alle Kniee beugen derer, die im Himmel, auf der Erde, und unter der Erde sind, und daß alle Zungen bekennen, daß der Herr Jesus Christus in der Herrlichkeit Gottes des Vaters ist."²) Das Alles ist die Frucht der Erlösung. Wunderbar groß ist das Werk der Erlösung, und wunderbar groß auch dessen Frucht.

Klar ist uns nun das Leiden und Sterben des Herrn, klar auch dessen hervorbringende Ursache, und klar dessen Wirkung, ein wahrhaft gottmenschliches Werk, welches für das ganze Menschengeschlecht den dreifachen Tod der Natur, der Schuld und der ewigen Strafe zerstört, und das dreifache Leben der Natur, der Gnade und der ewigen Glorie wieder hergestellt hat; und wahr ist, was der Weltapostel unter die Völker gerufen: „Die Juden fordern Zeichen, und die Heiden suchen Weisheit; wir hingegen predigen Christum, den Gekreuzigten, den Juden zwar ein Aergerniß, und den Heiden eine Thorheit, den Berufenen aber sowohl aus den Juden, als auch aus den Heiden Gottes Kraft und Gottes Weisheit."³)

---

¹) Apoc. c. XXI. v. 3. 4.
²) Philipp. c. II. v. 6.—12.
³) I. Cor. c. I. v. 22.—25.

Das ist das große Gotteswerk, durch welches die Menschheit mit ihrem Schöpfer versöhnt, die Hölle geschlossen, der Himmel geöffnet, der dreifache Tod überwunden, das dreifache Leben wiederhergestellt, der Knechtschaft des Teufels ein Ende gemacht, die Freiheit der Kinder Gottes neu erworben, Sieg und Triumph dem Erlöser und den Erlösten gesichert ist; und Jeder, der guten Willens ist, kann und soll mit Paulus bekennen: „Christus ist mein Leben, und Sterben mein Gewinn."[1] Dafür aber erfüllt sich, und wird sich erfüllen, was geschrieben steht: „Würdig ist das Lamm, das getödtet worden ist, zu empfangen Macht, und Gottheit, und Weisheit, und Stärke, und Ehre, und Preis, und Lob. Und alle Creatur, die im Himmel ist und auf Erden, und unter der Erde, und auf dem Meere, und in demselben, Alle hörte ich sagen: Dem, der auf dem Throne sitzt, und dem Lamme sei Lob, und Ehre, und Preis, und Macht in alle Ewigkeit."[2]

---

[1] Philipp. c. I. v. 21.
[2] Apoc. c. V. v. 12. 13.

Inhalt.

	Seite
Vorwort	III

Erstes Kapitel.
Das Leiden Christi an sich betrachtet.

1. Die Nothwendigkeit des Leidens Christi	13
2. Das Leiden Christi, die einzige Erlösungsweise	28
3. Die Angemessenheit des Leidens Christi	36
4. Der Tod Christi am Kreuze	53
5. Die Größe des Leidens Christi	70
6. Das Vollmaß des Leidens Christi	81
7. Das Leiden der Seele Christi	93
8. Die selige Anschauung der Seele Christi	102
9. Die Zeit des Leidens Christi	113
10. Der Ort des Leidens Christi	131
11. Das Leiden Christi unter Straßenräubern	146
12. Die Gottheit im Leiden Christi	160

Zweites Kapitel.
Die Ursachen des Leidens Christi.

1. Der Urheber des Leidens Christi	170
2. Der Gehorsam Christi in seinem Leiden	187

		Seite
3. Das Verhalten des himmlischen Vaters in Bezug auf das Leiden Christi	. . . . .	204
4. Die Betheiligung der Heiden am Leiden Christi	. .	218
5. Die Verblendung der Feinde Christi	. . .	229
6. Die Schwere der Sünde, welche von jenen begangen worden ist, welche Christum gekreuziget haben	. . . .	249

Drittes Kapitel.

Die Art und Weise, wie das Leiden Christi unsere Erlösung bewirkt hat.

1. Das Verdienst des Leidens Christi	. . . .	260
2. Die Genugthuung des Leidens Christi	. . .	271
3. Das Opfer des Leidens Christi	. . . .	283
4. Das Leiden Christi unsere Erlösung	. . . .	301
5. Christus der Erlöser	. . . . .	309
6. Das Leiden Christi die hervorbringende Ursache unseres Heiles	. . . .	314

Viertes Kapitel.

Die Wirkungen des Leidens Christi.

1. Die Befreiung von der Sünde durch das Leiden Christi	324
2. Die Befreiung aus der Gewalt des Teufels durch das Leiden Christi	332
3. Die Befreiung von der Strafe der Sünde durch das Leiden Christi	343
4. Unsere Versöhnung mit Gott durch das Leiden Christi .	350
5. Die Eröffnung des Himmels durch das Leiden Christi .	357
6. Die Erhöhung und Verherrlichung Christi durch sein Leiden	364

Seite

Fünftes Kapitel.
Der Tod unsers Herrn Jesu Christi.

1. Die Angemessenheit des Todes Christi 375
2. Das Verhältniß der Gottheit Christi zu seinem Leibe nach dem Tode 383
3. Das Verhältniß der Gottheit Christi zu seiner Seele nach dem Tode 390
4. Das Verhältniß des Leibes Christi zu seiner Seele nach dem Tode 395
5. Der Zustand des Leibes Christi nach dem Tode . . 400
6. Die Wirkung des Todes Christi 407

www.ingramcontent.com/pod-product-compliance
Lightning Source LLC
Chambersburg PA
CBHW030547300426
44111CB00009B/885